时习文库

史记选

〔汉〕司马迁 著
来新夏 王连升 等 译注

齊魯書社
·济南·

图书在版编目（CIP）数据

史记选 / (汉) 司马迁著 ; 来新夏等译注. -- 济南 : 齐鲁书社, 2025. 5. -- ISBN 978-7-5333-5115-1

Ⅰ. K204.2

中国国家版本馆CIP数据核字第2025CZ5985号

出 品 人：王　路
项目统筹：张　丽
责任编辑：裴继祥
装帧设计：亓旭欣

史记选
SHIJI XUAN
〔汉〕司马迁　著　来新夏　王连升　等　译注

主管单位　山东出版传媒股份有限公司
出版发行　齐鲁书社
社　　址　济南市市中区舜耕路517号
邮　　编　250003
网　　址　www.qlss.cn
电子邮箱　qilupress@126.com
营销中心　（0531）82098521　82098519　82098517
印　　刷　山东临沂新华印刷物流集团有限责任公司
开　　本　710mm × 1000mm　1/16
印　　张　34
插　　页　2
字　　数　422千
版　　次　2025年5月第1版
印　　次　2025年5月第1次印刷
标准书号　ISBN 978-7-5333-5115-1
定　　价　109.00元

《时习文库》专家委员会

出版说明

文化乃国本所系，国运所依；文化兴盛则国家昌盛，民族强大。在源远流长的中华文化长河中，经典古籍宛如熠熠星辰，承载着先辈们的智慧、思想与情感，是中华民族精神内核的深厚积淀。

2017 年以来，中共中央办公厅、国务院办公厅相继出台《关于实施中华优秀传统文化传承发展工程的意见》及《关于推进新时代古籍工作的意见》等重要文件，有力推动了大众对中华优秀传统文化的关注与重视，古籍事业亦借此良好契机，迎来了前所未有的跨越发展，步入了一个崭新的黄金时代。齐鲁书社作为文化传承的重要阵地，始终秉持对中华优秀传统文化的敬畏之心，肩负守正创新之使命，积建社四十余年之精华，汇国内学界群贤之伟力，隆重推出中华经典名著普及丛书——《时习文库》。

“学而时习之，不亦说乎？”文库之名，正是源自《论语》的这句经典语录。“时习”不仅是对知识的反复学习与实践，更是一种对中华优秀传统文化持续探索、深入理解的态度。文库共分为文化类和文学类两大辑，囊括了经史子集、诗词歌赋、戏曲小说等诸多经典，旨在为读者搭建一座通往中国古代文化瑰宝的坚实桥梁。文库的编纂宗旨在于，引导读者在阅读经典著作的过程中，将学习与思考深度融合，不断从古人的智慧海洋中汲取营养，从而得到心灵的润泽与智慧的启迪。通过对经史子集、诗词歌赋、戏曲小说等多元内容的系统整理与精良审校，让中华古籍真正成为可亲、可读、可传的“活的文化”。

为了确保文库的品质，我们除升级广受好评的原有经典版本作为开发基础外，亦精选其他优质底本，以确保版本选择的卓越性；文库会聚文史学界权威，如高亨、陆侃如、王仲荦、来新夏等学界大家，群贤毕至，各方咸集；文库延聘名家成立专家委员会，严格把控丛书质量，确保学术水准；文库针对不同层次读者，精心设计文化类与文学类品种：前者左原文右译文下注释，后者文中加简注评析，实用性强；文库采用纸面布脊精装，正文小四号字，双色印刷，装帧精美，版面舒朗，典雅大方，方便易读。

在习近平文化思想指导下，《时习文库》的出版是对中华优秀传统文化“两创”“两个结合”的一次重要尝试。我们希望通过这套文库，让更多的人了解和喜爱中国古代典籍，让中华优秀传统文化在新时代焕发出新的生机与活力。同时，我们也期待广大读者在阅读文库的过程中，能够与古圣先贤进行跨越时空的对话，汲取智慧，启迪心灵，不断提升自我的文化素养和精神境界。让我们一起在经典的海洋中遨游，感受中华文化的博大精深，共同书写中华优秀传统文化传承与发展的新篇章。

齐鲁书社

2025 年 3 月

前　言

数年前，我们曾编选注释过《史记选》一书，那是为高等学校历史专业课程“史学名著选读”而编选的，是《中国史学名著选》之一种，由中华书局出版。现齐鲁书社为使世人更多地关注中国传统文化，熟悉中国文化典籍，编选一套“中国经典名著普及丛书”，其中包括《史记选》，我们愉快地接受了这一任务。因为丛书是面向社会各层次的带有普及性质的读物，所以《史记》的这个选注本与中书书局版《史记选》，无论在选篇方面，抑或注释方面，都有较大区别。

《史记》原名《太史公书》，它是伟大的史学家司马迁以毕生精力所撰成的我国第一部纪传体通史，上起黄帝，下迄汉武帝时期，记述了共约三千年的历史。

司马迁，字子长，西汉左冯翊夏阳（今陕西韩城）人。汉景帝中元五年（前 145），或者稍晚一些时候，司马迁出生在一个掌管国家典籍、档案文册的史官家庭里。他的父亲司马谈是一位学识渊博，对各种学派均有深湛研究的学者；也是一位通贯古今，从事通史撰写工作的史学家。可惜，司马谈在生前没有完成撰写通史的宏愿。汉武帝元封元年（前 110），司马谈在临终之时，把自己撰写通史的愿望和积累的一些资料留给了司马迁。司马迁郑重地接受了这份宝贵遗产，并表示了“请悉论先人所次旧闻，弗敢阙”的决心。

三年以后，即汉武帝元封三年（前108），司马迁继任为太史令。他得到检读国家所藏图书、档册和文件的便利，于是“紬史记石室金匮之书”，广泛地搜集了文献资料，并结合自己到各地游历访问所采集的口传资料进行研究。他又参加了汉朝廷的一些兴革事宜，丰富了政治实践的知识。经过这样多方面的努力，司马迁为撰写一部两世倾注精力的通史著作做好了准备。大约在武帝太初年间，司马迁开始了撰史工作。天汉三年（前98），汉武帝借司马迁为李陵辩护而加以罪名，对其处以“腐刑”。太始元年（前96），汉武帝又任命司马迁为中书令，这在当时是由宦者担任的职务，虽则“尊宠任职”，然而司马迁自认为已处于一种“无益于俗”的屈辱生活之中。可是他为了实现父亲的遗愿，也为了把自己一生所见所闻的历史面貌以及自己的观点和理想留传给后世，又因为受到古人发愤著述的鼓舞，所以不顾屈辱，毅然将撰史工作继续下去。大约在征和二年（前91），司马迁基本上完成了自己多年辛勤劳作的这部史学名著。不久，司马迁就离开了人世，其具体卒年已无从查考了。司马迁死后，这部著作稍有传布。到汉宣帝时，司马迁的外孙平通侯杨恽“祖述其书，遂宣布焉”。《史记》共130篇，包括本纪12篇，表10篇，书8篇，世家30篇，列传70篇。后其书有缺，即《汉书》的《司马迁传》和《艺文志》中所说十篇有录无书，到汉元帝和成帝时由褚少孙补撰，并附缀以汉武帝天汉以后史事。

《史记》是我国纪传体史书的开创性著作，也是汉武帝大一统政权的产物，在我国文化史上产生了巨大影响。司马迁把本纪、世家、表、书（志）、列传五种不同的体裁统一在一部书内，创立了一种便于反映时代特点的崭新史体。《史记》的内容不仅有政治、军事，也有社会经济、学术文化和宗教活动。不仅有帝王将相的事迹，也有社会上各种类型人物的成就与建树。不仅有汉族的纪事，也有汉族以外少数民族的专传。司马迁把各方面的情况统一包容在这一部巨著之内，使之成为统一帝国的一座文化宝库。正因为如此，我们这个选本是从下面三个方面考虑编选的：一是所选篇章既要考虑到史事内容，也尽量照顾到各种体裁。二是希望能反映司马迁这一伟大史学家的生平、思想和学术成就。三是特别突出了那些在波澜壮阔的历史运动中的典型人物及重要典章制度的篇章。不过，选本终因篇幅所限，又囿于编选者的水平，所选各篇未必都很恰当。

《史记》的旧注，据说以东汉延笃的《音义》为最古，但久佚不存。今存旧注以南朝宋裴骃的《集解》为最早，继起者是唐张守节的《正义》和司马贞的《索隐》，一般惯称三家注，原来都单刻印行，北宋时始散注于正文之下。这个选本没有全录三家注，而只是参酌和吸取了它的某些注解，我们另外增加了三家注未有的若干注释。注释重点放在人名、地名、典章制度等方面，也注意了对一些疑难语句的注解和通释，以便使读者更容易阅读。注解注意吸收前人的成果，力求简而不繁；间存异说，但不广征博引。

《史记》古本仅有断简残卷。三家注本全者当以南宋绍熙年间黄善夫本为第一。涵芬楼百衲本二十四史的《史记》即据此本影印。明代廖铠、柯维熊、王延喆、朱惟焯四本，都从黄善夫本出，而不如原本之善。明代尚有嘉靖、万历年间南北监刻的二十一史本和毛晋汲古阁刻的十七史本等多种。清代通行的是乾隆四年武英殿刻的二十四史本，通称殿本。还有各种据殿本覆刻、翻印和影印的本子。同治五年至九年间，金陵书局印行了由清代校勘学家张文虎等人校刊的《史记集解索隐正义合刻本》一百三十卷。这个校本是清代后期校刊精审的善本，后来简称为金陵局本。新中国成立后，中华书局的标点本就是以金陵局本为底本，又进行合理编排，分段标点，成为目前较完善的本子，这个选注本的《史记》原文就是以中华书局标点本为底本的。

这个选注本是我们和南开大学的孙香兰、孙立群、刘敏及天津师范大学的安砚方等先生集体编选的，并由我们做了最后的定稿工作。[①] 注释有误和其他欠缺不足之处，都应由我们负责，我们真诚地期待着各方面专家和广大读者的批评指正。

来新夏　王连升

1995 年 12 月

① 按，本书再版时删减了部分篇章，译文部分由编辑部另外组织人编写。

目录

CONTENTS

殷本纪

【原 文】

殷契[①]，母曰简狄[②]，有娀氏之女[③]，为帝喾次妃[④]。三人行浴，见玄鸟堕其卵[⑤]，简狄取吞之，因孕生契。[⑥]契长而佐禹治水有功。帝舜乃命契曰："百姓不亲，五品不训[⑦]，汝为司徒而敬敷五教[⑧]，五教在宽。"封于商[⑨]，赐姓子氏。契兴于唐、虞、大禹之际，功业著于百姓，百姓以平。[⑩]

【译 文】

殷契，他的母亲叫简狄，是有娀氏之女、帝喾的次妃。三人外出洗澡，看见一只燕子落下蛋，简狄捡起来吃了，于是怀孕生下了契。契长大以后辅佐禹治水有功。帝舜于是任命契说："百姓之间不亲睦，伦常关系不顺，你担任司徒，要恭谨地推行五种伦理教化，这五种教化要以宽厚为本。"把商地封给他，赐姓子氏。契兴起于唐尧、虞舜、大禹的时代，在百姓心中功勋卓著，百姓因此生活安定。

注 释

❶契（xiè）：一作"偰""卨"，或称玄王。商族始祖。 ❷狄：又作"易"，易、狄古音同，又作"逷"。 ❸有娀（sōng）氏：古部族名，居于今山西运城一带。 ❹帝喾（kù）：传说中"五帝"之一。喾是名，兴起于高辛地方，故号高辛氏。 ❺玄鸟：燕子。 ❻简狄取吞之，因孕生契：简狄吞玄鸟卵生契事，本于《诗经·商颂·玄鸟》，此神话反映"知其母不知其父"的母系氏族公社的情况。 ❼五品：五伦，指君臣、父子、夫妇、兄弟、朋友五种伦常关系。训：顺。 ❽司徒：掌教化。后金文多作"司土"，为管土地和人民的长官。五教：

五种人伦的教育，即父子有亲，君臣有义，夫妇有别，长幼有序，朋友有信。❾商：在今河南商丘北。 ❿平：安宁。

【原 文】

契卒，子昭明立。昭明卒，子相土立。[①]相土卒，子昌若立。昌若卒，子曹圉立。曹圉卒，子冥立。[②]冥卒，子振立。[③]振卒，子微立。[④]微卒，子报丁立。[⑤]报丁卒，子报乙立。报乙卒，子报丙立。报丙卒，子主壬立。[⑥]主壬卒，子主癸立。[⑦]主癸卒，子天乙立，是为成汤。[⑧]

【译 文】

契死后，儿子昭明继位。昭明死后，儿子相土继位。相土死后，儿子昌若继位。昌若死后，儿子曹圉继位。曹圉死后，儿子冥继位。冥死后，儿子振继位。振死后，儿子微继位。微死后，儿子报丁继位。报丁死后，儿子报乙继位。报乙死后，儿子报丙继位。报丙死后，儿子主壬继位。主壬死后，儿子主癸继位。主癸死后，儿子太乙继位，这就是成汤。

注 释

❶相土：商族的先公，为商汤十一世祖。 ❷冥：相传曾任司空，勤于官事，死于水中，殷人用郊祀祭奠他。 ❸振：《世本》作“核”，《古本竹书纪年》和甲骨文作王亥。 ❹微：甲骨文作“上甲”。微是名，上甲是庙号，这是因为微死于甲日。微是商汤六世祖。商合祭历代先公时，多自上甲微始。 ❺报丁：据王国维等依甲骨文考证，报丁应在报丙之后。 ❻主壬：甲骨文作“示壬”。❼主癸：甲骨文作“示癸”。 ❽成汤：又称武汤、天乙、大乙、成唐。甲骨文作“唐”“大乙”。商族领袖，任用伊尹为相，力修内政，积蓄力量，先灭掉夏的与国韦、顾、昆吾等，后灭夏，建立商朝。

【原 文】

成汤[1]，自契至汤八迁。[2]汤始居亳[3]，从先王居，作《帝诰》。[4]

【译 文】

（成汤），从契到汤一共八次迁都。到汤时才开始定都于亳，祖先曾经居住在这里，汤作《帝诰》。

注 释

❶成汤：上文有“是为成汤”，此处不应再出“成汤”二字。梁玉绳《史记志疑》说这是传写《书序》原文时误增的。 ❷八迁：八次迁都。 ❸亳(bó)：商汤时的都城。 ❹帝诰：《尚书》篇名，亡佚。

【原 文】

汤征诸侯，葛伯不祀[1]，汤始伐之。汤曰：“予有言：人视水见形，视民知治不。”伊尹曰[2]：“明哉！[3]言能听，道乃进。君国子民[4]，为善者皆在王官。勉哉，勉哉！”汤曰：“汝不能敬命，予大罚殛之[5]，无有攸赦。”[6]作《汤征》。[7]

【译 文】

汤征讨诸侯。葛伯不祭祀，汤开始征讨他。汤说：“我说过这样的话：人在水中看到自己的形象，观察百姓能知道治理得是否好。”伊尹说：“圣明啊！能听取别人的意见，道德才会进步。治理国家和人民，做好事的人都在帝王身边做官。努力吧，努力吧！”汤说：“你们如果不听我的命令，我会用最严厉的刑罚杀死你们，不会赦免。”汤作《汤征》。

注 释

❶葛伯：夏的属邦，嬴姓，故城在今河南宁陵北。祀：祭祀，古人视为国之

大事。❷伊尹：名挚，曾助汤灭夏，又佐卜丙（即外丙）、仲壬和太甲诸王，是商初名臣。❸明：古音 méng，勉。“明哉”与下文“勉哉”义同。❹君：主宰，治理，用作动词。子：爱如子，用作动词。❺殛（jí）：杀。❻攸：所。❼《汤征》：《尚书》篇名，亡佚。

【原 文】

伊尹名阿衡。①阿衡欲奸汤而无由②，乃为有莘氏媵臣③，负鼎俎④，以滋味说汤⑤，致于王道。⑥或曰：伊尹处士⑦，汤使人聘迎之，五反然后肯往从汤⑧，言素王及九主之事。⑨汤举任以国政。伊尹去汤适夏⑩。既丑有夏⑪，复归于亳。入自北门，遇女鸠、女房⑫，作《女鸠》《女房》。⑬

【译 文】

伊尹的官名是阿衡。阿衡想要求见汤却没有门路，于是成为有莘氏女子陪嫁的奴仆，背着厨具，向汤讲解烹调的道理，达成仁政。有人说，伊尹是隐士，汤派人聘请迎接他，往返五次伊尹才肯跟随汤，讲述素王和九主的事情。汤任用伊尹来管理国政。伊尹离开汤去夏都。他厌恶夏朝，又回到亳。从北门进入城中，遇到汤的两位贤臣女鸠、女房，于是作《女鸠》《女房》。

注 释

❶阿衡：官名，王左右的重臣。此以官为名。❷奸（gān）：通“干”，求见。❸有莘（shēn）氏：古部族名，居地在今山东定陶西。媵（yìng）臣：陪嫁的奴仆。❹鼎俎（zǔ）：炊食用具。❺滋味：指以烹调的事做比喻。说汤：向汤讲解。❻致：达到。王道：指仁政。❼处士：隐士。❽反：通“返”，往返。❾素王：有王者之德但无王位的人。九主：各家解释不同，都是臆测。按素王、九主之说，是战国时人所造，殷代无此说。❿适：去到，归向。⓫丑：恶。⓬女鸠、女房：商汤的两个贤臣。⓭《女鸠》《女房》：

《尚书》篇名，亡佚。

【原 文】

汤出，见野张网四面，祝曰[1]："自天下四方皆入吾网。"[2]汤曰："嘻，尽之矣！[3]"乃去其三面[4]，祝曰："欲左，左。欲右，右。不用命[5]，乃入吾网。"诸侯闻之，曰："汤德至矣，及禽兽。"

【译 文】

汤出去，看见野外有人在四个方向张网，祈祷说："从天下四方来的猎物都进入我的网中。"汤说："唉，这样就把鸟都捕捉尽了！"于是把网的三面打开，并祷告说："想去左边的，向左。想去右边的，向右。不遵从命令的，进入我的网中。"诸侯听说以后，说："汤的德行已经达到最高境界了，都惠及禽兽了。"

注 释

❶祝：祈祷。 ❷天下：上下。 ❸尽之矣：把鸟都捕捉尽了。 ❹去其三面：把网的三面打开，即成语"网开三面"的语源。意思是把捕捉禽兽的网打开三面，用以比喻对罪犯从宽处理，给以改过自新的出路。 ❺不用命：不遵从命令。

【原 文】

当是时，夏桀为虐政淫荒，而诸侯昆吾氏为乱。[1]汤乃兴师率诸侯，伊尹从汤，汤自把钺以伐昆吾[2]，遂伐桀。汤曰："格女众庶[3]，来，女悉听朕言。[4]匪台小子敢行举

【译 文】

在这个时候，夏桀施行暴政荒淫无道，而诸侯昆吾氏作乱。于是汤发兵率领诸侯前去讨伐，伊尹跟随汤，汤亲自手持斧钺攻打昆吾，于是攻打夏桀。汤说："你们这些人，来，都听我说。不是我敢叛乱，（实在是）夏朝的罪恶深重，我也听你们说，夏朝有罪。我对上

乱[5]，有夏多罪，予维闻女众言[6]，夏氏有罪。予畏上帝，不敢不正。[7]今夏多罪，天命殛之。今女有众，女曰：'我君不恤我众，舍我啬事而割政。'"[8]女其曰：'有罪，其柰何？'夏王率止众力[9]，率夺夏国。[10]有众率怠不和[11]，曰：'是日何时丧？[12]予与女皆亡！'夏德若兹[13]，今朕必往。尔尚及予一人致天之罚[14]，予其大理女。[15]女毋不信，朕不食言。女不从誓言，予则帑僇女[16]，无有攸赦。"以告令师，作《汤誓》。于是汤曰"吾甚武"，号曰武王。

天心存敬畏，不敢不去征讨。现今夏桀罪孽深重，老天要灭亡他。现今你们大家都说：'我们的君主不体恤我们这群老百姓，舍弃农桑之事，推行暴政。'你们说：'夏朝有罪，又能拿他怎样呢？'夏桀竭全国之力（为自己一人效劳），搜刮夏国境内的奇珍异宝。大家怠惰并反抗他，说：'这个太阳什么时候才能消亡？我们情愿和你同归于尽！'夏朝命数已经沦落到如此田地了，现今我必定前去征讨。倘若你们跟从我执行老天的惩罚，我对你们重重有赏。你们不要心存疑虑，我不会不守承诺。如果你们不服从誓言，我就诛灭你们和你们的子女，绝不赦免。"汤用这些话号令全军，作《汤誓》。在这个时候，汤说"我十分勇武"，号称武王。

注释

❶昆吾氏：吾或作"吴"。夏同盟部落，己姓，在今河南许昌东，相传善于制造陶器和铸造铜器。 ❷钺（yuè）：大斧。 ❸格：来。女：通"汝"，你们。以下数见皆同。众庶：众民。此处意犹今语"大家""诸位"。 ❹朕（zhèn）：古人自称之词，自秦始皇起，专用作皇帝自称。 ❺匪：非，不是。台（yí）：我。小子：此处是汤自己的谦称。举乱：发动变乱。 ❻维：通"惟"，虽然。 ❼正：通"征"，征讨。 ❽舍：废弃。啬事：农事。割：割剥，害。割政：有害于民之政。 ❾率：此处及下文的"率"字，均为助词，无义。止：完，尽。众力：民力。 ❿夏国：谓居于夏邑的人民。 ⓫怠：怠

惰。 不和：不与夏王和睦相处，即反抗。 ⑫日：太阳，此指夏桀，因桀自比太阳。 ⑬若兹：如此。 ⑭尚（tǎng）：通“倘”，倘若。及：跟从。予一人：汤自称，殷、周之王多如此自称。致：行。 ⑮理：赞许。 ⑯帑：又作“拏（拿）”，此处借为“奴”。僇：杀，辱。

【原 文】

桀败于有娀之虚，桀奔于鸣条[①]，夏师败绩。汤遂伐三嵕[②]，俘厥宝玉[③]，义伯、仲伯作《典宝》。[④]汤既胜夏，欲迁其社，不可，作《夏社》。[⑤]伊尹报。于是诸侯毕服。汤乃践天子位，平定海内。

【译 文】

桀在有娀氏的故地战败，逃亡至鸣条，夏军战败。汤于是讨伐三国，获得了那里的宝玉，义伯、仲伯因此作《典宝》。商汤战胜夏桀后，想迁移社神，没能实现，于是作《夏社》。伊尹向汤报告。在这个时候诸侯全都归顺汤，汤于是登上君主之位，平定四海之内。

注 释

❶鸣条：在今河南封丘东。 ❷三嵕（zōng）：在今山东定陶北。 ❸俘：获取。厥：其，代词，他们。 ❹义伯、仲伯：汤臣。《典宝》：《尚书》篇名，亡佚。 ❺夏社：《尚书》篇名，亡佚。

【原 文】

汤归至于泰卷陶[①]，中𤸆作诰。[②]既绌夏命[③]，还亳，作《汤诰》[④]：“维三月，王

【译 文】

汤在返回的途中路过泰卷，大臣仲虺作了一篇诰。汤已经推翻了夏朝，返还至亳，作了《汤诰》一篇：“三月，王亲自来到东郊。（他）诏告各诸侯国的君主说：

自至于东郊。告诸侯群后[5]：‘毋不有功于民，勤力乃事。[6]予乃大罚殛女，毋予怨。’曰：‘古禹、皋陶久劳于外[7]，其有功乎民[8]，民乃有安。东为江[9]，北为济，西为河，南为淮，四渎已修，万民乃有居。后稷降播[10]，农殖百谷。三公咸有功于民[11]，故后有立。昔蚩尤与其大夫作乱百姓[12]，帝乃弗予[13]，有状[14]，先王言不可不勉。’曰：‘不道[15]，毋之在国[16]，女毋我怨。’”以令诸侯。伊尹作《咸有一德》[17]，咎单作《明居》。[18]

‘不要对百姓毫无功绩，勤勉于你们的事情。否则我将重重地责罚你们，你们不要怨恨我。’他又说：‘古时候的禹、皋陶长年累月在外面劳作，他们对百姓有功绩，百姓才得以安定。他们在东面治理长江，在北面治理济水，在西面治理黄河，在南面治理淮水，治理好四条大河以后，百姓才有了居住的地方。后稷教导百姓耕种，人们才知道种植各种庄稼。他们三位都对百姓有功绩，所以他们的后代才能创立国家。从前蚩尤和他的大臣们对百姓胡作非为，上天于是不保佑（他），（这些）都是有迹可循的真实事件。先代圣王的话不可以不用来勉励自己。’他又说：‘为政无道，就不能保有君位，你们也不要怨恨我。’”他用这命令诸侯。伊尹作了一篇《咸有一德》，咎单作了一篇《明居》。

注释

❶泰卷：即大坰（jiōng），今山东定陶。陶：衍字。 ❷中𤇯（lěi）：即汤臣仲虺。相传是夏车正奚仲后裔，居于薛（今山东滕州南），夏桀时奔商，汤用为相，佐汤灭夏。诰：指《仲虺之诰》，《尚书》篇名。亡佚。 ❸绌（chù）：通“黜”，贬斥、废除。 ❹《汤诰》：《尚书》篇名。与晚出伪《古文尚书·汤诰》不同。 ❺后：君主。 ❻乃：你们的。 ❼皋陶（gāoyáo）：相传是舜时管理治安的官。 ❽乎：于。 ❾江：疑是“海”之误。 ❿后稷：名弃，周的始祖。相传舜时为农师，善农耕，教民耕种，天下得其利。 ⓫三公：指禹、皋陶、后稷。 ⓬蚩尤：苗族首领，后作乱，被黄帝征服，此传说见《尚书·吕

刑》。⑬帝：天。弗子：不保佑。⑭有状：有明显的迹象。⑮不道：无道。⑯在国：保有君位。⑰《咸有一德》：《尚书》篇名，亡佚。⑱咎单：汤臣，负责土地，相传曾作《明居》，以明居民之法。《明居》：《尚书》篇名，亡佚。

【原 文】

汤乃改正朔[1]，易服色，上白。[2]朝会以昼。

【译 文】

商汤于是变更历法，更换服饰的颜色，崇尚白色，群臣在白天朝见天子。

注 释

❶正：正月。朔：初一。相传古代新朝代建立，往往改变正朔，实行新历法，如夏正以建寅之月（今阴历正月）为岁首，商代改为建丑之月（今阴历十二月）为岁首。❷上白：崇尚白色。

【原 文】

汤崩，太子太丁未立而卒，于是乃立太丁之弟外丙[1]，是为帝外丙。帝外丙即位三年，崩，立外丙之弟中壬，是为帝中壬。[2]帝中壬即位四年，崩，伊尹乃立太丁之子太甲，太甲，成汤适长孙也[3]，是为帝太甲。帝太甲元年，伊尹作《伊训》，作《肆命》，作《徂后》。[4]

【译 文】

商汤驾崩之后，太子太丁还没来得及继位就死去了，于是就立太丁的弟弟外丙为帝，这就是帝外丙。帝外丙在位三年，驾崩了，（接着）立外丙的弟弟中壬为帝，这就是帝中壬。帝中壬在位四年，驾崩了，伊尹于是立太丁的儿子太甲为帝。太甲是成汤的嫡长孙，即帝太甲。帝太甲元年，伊尹作了一篇《伊训》，一篇《肆命》及一篇《徂后》。

注释

❶外丙：甲骨文作“卜丙”。 ❷中壬：又作“仲壬”。或说甲骨文中的“南壬”就是中壬。 ❸适（dí）：通“嫡”，正妻。正妻所生之子为嫡子。适长孙：嫡长子所生之长子。 ❹《伊训》《肆命》《徂后》：均为《尚书》篇名，亡佚。

【原文】

帝太甲既立三年，不明，暴虐，不遵汤法，乱德，于是伊尹放之于桐宫。①三年，伊尹摄行政当国②，以朝诸侯。

【译文】

帝太甲在位三年，政治不清明，为人残暴肆虐，不遵从商汤制定的法度，道德败坏，于是伊尹将他流放到桐宫。在太甲流放的三年中，伊尹代行天子职权处理朝政，接受诸侯的觐见。

注释

❶桐宫：商王的离宫，在今山西万荣西。 ❷摄：代理。当国：掌握国家政权。

【原文】

帝太甲居桐宫三年，悔过自责，反善，于是伊尹乃迎帝太甲而授之政①；帝太甲修德，诸侯咸归殷②，百姓以宁。伊尹嘉之，乃作《太甲训》三

【译文】

帝太甲在桐宫居住了三年，忏悔过错，并责备自己，返回善道，于是伊尹便迎回帝太甲，并将国政交还给他。帝太甲修习德行，诸侯们都归顺于他，百姓因此安居乐业。伊尹赞许他的做法，于是作了《太甲训》三篇，用以赞美帝

篇[3]，褒帝太甲，称太宗。[4]

太甲，在文中将他尊称为太宗。

注释

❶伊尹乃迎帝太甲而授之政：此事有二说：一见《尚书·太甲》《左传·襄公二十一年》《孟子·万章上》，说伊尹流放了太甲，太甲悔过，又迎立他为商王，《史记·殷本纪》本于此。一见《古本竹书纪年》，谓仲壬死后，伊尹流放太甲，篡位自立，七年后太甲自桐宫潜回，杀伊尹。《孟子》之说较可信。❷咸：皆，都。❸《太甲训》：《尚书》篇名，亡佚。❹太宗：第二代帝王的称号。太甲父未立而卒，太甲以汤之嫡长孙而立，故称太宗。

【原文】

太宗崩，子沃丁立。[1]帝沃丁之时，伊尹卒。既葬伊尹于亳，咎单遂训伊尹事[2]，作《沃丁》。[3]

【译文】

太宗死了以后，他的儿子沃丁继位。帝沃丁在位时期，伊尹死了。把伊尹安葬在亳以后，咎单于是述说伊尹的事迹给后人，作了《沃丁》这篇文章。

注释

❶沃丁：甲骨文作“羌丁”。❷训：述说，称道。❸《沃丁》：《尚书》篇名，亡佚。

【原 文】

沃丁崩，弟太庚立，是为帝太庚。帝太庚崩，子帝小甲立。帝小甲崩，弟雍己立[①]，是为帝雍己。殷道衰，诸侯或不至。

【译 文】

沃丁死之后，弟弟太庚继位，即帝太庚。帝太庚死之后，他的儿子帝小甲继位。帝小甲死之后，他的弟弟雍己继位，这就是帝雍己。这时殷商国势衰微没落，有些诸侯不来觐见了。

注 释

❶雍己：据甲骨文，位在太戊后，中丁前。

【原 文】

帝雍己崩，弟太戊立，是为帝太戊。帝太戊立伊陟为相[①]，亳有祥桑谷共生于朝[②]，一暮大拱。[③]帝太戊惧，问伊陟。伊陟曰："臣闻妖不胜德，帝之政其有阙与？[④]帝其修德。"太戊从之，而祥桑枯死而去。伊陟赞言于巫咸。[⑤]巫咸治王家有成，作《咸艾》[⑥]，作《太戊》。帝太戊赞伊陟于庙，言弗臣。[⑦]伊陟让[⑧]，作《原命》。[⑨]殷复兴，诸

【译 文】

帝雍己死之后，他的弟弟太戊继位，这就是帝太戊。帝太戊将伊尹子任命为相。亳都的朝堂有桑树和谷树合长一处的怪异现象，一晚长得有两手合围那么粗。帝太戊对此感到恐惧，便问伊陟。伊陟说："我听说怪异的事物无法战胜德行，您的政务还有什么不足之处吗？您努力修习德行吧。"太戊听从了他的建议，那棵怪异的桑树就枯萎死去了。伊陟在巫咸面前说到这件事时赞口不绝。巫咸治理王室也功绩斐然，作了一篇《咸艾》，作了一篇《太戊》。帝太戊在宗庙前称赞伊陟，言语之中不把他作为臣子看待，伊陟推辞谦让，作了一篇《原命》。殷商重新振兴起来，诸侯都来

侯归之，故称中宗。[10]

归附他，因此太戊被尊称为中宗。

注释

❶伊陟（zhì）：伊尹子，一说伊尹孙。 ❷祥：妖，怪异。桑：桑树。谷：谷树。 ❸一暮大拱：一晚长得有两手合围那么粗。 ❹阙：通“缺”，缺点。与：通“欤”，表示语气，义同表示疑问的语气词“吗”。 ❺赞言：告诉。巫咸：商臣。甲骨文有咸戊，有人以为即巫咸，或说是神农、黄帝、尧时人，是卜筮的创始者。 ❻《咸艾》：与下文《太戊》都是《尚书》篇名，亡佚。 ❼言弗臣：说伊陟功大尊高，不可像对一般大臣那样对他。 ❽让：谦让。 ❾《原命》：《尚书》篇名，亡佚。 ❿中宗：据甲骨文和《古本竹书纪年》，中宗是祖乙，不是太戊，此误。

【原文】

中宗崩，子帝中丁立。[1]帝中丁迁于隞。[2]河亶甲居相。[3]祖乙迁于邢。[4]帝中丁崩，弟外壬立[5]，是为帝外壬。《仲丁》书阙不具。[6]帝外壬崩，弟河亶甲立，是为帝河亶甲。河亶甲时，殷复衰。

【译文】

中宗死之后，他的儿子帝中丁继位。帝中丁迁都至隞。河亶甲又迁都至相。祖乙迁都至邢。帝中丁死之后，他的弟弟外壬继位，这就是帝外壬。中丁的记载在《尚书》中残缺不全。帝外壬死之后，他的弟弟河亶甲继位，这就是帝河亶甲。河亶甲在位期间，殷商的国势再次衰微没落。

注释

❶中丁：又作“仲丁”。 ❷隞（áo）：也作“嚣”或“敖”（二字古通用），在今河南荥阳北敖山南。 ❸河亶甲：甲骨文作“戋甲”，或作“整甲”。相：

在今河南内黄南。 ❹邢（gěng）：也作“耿”，今地说法不一。 ❺外壬：甲骨文作“卜壬”。 ❻《仲丁》是《尚书》篇名。不具：不具备，不存在。司马迁时《仲丁》已亡佚，故曰“不具”。

【原 文】

河亶甲崩，子帝祖乙立。[1]帝祖乙立，殷复兴。巫贤任职。[2]

【译 文】

河亶甲死之后，他的儿子帝祖乙继位。帝祖乙继位之后，殷商又兴盛起来，巫咸子当权。

注 释

❶祖乙：据甲骨文应为仲丁子，此谓为河亶甲子，误。 ❷巫贤：巫咸子。

【原 文】

祖乙崩，子帝祖辛立。帝祖辛崩，弟沃甲立[1]，是为帝沃甲。帝沃甲崩，立沃甲兄祖辛之子祖丁，是为帝祖丁。帝祖丁崩，立弟沃甲之子南庚[2]，是为帝南庚。帝南庚崩，立帝祖丁之子阳甲[3]，是为帝阳甲。帝阳甲之时，殷衰。

【译 文】

祖乙死之后，他的儿子帝祖辛继位。帝祖辛死之后，他的弟弟沃甲继位，这就是帝沃甲。帝沃甲死之后，立沃甲的兄弟祖辛的儿子祖丁为帝，这就是帝祖丁。帝祖丁死之后，立祖丁的弟弟沃甲的儿子南庚为帝，这就是帝南庚。帝南庚死之后，立帝祖丁的儿子阳甲为帝，这就是帝阳甲。帝阳甲在位期间，殷商衰微没落了。

注释

❶沃甲：甲骨文作“羌甲”（见于省吾《甲骨文字释林·释羌甲》）。❷南庚：名更。南庚时将商都自庇（今山东郓城）迁至奄（今山东曲阜）。❸阳甲：甲骨文作“象甲”（见郭沫若《卜辞通纂·世系》），名和。曾西征。

【原文】

自中丁以来，废适而更立诸弟子，弟子或争相代立，比九世乱[1]，于是诸侯莫朝。[2]

【译文】

自从中丁继位后，经常出现废黜嫡子而改立兄弟及其儿子的现象，有时兄弟及其儿子竞相争夺帝位，接连九世都混乱不堪，在这个时期诸侯都不来朝见商王。

注释

❶比：接连。❷莫朝：不来朝见商王。

【原文】

帝阳甲崩，弟盘庚立[1]，是为帝盘庚。帝盘庚之时，殷已都河北，盘庚渡河南，复居成汤之故居，乃五迁[2]，无定处。殷民咨胥皆怨[3]，不欲徙。盘庚乃告谕诸侯大臣曰：“昔高后成汤与尔之先祖俱定天下，法则可修。[4]

【译文】

帝阳甲死之后，他的弟弟盘庚继位，这就是帝盘庚。帝盘庚在位期间，殷商已经定都黄河以北，盘庚渡黄河至黄河以南，重新定居在成汤的故居，商朝自汤至盘庚一共迁都五次，没有固定的处所。殷商百姓都叹息相互抱怨，不想再迁徙。盘庚于是晓示诸侯和大臣说：“以前成汤和你们的先祖一起安定天下，他的法规应该得以遵循。放弃他的法规却

舍而弗勉[5]，何以成德！”乃遂涉河南，治亳，行汤之政，然后百姓由宁[6]，殷道复兴。诸侯来朝，以其遵成汤之德也。

不努力学习，用什么来成就功德呢！”于是他就渡过黄河至黄河以南，修整治理亳，施行成汤时期的政令，这样之后，百姓因此而得到安定，殷商的国势重新振兴，诸侯们都来朝见君王，因为他遵循成汤时期的德行。

注释

❶盘庚：盘也作“般”，商汤的第九代孙。盘庚即王位后，为缓和国内矛盾，摆脱困境（一说因农业抛荒）而迁都。或说因地力贫乏抛荒而迁徙。 ❷五迁：指商朝自汤至盘庚的五次迁都。 ❸咨：叹息。胥：相。 ❹法则：指法规。修：研习，学习，可引申为遵循。 ❺舍：放弃。弗勉：不努力学习。 ❻由宁：因此而得到安定。

【原文】

帝盘庚崩，弟小辛立，是为帝小辛。帝小辛立，殷复衰。百姓思盘庚，乃作《盘庚》三篇。[1]帝小辛崩，弟小乙立，是为帝小乙。

【译文】

帝盘庚死之后，他的弟弟小辛继位，这就是帝小辛。帝小辛继位之后，殷商又衰微没落了。百姓都想念盘庚，于是作了《盘庚》三篇。帝小辛死了之后，他的弟弟小乙继位，这就是帝小乙。

注释

❶《盘庚》三篇：见《尚书·盘庚》，分为上、中、下三篇，内容讲盘庚迁都前后的事。

【原 文】

帝小乙崩，子帝武丁立。[①]帝武丁即位，思复兴殷，而未得其佐。三年不言，政事决定于冢宰[②]，以观国风。武丁夜梦得圣人，名曰说。[③]以梦所见视群臣百吏[④]，皆非也。于是乃使百工营求之野[⑤]，得说于傅险中。[⑥]是时说为胥靡[⑦]，筑于傅险。见于武丁，武丁曰："是也。"得而与之语，果圣人，举以为相，殷国大治。故遂以傅险姓之，号曰傅说。

【译 文】

帝小乙死了之后，他的儿子帝武丁继位。帝武丁在位期间，想要重新振兴殷商，却没有找到合适的辅佐之臣。他多年没有发布政令，政事都由冢宰决断，他借此机会察看国风民情。武丁有一天晚上梦见一位圣人，名叫说。他依照梦中看到的圣人的样子观察文武百官，都不是那个人。在这种情形下，他就派百官到民间去寻找，在傅险找到了说。这个时候说是个罚作苦役的刑徒，在傅险筑城。说被带去见武丁，武丁说："就是这个人。"获得这个人后武丁和他交谈，发现他果然是个圣人，（就）任用他为相，殷商（于是）太平安定。所以就用傅险作为他的姓氏，称为傅说。

注释

❶武丁：又称殷武。名昭。其父小乙时，曾将昭放于民间，使之知道稼穑的艰难和百姓的疾苦。 ❷冢宰：官名，出于《周礼》，殷时无此名，职掌相当于后来的宰相。 ❸说（yuè）：即傅说。是殷王武丁的贤佐。 ❹视：察看。 ❺百工：古文献和金文中均见"百工"一词，其含义不同，此处指百官。 ❻傅险：又作"傅岩"，在今山西平陆东。 ❼胥靡：罚作苦役的刑徒。

【原文】

帝武丁祭成汤，明日，有飞雉登鼎耳而呴[1]，武丁惧。祖己曰[2]：“王勿忧，先修政事。”祖己乃训王曰：“唯天监下典厥义[3]，降年有永有不永[4]，非天夭民[5]，中绝其命。民有不若德[6]，不听罪[7]，天既附命正厥德[8]，乃曰其柰何。呜呼！王嗣敬民[9]，罔非天继[10]，常祀毋礼于弃道。[11]”武丁修政行德，天下咸欢，殷道复兴。

【译文】

帝武丁祭祀成汤，第二天，有野鸡飞在鼎耳上鸣叫，武丁感到恐惧。祖己说：“大王不必担忧，先修整好政务。”祖己于是就对王训诫说：“上天考察下民主要看他们是否以义为常道，人的寿命有长有短，不是上天使民夭折，而是他们自己中途断绝了他们的命数。有的人不顺于德，不改正自身的过错，上天已经降命匡正他们的德行，（这个时候）才说该怎么办呢。唉！君王的子嗣们尊重民意，他们没有不是（意为都是）上天的后代，武丁祭汤之礼，不应更丰于祭其考小乙之庙。”武丁修整政务，施行仁德，天下百姓都高兴愉悦，殷商的国势再次兴盛起来。

注释

❶雉（zhì）：野鸡。呴（gòu）：鸡鸣。 ❷祖己：武丁时的贤臣。 ❸监：视。下：下民。典：常道，常法。典厥义：以义为常道。 ❹降年：指人的寿命。永：长。 ❺夭民：使民夭折。 ❻若：顺。不若德：不顺于德，亦即不义。 ❼听：服。不听罪：不服罪，引申为不改正。 ❽附：与“敷”“布”同。附命：犹言降命。 ❾嗣：通“司”，主。敬民：尊重民意，谓对人民不要剥削太重。 ❿罔：无。继：继承人，后代。 ⓫常祀毋礼于弃道：《尚书·高宗肜日》作“典祀无丰于昵”。典祀，此处作“常祀”，指祭先祖成汤。昵：亲近，马融解为“考”（已死之父），指祢庙。这句的意思是武丁祭汤之礼，不应更丰于祭其考小乙之庙。金文“丰”字与“礼”字常混，故此篇误为“礼”。

【原 文】

帝武丁崩，子帝祖庚立。祖己嘉武丁之以祥雉为德①，立其庙为高宗，遂作《高宗肜日》②及《训》。③

【译 文】

帝武丁死之后，他的儿子帝祖庚继位。祖己赞赏武丁因野鸡飞来的怪异现象而推行德政，为他修建宗庙，把他称作高宗，于是作了一篇《高宗肜日》和一篇《高宗之训》。

注 释

❶祥雉：指上述“飞雉登鼎耳而呴”。 ❷肜（róng）：祭祀名，祭祀后的第二天又祭。《高宗肜日》：《尚书》篇名。 ❸训：即《高宗训》，《尚书》篇名，亡佚。

【原 文】

帝祖庚崩，弟祖甲立，是为帝甲。帝甲淫乱，殷复衰。

【译 文】

帝祖庚死之后，他的弟弟祖甲继位，这就是帝甲。帝甲放纵无度，殷商再次衰微没落。

【原 文】

帝甲崩，子帝廪辛立。①帝廪辛崩，弟庚丁立②，是为帝庚丁。帝庚丁崩，子帝武乙立。③殷复去亳，徙河北。④

【译 文】

帝甲死之后，他的儿子帝廪辛继位。帝廪辛死之后，他的弟弟庚丁继位，这就是帝庚丁。帝庚丁死之后，他的儿子帝武乙继位。殷商再次离开亳，迁至黄河以北。

注释

❶廪辛：《古本竹书纪年》作“冯辛”。 ❷庚丁：甲骨文作“康丁”。 ❸武乙：甲骨文作“武祖乙”，名瞿。 ❹徙河北：按《古本竹书纪年》，自盘庚迁殷至纣之灭，更不徙都，这一说法已为考古发掘所证实。

【原文】

帝武乙无道，为偶人[①]，谓之天神。与之博[②]，令人为行。[③]天神不胜，乃僇辱之[④]，为革囊，盛血，卬而射之。[⑤]命曰“射天”。武乙猎于河渭之间，暴雷，武乙震死。子帝太丁立。[⑥]帝太丁崩，子帝乙立。帝乙立，殷益衰。

【译文】

帝武乙不行正道，用土木制作成俑，将它称为天神。他和这个木偶人赌博，叫人代替偶人进行游戏。天神不能赢，就杀死它。他又制作皮囊，在里面盛满血，仰头朝它射箭，将这种行为命名为“射天”。武乙在黄河和渭水之间狩猎，突然响雷，把武乙震死了。他的儿子帝太丁继位。帝太丁死之后，他的儿子帝乙继位。帝乙继位之后，殷商的国势更加衰微没落了。

注释

❶偶人：土木做的俑。 ❷博：古代一种赌博性质的游戏，其方式与下棋相似。 ❸令人为行：叫人代替偶人进行。 ❹僇辱：杀死。 ❺卬（yǎng）：通“仰”。 ❻太丁：《古本竹书纪年》作“文丁”，甲骨文作“文武丁”。

【原 文】

帝乙长子曰微子启，启母贱[1]，不得嗣。少子辛，辛母正后，辛为嗣。帝乙崩，子辛立，是为帝辛，天下谓之纣。

【译 文】

帝乙的长子叫微子启，启的母亲身份地位卑贱，因此他不能继承（王位）。帝乙的小儿子是辛，辛的母亲是正后，因此辛是继承王位的人。帝乙死了之后，他的儿子辛继位，这就是帝辛，天下人称他为纣。

注 释

❶启母贱：谓启母是妾，不是正妻，所以按照嫡庶制，启为庶出，不得继位。

【原 文】

帝纣资辨捷疾[1]，闻见甚敏；材力过人，手格猛兽[2]；知足以距谏[3]，言足以饰非[4]；矜人臣以能[5]，高天下以声[6]，以为皆出己之下。好酒淫乐，嬖于妇人[7]。爱妲己，妲己之言是从[8]。于是使师涓作新淫声[9]，《北里》之舞[10]，靡靡之乐。[11]厚赋税以实鹿台之钱[12]，而盈钜桥之粟。[13]益收狗马奇物，

【译 文】

帝纣天赋高，口才好，反应敏捷，所见所闻都能很快接受；他身材高大，力量足，远超普通人，可以徒手将猛兽击杀；他的智慧足够用来拒绝臣下的劝谏，口才足够用来粉饰自己的错误；他因自己的才能在臣子面前骄傲不已，用声望压制天下，认为所有人都不如自己。他喜欢喝酒，放纵声色，宠爱女人。他喜爱妲己，妲己说的话他都听从。这种情况下，他让乐师涓创作放荡的乐曲，《北里》的舞蹈，颓废、淫荡的音乐。他增加赋税用来充实鹿台的钱财，同时填满钜桥的粮仓。他更加广泛地搜寻狗马

充仞宫室。⑭益广沙丘苑台⑮，多取野兽蜚鸟置其中。⑯慢于鬼神。⑰大冣乐戏于沙丘，以酒为池，县肉为林⑱，使男女倮相逐其间⑲，为长夜之饮。

和奇珍异宝，使其充盈宫室。他加倍扩建沙丘的苑台，捕捉大量野兽飞鸟投放入内。他怠慢鬼神的祭祀。他在沙丘聚集大量戏乐，用酒充当池水，将肉悬挂起来当作树林，让男女裸体在当中相互追逐，通宵达旦地饮酒作乐。

注释

❶资：天赋。辨：借为“辩”，巧言，口才好。 ❷格：抵敌，击杀。 ❸知：通“智”，智慧。距：通“拒”，拒绝，不接受。 ❹饰非：掩饰过失。 ❺矜：骄傲。 ❻声：声望。 ❼嬖（bì）：宠爱。 ❽妲（dá）己：纣的宠妃。 ❾师涓：又作“师延”，纣王的乐师。纣亡，师涓抱其乐器投入濮水而死。 ❿《北里》：古舞曲名。 ⓫靡靡（mǐ）之乐：颓废、淫荡的音乐。 ⓬鹿台：纣的钱府，在朝歌（帝乙、帝辛的别都，在今河南淇县）城中。 ⓭钜桥：纣的粮仓，在今河北平乡东南。 ⓮仞：满。 ⓯益广：更加扩大。沙丘：在今河北平乡东北。苑台：古代帝王打猎游玩的园林，内有台阁。 ⓰蜚（fēi）：通“飞”。 ⓱慢：怠慢，不敬。 ⓲县（xuán）：通“悬”。 ⓳倮：同“裸”，裸体。

【原 文】

百姓怨望而诸侯有畔者①，于是纣乃重刑辟②，有炮格之法。③以西伯昌、九侯、鄂侯为三公。④九侯有好女⑤，入之纣。九侯女不憙淫⑥，纣怒，杀之，而醢九

【译 文】

百姓怨恨责备的同时，也有反叛的诸侯，在这种情形下，纣于是加重刑罚，其中就有炮烙的酷刑。纣任命西伯昌、九侯、鄂侯为三公。九侯有个女儿美丽而又有仁德，就把她进献给了纣王。九侯的女儿不喜欢放纵淫乱，纣王很愤怒，就把她

侯。[7]鄂侯争之强，辨之疾，并脯鄂侯。[8]西伯昌闻之，窃叹。崇侯虎知之[9]，以告纣，纣囚西伯羑里。[10]西伯之臣闳夭之徒[11]，求美女奇物善马以献纣，纣乃赦西伯。西伯出而献洛西之地[12]，以请除炮格之刑。纣乃许之，赐弓矢斧钺，使得征伐，为西伯。而用费中为政。费中善谀，好利，殷人弗亲。纣又用恶来，恶来善毁谗，诸侯以此益疏。

杀了，还把九侯做成肉酱。鄂侯极力（为九侯）辩护，言辞激烈，纣王将鄂侯一起杀死做成了肉干。西伯昌听说这些事，暗地叹息。崇侯虎知道了这件事，将此事报告纣，纣就把西伯囚禁在羑里。西伯的大臣闳夭等人，搜罗美女、珍宝、良马用来进献给纣，纣于是赦免了西伯。西伯出狱后进献洛水以西的一块土地给纣王，用来请求他废除炮烙的刑罚。纣于是答应了，赏赐他弓箭和斧钺，派遣他四处征伐，任命他为西方诸侯的首领，即西伯。纣任用费中处理政事。费中善于谄媚，贪财好利，殷商的百姓都不亲睦。纣又任用恶来。恶来喜欢诋毁他人和进献谗言，诸侯因为这些更加疏远纣。

注释

❶怨望：怨恨责备。 ❷刑辟：刑法。 ❸炮格之法：相传为殷代的一种酷刑，用脂膏涂于铜柱上，下面燃烧炭火，令罪人行于柱上，堕于炭火中烧死。格：当作“烙”。 ❹西伯昌：姬昌，即周文王。九侯：一作“鬼侯”。鄂侯：一作“邘（yú）侯”。 ❺好女：谓美丽而又有仁德。 ❻憙：喜欢，悦。 ❼醢（hǎi）：古代的一种酷刑，把人做成肉酱。 ❽脯：古代的一种酷刑，把人做成肉干。 ❾崇侯虎：商的与国崇国国君。 ❿羑（yǒu）里：一作“牖里”，在今河南汤阴北。 ⓫闳夭之徒：指闳夭、太颠、散宜生等文王的辅臣，后助武王灭商，周公曾称颂他们（见《尚书·君奭》）。 ⓬洛西之地：指今陕西洛水以西之地。

【原 文】

西伯归，乃阴修德行善[1]，诸侯多叛纣而往归西伯。西伯滋大，纣由是稍失权重，王子比干谏[2]，弗听。商容贤者[3]，百姓爱之，纣废之。及西伯伐饥国[4]，灭之，纣之臣祖伊闻之而咎周[5]，恐。奔告纣曰："天既讫我殷命[6]，假人元龟[7]，无敢知吉[8]，非先王不相我后人[9]，维王淫虐用自绝，故天弃我，不有安食[10]，不虞知天性[11]，不迪率典。[12]今我民罔不欲丧[13]，曰：'天曷不降威[14]，大命胡不至？'[15]今王其奈何？"纣曰："我生不有命在天乎！"祖伊反，曰："纣不可谏矣。"西伯既卒，周武王之东伐[16]，至盟津[17]，诸侯叛殷会周者八百。诸侯皆曰："纣可伐矣。"武王曰："尔未知天命。"乃复归。

【译 文】

西伯回到自己的封地之后，暗暗地修德政，行善事，诸侯大多背叛疏远纣王，前往归附西伯。西伯的势力渐渐壮大，纣王因为这样慢慢丧失了统治权。王子比干劝谏，纣王不听从他的劝谏。商容是一个贤德的人，百姓都喜爱他，纣王罢免了他。等到西伯征伐饥国时，将其灭掉，纣的大臣祖伊听到这事之后就对周国产生厌恶之情，又感到恐惧，（他）跑去告诉纣说："上天已经结束了我殷商的命数，至德之人用大龟占卜，（上天）没有告知（他）是吉利的，不是先王不佐助我们后人，只是因为大王放纵声色，骄奢淫逸，残暴肆虐，自绝于天，所以上天抛弃了我们，让我们不能安定地吃饭，不考虑、不知道天命，就不能遵循法度。现今我们的百姓没有不想要我们灭亡的，他们都说：'上天为什么还不降下威严，天命为何还不到来？'现今大王能怎么样呢？"纣说："我的出生不就是有天命保佑吗！"祖伊回去，说："纣王已经不能接受劝谏了。"西伯死了之后，周武王前往东方征伐，来到盟津，诸侯背叛殷商与周军见面的有八百个。诸侯们都说："可以讨伐纣了。"武王说："你们不知道天命。"于是他再次回去了。

注释

❶阴：暗地。 ❷比干：纣的叔父。因谏纣，被纣剖心而死。 ❸商容：纣臣，周武王灭商后，对其里巷加以表彰。 ❹饥：古国名。在今山西长治西南。 ❺咎：厌恶。 ❻讫：止，结束。 ❼假（gé）：通“格”，至。假人：至人，能知天地吉凶。元龟：大龟，古人用以占卜。 ❽无敢知吉：没有告知是吉利的。 ❾非：不是。相：佐助。 ❿安食：安定地吃饭。 ⓫虞：考虑。 ⓬迪：蹈袭。率：循。迪率：遵循。典：法度。 ⓭罔：不，无。 ⓮曷（hé）：通“何”，为什么。 ⓯大命：天命。胡：何。此句应与“我民罔不欲丧”合观，意思是令纣灭亡的天命为什么不到。 ⓰周武王：名发，他伐纣王灭商，建立周朝。 ⓱盟津：一作“孟津”，古黄河渡口，在今河南洛阳东北。

【原文】

纣愈淫乱不止。微子数谏不听①，乃与大师、少师谋②，遂去。比干曰：“为人臣者，不得不以死争。”乃强谏纣，纣怒曰：“吾闻圣人心有七窍。”剖比干，观其心。箕子惧③，乃详狂为奴④，纣又囚之。殷之大师、少师乃持其祭乐器奔周。周武王于是遂率诸侯伐纣。纣亦发兵距之牧野。⑤甲子日，纣兵败。纣走，入登鹿台，

【译文】

纣更加放纵淫逸了。微子多次劝谏，纣都不听从，于是微子和大师、少师谋议商量之后，便离开了纣。比干说：“做人臣子的，不能不用生命来劝谏。”于是他极力劝谏纣王。纣愤怒地说道：“我听说圣人的心有七窍。”（他下令）剖开比干的胸膛，观看他的心。箕子非常恐惧，于是假装发疯做了奴隶，纣又把他囚禁起来。殷商的大师、少师就携带着他们的祭器和乐器投奔周。周武王在这种情况下就率领诸侯们讨伐纣。纣也发兵在牧野抵抗周军。甲子日，纣的士兵大败。纣逃跑，登上鹿台，穿上他的镶有宝玉的衣服，跳进火中自焚而死。周武王于

衣其宝玉衣，赴火而死。周武王遂斩纣头，县之〔大〕白旗。杀妲己。释箕子之囚，封比干之墓⑥，表商容之闾⑦。封纣子武庚禄父，以续殷祀，令修行盘庚之政。殷民大悦。于是周武王为天子。其后世贬帝号，号为王。而封殷后为诸侯，属周。

是斩下纣的头，将他悬挂在白旗上。（他下令）杀死妲己。（他）打开箕子的牢笼释放箕子，在比干的坟墓上添土，在商容居住的里巷门外对他进行表彰。他分封纣的儿子武庚禄父，用来延续殷商的祭祀香火，下令他修整施行盘庚时的政令。殷商百姓非常高兴。在这种情况下周武王成为天子。殷商后代被贬降帝号，称作王。周武王封殷商的后人为诸侯，隶属于周。

注释

❶数（shuò）：屡次，频繁。 ❷大师、少师：当为乐官。 ❸箕子：纣叔。一说纣的庶兄。 ❹详（yáng）：通“佯”，假装。 ❺距：通“拒”，抗拒，抵抗。牧野：在今河南淇县西南。 ❻封比干之墓：在比干之墓上添土。 ❼表：表彰。闾：里巷的大门。

【原 文】

周武王崩，武庚与管叔、蔡叔作乱①，成王命周公诛之，而立微子于宋②，以续殷后焉。

【译 文】

周武王死了之后，武庚和管叔、蔡叔叛乱，成王命令周公诛杀他们，同时立微子在宋做诸侯，用来延续殷商的后代。

注释

❶管叔：一作关叔。周武王弟，名鲜。周武王灭商后，封于管（今河南郑

州)，命其监视殷民。武王死，成王年幼，由周公旦辅政，管叔与蔡叔不满，便和武庚一起叛乱。周公东征三年将他们平定，杀死管叔。蔡叔：周武王弟，名度。武王灭商后，封于蔡（今河南上蔡西南），命其监视殷民，因与管叔、武庚叛乱，被周公放逐。 ❷宋：在今河南商丘。

【原 文】

太史公曰：余以《颂》次契之事[1]，自成汤以来，采于《书》《诗》。[2]契为子姓，其后分封，以国为姓[3]，有殷氏、来氏、宋氏、空桐氏、稚氏、北殷氏、目夷氏。孔子曰，殷路车为善[4]，而色尚白。

【译 文】

太史公说：我按照《商颂》的顺序来编次契的事迹，自成汤以后的史料，取自《尚书》《诗经》。契为子姓，他的后代受分封，用国名来当作姓，有殷氏、来氏、宋氏、空桐氏、稚氏、北殷氏、目夷氏。孔子说，殷人君主和诸侯乘坐的车子很好，并且崇尚白色。

注 释

❶《颂》：指《诗经·商颂》。次：按顺序编排。 ❷《书》：即《尚书》。❸姓：当作“氏”。 ❹路车：古代君主和诸侯乘坐的车子。

秦始皇本纪（节选）

【原 文】

秦始皇帝者，秦庄襄王子也。[①]庄襄王为秦质子于赵[②]，见吕不韦姬，悦而取之[③]，生始皇。以秦昭王四十八年正月生于邯郸。[④]及生，名为政，姓赵氏。年十三岁，庄襄王死，政代立为秦王。当是之时，秦地已并巴、蜀、汉中[⑤]，越宛有郢[⑥]，置南郡矣[⑦]；北收上郡以东[⑧]，有河东、太原、上党郡；[⑨]东至荥阳[⑩]，灭二周[⑪]，置三川郡。[⑫]吕不韦为相，封十万户[⑬]，号曰文信侯。招致宾客游士，欲以并天下。李斯为舍人。[⑭]蒙骜、王齮、麃公等为将军。[⑮]王年少，初即位，委国事大臣。

【译 文】

秦始皇帝，是秦庄襄王的儿子。庄襄王在赵国作为秦国的质子，见到吕不韦的妾，一见钟情便娶了她，生下始皇。始皇在秦昭王四十八年正月出生于邯郸。等到他出生之后，取名为政，姓赵氏。十三岁那年，庄襄王死了，赵政接替他被立为秦王。正在这个时候，秦国已经吞并巴、蜀、汉中，跨越宛，拥有郢都，设置了南郡；秦军向北收复上郡以东的区域，占领河东、太原、上党三郡；向东到达荥阳，吞并了东西二周，设置了三川郡。吕不韦担任丞相，食十万户租税，称为文信侯。吕不韦招揽宾客游士，想要用他们来吞并天下。李斯是他的门客，蒙骜、王齮、麃公等人担任将军。秦王年纪轻，刚刚即位，将国事托付给了大臣。

注释

❶庄襄王：秦孝文王之子，本名异人，后改名子楚。 ❷质子：战国时，两国为表示信任，互派国君儿子、孙子或重臣居留对方国内，称人质。因人质多为王子或世子，故称质子。 ❸事见《吕不韦列传》。 ❹邯郸：赵都，今河北邯郸。 ❺巴：郡名，治所在今重庆。蜀：郡名，治所在今四川成都。汉中：郡名，治所在今陕西汉中。 ❻宛：今河南南阳。郢（yǐng）：本楚都，在今湖北江陵北。 ❼南郡：郡名，治所在郢，后迁至江陵，秦昭王二十九年设置。❽上郡：郡名，治所在今陕西榆林南。 ❾河东：郡名，治所在今山西夏县。太原：郡名，治所在今山西太原西南。上党：郡名，治所在今山西长治。 ❿荥阳：在今河南荥阳东北。 ⓫二周：西周与东周。周考王封其弟揭于今河南洛阳，名西周桓公。桓公之孙惠公封其少子班于巩（在今河南巩县西南），称东周惠公，时在周显王二年。这是战国时的两个小国。 ⓬三川郡：郡名，因境内有黄河、洛水、伊水三川而得名。治所在荥阳，一说在洛阳。 ⓭封十万户：食十万户租税。 ⓮舍人：门客。 ⓯蒙骜：齐人，蒙恬之祖父。王龁：即王龁。麃（biāo）公：麃，秦邑，在今陕西黄龙西。麃公乃麃邑公，失其姓名。一说麃为姓。

【原文】

晋阳反，元年[1]，将军蒙骜击定之。二年，麃公将卒攻卷[2]，斩首三万。三年，蒙骜攻韩，取十三城。王齮死。十月，将军蒙骜攻魏氏畼、有诡。[3]岁大饥。四年，拔畼、有诡。[4]三月，军罢。秦质子

【译文】

晋阳发生叛乱，元年，将军蒙骜攻打并平定了它。二年，麃公带领士兵攻打卷邑，斩首三万人。三年，蒙骜攻打韩国，获取了十三座城。王齮死了。十月，将军蒙骜攻打魏国的畼邑、有诡。这一年发生了严重的饥荒。四年，蒙骜攻下畼邑、有诡。三月，蒙骜撤军。秦国的质子从赵国返回秦国，赵国的太子

归自赵，赵太子出归国。十月庚寅[⑤]，蝗虫从东方来，蔽天。天下疫。百姓内粟千石[⑥]，拜爵一级。[⑦]五年，将军骜攻魏，定酸枣、燕、虚、长平、雍丘、山阳城[⑧]，皆拔之，取二十城。初置东郡。冬雷。六年，韩、魏、赵、卫、楚共击秦，取寿陵。[⑨]秦出兵，五国兵罢。拔卫，迫东郡[⑩]，其君角率其支属徙居野王[⑪]，阻其山以保魏之河内。[⑫]七年，彗星先出东方，见北方[⑬]，五月见西方。将军骜死。以攻龙、孤、庆都[⑭]，还兵攻汲。[⑮]彗星复见西方十六日。夏太后死。[⑯]八年，王弟长安君成蟜将军击赵，反，死屯留，军吏皆斩死，迁其民于临洮。将军壁死[⑰]，卒屯留、蒲鶮反，戮其尸。河鱼大上，轻车重马东就食。[⑱]

离开秦国返回赵国。十月庚寅日，蝗虫从东面过来，遮住了整个天空。天下出现瘟疫。百姓缴纳一千石粟，就可以获得一级爵位。五年，将军蒙骜攻打魏国，平定酸枣、燕邑、虚邑、长平、雍丘、山阳城，全部攻取，获得二十座城池。秦国开始设置东郡。冬天有雷。六年，韩、魏、赵、卫、楚合力攻打秦国，夺取寿陵。秦国出兵，五国军队撤退。秦国攻取卫国，迫近东郡，这个国家的君主角率领他的亲属迁居至野王，依仗山势的险阻用来保全魏国的河内地区。七年，彗星先在东方出现，又在北方出现，五月在西方出现。蒙骜将军死去，是在攻打龙邑、孤邑、庆都，又回兵攻打汲邑的时候阵亡的。彗星再次在西方出现长达十六天。夏太后死去。八年，秦王的弟弟长安君成蟜带领军队攻打赵国，发动叛乱，死在屯留，他的军吏都被处死，秦王把他封地的百姓迁至临洮。将军壁死去，屯留、蒲邑、鶮邑的士兵叛乱，鞭打壁的尸体。黄河里的鱼大量被冲到岸边，人们骑着高头大马拉着轻便的车子赶往东边寻觅食物。

注释

❶元年：秦王政元年。 ❷卷（quān）：魏邑，在今河南原阳西。昭王三十

四年已取卷，梁玉绳《史记志疑》怀疑此处有误。 ❸畼（chàng）：魏邑。有诡：地名，未详。 ❹拔：攻克。 ❺十月：《六国年表》作“七月”。 ❻内：通“纳”。石：重量单位。 ❼拜：封官爵。秦爵位有二十级。 ❽酸枣：在今河南延津西南。燕：地名，即古南燕国，在今河南延津东北，战国时为魏地。虚：在今延津东。长平：在今河南西华东北。雍丘：今河南杞县。山阳城：在今河南焦作东。 ❾寿陵：地名，未详今地。梁玉绳认为，当时五国势弱，不会有取寿陵事。 ❿迫：迫近。 ⓫野王：今河南沁阳。 ⓬此时卫国早已成为魏的属国，故云保魏之河内。 ⓭见：通“现”。 ⓮龙：在今河北灵寿东北。孤：在今河北唐县北。庆都：亦在唐县北。 ⓯汲：在今河南卫辉西。 ⓰夏太后：秦庄襄王的生母。 ⓱将军壁死：此数句语意不明，旧有数说。壁，当为将军名，疑与成蟜有牵连，故亦死。从下文看，将军壁似率其部卒在屯留、蒲鶮二地，壁死后，二邑之卒皆反，故戮其尸，指戮将军壁尸。 ⓲轻车重马：“重”字系衍文。

【原文】

嫪毐封为长信侯。① 予之山阳地②，令毐居之。宫室车马衣服苑囿驰猎恣毐。③ 事无小大皆决于毐。又以河西太原郡更为毐国。④ 九年，彗星见，或竟天。⑤ 攻魏垣、蒲阳。⑥ 四月，上宿雍。⑦ 己酉，王冠⑧，带剑。⑨ 长信侯毐作乱而觉，矫王御玺及太后玺以发县卒及卫卒、官骑、戎翟君公、舍人⑩，将欲攻蕲

【译文】

嫪毐被封为长信侯。秦王赐给他山阳城地区，下令嫪毐居住在那，宫室、车马、服饰、苑囿、游猎任由嫪毐享用，政事无论大小都由嫪毐决定。秦王又把河西、太原更改为嫪毐的封地。九年，彗星出现，有时彗星的光长达整个天空。秦国攻打魏国的垣邑、蒲阳。四月，秦王留宿于雍县。四月二十日，秦王举行加冠之礼，佩带宝剑。长信侯嫪毐叛乱却被发觉，假托秦王的御玺和太后印玺来调动在县服役的兵卒和护卫的兵卒、官府仪仗队前骑与从骑、戎狄的首领、门下的食客，

年宫为乱。[11]王知之，令相国昌平君、昌文君发卒攻毐。[12]战咸阳，斩首数百，皆拜爵，及宦者皆在战中，亦拜爵一级。毐等败走。即令国中：有生得毐，赐钱百万；杀之，五十万。尽得毐等。卫尉竭、内史肆、佐弋竭、中大夫令齐等二十人皆枭首。[13]车裂以徇[14]，灭其宗。[15]及其舍人，轻者为鬼薪。[16]及夺爵迁蜀四千余家，家房陵。[17]（四）〔是〕月寒冻，有死者。杨端和攻衍氏。[18]彗星见西方，又见北方，从斗以南八十日。[19]十年，相国吕不韦坐嫪毐免。[20]桓齮为将军。齐、赵来置酒。齐人茅焦说秦王曰："秦方以天下为事，而大王有迁母太后之名[21]，恐诸侯闻之，由此倍秦也。"[22]秦王乃迎太后于雍而入咸阳，复居甘泉宫。[23]

将要攻打蕲年宫发动叛乱。秦王知道这件事后，命令相国、昌平君、昌文君调遣士兵攻打嫪毐。两方在咸阳交战，斩首几百人，有战功的将士都授予爵位，连参加平叛的太监，也授予一级爵位。嫪毐等人战败逃跑。秦王马上在全国下令："有能生擒嫪毐的人，赏钱百万；有能杀死嫪毐的人，赏钱五十万。"（于是）将嫪毐等人全部抓获。卫尉竭、内史肆、佐弋竭、中大夫令齐等二十人都被斩首并悬于木上。秦王将嫪毐车裂用来示众，诛杀他的宗族。牵连上的嫪毐的门客，罪行轻的为宗庙服三年劳役。受牵连被剥夺爵位流放至蜀地的有四千多家，在房陵安家。这个月天寒地冻，有人冻死。杨端和攻打衍氏。彗星在西方出现，又在北方出现，跟从北斗向南出现了八十夜。十年，相国吕不韦因与嫪毐案有牵连而被免相。桓齮被任命为将军。齐国、赵国的使者前来，秦王设酒款待。齐国人茅焦劝服秦王道："秦国以统一天下为奋斗目标，可是大王有贬谪母太后居雍的罪名，恐怕诸侯听说这件事后，会因此背叛秦国。"秦王于是把太后从雍县接回至咸阳，让她重新居住在甘泉宫。

注释

❶嫪毐（làoǎi）：姓嫪名毐。吕不韦私求嫪毐为舍人，以假宦者进入宫中，

与始皇母私通。❷山阳地：即前之山阳城地区。❸恣：任意行动。❹河西：当为汾西。❺竟：尽。或竟天：有时彗星的光长达整个天空。❻垣：在今山西垣曲东南。蒲阳：今山西隰县。❼上：此指秦王政。雍：今陕西凤翔。❽王冠：古代男子二十岁行加冠礼，表示已成年。时秦王已年二十一。❾带剑：古代贵族多佩带剑，以示威仪。❿矫：假托，假用。玺：本为印之统称，秦统一后始专指皇帝印。县卒：在县服役的兵卒。卫卒：护卫的兵卒。官骑：官府仪仗队前骑与从骑。戎翟：同戎狄。君公：首领。⓫蕲年宫：秦宫殿名，在雍。⓬昌平君：楚之公子，为秦相国，后徙陈郢，史失其名。昌文君：亦不知其名。⓭卫尉：官名，掌宫廷警卫。内史：官名，掌京都政事。佐弋：官名，掌弋射，属少府。中大夫令：官名，光禄勋属官。枭首：斩首并悬于木上曰枭。⓮徇：示众。⓯宗：宗族。⓰鬼薪：为三岁刑。取薪供宗庙之用，故曰鬼薪。⓱房陵：今湖北房县。⓲衍氏：地名，在今河南郑州北。⓳斗：据上文“又见北方”，此斗当指北斗。八十日：指彗星出现八十夜。⓴相国：据出土的《吕不韦戈》，秦时称相邦。到汉代为避汉高祖刘邦讳，改邦为国。坐嫪毐免：因与嫪毐案有牵连而被免相。㉑迁：意为贬谪。指始皇迁母居雍。母太后：指秦始皇的生母赵姬。名：罪名。㉒倍：通“背”。㉓甘泉宫：当作咸阳南宫。

【原 文】

大索[①]，逐客。[②]李斯上书说[③]，乃止逐客令。李斯因说秦王[④]，请先取韩以恐他国，于是使斯下韩。韩王患之，与韩非谋弱秦。大梁人尉缭来[⑤]，说秦王曰：“以秦之强，诸侯譬如郡县之君，

【译 文】

（秦国）大规模搜捕、驱逐别国游士，李斯上书劝阻，秦王才废止逐客令。李斯乘机劝谏秦王，请求先攻取韩国用来威慑其他国家，在这种情形下，秦王派遣李斯前往韩国迫使他投降。韩王对这件事感到忧患，与韩非谋议使秦国变弱的办法。大梁人尉缭来到秦国，劝服秦王说：“凭借秦国的强盛，诸侯（和它

臣但恐诸侯合从[6]，翕而出不意[7]，此乃智伯、夫差、湣王之所以亡也。[8]愿大王毋爱财物，赂其豪臣，以乱其谋，不过亡三十万金，则诸侯可尽。"秦王从其计，见尉缭亢礼[9]，衣服食饮与缭同。缭曰："秦王为人，蜂准[10]，长目，挚鸟膺[11]，豺声[12]，少恩而虎狼心，居约易出人下[13]，得志亦轻食人。我布衣，然见我常身自下我。[14]诚使秦王得志于天下，天下皆为虏矣。不可与久游。"[15]乃亡去。秦王觉，固止，以为秦国尉[16]，卒用其计策。而李斯用事。

相比）就像郡县的长官，我只害怕诸侯合纵，出其不意地合谋，这就是智伯、夫差、湣王亡国的原因。希望大王不要吝惜财物，贿赂各国有权势的大臣，用这来破坏他们的谋划，这样损失不超过三十万金，所有诸侯国却能一网打尽。"秦王听从了尉缭的建议，每次会见尉缭时都以平等之礼相待，衣着饮食也与他一样。尉缭说："秦王这个人，高鼻子，细长眼睛，挺胸耸肩，像鸷一样，声似豺狼，少恩德却有虎狼一样的心肠，穷困之时，容易屈居人下，待人平易谦卑，在得志后也能轻易将人吞食。我是平民，然而他接见我时经常亲自对我谦下。果真让秦王如愿一统天下，天下人就都是俘虏了。不能和他长期交往。"尉缭于是逃跑了。秦王发现之后，坚决挽留他，任命他为秦国的国尉，最终采用了他的计谋。当时李斯正当权。

注释

❶大索：大规模搜捕。 ❷逐客：驱逐别国游士。 ❸书：指李斯所上《谏逐客书》。 ❹说：此读 shuì，游说，劝谏。下文"说秦王曰"同。 ❺大梁：今河南开封。 ❻从：通"纵"，六国合力对秦曰"合纵"。 ❼翕：合谋。 ❽智伯：春秋战国之际晋国大夫，为韩、赵、魏三家所灭。夫差：春秋时吴国国王，曾打败越国，北会诸侯于黄池，欲为霸主。湣王：即齐湣王。灭宋国后曾一度称东帝，强盛一时。 ❾亢礼：同"抗礼"。谓彼此之间以平等之礼相待。

⑩蜂：一作“隆”，凸起。准：鼻子。蜂准即高鼻子。 ⑪挚：通鸷，猛禽。鸷鸟膺，谓挺胸耸肩，像鸷一样。 ⑫豺声：声似豺狼。 ⑬居约：穷困之时。易出人下：容易屈居人下，待人平易谦卑。 ⑭身自下我：亲自对我谦下。 ⑮游：交往。 ⑯国尉：官名，掌武事，类似汉代的太尉、大将军。

【原文】

十一年，王翦、桓齮、杨端和攻邺①，取九城。王翦攻阏与、橑杨②，皆并为一军。翦将十八日，军归斗食以下③，什推二人从军。④取邺安阳⑤，桓齮将。十二年，文信侯不韦死，窃葬⑥。其舍人临者⑦，晋人也逐出之；秦人六百石以上夺爵⑧，迁⑨；五百石以下不临，迁，勿夺爵。自今以来，操国事不道如嫪毐、不韦者籍其门⑩，视此。⑪秋，复嫪毐舍人迁蜀者。⑫当是之时，天下大旱，六月至八月乃雨。

【译文】

十一年，王翦、桓齮、杨端和攻打邺城，夺取九座城池。王翦攻打阏与、橑杨，将所有士兵合并为一支军队。王翦率领军队的十八天，遣返年俸不满百石的军吏，十人中只选择两个人跟随军队。攻取邺县、安阳（的军队），由桓齮率领。十二年，文信侯吕不韦饮鸩而死，其宾客数千人偷着共葬于洛阳北邙山。他门下前来哭吊的食客，是晋国人就全部驱逐出境；是秦国人，俸禄在六百石以上的官吏就剥夺爵位，将他们流放至房陵；俸禄在五百石以下的官吏，没有前来哭吊，只是流放，不剥夺爵位。从此以后，像嫪毐、吕不韦一样执掌国事却无道的人，都会以此为例，将全家人编入簿册，都成为徒隶，财产没收。秋季，流放到蜀地的嫪毐门客准许回归。在这个时候，全国发生严重的旱灾，从六月一直到八月才下雨。

注释

❶邺：在今河北临漳附近。 ❷阏与：今山西和顺。橑杨：今山西左权。❸斗食：秦制，年俸不满百石的官吏，所给俸秩以斗计算，故称斗食。 ❹此二句之意是，王翦为将，诸军中皆罢归斗食以下之官，十人中只选择二人令从军。❺安阳：在今河南安阳西南。 ❻窃葬：吕不韦饮鸩而死，其宾客数千人偷着将其共葬于洛阳北邙山。 ❼临：哭吊死者。 ❽六百石：秦官秩名，指俸禄六百石的官吏。 ❾迁：指迁居房陵。 ❿不道：无道。籍其门：将全家人编入簿册，皆为徒隶，财产没收。 ⓫视此：以此为例。 ⓬复：复归。谓迁蜀者准许回归。

【原 文】

十三年，桓齮攻赵平阳①，杀赵将扈辄，斩首十万。王之河南。正月，彗星见东方。十月，桓齮攻赵。十四年，攻赵军于平阳，取宜安②，破之，杀其将军。桓齮定平阳、武城。③韩非使秦，秦用李斯谋，留非，非死云阳。④韩王请为臣。

【译 文】

十三年，桓齮攻打赵国的平阳，杀死赵国的将领扈辄，斩首十万人。秦王前往黄河以南。正月，彗星在东方出现。十月，桓齮攻打赵国。十四年，在平阳攻取赵国军队，夺下宜安，击败敌军，诛杀对方的将领。桓齮平定平阳、武城。韩非出使秦国，秦王采用李斯的计策，扣留韩非，韩非死在云阳。韩王请求向秦国称臣。

注释

❶平阳：在今河北磁县东南。 ❷宜安：在今河北石家庄东南。 ❸武城：今山东武城西。 ❹云阳：在今陕西淳化西北。韩非与李斯俱学于荀子，李斯自以为不如韩非。韩非为韩王出使秦，被李斯谗言诋毁，扣留于秦，并被李斯、

姚贾所害，死于云阳。

【原 文】

十五年，大兴兵，一军至邺，一军至太原，取狼孟。[1]地动。十六年九月，发卒受地韩南阳假守腾。[2]初令男子书年。[3]魏献地于秦。秦置丽邑。[4]十七年，内史腾攻韩，得韩王安，尽纳其地，以其地为郡，命曰颍川。地动。华阳太后卒。民大饥。

【译 文】

十五年，秦国大肆出兵，一路军队前往邺县，一路军队前往太原，攻取狼孟。发生地震。十六年九月，秦国派兵接收韩国进献的南阳地区，任命内史腾代理郡守一职。秦国开始命令全国男子登记年龄。魏国进献土地给秦国。秦国设置丽邑。十七年，内史腾攻打韩国，擒获韩王安，将他所有的土地收归己有，秦国将韩地设郡，命名为颍川。发生地震。华阳太后死去。百姓遭受严重的饥荒。

注 释

❶狼孟：今山西阳曲。 ❷南阳：今河南南阳地区，战国时属韩。假：代理。假守腾：代理南阳郡守腾，即下文之内史腾。出土秦简有其人，但失其氏。❸书年：登记年龄，为征发兵卒、徭役之用。 ❹丽邑：亦作骊邑，本周时骊戎地，秦灭之置为邑，在今陕西省西安市临潼区东北。

【原 文】

十八年，大兴兵攻赵，王翦将上地[1]，下井陉[2]，端和将河内，羌瘣伐赵[3]，端和围

【译 文】

十八年，秦国大肆发兵攻打赵国，王翦率领上地的秦军，攻下井陉，端和率领河内的秦军，羌瘣攻打赵国，端和围困邯郸。十九年，王翦、羌瘣完全平

邯郸城。[4]十九年，王翦、羌瘣尽定取赵地东阳[5]，得赵王。[6]引兵欲攻燕，屯中山。[7]秦王之邯郸，诸尝与王生赵时母家有仇怨，皆坑之。秦王还，从太原、上郡归。始皇帝母太后崩。赵公子嘉率其宗数百人之代[8]，自立为代王，东与燕合兵，军上谷。[9]大饥。

定并攻取了赵国的东阳，俘虏了赵王。王翦带领军队想要攻打燕国，驻扎在中山。秦王前往邯郸，那些曾经在他出生在赵国时和母家有仇恨恩怨的人，全部被活埋。秦王返回，经过太原、上郡回到咸阳。秦始皇的母太后死了。赵国的公子嘉率领宗族几百人前往代郡，自立为代王，向东和燕国的军队联合，驻扎在上谷。秦国发生严重的饥荒。

注释

❶将上地：率领上地的秦军。上地：在今陕西绥德。 ❷下井陉：攻下井陉。井陉：在今河北井陉西。 ❸赵：有的版本或作代。 ❹此段叙述可能有错字。 ❺东阳：今河北石家庄与邢台之间地区。 ❻赵王：即赵王迁。 ❼中山：在今河北灵寿、定州一带，战国末为赵地。 ❽代：今河北蔚县东北之代王城。 ❾上谷：今河北省张家口市宣化区一带。

【原文】

二十年，燕太子丹患秦兵至国，恐，使荆轲刺秦王。秦王觉之，体解轲以徇[1]，而使王翦、辛胜攻燕。燕、代发兵击秦军，秦军破燕易水之西。[2]二十一年，王贲攻（蓟）

【译文】

二十年，燕国的太子丹担心秦国军队攻打到他的国家，非常恐惧，派荆轲前去刺杀秦王。秦王发觉后，将荆轲肢解用来示众，同时派王翦、辛胜攻打燕国。燕国、代国出兵迎击秦军，秦军在易水以西战败燕军。二十一年，王贲攻打楚。秦王于是愈加多

〔荆〕。[3]乃益发卒诣王翦军，遂破燕太子军，取燕蓟城[4]，得太子丹之首。燕王东收辽东而王之。王翦谢病老归。新郑反。[5]昌平君徙于郢。大雨雪，深二尺五寸。

派兵力到王翦的军中，于是攻破了燕国太子丹的军队，攻取燕都蓟城，获得太子丹的首级。燕王向东收拢辽东的残余部队，在那里称王。王翦称病告老还乡。新郑反叛。昌平君被迁至郢。天降大雪，积雪深达二尺五寸。

注释

❶徇：示众。 ❷易水：源于今河北易县境，注入大清河。 ❸王贲：王翦之子。荆：即楚，秦人称楚为荆。一说为避秦庄襄王子楚讳，一说秦人蔑称楚为荆。 ❹蓟城：燕国都城，今北京市。 ❺新郑：原为郑国都城，公元前375年，韩灭郑，遂为韩都城；公元前230年，韩为秦所灭。

【原文】

二十二年，王贲攻魏，引河沟灌大梁，大梁城坏，其王请降[1]，尽取其地。

【译文】

二十二年，王贲攻打魏国，引黄河水灌入大梁城，大梁城城墙被水损毁，魏王请求投降，秦国完全占领魏国的土地。

注释

❶王：魏王假。

【原 文】

二十三年，秦王复召王翦，强起之，使将击荆。[1]取陈以南至平舆[2]，虏荆王。[3]秦王游至郢陈。[4]荆将项燕立昌平君为荆王，反秦于淮南。二十四年，王翦、蒙武攻荆，破荆军，昌平君死，项燕遂自杀。[5]

【译 文】

二十三年，秦王再次召见王翦，竭力要任用他，让他率领军队攻打楚国。秦军夺取陈县以南直至平舆的土地，擒获楚王。秦王到郢陈巡游。楚将项燕立昌平君为楚王，在淮水以南反抗秦军。二十四年，王翦、蒙武攻破楚国，战败楚军，昌平君死去，项燕于是自杀。

注 释

❶秦王政二十二年，秦商讨伐楚，李信以为不过用二十万人，而王翦却以为非六十万人不可。秦王政以为王翦老矣，胆怯，李信年轻壮勇，于是派李信、蒙恬伐楚，王翦称病老归故里频阳。李信骄兵失败，秦王政只好再请王翦出征，故曰“复召王翦，强起之，使将击荆”。 ❷平舆：今河南平舆。 ❸荆王：名负刍。 ❹郢陈：秦昭王二十九年，白起击楚，拔郢，楚顷襄王亡走陈，故陈称郢陈，在今河南省周口市淮阳区。 ❺《六国年表》《楚世家》《蒙恬列传》皆言始皇二十三年杀项燕。此处恐有误。

【原 文】

二十五年，大兴兵，使王贲将，攻燕辽东，得燕王喜。还攻代，虏代王嘉。王翦遂定荆江南地；降越君[1]，置会稽郡。五月，天下大酺。[2]

【译 文】

二十五年，秦国大肆发兵，派王贲带兵，攻破燕国的辽东，擒获燕王喜。秦军返还攻打代国，俘虏代王嘉。王翦最终平定了楚国的江南一带，使越君降服，设置会稽郡。五月，天下欢乐大饮酒。

注释

❶降越君：使越君降服。越君：楚威王灭越后，越自称君，不再称王。其名不详。 ❷天下大酺：天下欢乐大饮酒。

【原文】

二十六年，齐王建与其相后胜发兵守其西界，不通秦。[1]秦使将军王贲从燕南攻齐，得齐王建。

【译文】

二十六年，齐王建和他的丞相后胜出兵把守齐国的西部疆界，不与秦交往。秦国派将军王贲从燕国南面攻打齐王，擒获齐王建。

注释

❶不通秦：不与秦交往。

【原文】

秦初并天下，令丞相、御史曰[1]："异日韩王纳地效玺[2]，请为藩臣，已而倍约，与赵、魏合从畔秦，故兴兵诛之，虏其王。寡人以为善，庶几息兵革。[3]赵王使其相李牧来约盟，故归其质子。已而倍盟，反我太原，故兴兵

【译文】

秦国刚刚统一天下，秦王对丞相、御史下令说："往日韩王进献土地，呈献印玺，请求成为秦国的藩臣，随即就背叛合约，与赵国、魏国合纵叛变秦国，所以我出兵灭了韩国，俘虏韩王。我认为这是件好事，或许可以平息战争。赵王派遣他的丞相李牧前来缔结盟约，因此我归还赵国的质子。随即赵国背叛盟约，在我境内太原反叛，所以我

诛之，得其王。赵公子嘉乃自立为代王，故举兵击灭之。魏王始约服入秦，已而与韩、赵谋袭秦，秦兵吏诛，遂破之。荆王献青阳以西[④]，已而畔约，击我南郡，故发兵诛，得其王，遂定其荆地。燕王昏乱，其太子丹乃阴令荆轲为贼，兵吏诛，灭其国。齐王用后胜计，绝秦使，欲为乱，兵吏诛，虏其王，平齐地。寡人以眇眇之身[⑤]，兴兵诛暴乱，赖宗庙之灵，六王咸伏其辜，天下大定。今名号不更，无以称成功，传后世。其议帝号。"丞相绾、御史大夫劫、廷尉李斯等皆曰[⑥]："昔者五帝地方千里[⑦]，其外侯服夷服诸侯或朝或否[⑧]，天子不能制。今陛下兴义兵[⑨]，诛残贼，平定天下，海内为郡县，法令由一统，自上古以来未尝有，五帝所不及。臣等谨与博士议曰[⑩]：'古有天皇，有地皇，有泰皇，泰皇最贵。'臣等昧死上尊号，王为

出兵灭了赵国，擒获赵王。赵国的公子嘉于是自立为代王，所以我发兵去击灭他。魏王最初约定向秦国臣服，随即又和韩国、赵国密谋偷袭秦国，秦国将士诛杀他们，于是将他们攻破。楚王进献青阳以西的土地，随即背叛盟约，攻打我境内南郡，所以我出兵诛杀他们，擒获楚王，于是平定楚地。燕王昏庸无道，糊涂妄为，他的太子丹便暗地下令荆轲为刺客，将士诛杀他们，灭了燕国。齐王采用后胜的谋略，断绝与秦国的往来，想要作乱，将士诛杀他们，俘虏齐王，平定齐地。我凭借微小的身躯，出兵平定暴乱，仰赖祖宗的神灵，六国之王全部认罪，天下完全平定了。现今不更改名号，就不能称述我所创建的功勋，流传后世。你们商议一下帝王称号的事情。"丞相王绾、御史大夫冯劫、廷尉李斯等人都说："从前五帝统治方圆千里的地方，它的王畿以外的广大地区的诸侯是否前来朝贡，天子不能控制。现今陛下发动正义之师，诛杀余孽，安定天下，四海之内都成为郡县，法令都由陛下发出，从上古至今也不曾有这样的事情，这是五帝所不能比的。我们谨慎地与博士商议说：'古时候有天皇，有地皇，有泰皇，泰皇最尊贵。'我们冒死献上尊号，大王称'泰皇'，皇帝之命

‘泰皇’。命为‘制’[11]，令为‘诏’[12]，天子自称曰‘朕’。[13]”王曰：“去‘泰’，著‘皇’[14]，采上古‘帝’位号，号曰‘皇帝’。[15]他如议。”制曰：“可。”[16]追尊庄襄王为太上皇。[17]制曰：“朕闻太古有号毋谥，中古有号，死而以行为谥。如此，则子议父，臣议君也，甚无谓，朕弗取焉。自今已来，除谥法。[18]朕为始皇帝。后世以计数，二世三世至于万世，传之无穷。”

令称‘制’，皇帝发布的文告、命令称‘诏’，天子自己称自己‘朕’。”秦王说：“去掉‘泰’字，保留‘皇’字，采用上古时期的‘帝’这一称号，称为‘皇帝’。其他的都按照你们商议的办。”下令说：“可以。”秦王追尊庄襄王为太上皇。下令说：“我听说远古时期有名号而没有谥号，中古时期有名号，死后根据他生前的行为追加谥号。像这样，就是儿子评定父亲，大臣评定君主，太没有意义了，我不采用这种做法。从现在开始，废除追加谥号的做法。我是始皇帝，后世用数字计算，二世、三世一直到万世，永远传承下去。”

注释

❶丞相：即相国，与御史大夫、太尉合称三公，系中央最高长官。御史：位次丞相，掌副丞相。❷效：呈献。❸庶几：或许，可能。❹青阳：今湖南长沙。❺眇眇：微小，谦辞。❻绾：即王绾。劫：即冯劫。廷尉：九卿之一，掌刑法。❼五帝：一说指黄帝、颛顼、帝喾、唐尧、虞舜；一说指少昊、颛顼、高辛、唐尧、虞舜。《史记》采用前说。❽侯服夷服：据《周礼·夏官》，周制，王畿千里，其外为九服，亦称九畿，即侯、甸、男、采、卫、蛮、夷、镇、藩。侯服夷服，泛指王畿以外的广大地区。❾陛下：指皇帝。陛：帝王宫殿的台阶。群臣对天子言，不敢直指天子，故呼在陛下的近臣与之言，以示对皇帝特别尊崇之意。❿博士：官名。一般由知识丰富的儒生担任。⓫制：皇帝之命令。⓬诏：皇帝发布的文告、命令。⓭朕：我。古者上下贵贱共称之，至秦，独天子称朕。⓮著：“着”之本字，附着。此处有留下、保

留之意。 ⑮皇帝：皇帝之称自此始。 ⑯可：天子答群臣所奏曰可。 ⑰太上皇：皇帝尊自己的父亲为太上皇始于此。 ⑱谥法：古代帝王死后，根据其生前的所作所为，评定一个名号，称谥法。帝王之谥，由礼官议上。

【原文】

始皇推终始五德之传[①]，以为周得火德，秦代周德，从所不胜。方今水德之始，改年始，朝贺皆自十月朔。[②]衣服旄旌节旗皆上黑。[③]数以六为纪[④]，符、法冠皆六寸，而舆六尺，六尺为步，乘六马。[⑤]更名河曰德水，以为水德之始。刚毅戾深，事皆决于法，刻削毋仁恩和义，然后合五德之数。[⑥]于是急法，久者不赦。

【译文】

始皇推演五德终始的次序，认为周朝得到火德，秦朝取代周朝火德，根据火德所不能克制的属性，现在是水德的开始，改变每年开始的月份，群臣入朝贺岁都在十月初一。服饰、旌旗、符节的颜色都崇尚黑色。数字以六为标准，符节、法冠都是六寸，同时舆车宽六尺，以六尺为一步，驾车的马用六匹。更改黄河的名称为德水，用这作为水德的开始。始皇刚强坚毅，暴戾苛刻，所有的事情全部用法令来裁决，刻薄冷酷而不讲仁爱、德惠和道义，认为这样才能与五德中之水德相一致。在这种情形下，他急于推行法令，有的罪犯囚禁很长时间也没有得到赦免。

注释

❶五德之传：战国时齐人邹衍用五行相胜之说，即木胜土、金胜木、火胜金、水胜火、土又胜水，更相代兴，周而复始，用来解释王朝兴衰，按虞土、夏木、殷金、周火之次相代而兴，故称终始五德之传。始皇据此说，推论水能胜火，故以秦为水德，代周火德，即从所不胜。 ❷十月朔：十二地支与十二个月相配，周朝以建子之月即十一月为岁首，秦以建亥之月即十月为岁首，但不

改月，正月称端月，故年始、朝贺皆在十月。朔：初始。 ❸上：通“尚”。上黑：崇尚黑色。因水德属北方，故上黑。 ❹数以六为纪：秦用水德，水主阴，阴爻在《易》卦中为六，故秦以六为数。 ❺乘六马：相传古时一车四马为一乘，秦始用六马。实则周朝亦用六马，见随州曾侯乙墓竹简。 ❻合五德之数：秦为水德，水主阴，阴刑杀，故秦朝法令严酷，以与五德中之水德相一致。

【原 文】

丞相绾等言：“诸侯初破，燕、齐、荆地远，不为置王，毋以填之。① 请立诸子，唯上幸许。”始皇下其议于群臣，群臣皆以为便。廷尉李斯议曰：“周文武所封子弟同姓甚众，然后属疏远，相攻击如仇雠，诸侯更相诛伐，周天子弗能禁止。今海内赖陛下神灵一统，皆为郡县，诸子功臣以公赋税重赏赐之，甚足易制。天下无异意，则安宁之术也。置诸侯不便。”始皇曰：“天下共苦战斗不休，以有侯王。赖宗庙，天下初定，又复立国，是树兵也，而求其宁息，岂不难哉！廷尉议是。”

【译 文】

丞相王绾等人进言：“诸侯刚被攻破灭亡，燕、齐、楚等地偏远，不在那里设置王侯，就没法镇守这些地方。请求册立皇子为王，我们心存侥幸，希望陛下能够准许。”始皇把他们的建议下达到群臣商讨，群臣都觉得很合适。廷尉李斯建议说：“周文王和周武王分封的同姓子弟非常多，这样后代亲属关系变得疏远，互相攻击好似仇敌一般，诸侯更是相互征伐诛杀，周天子无力制止。现在四海之内仰仗陛下的神武声威得以统一，都设置为郡县，各个皇子和功臣用国家的赋税来加以重赏，局面十分容易控制。天底下的人没有其他的想法，这就是使国家安定的办法。封立诸侯不妥当。”始皇说：“天下人都为战争不断而苦恼不已，因为有诸侯的缘故。仰赖祖先的护佑，天下局势刚刚安定下来，再去建立诸侯国，这是给自己树敌，再想要寻得安宁，难道不是很难做到吗！廷尉的建议是正确的。”

注释

❶填：通“镇”，镇守。

【原文】

分天下以为三十六郡①，郡置守、尉、监。②更名民曰“黔首”。③大酺。收天下兵④，聚之咸阳，销以为钟鐻⑤，金人十二，重各千石⑥，置廷宫中，一法度衡石丈尺。⑦车同轨。书同文字。地东至海暨朝鲜，西至临洮、羌中⑧，南至北向户⑨，北据河为塞，并阴山至辽东。⑩徙天下豪富于咸阳十二万户。诸庙及章台、上林皆在渭南。⑪秦每破诸侯，写放其宫室⑫，作之咸阳北阪上，南临渭，自雍门以东至泾、渭，殿屋复道周阁相属。⑬所得诸侯美人钟鼓，以充入之。

【译文】

始皇将全国分为三十六个郡，每个郡设置郡守、郡尉、郡监。把百姓改称为“黔首”。始皇下令欢聚宴饮。始皇收拢全天下的兵器把它们聚在咸阳，销毁熔化后铸成编钟，以及十二个金属人像，每个重达千石，放置在宫中。始皇统一法令制度和度量衡标准，统一车轨的尺寸，统一用于书写的文字。秦朝的疆域向东到大海及朝鲜，向西到临洮、羌中，向南到门户朝北开的地方，向北依仗黄河为屏障，顺着阴山向北一直到辽东。始皇将境内的十二万豪杰与富人迁至咸阳。秦朝历代先祖的宗庙和章台、上林都在渭水以南。秦国每灭掉一个诸侯国，就会描摹仿照该国的宫殿样式，在咸阳以北的山坡上建造这些建筑，向南靠近渭水，从雍门以东一直到泾水、渭水一带，宫殿之间复道和各殿长廊紧紧相连。始皇从各诸侯国获得的美人、钟鼓，都安置入内。

注释

❶三十六郡：三十六个郡的具体名单，学者多有争论。 ❷守：郡守，一郡最高长官，管政务。尉：郡尉，管军事。监：郡监，管监察。 ❸黔首：犹言黎民。黔、黎皆黑色，指头发。 ❹兵：兵器。古代以铜为兵。 ❺鐻（jù）：古乐器，像钟。 ❻据《汉书·五行志》载，秦始皇二十六年，有大人现于临洮，凡十二人，故销兵器，铸而象之。石：重量单位。 ❼法度：法令制度。衡：重量。石：容量单位，十斗为一石。丈尺：长度单位。 ❽临洮：今甘肃岷县。临洮以西为羌中，系羌族聚居区。 ❾北向户：门户向北，言最南地方。一说北户为地名，“向”为衍字。 ❿并：通“傍”，顺着。阴山：今内蒙古之阴山。⓫章台：宫名。上林：苑名，皇帝的苑囿。渭南：渭水之南。 ⓬写：描摹。放：通“仿”。写放：仿照。 ⓭复道：架空的通道，上下两层。

【原文】

二十七年，始皇巡陇西[①]、北地[②]，出鸡头山[③]，过回中。[④]焉作信宫渭南[⑤]，已更命信宫为极庙[⑥]，象天极[⑦]。自极庙道通郦山，作甘泉前殿。筑甬道[⑧]，自咸阳属之。是岁，赐爵一级。治驰道。[⑨]

【译文】

二十七年，始皇巡视陇西、北地，翻越鸡头山，经过回中。于是在渭水之南建造了长信宫，不久把长信宫改名为极庙，象征北极星。从极庙铺修一条道路直通往骊山，建造了甘泉宫前殿。修建夹道，从咸阳可以一直通到这儿。这年，始皇赏赐天下人爵位一级。修筑驰道。

注释

❶陇西：郡名，治所在今甘肃临洮。 ❷北地：郡名，治所在今甘肃镇原东。❸鸡头山：今六盘山。 ❹回中：在今陕西陇县西。 ❺焉：乃。 ❻已：已而，

不久。 ❼天极：星名，即北极星。 ❽甬道：夹道。道路两边筑墙，皇帝行于中，外人不见。 ❾驰道：全国主要行车马的大道，宽五十步，路中三丈宽处两边种树，中间专供皇帝行车。

【原 文】

二十八年，始皇东行郡县，上邹峄山。① 立石，与鲁诸儒生议，刻石颂秦德，议封禅望祭山川之事。② 乃遂上泰山③，立石；封，祠祀。下，风雨暴至，休于树下，因封其树为五大夫。④ 禅梁父。⑤ 刻所立石，其辞曰：皇帝临位，作制明法，臣下修饬。⑥ 二十有六年⑦，初并天下，罔不宾服。⑧ 亲巡远方黎民⑨，登兹泰山，周览东极。从臣思迹，本原事业，祗诵功德。⑩ 治道运行，诸产得宜⑪，皆有法式。大义休明⑫，垂于后世，顺承勿革。皇帝躬圣，既平天下，不懈于治。夙兴夜寐⑬，建设长利，专隆教诲。训经宣达，远近毕理，咸承圣志。贵贱分明，男女

【译 文】

二十八年，秦始皇向东巡视郡县，登上邹峄山，立上石碑，和鲁地的各个儒生商讨，在石碑上颂扬秦朝功绩，还商议了封禅和望祭山川的事情。于是秦始皇就登上泰山，立下石碑，聚土为祭坛，祭祀上天。下山时，狂风暴雨袭来，秦始皇在一棵树下避雨，所以他封这棵树为五大夫。秦始皇在梁父山祭地。在所立的石碑上镌刻文字，上面的碑文说：皇帝即位，创设制度，严明法令，臣下从容而谨慎。二十六年，刚刚兼并天下，没有人不服从。亲自巡视远方百姓，登上这泰山，遍览东方边疆。随行大臣追忆昔事，探求功业所成的本源，恭敬赞颂功德。皇帝治国之道得以通行，各种物产无失其时，所有事物都有范式。大义美好清明，垂范后世，只可沿袭不要更改。皇帝贤明通达，已经平定天下，仍旧不懈怠国事。每天早起晚睡，为国家长远利益考虑，尤其尊崇教导。宣明政令，各地井然有序，都秉承皇帝意志。等级分明，男女依礼，谨慎遵从职责。

礼顺，慎遵职事。昭隔内外[14]，靡不清净，施于后嗣。化及无穷，遵奉遗诏，永承重戒。

光明融合内外，没有什么地方不清净，思泽遍及后世。教化所及，没有止境，谨遵皇帝留存的诏令，永遵重要训诫。

注释

❶邹峄山：在今山东邹城南。❷封禅：古代帝王祭告天地之礼。❸泰山：一名岱宗，东岳。❹五大夫：秦二十等爵之第九级。❺梁父：山名，在泰山东南。❻修饬：从容而谨慎。❼二十：当作“廿”，古文常如此作。❽宾服：服从。❾本铭皆四字句，不应有“亲巡远方黎民”六字句，宋赵明诚谓刘跂至泰山，摹拓其碑，乃作“亲輙远黎”。“輙”即“巡”字，“黎”与下句“极”字为韵，当是原文。❿祗：恭敬。⓫诸产：各种物产。⓬休明：美好清明。⓭夙兴夜寐：早起晚睡，形容勤奋不懈。⓮隔：一本作“融”，融合，流通。

【原文】

于是乃并勃海以东，过黄、腄[1]，穷成山[2]，登之罘[3]，立石颂秦德焉而去。

【译文】

（在这种情形下），秦始皇沿着渤海向东，途经黄县、腄县，行至成山的尽头，登上芝罘山，立好颂扬秦朝功绩的石碑然后离去。

注释

❶黄：县名，在今山东龙口东。腄：县名，今山东省烟台市福山区。❷成山：山名，在今山东荣成。❸之罘（fú）：山名，在今山东省烟台市北芝罘岛上。

【原 文】

南登琅邪[1]，大乐之，留三月。乃徙黔首三万户琅邪台下[2]，复十二岁。[3]作琅邪台[4]，立石刻，颂秦德，明得意。曰：维二十八年，皇帝作始。端平法度，万物之纪。[5]以明人事，合同父子。[6]圣智仁义，显白道理。东抚东土，以省卒士。事已大毕，乃临于海。皇帝之功，勤劳本事。[7]上农除末[8]，黔首是富。普天之下，抟心揖志。[9]器械一量，同书文字。日月所照，舟舆所载。皆终其命[10]，莫不得意。应时动事，是维皇帝。匡饬异俗，陵水经地。[11]忧恤黔首，朝夕不懈。除疑定法，咸知所辟。[12]方伯分职[13]，诸治经易。[14]举错必当，莫不如画。皇帝之明，临察四方。尊卑贵贱，不逾次行。奸邪不容，皆务贞良。细大尽力[15]，莫敢怠荒。远迩辟隐[16]，专务

【译 文】

秦始皇向南巡察登上琅琊山，非常喜欢那儿，在那里停留了三个月。于是他迁了三万户百姓到琅琊台下，免除他们的徭役十二年。他下令修筑琅琊台，立下石碑，颂扬秦朝的功德，表明他的称心如意。碑文写道：二十八年，皇帝刚刚登基。制定公正法律，整治万物纲纪。用它来使人事清晰显明，父子和睦一致。皇帝通达事理，智慧仁爱，合乎正义，显扬并回归事物的规律。往东抚慰东部地区，用此来考察兵士。巡察完全结束后，便到达海边。皇帝功勋卓著，对农业操劳勤勉。推行重农抑商，百姓生活富裕。普天之下，齐心协力。统一器械度量，统一书写文字。日月所照之地，舟车所至之处，生民皆得终其天年，没有不心满意足。适时而动，这就是皇帝（的天职）。纠风正俗，跋山涉水。忧虑体恤百姓，从早到晚也不懈怠。消除不易理解的地方，制定法令条文，人人都知道回避。地方长官各尽其职，治理政事往往很容易。措施采取必定得当，没有不符合计划的情况。皇帝圣明，巡察四方。尊卑贵贱有别，不得逾越。奸邪不被世人接纳，百姓致力于坚贞淳良。劳动人民和官吏尽心尽力，不敢懈怠荒

肃庄。端直敦忠，事业有常。皇帝之德，存定四极。诛乱除害，兴利致福。节事以时，诸产繁殖。黔首安宁，不用兵革。六亲相保，终无寇贼。欢欣奉教，尽知法式。六合之内[17]，皇帝之土。西涉流沙[18]，南尽北户。东有东海，北过大夏。[19]人迹所至，无不臣者。功盖五帝，泽及牛马。莫不受德，各安其宇。[20]

废。远近偏僻，一律肃穆庄重，品德正直忠厚，做事遵守规则。皇帝的功德，在于保全安定四方。消灭暴乱除去危害，兴利造福于民。做事遵照节令，发展各种产业。百姓安定和睦，不再干戈四起。六亲彼此相安，再也没有盗贼。欣然接受教化，通晓法令制度。天下四海之内，尽是皇帝国土。向西连及沙漠，向南门户北开。向东直到东海，向北越过太原。人迹所到之地，无人不来臣服。皇帝功盖五帝，恩泽惠及牲畜。无人不受德化，各自安居乐业。

注释

❶琅邪（yá）：山名，亦作“琅琊”，在今山东省青岛市黄岛区南。 ❷琅邪台：越王勾践曾都琅邪，此台乃勾践所立观海台。 ❸复：免除赋税或徭役。 ❹琅邪台：此指秦始皇所建层台。 ❺纪：纲纪。 ❻合同：一致，和睦。 ❼本事：指农业。 ❽末：末业，指工商业。 ❾抟：通“专”。揖：通“壹”。 ❿皆终其命：谓生民皆得终其天年。 ⓫陵：历，经历。经：经过。陵水经地：意谓跋山涉水。 ⓬辟：通“避”。 ⓭方伯：一方诸侯。此指地方长官。 ⓮诸治经易：这里说地方官治理政事往往很容易。 ⓯细：小民，指劳动人民。大：大人，指官吏。 ⓰远迩辟隐：远近偏僻。 ⓱六合：指天地与东西南北四方，此指全国。 ⓲流沙：指西部沙漠地区。 ⓳大夏：古时称北方极远之地为大夏。 ⓴宇：屋宇，居处。

项羽本纪

【原 文】

项籍者，下相人也[1]，字羽。[2]初起时，年二十四。其季父项梁[3]，梁父即楚将项燕，为秦将王翦所戮者也。项氏世世为楚将，封于项[4]，故姓项氏。

【译 文】

项籍是下相人，字羽。他刚起兵的时候只有二十四岁。他的叔父名叫项梁，项梁的父亲就是楚将项燕，被秦将王翦所杀。项氏世代是楚将，被封在项邑，因此姓项氏。

注 释

❶下相：今江苏宿迁西南。 ❷羽：《太史公自序》《高祖功臣侯者年表》等处，也称项籍为子羽。 ❸季父：叔父。 ❹项：在今河南项城东南。

【原 文】

项籍少时，学书不成，去[1]，学剑，又不成。项梁怒之。籍曰："书足以记名姓而已。剑一人敌，不足学，学万人敌。"于是项梁乃教籍兵法，籍大喜，略知其意，又不肯竟学。[2]项梁尝有栎阳逮[3]，乃请

【译 文】

项籍年少的时候，学写字不成，放弃了，去学击剑，又没学成。项梁对他很生气。项籍说："写字足以记姓名就足够了。击剑只能与一个人对抗，这些都不值得学，我想学与一万人对抗的。"于是项梁就教给项籍兵法，项籍十分高兴，大致了解兵法的大意后，又不肯学

蕲狱掾曹咎书抵栎阳狱掾司马欣[4]，以故事得已。[5]项梁杀人，与籍避仇于吴中。[6]吴中贤士大夫皆出项梁下。每吴中有大繇役及丧[7]，项梁常为主办，阴以兵法部勒宾客及子弟[8]，以是知其能。秦始皇帝游会稽[9]，渡浙江[10]，梁与籍俱观。籍曰："彼可取而代也。"梁掩其口，曰："毋妄言，族矣！"梁以此奇籍。籍长八尺余，力能扛鼎，才气过人，虽吴中子弟皆已惮籍矣。[11]

完。项梁曾经在栎阳被通缉，就请蕲县狱掾曹咎写信给栎阳狱掾司马欣，因此事情才得以了结。项梁杀人，和项籍到吴中躲避仇家。吴中贤能的士大夫都比不上项梁。每当吴中有大规模的徭役和丧事，经常由项梁主持办理，他暗中用兵法部署组织宾客和子弟，所以能够了解他们的才能。秦始皇巡游会稽，渡过浙江，项梁和项籍一同观看。项籍说："我可以取代他。"项梁捂住他的嘴，说："不要乱说，否则就要灭族了！"项梁因此觉得项籍非同寻常。项籍身高八尺有余，力气能够举起大鼎，他的才能勇气超过常人，即使吴中子弟也都畏惧他了。

注释

❶去：放弃，丢下。 ❷竟：完成。 ❸逮：连及，指有罪受到牵连。 ❹请：求，要。狱掾：秦汉时掌管地方刑狱的官。 ❺以故：因此。已：止，了结。 ❻吴中：吴县古称吴中，今苏州。 ❼繇：同"徭"。 ❽部勒：部署，组织。 ❾会稽：指秦始皇出巡所到的会稽山，在今浙江绍兴南。 ❿浙江：今钱塘江。 ⓫虽：即使。

【原文】

秦二世元年七月[1]，陈涉等起大泽中[2]，其九月，会稽

【译文】

秦二世元年七月的时候，陈涉等人在大泽乡起事。当年九月，会稽郡守殷

守通谓梁曰[③]：“江西皆反[④]，此亦天亡秦之时也。吾闻先即制人，后则为人所制。吾欲发兵，使公及桓楚将。”[⑤]是时桓楚亡在泽中。[⑥]梁曰：“桓楚亡，人莫知其处，独籍知之耳。”梁乃出，诫籍持剑居外待。梁复入，与守坐，曰：“请召籍，使受命召桓楚。”守曰：“诺。”梁召籍入。须臾，梁眴籍曰[⑦]：“可行矣！”于是籍遂拔剑斩守头。项梁持守头，佩其印绶。[⑧]门下大惊，扰乱，籍所击杀数十百人。一府中皆慑伏[⑨]，莫敢起。梁乃召故所知豪吏，谕以所为起大事，遂举吴中兵。[⑩]使人收下县[⑪]，得精兵八千人。梁部署吴中豪杰为校尉、候、司马。有一人不得用，自言于梁。梁曰：“前时某丧使公主某事，不能办，以此不任用公。”众乃皆伏。[⑫]于是梁为会稽守，籍为裨将[⑬]，徇下县。[⑭]

通对项梁说：“长江以西都造反了，这也是上天要灭亡秦朝的时机。我听说先发制人，落后就会被别人所控制。我想要发兵，请您和桓楚带领。”当时桓楚逃亡到泽中。项梁说：“桓楚逃亡在外，没有人知道他的下落，只有项籍知道。”项梁走出来，告诫项籍拿着剑在外面等待。项梁又走进去，与郡守坐在一起，说：“请召见项籍，让他接受命令召回桓楚。”郡守说：“好。”项梁召唤项籍进来。没过多久，项梁对项籍使眼色说：“可以行动了！”于是项籍拔剑砍下郡守的头。项梁拿着郡守的头，身佩他的官印。门下的侍从大惊，陷入混乱，项籍杀死了几十上百人。全府的人都被项籍所震慑，没有人敢反抗。项梁于是召集他所认识的有权势的官吏，告知他们所要做的大事，于是调发吴中的士兵。派人收编会稽郡下辖各县的士卒，得到精锐士兵八千人。项梁安排吴中的豪杰担任校尉、军候、司马。有一个人没有得到任用，亲自去对项梁说。项梁说：“以前有一件丧事让您主办，您没有办好，所以没有任用您。”众人于是都很敬服。这时项梁担任会稽郡守，项籍为裨将，招降下辖各县。

注释

❶秦二世：名胡亥，秦始皇的小儿子。元年：即公元前209年。 ❷大泽：即大泽乡。 ❸会稽守通：会稽郡郡守殷通。 ❹江西：长江从安徽到江苏镇江一段，水路由南向北流，两岸地区古有江西、江东之称。 ❺桓楚：《汉书》称之为吴中奇士，是当时反秦起义的领袖。将：带领。 ❻亡：逃亡。 ❼眴：使眼色。 ❽印绶：指印。绶：穿在印纽上的丝带子。 ❾慑伏：因惧怕而屈服。 ❿举：发动。 ⓫下县：指会稽郡下属各县。 ⓬伏：通“服”，敬服。 ⓭裨将：副将。 ⓮徇：安抚，招降。

【原 文】

广陵人召平于是为陈王徇广陵[①]，未能下。闻陈王败走，秦兵又且至，乃渡江矫陈王命[②]，拜梁为楚王上柱国。曰：“江东已定，急引兵西击秦。”项梁乃以八千人渡江而西。闻陈婴已下东阳，使使欲与连和俱西。[③]陈婴者，故东阳令史，居县中，素信谨，称为长者。东阳少年杀其令，相聚数千人，欲置长[④]，无适用，乃请陈婴。婴谢不能[⑤]，遂强立婴为长，县中从者得二万人。少年欲立婴便为王[⑥]，异军苍头

【译 文】

广陵人召平当时为陈王攻取广陵，没有能够攻下。听说陈王战败逃跑，秦兵又快要到了，就渡过长江假传陈王的命令，任命项梁为楚王的上柱国。召平说：“江东已经平定，赶快带兵西进攻打秦军。”项梁就派八千人渡过长江向西进发。他听说陈婴已经攻下东阳，就派使者想要与陈婴联合西进。陈婴原来是东阳令史，居住在县里，向来诚实谨慎，被称为忠厚之人。东阳少年杀死了他们的县令，相互聚集起数千人，他们想要推举一个首领，没有找到合适的人，就请陈婴来做首领。陈婴推辞却又无法拒绝，就被迫成为首领，县里追随他的人有二万人。少年想要推举陈婴立即称王，一支青

特起。[7]陈婴母谓婴曰："自我为汝家妇，未尝闻汝先古之有贵者。今暴得大名[8]，不祥。不如有所属[9]，事成犹得封侯，事败易以亡，非世所指名也。"[10]婴乃不敢为王。谓其军吏曰："项氏世世将家，有名于楚。今欲举大事，将非其人，不可。我倚名族，亡秦必矣。"于是众从其言，以兵属项梁。项梁渡淮，黥布、蒲将军亦以兵属焉。[11]凡六七万人，军下邳。[12]

巾裹头的与众不同的军队突然独立兴起。陈婴的母亲对陈婴说："自从我做了你家的媳妇，从来没听说过你的祖先有谁显贵。现在你突然得到显赫的名号，不是好兆头。不如有所依附，事成还可以封侯，事败也容易逃脱，不会被世人指名道姓。"陈婴于是不敢称王，对军吏说："项氏世代为将领，在楚地非常有名。现在想要做大事，没有称职的将领，是不行的。我们依靠名门大族，一定能让秦朝灭亡了。"于是众人都听从他的话，率领军队归附项梁。项梁渡过淮水，黥布、蒲将军也带兵归附。项梁的军队一共有六七万人，驻扎在下邳。

注释

❶于是：在此时。陈王：指陈胜。 ❷矫：假托。 ❸使使：派使者。 ❹置长：推举首领。 ❺谢：推辞。 ❻便：立即。 ❼异军：与众不同的军队。苍头：以青色包头巾裹头。 ❽暴：突然。 ❾有所属：有所依附。 ❿指名：注目。 ⓫黥布：原名英布，因受过黥刑，后称为黥布。秦末率刑徒起兵，先依附项羽，后投靠刘邦，被封为淮南王。汉初因举兵叛乱，战败被杀。 ⓬军：驻扎。下邳：今江苏睢宁西北。

【原 文】

当是时，秦嘉已立景驹为楚王[①]，军彭城东[②]，欲距项梁。[③]项梁谓军吏曰：“陈王先首事，战不利，未闻所在。今秦嘉倍陈王而立景驹[④]，逆无道。”乃进兵击秦嘉。秦嘉军败走，追之至胡陵。[⑤]嘉还战一日，嘉死，军降。景驹走死梁地。[⑥]项梁已并秦嘉军，军胡陵，将引军而西。章邯军至栗[⑦]，项梁使别将朱鸡石、余樊君与战。余樊君死。朱鸡石军败，亡走胡陵。项梁乃引兵入薛[⑧]，诛鸡石。项梁前使项羽别攻襄城，襄城坚守不下。已拔，皆坑之。还报项梁。项梁闻陈王定死，召诸别将会薛计事。此时沛公亦起沛，往焉。

【译 文】

在这个时候，秦嘉已经立景驹为楚王，驻扎在彭城以东，想要对抗项梁。项梁对军吏说：“陈王首先起事，作战不利，下落不明。现在秦嘉背叛陈王而立景驹为王，大逆不道。”项梁于是带兵攻打秦嘉。秦嘉的军队战败逃跑，项梁追击到胡陵。秦嘉回军交战一天，秦嘉战死，士兵投降。景驹逃到梁地死去。项梁已经兼并了秦嘉的军队，驻扎在胡陵，将要率领军队西进。章邯的军队到达栗县，项梁派别将朱鸡石、余樊君与他交战。余樊君战死。朱鸡石的军队战败，逃到胡陵。项梁于是带兵进入薛县，诛杀朱鸡石。项梁此前派项羽率领另一支军队攻打襄城，襄城坚守不能攻下。项羽攻下襄城，将城中军民全部坑杀，返回报告项梁。项梁听说陈王确定死了，召集各路将领到薛县议事。这时沛公也在沛县起兵，前往薛县。

注 释

❶景驹：楚国贵族的后代。 ❷彭城：今江苏徐州。 ❸距：通“拒”。 ❹倍：通“背”，背叛。 ❺胡陵：今山东鱼台东南。 ❻梁地：指战国时魏国地区，因魏国的国都在大梁，故称。 ❼章邯：秦将，曾率军镇压秦末农民起义军。巨鹿之战后，投降项羽，楚汉战争中，被刘邦击败自杀。栗：今河南夏邑。

❽薛：今山东滕州东南。

【原 文】

居鄛人范增[1]，年七十，素居家，好奇计，往说项梁曰："陈胜败固当。[2]夫秦灭六国，楚最无罪。自怀王入秦不反[3]，楚人怜之至今，故楚南公曰[4]'楚虽三户，亡秦必楚'也。[5]今陈胜首事，不立楚后而自立，其势不长。今君起江东，楚蜂午之将皆争附君者[6]，以君世世楚将，为能复立楚之后也。"于是项梁然其言，乃求楚怀王孙心民间[7]，为人牧羊，立以为楚怀王，从民所望也。陈婴为楚上柱国，封五县，与怀王都盱台。[8]项梁自号为武信君。

【译 文】

居鄛人范增，当时七十岁了，一直住在家里，喜好奇谋，前去劝项梁说："陈胜的失败本来就是注定的。秦国灭掉六国，楚国是最无辜的。自从怀王去秦国没有返回，楚人至今还很同情他。因此楚南公说'楚国即使只剩三户人家，灭掉秦国的也一定是楚国'。现在陈胜首先起事，不立楚国后裔却自立为王，他的势头一定不会太长。现在您从江东起兵，楚地将领蜂起，都争相归附您，正是因为项氏世代担任楚将，认为您能够复立楚国后裔为王。"这时项梁认同范增的话，就在民间找到楚怀王的后代熊心，他正在给人放羊，项梁立他为楚怀王，顺从人民的愿望。陈婴担任楚国的上柱国，封地为五个县，和怀王在盱眙建都。项梁自称为武信君。

注释

❶居鄛：今安徽桐城南。 ❷固：本来。 ❸怀王入秦：公元前299年，楚怀王熊槐被秦昭王骗至武关会盟，结果被扣留，死在那里。 ❹南公：战国时阴阳家。《汉书·艺文志》著录有"南公十三篇"。 ❺虽三户：意思是即使只剩

三户人家，也能灭掉秦国。“三户”是极言其少。一说“三户”为地名。 ⑥蜂午：即纵横交错，如蜂阵起。 ⑦心：熊心，楚怀王之孙名心。 ⑧盱台：今江苏盱眙东北。

【原 文】

居数月，引兵攻亢父[①]，与齐田荣[②]、司马龙且军救东阿[③]，大破秦军于东阿。田荣即引兵归，逐其王假。假亡走楚。假相田角亡走赵。角弟田间故齐将，居赵不敢归。田荣立田儋子市为齐王。项梁已破东阿下军[④]，遂追秦军。数使使趣齐兵，欲与俱西。田荣曰：“楚杀田假，赵杀田角、田间，乃发兵。”项梁曰：“田假为与国之王[⑤]，穷来从我[⑥]，不忍杀之。”赵亦不杀田角、田间以市于齐。[⑦]齐遂不肯发兵助楚。项梁使沛公及项羽别攻城阳[⑧]，屠之。西破秦军濮阳东，秦兵收入濮阳。沛公、项羽乃攻定陶。定陶未下，去，西略地至雍丘[⑨]，大破秦军，斩李由。[⑩]还攻外黄[⑪]，外黄未下。

【译 文】

过了几个月，项梁带兵攻打亢父，与齐将田荣、司马龙且的军队援救东阿，在东阿大败秦军。田荣当时带兵返回，驱逐齐王田假。田假逃到楚国。田假的相国田角逃到赵国。田角的弟弟田间原本是齐将，留在赵国不敢回去。田荣立田儋的儿子田市为齐王。项梁已经打败东阿一带的秦军，于是追击秦军。他多次派使者到齐国，想要让齐军与自己一同西进。田荣说：“如果楚国杀死田假，赵国杀死田角、田间，我就出兵。”项梁说：“田假是盟国的王，走投无路时来投靠我，我不忍心杀死他。”赵国也不杀田角、田间，以此与齐国做交易。齐国始终不肯发兵帮助楚国。项梁派沛公和项羽率领另外一支军队攻打城阳，屠城。楚军向西在濮阳以东打败秦军，秦军收兵退到濮阳城内。沛公、项羽于是攻打定陶。定陶还没有攻下，楚军就离开了，向西夺取土地，到达雍丘，大败秦军，斩杀李由。回军攻打外黄，没有攻下。

注释

❶亢父（gāngfù）：今山东济宁南。 ❷田荣：旧齐国贵族，陈胜起义后，他随堂兄田儋起兵反秦。 ❸东阿：今山东阳谷东北的阿城镇。 ❹东阿下：东阿一带。 ❺与国：互相联合的国家，即盟国。 ❻穷：困窘，走投无路。 ❼市于齐：与齐国做交易。 ❽城阳：今山东鄄城。 ❾略：夺取。雍丘：今河南杞县。 ❿李由：秦丞相李斯之子，时为三川郡守。 ⓫外黄：今河南民权西北。

【原文】

项梁起东阿，西，（北）〔比〕至定陶①，再破秦军，项羽等又斩李由，益轻秦，有骄色。宋义乃谏项梁曰②：“战胜而将骄卒惰者败。今卒少惰矣③，秦兵日益④，臣为君畏之。”项梁弗听。乃使宋义使于齐。道遇齐使者高陵君显⑤，曰：“公将见武信君乎？”曰：“然。”曰：“臣论武信君军必败。⑥公徐行即免死，疾行则及祸。”秦果悉起兵益章邯，击楚军，大破之定陶，项梁死。沛公、项羽去外黄攻陈留⑦，陈留坚守不能下，沛公、项羽

【译文】

项梁在东阿发兵，向西进军，临近定陶，再次击破秦军，项羽等人又斩杀了李由，项梁越来越轻视秦国，露出骄傲的神色。宋义于是劝谏项梁说：“打了胜仗而将领和士兵骄傲懈怠的军队一定会失败。现在士兵有些懈怠了，秦兵一天比一天多，我为您感到担心。”项梁不听。于是就派宋义出使齐国。宋义在路上遇到齐国使者高陵君田显，说：“您要去见武信君吗？”高陵君说：“是的。”宋义说：“我认为武信君的军队一定会失败。您慢些去就能避免一死，走得太快就会大难临头。”秦国果然发动全部兵力增援章邯，攻打楚军，在定陶大破楚军，项梁战死。沛公、项羽离开外黄攻打陈留，陈留坚守不能攻下。沛公、项羽

相与谋曰："今项梁军破，士卒恐。"乃与吕臣军俱引兵而东。吕臣军彭城东，项羽军彭城西，沛公军砀。[8]

相互商量说："现在项梁的军队已经被打败，士兵恐慌。"于是和吕臣的军队一起向东进发。吕臣驻扎在彭城东，项羽驻扎在彭城西，沛公驻扎在砀县。

注释

❶比：等到。　❷宋义：楚国人，曾任楚国令尹，此时在项梁军中。　❸少：稍。　❹益：增加。　❺高陵君显：高陵是地名，显是人名，因封于高陵，故称。　❻论：推断。　❼陈留：今河南开封东南陈留镇。　❽砀：今河南永城东北。

【原文】

章邯已破项梁军，则以为楚地兵不足忧，乃渡河击赵[1]，大破之。当此时，赵歇为王[2]，陈余为将，张耳为相，皆走入巨鹿城。[3]章邯令王离、涉间围巨鹿，章邯军其南，筑甬道而输之粟。[4]陈余为将，将卒数万人而军巨鹿之北，此所谓河北之军也。

【译文】

章邯击败项梁的军队以后，就认为楚地的士兵不值得忧虑，于是渡过黄河去攻打赵国，大破赵军。在这个时候，赵歇成为王，陈余是将军，张耳是相国，都逃进巨鹿城。章邯命令王离、涉间围攻巨鹿，章邯驻扎在巨鹿南，修筑甬道而运输粮食。陈余担任将军，率领几万人而驻扎在巨鹿北，这就是所谓的河北之军。

注释

❶河：黄河。　❷赵歇：赵国后裔。陈胜起义后，派武臣北上，武臣至邯郸，自立为赵王，后被当地人杀死。这时，武臣的校尉陈余、张耳便立赵歇为王。

❸巨鹿：今河北平乡西南。 ❹甬道：两旁筑墙的通道。

【原 文】

楚兵已破于定陶，怀王恐，从盱台之彭城，并项羽、吕臣军自将之。以吕臣为司徒，以其父吕青为令尹。以沛公为砀郡长，封为武安侯，将砀郡兵。

初，宋义所遇齐使者高陵君显在楚军，见楚王曰："宋义论武信君之军必败，居数日，军果败。兵未战而先见败征[1]，此可谓知兵矣。"王召宋义与计事而大说之[2]，因置以为上将军；项羽为鲁公，为次将，范增为末将，救赵。诸别将皆属宋义，号为卿子冠军。[3]行至安阳，留四十六日不进。项羽曰："吾闻秦军围赵王巨鹿，疾引兵渡河，楚击其外，赵应其内，破秦军必矣。"宋义曰："不然。夫搏牛之虻不可以破虮虱。[4]今秦攻赵，战胜则兵罢[5]，我承其

【译 文】

楚军在定陶被打败以后，楚怀王很恐慌，从盱眙到彭城，合并项羽、吕臣的军队亲自率领。任命吕臣为司徒，任命吕臣的父亲吕青为令尹。又任命沛公为砀郡长，封为武安侯，率领砀郡的士兵。

当初，宋义所遇到的齐国使者高陵君田显在楚国军中，见到楚怀王说："宋义认为武信君的军队一定会失败，过了几天，他的军队果然失败了。军队还没有作战却预见了失败的征兆，这可以说是精通兵法了。"楚怀王召见宋义与他议事，非常喜欢他，就任命他为上将军，项羽为鲁公，担任次将，范增担任末将，前去援救赵国。各路将领都隶属于宋义，宋义号称卿子冠军。大军行进到安阳，停留四十六天没有前进。项羽说："我听说秦军把赵王围困在巨鹿，应该赶快渡河，楚军在外面进攻，赵军在里面响应，就一定能打败秦军。"宋义说："不是这样。可以叮咬牛的虻却不能对付虮虱。现在秦军攻打赵军，战胜以后全军也会疲惫，我们可以利用对方的弱点；秦军不能取胜，我们就领兵

敝；不胜，则我引兵鼓行而西，必举秦矣。故不如先斗秦赵。[6]夫被坚执锐[7]，义不如公；坐而运策[8]，公不如义。”因下令军中曰：“猛如虎，很如羊[9]，贪如狼，强不可使者，皆斩之。”乃遣其子宋襄相齐，身送之至无盐[10]，饮酒高会。天寒大雨，士卒冻饥。项羽曰：“将戮力而攻秦[11]，久留不行。今岁饥民贫，士卒食芋菽[12]，军无见粮[13]，乃饮酒高会，不引兵渡河因赵食[14]，与赵并力攻秦，乃曰‘承其敝’。夫以秦之强，攻新造之赵[15]，其势必举赵。赵举而秦强，何敝之承！且国兵新破，王坐不安席，埽境内而专属于将军[16]，国家安危，在此一举。今不恤士卒而徇其私[17]，非社稷之臣。”项羽晨朝上将军宋义，即其帐中斩宋义头，出令军中曰：“宋义与齐谋反楚，楚王阴令羽诛之。”当是时，诸将皆慑服，莫敢枝梧。[18]皆曰：“首立楚者，将军

击鼓西进，就一定能够灭掉秦国了。因此不如先让秦、赵两军相斗。身披甲胄，手执利器，我不如您；坐而运用谋略，您不如我。”宋义于是向军中下令说：“像虎一样凶猛，像羊一样狠，像狼一样贪婪，倔强不听指挥的人，一律斩首！”宋义于是派他的儿子宋襄去辅助齐国，亲自送他到无盐，设酒宴大会宾客。当时天气寒冷下大雨，士兵受冻挨饿。项羽说：“将要合力攻打秦军，长时间停留不前进。现在遇到饥荒，百姓贫困，士卒吃红薯和豆子，军中没有现成的粮食，却设酒宴大会宾客，不领兵渡河在赵国寻找食物，和赵军合力攻打秦军，却说‘利用对方的弱点’。以秦国的强大，进攻刚创建的赵国，一定会灭掉赵国。赵国被灭掉而秦国变强大，还有什么弱点可以利用呢！况且我国的军队刚被打败，怀王坐不安稳，将国内全部兵力都交给宋将军，国家的安危，就在这一战。现在不体恤士兵，却谋取私利，不是国家的忠臣。”项羽在早上拜见上将军宋义，就在其帐幕中砍下宋义的头，走出来向军中下令说：“宋义和齐国谋划反对楚国，楚怀王暗中命令我诛杀他。”在这个时候，众将领都被震慑，没有人敢抗拒。众人都说：“首先创建楚国的，是将军一家。

家也。今将军诛乱。”乃相与共立羽为假上将军。[19]使人追宋义子，及之齐，杀之。使桓楚报命于怀王。[20]怀王因使项羽为上将军，当阳君、蒲将军皆属项羽。

现在将军诛杀了叛乱之人。”将士共同推举项羽为代理上将军。项羽派人追赶宋义的儿子，追到齐国，将他杀死。项羽派桓楚回朝向怀王报告。怀王就任命项羽为上将军，当阳君、蒲将军都隶属于项羽。

注释

❶征：预兆。❷说：通“悦”。❸卿子：当时对人的尊称。冠军：上将军，军中首领。❹搏：拍打。虻：牛虻，依附于牛等牲畜身上的吸血昆虫。此句意为：用手拍打牛背上的虻，但不能打死牛身上小小的虱子。比喻巨鹿城虽小，但很坚固，秦兵不能马上攻破它，因此，不必全力与章邯作战。❺罢：通“疲”。❻斗秦赵：使秦国和赵国互相争斗。❼被：通“披”。❽运策：运用谋略。❾很：通“狠”。❿身：亲自。⓫戮力：合力，并力。⓬芋：芋头，这里指薯类。菽：豆类。⓭见：通“现”，现成的。⓮因赵食：依靠赵国的粮食来食用。因：凭借。⓯新造：刚刚建立。⓰埽：通“扫”，尽，这里是全部集中的意思。⓱徇：谋求。⓲枝梧：本指架屋的小柱与斜柱，枝梧相抵，此处意为抗拒。⓳假：代理。⓴报命：回朝报告。

【原文】

项羽已杀卿子冠军，威震楚国，名闻诸侯。乃遣当阳君、蒲将军将卒二万渡河[1]，救巨鹿。战少利，陈余复请兵。项羽乃悉引兵渡河，皆沈

【译文】

项羽杀死卿子冠军以后，声威震慑楚国，名望传遍诸侯。于是派遣当阳君、蒲将军率领士兵二万人渡过黄河，援救巨鹿。取得一些胜利，陈余又向项羽请求援兵。项羽于是率领全军渡河，

船[2]，破釜甑[3]，烧庐舍，持三日粮，以示士卒必死，无一还心。于是至则围王离，与秦军遇，九战，绝其甬道，大破之，杀苏角，虏王离。涉间不降楚，自烧杀。

当是时，楚兵冠诸侯。诸侯军救巨鹿下者十余壁[4]，莫敢纵兵。及楚击秦，诸将皆从壁上观。楚战士无不一以当十，楚兵呼声动天，诸侯军无不人人惴恐。[5]于是已破秦军，项羽召见诸侯将，入辕门[6]，无不膝行而前，莫敢仰视。项羽由是始为诸侯上将军，诸侯皆属焉。

他们凿沉船只，砸破炊具，烧毁营舍，携带三天的口粮，以此表示要士兵必死，没有活着回来的决心。于是军队刚到就围住了王离，与秦军相遇，九次交战，截断对方的甬道，大破敌军，杀死苏角，俘虏王离。涉间不向楚军投降，自焚而死。

在这个时候，楚军是诸侯之首。诸侯派兵援救巨鹿的有十几处营垒，没有人敢轻易出战。等到楚军攻打秦军的时候，各路将领都站在营垒上观望。楚军战士都以一敌十，楚兵的呐喊声震撼天际，诸侯军中无不胆战心惊。于是楚军打败秦军以后，项羽召见诸侯将领，进入营门，都跪在地上爬行，没有人敢仰视项羽。项羽从此开始成为诸侯的上将军，诸侯都听命于他。

注释

❶河：指漳河。　❷沈：通“沉”。　❸釜：锅。甑：做饭用的一种瓦器。❹壁：营垒。　❺惴恐：恐惧。　❻辕门：即营门。古时军营用两辆兵车竖起车辕相对为门，故称。

【原 文】

章邯军棘原[1]，项羽军漳南，相持未战。秦军数却，二世使人让章邯。[2]章邯恐，使长史欣请事。至咸阳，留司马门三日[3]，赵高不见，有不信之心。长史欣恐，还走其军，不敢出故道[4]，赵高果使人追之，不及。欣至军，报曰："赵高用事于中[5]，下无可为者。今战能胜，高必疾妒吾功；战不能胜，不免于死。愿将军孰计之。"[6]陈余亦遗章邯书曰[7]："白起为秦将[8]，南征鄢、郢[9]，北坑马服[10]，攻城略地，不可胜计，而竟赐死。蒙恬为秦将[11]，北逐戎人[12]，开榆中地数千里，竟斩阳周。何者？功多，秦不能尽封，因以法诛之。今将军为秦将三岁矣，所亡失以十万数，而诸侯并起滋益多。[13]彼赵高素谀日久，今事急，亦恐二世诛之，故欲以法诛将军以塞责，使人更代

【译 文】

章邯的军队驻扎在棘原，项羽的军队驻扎在漳水以南，两军对峙，尚未交战。秦军多次退军，二世派使者责备章邯。章邯很害怕，派长史司马欣向朝廷说明情况。到了咸阳，司马欣停留在司马门三天，赵高不接见他，有不信任的意思。长史司马欣很害怕，回到军中，不敢走原路。赵高果然派人追赶他，没有追上。司马欣回到军中，报告说："赵高在朝中专权，下面没有人能有所作为。现在作战能够取胜，赵高一定会嫉妒我们的功劳；作战不能够取胜，免不了一死。希望将军仔细考虑。"陈余也写信给章邯说："白起做秦将，向南征讨鄢、郢，向北坑杀赵括，攻城略地，数量多得不可计数，可是最后竟被赐死。蒙恬做秦将，向北驱逐戎狄，开辟榆中几千里的疆土，最后在阳周被斩。这是为什么呢？因为他们功劳太多，秦国不能尽行封赏，就找借口诛杀他们。现在将军做秦将三年了，所损失的士兵数以十万计，而诸侯同时起兵的越来越多。赵高平时借助谄媚当权很久了，现在形势危急，他也担心二世诛杀他，所以想要找借口诛杀将军来推卸责任，派人取代将军来免除灾祸。将军在外征战的时

将军以脱其祸。夫将军居外久，多内郤[14]，有功亦诛，无功亦诛。且天之亡秦，无愚智皆知之。今将军内不能直谏，外为亡国将，孤特独立而欲常存，岂不哀哉！将军何不还兵与诸侯为从[15]，约共攻秦，分王其地，南面称孤；此孰与身伏𫓧质[16]，妻子为僇乎？”[17]章邯狐疑，阴使候始成使项羽，欲约。约未成，项羽使蒲将军日夜引兵度三户[18]，军漳南，与秦战，再破之。项羽悉引兵击秦军汙水上，大破之。

间太久，与朝中的人多有嫌隙，有功会被诛杀，无功也会被诛杀。况且上天将要灭亡秦国，无论是愚钝的还是聪明的人都知道这个道理。现在将军在内不能直言进谏，在外是亡国之将，孤立无援却想长久存活，难道不悲哀吗！将军为什么不撤兵与诸侯联合，相约共同攻打秦国，分割占领秦国的土地，面向南方称王？这与自己俯身被杀，妻儿被杀戮相比，哪个更好呢？”章邯犹豫不决，暗中派军候始成去见项羽，想要约定结盟。盟约还没有完成，项羽就派蒲将军日夜兼程带兵渡过三户津，驻扎在漳水南边，与秦军交战，再次打败秦军。项羽率领全军将士在汙水上进攻秦军，大破秦军。

注释

❶棘原：今河北平乡南。 ❷让：谴责。 ❸司马门：宫廷的外门，因有武官司马把守，故称。 ❹出故道：来时所走的路。 ❺用事：专权。中：指宫廷之内。 ❻孰计：仔细考虑。孰：通“熟”。 ❼遗（wèi）：送给。 ❽白起：秦国大将，在秦灭六国战争中，多立战功，封武安侯。 ❾鄢、郢：均为楚国国都，鄢在今河南鄢陵西北。郢在今湖北江陵西北。 ❿马服：即马服君，战国时赵国将领赵奢的封号。赵奢死后，其子赵括袭封，这里指赵括。在长平之战中，赵括战败被杀。 ⓫蒙恬：秦朝名将。秦统一六国后，他率三十万人屯戍北部边塞，防御匈奴。秦二世即位后，被赵高陷害。 ⓬戎人：指匈奴。 ⓭滋益：更加，越发。 ⓮多内郤：朝廷中有怨仇的人多。郤：通“隙”，裂缝、裂痕。

⑮从：通“纵”，合纵，指联合攻秦。 ⑯身伏铁质：即身遭刑戮。铁：通“斧”，杀人用的刑具。质：通“锧”，杀人时所垫的砧板。 ⑰为：被。僇：通“戮”。 ⑱度：通“渡”。三户：漳水上的三户津，在今河北磁县西南。

【原 文】

章邯使人见项羽，欲约。项羽召军吏谋曰：“粮少，欲听其约。”军吏皆曰：“善。”项羽乃与期洹水南殷虚上。[1]已盟[2]，章邯见项羽而流涕，为言赵高。项羽乃立章邯为雍王，置楚军中，使长史欣为上将军，将秦军为前行。[3]

【译 文】

章邯派人去见项羽，想要结盟。项羽召集军吏商量说：“粮少，想要和他们缔结盟约。”军吏都说：“好。”项羽于是与章邯约定日期在洹水以南的殷墟见面。结盟以后，章邯见到项羽而流泪，对他说赵高的专权独断。项羽于是立章邯为雍王，把他安置在楚军中。任命长史司马欣为上将军，率领秦军在前面行进。

注 释

❶期：约期会晤。洹水：即今河南安阳北安阳河。殷虚：商代国都的遗址，在今安阳小屯村。虚：通“墟”。 ❷盟：立誓约。 ❸前行：先锋。

【原 文】

到新安。[1]诸侯吏卒异时故繇使屯戍过秦中[2]，秦中吏卒遇之多无状[3]，及秦军降诸侯，诸侯吏卒乘胜多奴虏使之[4]，

【译 文】

到新安后，诸侯将士过去曾经服徭役或屯戍边疆而路过关中，关中官兵对他们大多很无礼，等到秦军投降诸侯，诸侯将士趁着战胜的机会像对待奴隶和俘虏一样对待他们，随意羞

轻折辱秦吏卒。[5]秦吏卒多窃言曰："章将军等诈吾属降诸侯[6]，今能入关破秦，大善；即不能[7]，诸侯虏吾属而东，秦必尽诛吾父母妻子。"诸将微闻其计[8]，以告项羽。项羽乃召黥布、蒲将军计曰："秦吏卒尚众，其心不服，至关中不听，事必危，不如击杀之，而独与章邯、长史欣、都尉翳入秦。"[9]于是楚军夜击坑秦卒二十余万人新安城南。

辱秦军官兵。秦军官兵大多私下说："章将军等人欺骗我们投降诸侯，现在能够进入关中攻破秦国，非常好；即使不能，诸侯俘虏我们到东方，秦国一定会将我们的父母妻儿全部处死。"各将领访察到这些议论，报告项羽。项羽于是召来黥布、蒲将军谋划说："秦军官兵人数众多，他们心里不服，到达关中不听号令，情况就危险了，不如出击杀死他们，而只与章邯、长史司马欣、都尉董翳进入秦国。"于是楚军夜里在新安城南将这些秦兵二十多万人全部坑杀。

注释

❶新安：今河南渑池东。 ❷异时：从前。故：曾经。繇使：被派徭役。秦中：秦地的泛称，一般指关中地区。 ❸遇：待。无状：没有样子，指无礼。 ❹奴虏使之：像对待奴隶一样役使他们。 ❺轻：轻易，随便。 ❻诈：欺骗。吾属：我们。 ❼即：如果。 ❽微闻：访察到。 ❾都尉翳：即董翳，在章邯军中任都尉。

【原 文】

行略定秦地。[1]函谷关有兵守关，不得入。又闻沛公已破咸阳，项羽大怒，使当阳君等击

【译 文】

诸侯将要攻下秦地。函谷关有重兵把守，进不去。项羽又听说沛公已经攻破咸阳，非常生气，派当阳君等人攻打函谷关。项羽才得以

关。项羽遂入，至于戏西。[2]沛公军霸上[3]，未得与项羽相见。沛公左司马曹无伤使人言于项羽曰：“沛公欲王关中，使子婴为相，珍宝尽有之。”项羽大怒，曰：“旦日飨士卒[4]，为击破沛公军!”当是时，项羽兵四十万，在新丰鸿门[5]，沛公兵十万，在霸上。范增说项羽曰：“沛公居山东时[6]，贪于财货，好美姬。今入关，财物无所取，妇女无所幸[7]，此其志不在小。吾令人望其气[8]，皆为龙虎，成五采，此天子气也。急击勿失。”

进入关中，到了戏水以西。沛公驻扎在霸上，没能和项羽见面。沛公的左司马曹无伤派人对项羽说：“沛公想要在关中称王，使子婴为相国，把奇珍异宝全部据为己有。”项羽非常生气，说：“明天犒劳士兵，为了打败沛公的军队!”这个时候，项羽的士兵有四十万人，驻扎在新丰鸿门，沛公的士兵有十万人，驻扎在霸上。范增劝说项羽：“沛公在山东的时候，贪图财货，喜爱美女。现在进入关中，不收取财物，不宠幸妇女，他的志向一定不小。我命人望他的气，都是龙虎之形，呈现五种颜色，这是天子之气。赶快进攻，不要失去机会。”

注释

❶行：行将，将要。 ❷戏西：戏水以西。戏水在今陕西省西安市临潼区东。 ❸霸上：今陕西西安东。 ❹旦日：明天。飨：犒劳。 ❺新丰：今陕西省西安市临潼区东。鸿门：今陕西省西安市临潼区东北。 ❻山东：战国时泛指秦以外的六国。因六国均在崤山或华山以东，故称。 ❼幸：宠幸，宠爱。 ❽气：预示吉凶之气。汉代方士多有望气之术，认为望某方云气即可测知吉凶。

【原 文】

楚左尹项伯者[①]，项羽季父也，素善留侯张良。张良是时从沛公，项伯乃夜驰之沛公军，私见张良，具告以事[②]，欲呼张良与俱去。曰："毋从俱死也。"[③]张良曰："臣为韩王送沛公，沛公今事有急，亡去不义[④]，不可不语。"良乃入，具告沛公。沛公大惊，曰："为之柰何？"张良曰："谁为大王为此计者？"曰："鲰生说我曰[⑤]'距关，毋内诸侯[⑥]，秦地可尽王也'。故听之。"良曰："料大王士卒足以当项王乎？"[⑦]沛公默然，曰："固不如也，且为之柰何？"张良曰："请往谓项伯，言沛公不敢背项王也。"沛公曰："君安与项伯有故？"[⑧]张良曰："秦时与臣游[⑨]，项伯杀人，臣活之。[⑩]今事有急，故幸来告良。"沛公曰："孰与君少长？"良曰："长于臣。"沛公曰："君为我呼入，吾得兄事之。"张良出，

【译 文】

楚国左尹项伯，是项羽的叔父，他和留侯张良一向关系很好。张良这时跟随沛公，项伯于是夜里骑马到沛公的军中，私下会见张良，把情况都告诉他，想要叫张良和他一块离开。项伯说："不要跟沛公一块送死。"张良说："我为韩王护送沛公，沛公现在有难，我逃走是不仁义的，不能不告诉他。"张良于是进去，把情况全部告诉沛公。沛公大惊，说："怎么办呢？"张良说："谁给大王出的这个计策？"沛公说："一个无知的小人劝我说：'拒守函谷关，不要让诸侯进来，就可以完全占领秦地称王。'因此我听信了他的话。"张良说："大王估计自己的士兵能够抵挡项王吗？"沛公沉默片刻，说："当然抵挡不了，那怎么办呢？"张良说："请让我去告诉项伯，就说沛公不敢背叛项王。"沛公说："你怎么会与项伯有交情呢？"张良说："秦朝的时候，项伯和我有交往，他杀了人，我使他免于死罪。现在情况危急，所以幸亏他来告诉我。"沛公说："项伯和你相比，谁的年龄大？"张良说："他比我年长。"沛公说："你替我把他叫进来，我以兄长的礼节待他。"

要项伯。[11]项伯即入见沛公。沛公奉卮酒为寿[12]，约为婚姻，曰："吾入关。秋豪不敢有所近[13]，籍吏民[14]，封府库，而待将军。所以遣将守关者，备他盗之出入与非常也。日夜望将军至，岂敢反乎！愿伯俱言臣之不敢倍德也。"[15]项伯许诺。谓沛公曰："旦日不可不蚤自来谢项王。"[16]沛公曰："诺。"于是项伯复夜去，至军中，具以沛公言报项王。因言曰："沛公不先破关中，公岂敢入乎？今人有大功而击之，不义也，不如因善遇之。"项王许诺。

张良出去，邀请项伯。项伯就进去见沛公。沛公捧着酒杯给项伯致祝颂词，相约为亲家，说："我进入关中，财物分毫不敢碰，将官吏民众登记在册，封存府库，等待将军的到来。我之所以派将领把守函谷关，是防备别的盗贼出入以及发生意外。我日夜盼望将军到来，怎么敢反叛呢！希望项伯向将军全部说明我不敢背弃恩德。"项伯答应了，对沛公说："明天不能不早点过来亲自向项王谢罪。"沛公说："好。"于是项伯又连夜回去，回到军中，把沛公的话全部报告给项王，于是对他说："沛公不先攻破关中，您怎么敢进来呢？现在人家立下大功却要攻打他，是不义的，不如趁机善待他。"项王答应了。

注释

❶左尹：楚国官名，令尹的助手。 ❷具：全部。 ❸毋从俱死：不要跟着沛公一起死。 ❹亡去：逃离。 ❺鲰（zōu）生：浅薄无知的小人。鲰：小。 ❻内：通"纳"。 ❼当：挡住，抵挡。 ❽有故：有旧交。 ❾游：交游，交往。 ❿活之：使之活，使他免于死罪。 ⓫要：邀请。 ⓬卮：酒器。为寿：古时献酒致祝颂词叫为寿。 ⓭豪：通"毫"。 ⓮籍：登记。 ⓯倍德：忘恩负义。倍：通"背"。 ⓰蚤：通"早"。

【原 文】

沛公旦日从百余骑来见项王，至鸿门，谢曰："臣与将军戮力而攻秦，将军战河北，臣战河南，然不自意能先入关破秦[①]，得复见将军于此。今者有小人之言，令将军与臣有郤。"项王曰："此沛公左司马曹无伤言之；不然，籍何以至此。"项王即日因留沛公与饮。项王、项伯东向坐[②]，亚父南向坐。[③]亚父者，范增也。沛公北向坐，张良西向侍。范增数目项王[④]，举所佩玉玦以示之者三[⑤]，项王默然不应。范增起，出召项庄，谓曰："君王为人不忍[⑥]，若入前为寿，寿毕，请以剑舞，因击沛公于坐，杀之。不者[⑦]，若属皆且为所虏。"[⑧]庄则入为寿。寿毕，曰："君王与沛公饮，军中无以为乐，请以剑舞。"项王曰："诺。"项庄拔剑起舞，项伯亦拔剑起舞，常以身翼蔽沛公[⑨]，庄不得击。于是张良至军门，见樊哙。[⑩]樊哙曰："今日

【译 文】

第二天，沛公带领一百多骑兵来见项王，到达鸿门，谢罪说："我和将军合力而攻打秦国，将军在河北作战，我在河南作战，然而我也没想到能够先入关打败秦军，得以在这里又见到将军。现在有小人进谗言，让将军和我产生矛盾。"项王说："这是沛公的左司马曹无伤说的，不然，我怎么会到这里？"项王当天就留下沛公一块宴饮。项王、项伯朝东坐。亚父朝南坐。亚父，就是范增。沛公朝北坐，张良朝西陪坐。范增多次对项王使眼色，多次举起佩戴的玉玦向项王示意，项王沉默不应。范增起身，出去召唤来项庄，对他说："君王为人不够狠心，你进去上前敬酒，敬酒之后，请求舞剑，趁机在座位上袭击沛公，把他杀死。不这样的话，你们都要被他所擒获。"项庄就进去敬酒，敬酒之后，说："君王和沛公饮酒，军中没有什么乐子，请让我舞剑。"项王说："好。"项庄拔剑起舞，项伯也拔剑起舞，总是用身体掩护沛公，项庄没有机会袭击沛公。这时张良来到军门，见到樊哙。樊哙说："今天的情况怎么样？"张良说："非常危

之事何如？”良曰：“甚急。今者项庄拔剑舞，其意常在沛公也。”哙曰：“此迫矣，臣请入，与之同命。”[11]哙即带剑拥盾入军门。交戟之卫士欲止不内，樊哙侧其盾以撞，卫士仆地，哙遂入，披帷西向立[12]，瞋目视项王[13]，头发上指，目眦尽裂。[14]项王按剑而跽曰[15]：“客何为者？”张良曰：“沛公之参乘樊哙者也。”[16]项王曰：“壮士，赐之卮酒。”则与斗卮酒。[17]哙拜谢，起，立而饮之。项王曰：“赐之彘肩。”[18]则与一生彘肩。樊哙覆其盾于地，加彘肩上，拔剑切而啖之。[19]项王曰：“壮士，能复饮乎？”樊哙曰：“臣死且不避，卮酒安足辞！夫秦王有虎狼之心，杀人如不能举[20]，刑人如恐不胜[21]，天下皆叛之。怀王与诸将约曰‘先破秦入咸阳者王之’。今沛公先破秦入咸阳，豪毛不敢有所近，封闭宫室，还军霸上，以待大王来。故遣将守关者，备他盗出入与非常也。劳苦而功高如

急。现在项庄拔剑起舞，其用意是刺杀沛公。”樊哙说：“这太紧急了，请让我进去，和沛公同生死！”樊哙立即带剑持盾进入军门。交门的卫士想要阻拦不让他进去，樊哙侧过他的盾撞过去，卫士倒在地上，樊哙于是进去了，他揭开帷幕朝西站立，瞪大眼睛看着项王，头发向上竖起，眼眶都要裂开了。项王立即伸手握住宝剑，挺直了上身说：“客人是干什么的？”张良说：“这是沛公的参乘樊哙。”项王说：“壮士，赐给他一杯酒。”侍卫就给他一大杯酒。樊哙拜谢后，起身，站着一饮而尽。项王说：“赐给他猪腿。”侍卫就给一只生猪腿。樊哙把盾放在地上，把猪腿放在盾上，拔出剑来切着吃。项王说：“壮士，还能再饮酒吗？”樊哙说：“我连死都不怕，又怎么会拒绝一杯酒呢！那秦王有虎狼之心，杀人就担心杀不尽，给人用刑担心不够重，天下人都背叛了他。怀王和众将领约定说：‘先打败秦军进入咸阳的人就可以称王。’现在沛公先打败秦军进入咸阳，财物分毫不敢接近，还封闭宫室，回到霸上驻扎，以此等待大王到来。派将士把守关口，是防备别的盗贼出入和发生意外。像这样劳苦而功高，不但没有

此，未有封侯之赏，而听细说[22]，欲诛有功之人。此亡秦之续耳，窃为大王不取也。”项王未有以应，曰：“坐。”樊哙从良坐。坐须臾，沛公起如厕[23]，因招樊哙出。

封侯的奖赏，而且听信谗言，想要诛杀有功之人。这只是在走亡秦的老路罢了，我私下里认为大王的做法不可取。”项王没法回应，只是说：“请坐。”樊哙在张良旁边坐下。坐了不久，沛公起身上厕所，顺便叫樊哙出来。

注释

❶不自意：自己想不到。 ❷东向坐：面朝东坐。这是表示尊贵。 ❸亚：次于。亚父：谓仅次于父，这是项羽对范增表示尊敬的称呼。 ❹目：用眼色示意。 ❺玦：环形而有缺口的佩玉。三：这里表示好几次。 ❻忍：狠心。 ❼不者：不然的话。不：通“否”。 ❽若属：你们。 ❾翼蔽：遮蔽，掩护。 ❿樊哙：沛人，以屠狗为业，与刘邦一同起兵，在灭秦及楚汉战争中多有战功。 ⓫与之同命：跟沛公共生死。 ⓬披：分开。 ⓭瞋目：睁大眼睛。 ⓮眦（zì）：眼眶。 ⓯跽：长跪，挺直上身而跪。 ⓰参乘：即“骖乘”，古代主将战车上居于右侧担任护卫的武士，亦称陪乘。 ⓱斗：古代盛酒器。 ⓲彘肩：猪腿。 ⓳啖：吃。 ⓴举：尽。 ㉑刑人：给人用刑。 ㉒细说：指小人的谗言。 ㉓如厕：上厕所。如：往。

【原 文】

沛公已出，项王使都尉陈平召沛公。[1]沛公曰：“今者出，未辞也，为之柰何？”樊哙曰：“大行不顾细谨，大礼不辞小让。[2]如

【译 文】

沛公出去以后，项王派都尉陈平叫沛公回来。沛公说：“我们现在出来了，没有辞行，怎么办呢？”樊哙说：“干大事就不要顾及小的礼节，大的礼节就不要回避小的责备。现在

今人方为刀俎[3]，我为鱼肉，何辞为！”于是遂去。乃令张良留谢。良问曰：“大王来何操？”[4]曰：“我持白璧一双，欲献项王，玉斗一双，欲与亚父，会其怒[5]，不敢献。公为我献之。”张良曰：“谨诺。”当是时，项王军在鸿门下，沛公军在霸上，相去四十里。沛公则置车骑，脱身独骑，与樊哙、夏侯婴、靳强、纪信等四人持剑盾步走[6]，从骊山下，道芷阳间行。[7]沛公谓张良曰：“从此道至吾军，不过二十里耳。度我至军中，公乃入。”沛公已去，间至军中，张良入谢，曰：“沛公不胜杯杓[8]，不能辞。谨使臣良奉白璧一双，再拜献大王足下；玉斗一双，再拜奉大将军足下。”项王曰：“沛公安在？”良曰：“闻大王有意督过之[9]，脱身独去，已至军矣。”项王则受璧，置之坐上。亚父受玉斗，置之地，拔剑撞而破之，曰：“唉！竖子不足与谋。[10]夺项王天下者，必沛公也，吾属今为之虏矣。”沛公至军，立诛杀曹无伤。

别人是刀和砧板，我们是砧板上的鱼肉，还告辞做什么？”于是离去。沛公于是命令张良留下道歉。张良问道：“大王来时带来了什么？”沛公说：“我带来一双白璧，想献给项王，一双玉斗，想送给亚父，正赶上他们生气，没敢进献。您替我献给他们。”张良说：“遵命。”在这个时候，项王的军队在鸿门下，沛公的军队在霸上，距离四十里。沛公于是丢下车骑，独自骑马逃脱，和樊哙、夏侯婴、靳强、纪信四人拿着剑盾徒步跑，从骊山下，取道芷阳走小路。沛公对张良说：“从这条路到我的军营，不过二十里路罢了。估计我已经回到军中，您再进去。”沛公离开以后，走小路回到军中。张良进去道歉，说：“沛公不胜酒力，不能亲自辞行。特意让我奉上白璧一双，献给大王；玉斗一双，送给大将军。”项王说：“沛公在哪里？”张良说：“听说大王有意责备他，就独自脱身而去，现在已经回到军中了。”项王于是接过玉璧，放在座席上。亚父拿过玉斗，扔在地上，拔剑将其砍碎，说：“唉！这小子不足以谋大事。夺取项王天下的，一定是沛公，我们都要被他俘虏了。”沛公回到军中，立刻诛杀曹无伤。

注释

❶陈平：阳武（今河南原阳）人，先依附项羽，反投奔刘邦。❷这可能是当时的一句成语，意思是要注意大事，不要拘泥小节。大行：指干大事。细谨：小的礼节。❸俎：切肉的砧板。❹何操：带来了什么。❺会：正赶上。❻夏侯婴：沛人，与刘邦同起兵，后封汝阴侯。靳强、纪信都是刘邦手下的将领。步走：徒步跑。❼道：取道。芷阳：今陕西西安东。❽不胜杯杓：不能再喝。杯杓：两种酒器，这里借指酒。❾督过：责备。❿竖子：小子。范增这里指项庄等人，暗讥项羽。

【原文】

居数日，项羽引兵西屠咸阳，杀秦降王子婴，烧秦宫室，火三月不灭；收其货宝妇女而东。人或说项王曰："关中阻山河四塞[①]，地肥饶，可都以霸。"[②]项王见秦宫室皆以烧残破，又心怀思欲东归，曰："富贵不归故乡，如衣绣夜行[③]，谁知之者！"说者曰："人言楚人沐猴而冠耳[④]，果然。"项王闻之，烹说者。[⑤]

【译文】

过了几天，项羽带兵向西屠戮咸阳，杀死已经投降的秦王子婴，烧毁秦的宫室，大火三个月都没灭，收缴财宝、劫掠妇女向东。有人劝说项王说："关中依仗四面都是关塞，土地肥沃富饶，可以建都称霸。"项王看见秦朝的宫室都被烧得残破不堪，心中又思念故乡想要回到东方，说："富贵不回到故乡，就像穿着锦绣衣服在夜里走路，谁会知道呢！"劝项王的人说："人们都说楚国人只是猕猴却戴上人的帽子，真是这样。"项王听到后，把这个人烹杀。

注释

❶阻：倚仗。四塞：四面要塞。指关中周围的四个关口，即东面的函谷关，

南面的武关，西面的散关，北面的萧关。❷都：建都。❸衣绣：穿锦绣衣服。❹沐猴而冠：猕猴却戴上人的帽子。这是讥讽项羽徒具其表，无远见卓识。❺烹：放在锅里煮死。古代一种酷刑。

【原 文】

项王使人致命怀王。[①]怀王曰："如约。"[②]乃尊怀王为义帝。项王欲自王，先王诸将相。谓曰："天下初发难时，假立诸侯后以伐秦。[③]然身被坚执锐首事，暴露于野三年，灭秦定天下者，皆将相诸君与籍之力也。义帝虽无功，故当分其地而王之。"诸将皆曰："善。"乃分天下，立诸将为侯王。项王、范增疑沛公之有天下[④]，业已讲解[⑤]，又恶负约[⑥]，恐诸侯叛之，乃阴谋曰："巴、蜀道险，秦之迁人皆居蜀。"[⑦]乃曰："巴、蜀亦关中地也。"故立沛公为汉王，王巴、蜀、汉中，都南郑。而三分关中，王秦降将以距塞汉王。[⑧]项王乃立章邯为雍王，王咸阳以西，都废丘。[⑨]长史欣者，故为

【译 文】

项王派人向怀王报告。怀王说："按照过去的约定行事。"项羽于是尊怀王为义帝。项王想自己称王，先分封众将相。说："天下刚起事的时候，暂时封立诸侯的后裔以讨伐秦朝。然而身穿铠甲，手执利器，率先起事，三年来都在野外，消灭秦朝平定天下，依靠的都是诸位将相和我的力量。只是义帝没有功劳，所以应当将他的土地分封给各位为王。"众将领都说："好。"项王于是分封天下，立众将领为侯王。项王、范增怀疑沛公有夺取天下的想法，已经与他和解，又不想违背约定，担心诸侯背叛他，于是在暗中谋划说："巴、蜀道路艰险，被秦朝流放的人都居住在蜀地。"于是说："巴、蜀也是关中地区。"所以封沛公为汉王，统治巴、蜀、汉中，定都南郑。而把关中一分为三，封给秦朝的降将来阻挡汉王。项王于是封章邯为雍王，统治咸阳以西地区，定都废丘。长史司马欣，以前是栎阳狱掾，曾经

栎阳狱掾，尝有德于项梁；都尉董翳者，本劝章邯降楚。故立司马欣为塞王，王咸阳以东至河，都栎阳；立董翳为翟王，王上郡⑩，都高奴。⑪徙魏王豹为西魏王，王河东，都平阳。⑫瑕丘申阳者⑬，张耳嬖臣也⑭，先下河南（郡），迎楚河上，故立申阳为河南王，都雒阳。韩王成因故都，都阳翟。⑮赵将司马卬定河内，数有功，故立卬为殷王，王河内，都朝歌。⑯徙赵王歇为代王。赵相张耳素贤，又从入关，故立耳为常山王，王赵地，都襄国。⑰当阳君黥布为楚将，常冠军，故立布为九江王，都六。⑱鄱君吴芮率百越佐诸侯⑲，又从入关，故立芮为衡山王，都邾。⑳义帝柱国共敖将兵击南郡，功多，因立敖为临江王，都江陵。徙燕王韩广为辽东王。㉑燕将臧荼从楚救赵，因从入关，故立荼为燕王，都蓟。㉒徙齐王田市为胶东王。齐将田都从共救赵，因从入关，故立都为齐王，都

对项梁有恩德。都尉董翳，最初劝说章邯投降楚国。于是项王封司马欣为塞王，统治咸阳以东到黄河边，定都栎阳。封董翳为翟王，统治上郡，定都高奴。封魏王豹为西魏王，统治河东地区，定都平阳。瑕丘人申阳，是张耳的宠臣，先攻下河南，在黄河边迎接楚军，所以被封为河南王，定都洛阳。韩王成在旧都建国，定都阳翟。赵将司马卬平定河内，屡次有战功，所以被封为殷王，统治河内地区，定都朝歌。封赵王歇为代王。赵相张耳素有贤能，又追随项王进入关中，因此封张耳为常山王，统治赵地，定都襄国。当阳君黥布是楚将，经常勇冠三军，所以被封为九江王，定都六。鄱君吴芮率领百越协助诸侯，又跟随项王进入关中，所以被封为衡山王，定都邾。义帝的柱国共敖率领士兵攻击南郡，立了很多战功，因此立共敖为临江王，定都江陵。封燕王韩广为辽东王。燕将臧荼曾经追随楚军援救赵军，因而跟随项王进入关中，所以封臧荼为燕王，定都蓟县。封齐王田市为胶东王。齐将田都跟随楚军共同援救赵国，因而跟随项王进入关中，所以被封为齐王，定都临淄。过去被秦朝所灭掉的齐王建的孙子田安，在

临菑。故秦所灭齐王建孙田安，项羽方渡河救赵，田安下济北数城，引其兵降项羽，故立安为济北王，都博阳。田荣者，数负项梁，又不肯将兵从楚击秦，以故不封。成安君陈余弃将印去，不从入关，然素闻其贤，有功于赵，闻其在南皮，故因环封三县。[23]番君将梅销功多[24]，故封十万户侯。项王自立为西楚霸王[25]，王九郡，都彭城。

项羽渡河救赵国的时候，攻下济水北的多座城池，带领他的士兵投降项羽，因此被封为济北王，定都博阳。田荣多次辜负项梁，又不愿带兵跟随楚军攻打秦军，所以不封。成安君陈余丢下将印离去，没有跟随项王进入关中，然而项王平常听说他很有贤能，有功于赵国，听说他在南皮，因此顺便把南皮周围的三个县封给他。番君的将领梅销战功很多，所以被封为十万户侯。项王自立为西楚霸王，统治九个郡，定都彭城。

注释

❶致命：报告。 ❷如约：照过去的约定行事。指按先前所说“先破秦入咸阳者王之”的约定办。 ❸假立：暂时封立。诸侯后：指六国诸侯的后代。 ❹疑：怀疑，疑心。 ❺讲解：和解。 ❻恶：讨厌，嫌恶。 ❼迁人：被流放的人。 ❽距塞：遮断，堵住。 ❾废丘：也叫犬丘，在今陕西兴平东南。 ❿上郡：今陕西北部，内蒙古河套以南地区。 ⓫高奴：今陕西延安北。 ⓬平阳：今山西临汾西南。 ⓭瑕丘：今山东兖州东北。申阳：人名。一说瑕丘是姓，申阳是字。 ⓮嬖臣：宠臣。 ⓯阳翟：战国时韩国国都，今河南禹州。 ⓰朝歌：商代国都之一，今河南淇县。 ⓱襄国：今河北邢台。 ⓲六：今安徽六安北。 ⓳吴芮：秦时为鄱阳（今江西鄱阳）令，秦末率百越人起兵反秦，项羽封他为衡山王，后刘邦封他为长沙王。 ⓴邾：今湖北黄冈西北。 ㉑韩广：原陈胜部将武臣的将领，率兵夺取燕地后，自立为燕王。 ㉒蓟：今北京市西南。 ㉓环封三县：把南皮周围三县封给陈余。 ㉔梅销：吴芮手下的将领，

曾随刘邦入关作战，屡有战功。㉕西楚：当时以江陵为南楚，吴为东楚，彭城为西楚。

【原 文】

汉之元年四月[1]，诸侯罢戏下，各就国。[2]项王出之国[3]，使人徙义帝[4]，曰："古之帝者地方千里，必居上游。"乃使使徙义帝长沙郴县。趣义帝行，其群臣稍稍背叛之[5]，乃阴令衡山、临江王击杀之江中。[6]韩王成无军功，项王不使之国，与俱至彭城，废以为侯，已又杀之。[7]臧荼之国，因逐韩广之辽东，广弗听，荼击杀广无终[8]，并王其地。

【译 文】

汉元年四月，诸侯从戏下撤离，各自回到自己的封国。项王出关回到封国，派人迁徙义帝，说："古时候的帝王拥有方圆千里的土地，一定要居住在上游。"于是派遣使者将义帝迁到长沙郡的郴县。项王催促义帝早些动身，群臣渐渐地产生了背叛之心，于是暗中命令衡山王、临江王在长江杀死义帝。韩王成没有军功，项王不让他回到封国，和他一块到彭城，废为侯，不久又将他杀死。臧荼回到封国，趁机将韩广驱逐到辽东，韩广不听，臧荼就在无终杀死了韩广，吞并了他的封地。

注 释

❶汉之元年：即公元前206年。❷就国：回到自己的封国去。❸出：指出函谷关。❹徙义帝：此指让楚王心迁离彭城。❺稍稍：渐渐地。❻衡山：指衡山王吴芮。临江王：即共敖。❼已：不久。❽无终：今天津市蓟州区。

【原 文】

田荣闻项羽徙齐王市胶东，而立齐将田都为齐王，乃大怒，不肯遣齐王之胶东，因以齐反，迎击田都。田都走楚。齐王市畏项王，乃亡之胶东就国。田荣怒，追击杀之即墨。荣因自立为齐王，而西击杀济北王田安，并王三齐。[①]荣与彭越将军印[②]，令反梁地。陈余阴使张同、夏说说齐王田荣曰："项羽为天下宰[③]，不平。今尽王故王于丑地[④]，而王其群臣诸将善地，逐其故主赵王，乃北居代，余以为不可。闻大王起兵，且不听不义[⑤]，愿大王资余兵，请以击常山，以复赵王，请以国为扞蔽。"[⑥]齐王许之，因遣兵之赵。陈余悉发三县兵，与齐并力击常山，大破之。张耳走归汉。陈余迎故赵王歇于代，反之赵[⑦]，赵王因立陈余为代王。

【译 文】

田荣听说项羽改封齐王田市到胶东，而立齐将田都为齐王，于是非常生气，不想让齐王去胶东，趁机在齐国反叛，迎击田都。田都逃到楚国。齐王田市害怕项王，于是逃到胶东的封国。田荣很生气，派兵追击，在即墨将他杀死。田荣因此自立为齐王，向西进攻杀死济北王田安，吞并三齐地区。田荣授予彭越将军印，让他在梁造反。陈余暗中派张同、夏说劝齐王田荣说："项羽是天下的主宰，分封诸侯不公平。现在将原来的六国之王都封在不好的地方，而将他的群臣诸将封在好的地方，还驱逐他原来的君主赵王，赵王于是居住在北方的代郡，我认为这样不行。我听说大王已经起兵，而且不听从不义之命，希望大王资助我的军队，请让我攻打常山，来恢复赵王的地位，请求将赵国作为齐国的屏障。"齐王答应了，顺势派兵去赵国。陈余调发三个县全部的士兵，与齐军合力攻打常山，大破常山军。张耳逃走归附汉王。陈余去代郡迎接原来的赵王歇，使他返回赵国。赵王于是封陈余为代王。

注释

❶三齐：指齐、胶东、济北三国。 ❷与：给。彭越：反秦将领，陈胜起义后他聚众起兵，活动在巨野（今山东巨野）一带，故田荣授予彭越将军印，以招诱他。 ❸宰：主宰。 ❹丑地：不好的地方，与下句“善地”相对。 ❺不听不义：不听从不义之命。 ❻扞蔽：捍卫，屏障。 ❼反之赵：使他（赵王歇）返回赵国。

【原文】

是时，汉还定三秦。①项羽闻汉王皆已并关中，且东，齐、赵叛之，大怒。乃以故吴令郑昌为韩王，以距汉。令萧公角等击彭越。彭越败萧公角等。汉使张良徇韩，乃遗项王书曰：“汉王失职②，欲得关中，如约即止，不敢东。”又以齐、梁反书遗项王曰：“齐欲与赵并灭楚。”楚以此故无西意，而北击齐。征兵九江王布。布称疾不往，使将将数千人行。项王由此怨布也。汉之二年冬③，项王遂北至城阳，田荣亦将兵会战。田荣不胜，走至平原④，

【译文】

这个时候，汉王回军平定三秦。项羽听说汉王已经吞并整个关中，将要向东进发，齐、赵两国也背叛了他，非常生气。于是项羽封原来的吴县令郑昌为韩王，来抵挡汉军。命令萧公角等人攻打彭越。彭越打败萧公角等人，汉王派张良攻取韩，张良就写信给项王说：“汉王失去应得的封职，想要得到关中，遵守约定就会停止进军，不敢向东进军。”张良又将齐、梁的反叛文书送给项王说：“齐国想要联合赵国一起消灭楚国。”楚军因为这个缘故，没有向西进军的意思，反而向北攻打齐国。项王向九江王黥布征调士兵。黥布称病不去，只派将领率几千人前去。项王由此开始怨恨黥布。汉二年冬天，项羽向北到城阳，田荣也率领军队与其交战。田荣不能取胜，逃到平原，平原的百姓将他杀

平原民杀之。遂北烧夷齐城郭室屋⑤，皆坑田荣降卒，系虏其老弱妇女。⑥徇齐至北海⑦，多所残灭。齐人相聚而叛之。于是田荣弟田横收齐亡卒得数万人，反城阳。项王因留，连战未能下。

死。项羽于是向北进军烧平了齐国的城郭和房屋，把田荣的降兵全部坑杀，掳掠齐国的老弱妇女。楚军从齐国攻城略地到北海郡，大多被摧毁。齐国人聚集在一起反叛项羽。于是田荣的弟弟田横接收齐军逃亡的士兵得到几万人，在城阳反叛。项王因此留下作战，连续交战也没有攻下城阳。

注释

❶三秦：雍王章邯、塞王欣、翟王翳的封地都在秦国地区，故称三秦。❷失职：指失去应该得到的封职，即未能封为关中王。❸二年冬：梁玉绳《史记志疑》："冬当作春，事在春也。"❹平原：今山东平原西南。❺烧夷：烧平。❻系虏：俘虏。系：用绳索捆绑。❼北海：今山东东部地区。

【原文】

春，汉王部五诸侯兵①，凡五十六万人，东伐楚。项王闻之，即令诸将击齐，而自以精兵三万人南从鲁出胡陵。四月，汉皆已入彭城，收其货宝美人，日置酒高会。项王乃西从萧，晨击汉军而东，至彭城，日中，大破汉军。汉军皆走，相随入彀、泗水②，杀汉

【译文】

春天，汉王统领五路诸侯的军队，一共五十六万人，向东讨伐楚国。项王听说后，立即命令众将领攻打齐国，而自己率领精锐士兵三万人向南从鲁县越过胡陵。四月，汉军已经全部进入彭城，收缴项羽的财宝和美女，每天设宴饮酒。项王向西经过萧县，在清晨攻打汉军向东进发，到达彭城，中午，大破汉军。汉军都逃走了，相继进入谷水、泗水，楚军杀死汉军士兵十多万人。汉

卒十余万人。汉卒皆南走山，楚又追击至灵壁东睢水上。[3]汉军却，为楚所挤，多杀[4]，汉卒十余万人皆入睢水，睢水为之不流。围汉王三匝。[5]于是大风从西北而起，折木发屋[6]，扬沙石，窈冥昼晦[7]，逢迎楚军。楚军大乱，坏散，而汉王乃得与数十骑遁去。[8]欲过沛，收家室而西；楚亦使人追之沛，取汉王家；家皆亡，不与汉王相见。汉王道逢得孝惠、鲁元[9]，乃载行。楚骑追汉王，汉王急，推堕孝惠、鲁元车下，滕公常下收载之。[10]如是者三。曰："虽急不可以驱，奈何弃之？"于是遂得脱。求太公、吕后不相遇。[11]审食其从太公、吕后间行[12]，求汉王，反遇楚军。楚军遂与归，报项王，项王常置军中。

军士兵都向南方的山里逃跑，楚军又追到灵璧以东的睢水。汉军败退，受到楚军的逼迫，好多人被杀死。汉军士兵十多万人都掉到睢水中，睢水因为这都不流了。楚军将汉王包围了三重。这时从西北刮起一阵大风，折断了树木，掀起了房屋，扬起了沙石，白天黑得像晚上，狂风刮向楚军。楚军大乱，队形散乱，而汉王才得以和几十名骑兵逃出去。汉王想要经过沛县，带上家眷向西走。楚军也派人追到沛县，抢取汉王的家眷。汉王的家眷都逃跑了，不和汉王相见。汉王在路上遇到孝惠帝、鲁元公主，就用车载着他们走。楚军的骑兵追赶汉王，汉王很着急，就将孝惠帝、鲁元公主推下车，滕公总是下车将他们重新抱上来，这样反复多次。滕公说："事情虽然很紧急，没法走得更快，怎么能丢弃他们呢？"汉王终于得以逃脱。汉王寻找太公、吕后而没有找到。审食其与太公、吕后走小路，寻找汉王，反而遇到楚军。楚军就带他们返回，报告项王，项王将他们一直留在军中。

注释

❶部：统领。五诸侯：指当时依附刘邦的五个诸侯，即常山王张耳、河南王申阳、韩王郑昌、魏王豹、殷王印。关于五诸侯历来说法不一，这里用颜师古

说。 ❷榖、泗水：榖水和泗水，都在彭城东北面。 ❸灵壁：即灵璧，今安徽宿州西北。 ❹多杀：好多人被杀。 ❺三匝：三层。匝：即环绕一周。 ❻发：掀起。 ❼窈冥：昏暗。昼晦：白天如同夜晚。晦：天黑，晚上。 ❽遁去：逃离。 ❾孝惠：名盈，刘邦的儿子。鲁元：刘邦的女儿，后为公主。 ❿滕公：即夏侯婴，为刘邦御车。因他做过滕县令，故称。 ⓫太公：刘邦的父亲。吕后：刘邦的妻子，名雉。 ⓬审食其（yìjī）：沛人，因侍奉吕雉受到重用，后封辟阳侯，官至左丞相。

【原 文】

是时吕后兄周吕侯为汉将兵居下邑[1]，汉王间往从之，稍稍收其士卒。至荥阳[2]，诸败军皆会[3]，萧何亦发关中老弱未傅悉诣荥阳[4]，复大振。楚起于彭城，常乘胜逐北[5]，与汉战荥阳南京、索间[6]，汉败楚，楚以故不能过荥阳而西。

【译 文】

这时吕后的哥哥周吕侯是汉将，驻扎在下邑，汉王走小路来追随他，逐渐收拢他的士兵。来到荥阳，各路败军会合，萧何也征发关中没有载入名册的老弱之人，全部送到荥阳，汉军的士气再次振奋。楚军从彭城出发，经常乘胜追击败兵，与汉军在荥阳以南的京、索两邑之间交战，汉军打败楚军，楚军因此无法越过荥阳向西挺进。

注释

❶下邑：今安徽砀山东。 ❷荥阳：今河南荥阳东。 ❸会：会合。 ❹萧何：沛人，随刘邦起兵，是刘邦的重要谋臣，西汉第一任相国。未傅：指未曾载入名册不符合兵役年龄的人。 ❺北：败走。 ❻京：京邑，在今河南荥阳东南。索：索亭，在今河南荥阳。

【原 文】

项王之救彭城，追汉王至荥阳，田横亦得收齐，立田荣子广为齐王。汉王之败彭城，诸侯皆复与楚而背汉。① 汉军荥阳，筑甬道属之河②，以取敖仓粟。汉之三年，项王数侵夺汉甬道，汉王食乏，恐，请和，割荥阳以西为汉。

【译 文】

项王援救彭城时，追击汉王到荥阳，田横也收复了齐国，立田荣之子田广为齐王。汉王败走彭城时，诸侯又都投靠楚国而背叛汉国。汉军驻扎在荥阳，修筑甬道把荥阳和黄河岸边相连，来运送敖仓的粮食。汉三年，项王屡次侵扰汉军的甬道，汉王缺少粮食，感到害怕，请求和解，要求把荥阳以西割让给汉国。

注释

❶与：归附。 ❷属之河：把荥阳和黄河南岸连接起来。属：连接。

【原 文】

项王欲听之。历阳侯范增曰：“汉易与耳①，今释弗取，后必悔之。”项王乃与范增急围荥阳。汉王患之，乃用陈平计间项王。项王使者来，为太牢具②，举欲进之。见使者，详惊愕曰③：“吾以为亚父使者，乃反项王使者。”更持去，以恶食食项王使者。④ 使者归

【译 文】

项王想要听从。历阳侯范增说：“汉军很容易对付，现在放弃而不获取，以后一定会后悔。”项王就和范增猛攻荥阳。汉王为此担心，于是用陈平的计策离间项王。项王的使者到来，为他准备丰盛的筵席，准备好将要进献。送饭食的人看到使者，假装很惊讶地说：“我以为是亚父的使者，竟然是项王的使者！”就把筵席撤下去，换上粗劣的饭食给项王使者吃。使者回来报告项

报项王，项王乃疑范增与汉有私，稍夺之权。范增大怒，曰：“天下事大定矣，君王自为之。愿赐骸骨归卒伍。”⑤项王许之。行未至彭城，疽发背而死。⑥

王，项王于是怀疑范增与汉军私下勾结，逐渐剥夺了他的权力。范增非常生气，说：“天下的形势已经确定了，请君王好自为之。请求准许我告老还乡。”项王答应了。范增还没有到彭城，就因背上长毒疮而死去了。

注释

❶易与：容易对付。 ❷太牢具：指极丰盛的筵席。古代祭祀或宴会，牛、羊、猪三者齐备叫太牢。具：饭食，酒肴。 ❸详：通“佯”，假装。 ❹恶食：粗劣的饭食。食（sì）项王使者：给项王使者吃。 ❺赐骸骨：乞身告老。归卒伍：意思是回乡为民。古时户籍以五户为伍，三百家为卒。卒伍：指乡里。❻疽：毒疮。

【原文】

汉将纪信说汉王曰：“事已急矣，请为王诳楚为王①，王可以间出。”于是汉王夜出女子荥阳东门被甲二千人，楚兵四面击之。纪信乘黄屋车②，傅左纛③，曰：“城中食尽，汉王降。”楚军皆呼万岁。汉王亦与数十骑从城西门出，走成皋。④项王见纪信，问：“汉王

【译文】

汉将纪信劝说汉王：“情况已经非常危急了，请让我假扮成大王去欺骗楚军，大王可以趁机逃出去。”于是汉王在夜里从荥阳东门放出两千名身披铠甲的女子，楚军从四面攻击她们。纪信乘坐黄屋车，左侧的马头上插着羽毛饰物，说：“城中的粮食吃光了，汉王投降。”楚军将士都高呼万岁。汉王也和几十名骑兵从西门出城，逃往成皋。项王见到纪信，问他：“汉王在

安在？”信曰：“汉王已出矣。”项王烧杀纪信。

哪里？”纪信说：“汉王已经出城了。”项王烧死了纪信。

注释

❶诳：欺骗。 ❷黄屋车：以黄缯为车盖里子的车，为帝王所乘。 ❸傅：附着，这里有插的意思。纛（dào）：帝王车上用牦牛尾或雉尾做的装饰物，插于车衡之左。 ❹成皋：今河南荥阳汜水镇。

【原文】

汉王使御史大夫周苛、枞公、魏豹守荥阳。周苛、枞公谋曰：“反国之王①，难与守城。”乃共杀魏豹。楚下荥阳城，生得周苛。项王谓周苛曰：“为我将，我以公为上将军，封三万户。”周苛骂曰：“若不趣降汉②，汉今虏若，若非汉敌也。”项王怒，烹周苛，并杀枞公。

【译文】

汉王派御史大夫周苛、枞公、魏豹驻守荥阳。周苛、枞公商量说：“魏豹是反叛之国的王，和他一起很难守住城池。”于是二人一起杀死了魏豹。楚军攻下荥阳城，活捉了周苛。项王对周苛说：“做我的将领，我任命你为上将军，封三万户食邑。”周苛大骂说：“你不赶快去投降汉王，汉王就要俘虏你了，你不是汉王的对手！”项王很生气，烹杀周苛，一块杀死枞公。

注释

❶反国之王：指魏豹。魏豹最初被项羽封为西魏王，后降汉，在刘邦兵败彭城后，又叛汉。汉二年八月，韩信破魏，虏豹，刘邦赦免了他。 ❷趣：赶快。

【原 文】

汉王之出荥阳，南走宛、叶[1]，得九江王布，行收兵，复入保成皋。汉之四年，项王进兵围成皋。汉王逃，独与滕公出成皋北门，渡河走修武[2]，从张耳、韩信军。诸将稍稍得出成皋，从汉王。楚遂拔成皋，欲西。汉使兵距之巩，令其不得西。

【译 文】

汉王逃出荥阳以后，向南经过宛县、叶县，招降九江王黥布，一路上收拢士兵，再次进入成皋守卫。汉四年，项王进兵围攻成皋。汉王逃走，独自一人与滕公出成皋北门，渡过黄河逃往修武，来到张耳、韩信的军营。诸将领渐渐逃出成皋，前去追随汉王。楚军终于攻下成皋，想要向西进军。汉王派兵在巩县抵抗，使其无法西进。

注释

❶宛：今河南南阳。叶：今河南叶县南。 ❷修武：今河南获嘉的小修武。

【原 文】

是时，彭越渡河击楚东阿，杀楚将军薛公。项王乃自东击彭越。汉王得淮阴侯兵，欲渡河南。郑忠说汉王，乃止壁河内。[1]使刘贾将兵佐彭越，烧楚积聚。[2]项王东击破之，走彭越。汉王则引兵渡河，复取成皋，军广武[3]，就敖仓食。

【译 文】

这时，彭越渡过黄河在东阿攻打楚军，杀死了楚国的将军薛公。项王于是亲自向东攻打彭越。汉王得到淮阴侯的军队，想要渡过黄河南下。郑忠说服汉王，这才留在河内筑起营垒。汉王派刘贾率领军队协助彭越，烧毁楚军的粮草辎重。项王向东打败汉军，彭越逃走了。汉王于是率军渡过黄河，重新夺取成皋，驻扎在广武，吃敖仓的粮食。项王平定

项王已定东海来，西，与汉俱临广武而军，相守数月。

东海以后，向西进发，与汉军都在广武驻扎，两军相持数月。

注释

❶壁：营垒。 ❷积聚：指粮草辎重。 ❸广武：在今河南荥阳东北山上。山上有东西二城，相传分别由刘、项所建。刘邦屯兵西城，项羽屯兵东城，两城之间有广武涧相隔。

【原文】

当此时，彭越数反梁地，绝楚粮食，项王患之。为高俎[①]，置太公其上，告汉王曰："今不急下[②]，吾烹太公。"汉王曰："吾与项羽俱北面受命怀王[③]，曰'约为兄弟'，吾翁即若翁[④]，必欲烹而翁[⑤]，则幸分我一杯羹。"项王怒，欲杀之。项伯曰："天下事未可知，且为天下者不顾家，虽杀之无益，只益祸耳。"项王从之。

【译文】

在这个时候，彭越在梁地多次反击楚军，切断了楚军的粮食，项王很担心。他准备好高案子，将太公放在上面，警告汉王说："现在不赶快投降，我就烹杀太公。"汉王说："我和项羽都面朝北方听命于怀王，说过'结为兄弟'的话，我的父亲就是你的父亲，你一定要烹杀自己的父亲，就请分给我一杯肉羹。"项王很生气，想要杀太公。项伯说："天下的形势还不明朗，况且打天下的人不会顾及家人，就算杀了他也没有好处，只会增加祸患而已。"项王听从了项伯的劝告。

注释

❶高俎：古代祭祀时放置牲肉的高案子。 ❷急下：赶快投降。 ❸北面：

古时臣下北面朝见君主，故以北面指称臣。❹翁：父亲。❺而：汝，你的。

【原文】

楚汉久相持未决，丁壮苦军旅，老弱罢转漕。①项王谓汉王曰："天下匈匈数岁者②，徒以吾两人耳，愿与汉王挑战，决雌雄，毋徒苦天下之民父子为也。"汉王笑谢曰："吾宁斗智，不能斗力。"项王令壮士出挑战。汉有善骑射者楼烦③，楚挑战三合，楼烦辄射杀之。项王大怒，乃自被甲持戟挑战。楼烦欲射之，项王瞋目叱之，楼烦目不敢视，手不敢发，遂走还入壁，不敢复出。汉王使人间问之，乃项王也。汉王大惊。于是项王乃即汉王相与临广武间而语。④汉王数之⑤，项王怒，欲一战。汉王不听，项王伏弩射中汉王。汉王伤，走入成皋。

【译文】

楚、汉两军长期相持不决，壮丁为行军作战而劳苦，老弱因水陆运输而疲惫。项王对汉王说："天下纷乱多年，只是因为我们两个人罢了，我愿向汉王挑战来一决胜负，不要再让天下的百姓受苦了。"汉王笑着推辞说："我宁愿比智慧，也不会比力气。"项王命令壮士出去挑战。汉军有个善于骑马射箭的人叫楼烦，楚军挑战三个回合，楼烦都把前来挑战的人射死了。项王非常生气，就亲自披上铠甲拿起长戟出来挑战。楼烦想要射他，项王瞪着眼睛呵叱，楼烦眼不敢正视，手不敢放箭，于是跑进营垒，再也不敢出来了。汉王派人暗中打听，才知道是项王。汉王大惊。于是项王靠近汉王的军营，和他隔着广武涧谈话。汉王列举项王的罪状，项王很生气，想要一战。汉王不同意，项王埋伏好弓弩射中了汉王。汉王受伤，逃回成皋。

注释

❶罢转漕：由于水陆运输而疲惫。陆运为转，水运为漕。罢：通“疲”。❷匈匈：扰攘不安。❸楼烦：古代北方少数民族，善于骑射，这里指善于骑射的士卒。❹即：靠近。间：当作“涧”。❺数：数说，列举罪状。

【原文】

项王闻淮阴侯已举河北，破齐、赵，且欲击楚，乃使龙且往击之。淮阴侯与战，骑将灌婴击之，大破楚军，杀龙且。韩信因自立为齐王。项王闻龙且军破，则恐，使盱台人武涉往说淮阴侯。淮阴侯弗听。是时，彭越复反，下梁地，绝楚粮。项王乃谓海春侯大司马曹咎等曰：“谨守成皋，则汉欲挑战，慎勿与战，毋令得东而已。我十五日必诛彭越，定梁地，复从将军。”[1]乃东，行击陈留、外黄。

【译文】

项王听说淮阴侯已经攻下河北地区，攻破齐、赵，并且想要攻打楚军，就派龙且前去迎战。淮阴侯和他交战，骑兵将领灌婴攻击龙且，大破楚军，杀死龙且。韩信趁机自立为齐王。项王听说龙且的军队被打败，感到害怕，派盱眙人武涉前往劝说淮阴侯。淮阴侯不听从。这时，彭越再次反叛楚军，攻下梁地，断绝了楚军的粮食。项王就对海春侯大司马曹咎等人说：“谨慎地防守成皋，即使汉军想要挑战，千万不要与他们交战，不让他们向东就行了。我十五天以内一定会杀掉彭越，平定梁地，再回来与将军会合。”于是项王向东进军，一路上攻打陈留、外黄。

注释

❶复从：会合。

【原 文】

外黄不下。数日，已降，项王怒，悉令男子年十五已上诣城东，欲坑之。外黄令舍人儿年十三[1]，往说项王曰："彭越强劫外黄，外黄恐，故且降，待大王。大王至，又皆坑之，百姓岂有归心？从此以东，梁地十余城皆恐，莫肯下矣。"项王然其言，乃赦外黄当坑者。东至睢阳[2]，闻之皆争下项王。[3]

【译 文】

外黄攻不下。过了几天，外黄终于投降，项王非常生气，命令将十五岁以上的男子全部送到城东，想要坑杀他们。外黄县令门客的儿子只有十三岁，他去劝项王说："彭越武力强迫外黄和他一块反叛，外黄百姓都很害怕，所以暂时投降，等待大王。现在大王到来，又要将他们全部坑杀，百姓怎么会有归顺的心呢？从这里往东，梁地的十几座城都很害怕，再也没有肯投降的了。"项王认同了他的话，就赦免了外黄应当坑杀的人。楚军向东行进到睢阳，百姓听说后，都争相投降项王。

注 释

❶舍人：门客。 ❷睢阳：今河南商丘南。 ❸争下：争着降服。

【原 文】

汉果数挑楚军战，楚军不出。使人辱之，五六日，大司马怒，渡兵汜水。士卒半渡，汉击之，大破楚军，尽得楚国货赂。[1]大司马咎、长史翳、塞王

【译 文】

汉军果然屡次向楚军挑战，楚军不出去应战。汉军派人在阵前辱骂，连续五六天，大司马非常生气，带兵渡过汜水。士兵刚渡过一半，汉军发起进攻，大破楚军，全部获得了楚军的财货。大司马曹咎、长史司马欣都

欣皆自刭汜水上。大司马咎者，故蕲狱掾，长史欣亦故栎阳狱吏，两人尝有德于项梁，是以项王信任之。当是时，项王在睢阳，闻海春侯军败，则引兵还。汉军方围钟离眛于荥阳东，项王至，汉军畏楚，尽走险阻。

在汜水边自刎而死。大司马曹咎，原本是蕲县狱掾，长史司马欣原本也是栎阳狱吏，两人曾经对项梁有恩德，所以项王信任他们。在这个时候，项王正在睢阳，听说海春侯的军队战败，就领兵返回。汉军正在荥阳东围攻钟离眛，项王到了，汉军畏惧楚军，就全部撤到地势险峻之处了。

注释

❶货赂：财货。

【原文】

是时，汉兵盛食多，项王兵罢食绝。汉遣陆贾说项王①，请太公，项王弗听。汉王复使侯公往说项王，项王乃与汉约，中分天下，割鸿沟以西者为汉②，鸿沟而东者为楚。项王许之，即归汉王父母妻子。军皆呼万岁。汉王乃封侯公为平国君。匿弗肯复见。曰："此天下辩士，所居倾国③，故号为平国君。"项王已约，乃引兵解而东归。

【译文】

这时，汉军兵多粮足，项王兵疲粮绝。汉王派陆贾劝说项王，请求释放太公，项王不听。汉王又派侯公前去劝说项王，项王就和汉王约定，平分天下，把鸿沟以西的土地划归给汉王，鸿沟以东的土地属于楚国。项王同意了，立即送回汉王的父母妻儿。汉军都高呼万岁。汉王于是封侯公为平国君，让他躲藏起来不肯再见面，说："这个人是天下善辩之士，他会使他所居住的国家倾覆，因此封号为平国君。"项王已经达成约定，就带兵撤回东方。

注释

❶陆贾：汉初政论家，从高祖定天下，著有《新语》十二篇。 ❷鸿沟：古运河名，在今河南中牟境内。 ❸倾国：使国家倾覆。

【原文】

汉欲西归，张良、陈平说曰：“汉有天下太半[1]，而诸侯皆附之。楚兵罢食尽，此天亡楚之时也，不如因其机而遂取之。今释弗击，此所谓‘养虎自遗患也’。”汉王听之。汉五年，汉王乃追项王至阳夏南[2]，止军，与淮阴侯韩信、建成侯彭越期会而击楚军。至固陵[3]，而信、越之兵不会。楚击汉军，大破之。汉王复入壁，深堑而自守。谓张子房曰：“诸侯不从约，为之奈何？”对曰：“楚兵且破，信、越未有分地，其不至固宜。[4]君王能与共分天下，今可立致也。[5]即不能，事未可知也。君王能自陈以东傅海[6]，尽与韩信；睢阳以北至穀城，以与

【译文】

汉王想要回到西边，张良、陈平劝他说：“汉占有大半个天下，而且诸侯都归附了我们。楚国兵疲粮尽，这是上天灭亡楚国的时机，不如趁机彻底消灭楚国。现在放走敌人不去攻打，这就是所谓的‘养虎为患’。”汉王听从了他们的建议。汉五年，汉王追击项王到阳夏以南，军队停下驻扎，与淮阴侯韩信、建成侯彭越约定日期一起进攻楚军。军队到了固陵，可是韩信、彭越的军队没有赶来会合。楚军攻打汉军，大破汉军。汉王又进入营垒，深挖堑壕来守护。汉王对张良说：“诸侯不遵守约定，怎么办呢？”张良回答说：“楚军就要失败了，韩信、彭越还没有得到封地，他们不来也是应该的。君王能和他们共分天下，现在可以立刻招来他们。假如不这样做，以后的事情就不清楚了。君王能把从陈县以东到靠近海边的土地都封给韩信，把从睢阳以北到谷城的土地都封给彭越，让他们各自为自己

彭越，使各自为战，则楚易败也。”汉王曰：“善。”于是乃发使者告韩信、彭越曰：“并力击楚。楚破，自陈以东傅海与齐王，睢阳以北至穀城与彭相国。”使者至，韩信、彭越皆报曰：“请今进兵。”韩信乃从齐往，刘贾军从寿春并行⑦，屠城父⑧，至垓下。⑨大司马周殷叛楚，以舒屠六⑩，举九江兵，随刘贾、彭越皆会垓下，诣项王。

去作战，那么楚军就很容易打败了。”汉王说：“好。”于是他就派使者去告诉韩信、彭越说：“合力攻打楚军。楚军被打败后，从陈县以东到靠近海边的土地都封给齐王，从睢阳以北到谷城的土地都封给彭相国。”使者到了，韩信、彭越都回复说：“请让我们现在就进兵。”韩信于是从齐国出发，刘贾的军队从寿春一块出发，屠戮城父，行进到垓下。大司马周殷背叛楚国，带领舒县的士兵屠戮六县，发动九江的士兵，跟随刘贾、彭越一起在垓下会合，来到项王这里。

注释

❶太半：大半。 ❷阳夏：今河南太康。 ❸固陵：今河南省周口市淮阳区西北。 ❹固：本来。宜：应该。 ❺致：招来。 ❻陈：今河南省周口市淮阳区。傅：附着，靠近。 ❼寿春：今安徽寿县。 ❽城父（fǔ）：今安徽亳州东南城父村。 ❾垓下：今安徽灵璧东南。 ❿舒：今安徽庐江西南。以舒屠六：用舒地的军队屠杀六地的人。

【原文】

项王军壁垓下，兵少食尽，汉军及诸侯兵围之数重。夜闻汉军四面皆楚歌，项王乃

【译文】

项王的军队在垓下修筑营垒，兵少粮尽，汉军和诸侯的军队将其重重包围。夜晚听见四周的汉军都在唱楚国的歌曲，项王于是非常吃惊地说：

大惊曰："汉皆已得楚乎？是何楚人之多也！"项王则夜起，饮帐中。有美人名虞，常幸从；骏马名骓[1]，常骑之。于是项王乃悲歌慷慨，自为诗曰："力拔山兮气盖世，时不利兮骓不逝。骓不逝兮可柰何，虞兮虞兮柰若何！"[2]歌数阕，美人和之。项王泣数行下，左右皆泣，莫能仰视。

"汉军已经占领楚国了吗？为什么这么多楚国人？"项王于是在夜里起身，在营帐中饮酒。有美人名叫虞姬，因为受宠而经常跟随项王行军；有匹骏马名叫骓，项王经常骑着它。于是项王情绪激动地唱起悲伤的歌，自己作诗吟唱道："力拔山兮气盖世，时不利兮骓不逝。骓不逝兮可奈何，虞兮虞兮奈若何！"歌唱了几段，虞美人应和着。项王流下了数行眼泪，身边的人都流下眼泪，没有人能抬起头来。

注释

❶骓：毛色青白相间的马。 ❷柰若何：把你怎么办。

【原文】

于是项王乃上马骑，麾下壮士骑从者八百余人，直夜溃围南出[1]，驰走。平明，汉军乃觉之，令骑将灌婴以五千骑追之。项王渡淮，骑能属者百余人耳。[2]项王至阴陵[3]，迷失道，问一田父，田父绐[4]曰："左。"左，乃陷大泽中。以故汉追及之。项王

【译文】

于是项王就骑上马，部下的精壮骑兵有八百多人，趁着夜色向南冲破包围，飞奔而去。天亮以后，汉军才发觉，命令骑兵将领灌婴率领五千名骑兵追击。项王渡过淮水，能够跟上的骑兵只有一百多人了。项王到达阴陵，迷路了，询问一位农夫，农夫欺骗他说："往左走。"项王向左逃去，陷入一大片沼泽地。因为这个缘故汉军才追上他们。项王就又带兵向东逃去，到达东城，只剩下二十

乃复引兵而东，至东城[5]，乃有二十八骑。汉骑追者数千人。项王自度不得脱。谓其骑曰：“吾起兵至今八岁矣，身七十余战，所当者破，所击者服，未尝败北，遂霸有天下。然今卒困于此，此天之亡我，非战之罪也。今日固决死，愿为诸君快战，必三胜之，为诸君溃围，斩将，刈旗[6]，令诸君知天亡我，非战之罪也。”乃分其骑以为四队，四向。汉军围之数重。项王谓其骑曰：“吾为公取彼一将。”令四面骑驰下，期山东为三处。于是项王大呼驰下，汉军皆披靡[7]，遂斩汉一将。是时，赤泉侯为骑将[8]，追项王，项王瞋目而叱之，赤泉侯人马俱惊，辟易数里。[9]与其骑会为三处。汉军不知项王所在，乃分军为三，复围之。项王乃驰，复斩汉一都尉，杀数十百人，复聚其骑，亡其两骑耳。乃谓其骑曰：“何如？”

八名骑兵了。汉军前来追击的骑兵有几千人。项王估计自己不能脱身，对他的骑兵说：“我起兵到现在已经八年了，亲身经历过七十多次战斗，抵挡我的都被我打败，我进攻的全部臣服，还没有败过，所以能够称霸天下。然而现在我被困在这里，这是上天想要灭亡我，并不是我作战的错误。今天本来就要决一死战，希望为各位痛快地打一仗，一定会连胜三次，为各位冲破包围，斩杀敌将，砍倒敌旗，让各位知道是上天想要灭亡我，并不是我作战时的错误。”项王于是将他的骑兵分成四队，面朝四方。汉军将其重重包围。项王对他的骑兵说：“我为你们取来一个敌将。”项王命令骑兵向四个方向冲出去，约定在山以东分三处会合。于是项王大声呐喊着冲了过去，汉军全部溃败，终于斩杀一个汉军将领。这个时候，赤泉侯担任骑兵将领，追击项王，项王瞪着眼睛向他呵叱，赤泉侯连人带马都受到惊吓，退避了好几里。项王和他的骑兵在约定的三处会合。汉军不知道项王在哪里，就把军队一分为三，又将项王包围起来。项王于是骑马飞奔，又斩杀了汉军一个都尉，杀死了几十上百人，再把他的骑兵聚集到一起，只损失两名骑兵罢了。项王于是对他的骑兵说：“怎么样？”骑兵都伏在地上说：

骑皆伏曰："如大王言。"

"就像大王所说的一样。"

注释

❶直：通"值"，当，趁。 ❷属：连接，这里指跟上。 ❸阴陵：今安徽定远西北。 ❹绐：欺骗。 ❺东城：今安徽定远东南。 ❻刈：割，砍。 ❼披靡：原指草木随风倒伏，这里比喻军队溃败。 ❽赤泉侯：即汉将杨喜。 ❾辟易：倒退。

【原文】

于是项王乃欲东渡乌江。[①] 乌江亭长舣船待[②]，谓项王曰："江东虽小，地方千里，众数十万人，亦足王也。愿大王急渡。今独臣有船，汉军至，无以渡。"项王笑曰："天之亡我，我何渡为！[③]且籍与江东子弟八千人渡江而西，今无一人还，纵江东父兄怜而王我，我何面目见之？纵彼不言，籍独不愧于心乎？"乃谓亭长曰："吾知公长者。吾骑此马五岁，所当无敌，尝一日行千里，不忍杀之，以赐公。"乃令骑皆下马步行，持短兵接战。独籍所杀汉

【译文】

于是项王想要向东渡过乌江。乌江亭长停船靠岸等待，对项王说："江东虽然很小，但是土地也有方圆千里，民众也有几十万人，足以在那里称王。希望大王赶快渡江。现在只有我有船，汉军到了，也没法渡江。"项王笑着说："上天要灭亡我，我还渡江干什么呢！况且我和江东子弟八千人渡江向西进军，现在没有一个人回来，即使江东的父老可怜我，让我在那里称王，我又有什么脸面去见他们呢？即使他们不说什么，我自己难道心里不愧疚吗？"于是对亭长说："我知道您是个忠厚长者。我骑这匹马五年了，它所向无敌，曾经日行千里，我不忍心杀死它，把它送给您了。"他命令骑兵都下马步行，手持

军数百人。项王身亦被十余创。[4]顾见汉骑司马吕马童，曰："若非吾故人乎？"马童面之[5]，指王翳曰："此项王也。"项王乃曰："吾闻汉购我头千金，邑万户，吾为若德。"[6]乃自刎而死。王翳取其头，余骑相蹂践争项王，相杀者数十人。最其后，郎中骑杨喜，骑司马吕马童，郎中吕胜、杨武各得其一体。五人共会其体，皆是。故分其地为五：封吕马童为中水侯，封王翳为杜衍侯，封杨喜为赤泉侯，封杨武为吴防侯，封吕胜为涅阳侯。

短兵器迎战。项籍独自杀死汉军几百人。项王自己也受伤十多处。他回头看见汉军的骑司马吕马童，说："你不是我的故人吗？"吕马童面对项王，指给王翳说："这就是项王。"项王于是说："我听说汉王悬赏一千金、一万户封邑来买我的头，我送给你点好处。"于是他自刎而死。王翳割下他的头，其他骑兵相互踩踏着争抢项王的尸体，自相残杀死了几十人。最后，郎中骑杨喜，骑司马吕马童，郎中吕胜、杨武，各自得到了项王的一部分尸体。五个人把尸体合起来，都是项王的。所以汉王把封地一分为五：封吕马童为中水侯，封王翳为杜衍侯，封杨喜为赤泉侯，封杨武为吴防侯，封吕胜为涅阳侯。

注释

❶乌江：今安徽和县东北。 ❷舣（yǐ）：停船靠岸。 ❸何渡为：还渡江干什么。 ❹被：遭受。 ❺面之：跟项王面对面。 ❻为若德：送给你点儿好处。德：恩德。

【原 文】

项王已死，楚地皆降汉，独鲁不下。汉乃引天下兵欲屠

【译 文】

项王死后，楚地都投降汉王，只有鲁县不投降。汉王于是率领天下军

之，为其守礼义，为主死节[1]，乃持项王头视鲁[2]，鲁父兄乃降。始，楚怀王初封项籍为鲁公，及其死，鲁最后下，故以鲁公礼葬项王穀城。汉王为发哀，泣之而去。

诸项氏枝属[3]，汉王皆不诛。乃封项伯为射阳侯。桃侯、平皋侯、玄武侯皆项氏，赐姓刘。

队想要屠戮鲁县，因为当地人持守礼义，愿意为君主守节而死，就派人拿出项王的头给鲁县的人看，鲁县的父老才投降。最初，楚怀王封项籍为鲁公，等到他死后，鲁县最后投降，因此用鲁公的礼仪把项王埋葬在谷城。汉王为其致哀，哭泣后离去。

所有的项氏宗族，汉王都没有诛杀。于是封项伯为射阳侯。桃侯、平皋侯、玄武侯都是项氏，赐他们姓刘。

注释

❶死节：为节操而死。 ❷视：通“示”，出示。 ❸枝属：宗族。

【原文】

太史公曰：吾闻之周生曰“舜目盖重瞳子”[1]，又闻项羽亦重瞳子。羽岂其苗裔邪？[2]何兴之暴也！夫秦失其政，陈涉首难，豪杰蜂起，相与并争，不可胜数，然羽非有尺寸，乘埶[3]起陇亩之中，三年，遂将五诸侯灭秦[4]，分裂天下，而封王侯，政由羽出，

【译文】

太史公说：我听周生说“舜的眼睛大概有两个眼眸”，又听说项羽也有两个眼眸。项羽难道是舜的后裔吗？为什么会兴起得如此迅速呢？秦朝政治失策，陈涉率先起事，天下豪杰纷纷响应，相互兼并争夺，多不可数。然而项羽连很小的封地也没有，趁势在民间发迹，三年后，就率领五路诸侯灭掉秦朝，分割天下，分封王侯，政令由他颁布，号称“霸王”，地位虽然没有保持

号为“霸王”，位虽不终，近古以来未尝有也。及羽背关怀楚[5]，放逐义帝而自立，怨王侯叛己，难矣。自矜功伐[6]，奋其私智而不师古，谓霸王之业，欲以力征经营天下[7]，五年卒亡其国，身死东城，尚不觉寤而不自责[8]，过矣。乃引“天亡我，非用兵之罪也”[9]，岂不谬哉！

久，但是近代以来也没有过这样的事情。等到项羽放弃关中思念楚地，放逐义帝自立为王，抱怨王侯背叛自己，形势已经很艰难了。项羽居功自傲，凭借个人才智而不效仿古法，认为自己创建了霸业，想要用武力治理天下，五年后就失去了他的国家，自己也死在东城，却还没有觉悟，不自我责备，这就是他的错了。他竟然说“上天想要灭亡我，并不是用兵时犯了错误”，难道不荒谬吗！

注释

❶周生：汉代一位姓周的儒生。重瞳子：两个眸子。 ❷苗裔：后代。 ❸尺寸：比喻很少。乘埶：趁势，凭借权势。埶，同“势”。 ❹五诸侯：指战国时的齐、赵、韩、魏、燕五国的诸侯军。 ❺背关怀楚：舍弃关中而思念家乡。 ❻矜：夸。功伐：功劳。 ❼力征：以武力征伐。 ❽寤：通“悟”。 ❾乃：竟然。

高祖本纪

【原文】

高祖①，沛丰邑中阳里人②，姓刘氏，字季。③父曰太公④，母曰刘媪。⑤其先，刘媪尝息大泽之陂⑥，梦与神遇。是时雷电晦冥⑦，太公往视，则见蛟龙于其上。已而有身⑧，遂产高祖。

【译文】

高祖是沛县丰邑中阳里人，姓刘，字季。他的父亲是太公，母亲叫刘媪。当初，刘媪曾经在大湖的岸边休息，在梦里和水神相遇。当时电闪雷鸣，天色昏暗，太公前去察看，发现一条蛟龙趴在刘媪身上。不久她就怀有了身孕，于是生下了高祖。

注释

❶高祖：刘邦，死后庙号为汉太祖。 ❷沛：县名，治所在今江苏沛县。丰邑：邑为当时县以下的地方行政单位，丰邑属于沛县，汉时丰邑升为丰县，即今江苏丰县。中阳里：属丰邑。里为当时最基层的地方行政组织。 ❸季：是指他在兄弟间排行最末。 ❹太公：当时对老年男子的尊称。 ❺媪（ǎo）：当时对老年妇女的通称。 ❻其先：当初。陂（bēi）：岸边。 ❼晦冥：天色昏暗。 ❽已而：不久。有身：怀孕。“身”通“娠”。

【原 文】

高祖为人，隆准而龙颜[1]，美须髯[2]，左股有七十二黑子。[3]仁而爱人，喜施[4]，意豁如也。[5]常有大度，不事家人生产作业。[6]及壮，试为吏，为泗水亭长[7]，廷中吏无所不狎侮。[8]好酒及色。常从王媪、武负贳酒[9]，醉卧，武负、王媪见其上常有龙，怪之。高祖每酤留饮[10]，酒雠数倍。[11]及见怪，岁竟[12]，此两家常折券弃责。[13]

【译 文】

高祖这个人，有着高鼻梁，额角像龙，留着漂亮的胡须，左大腿有七十二颗黑痣。他仁厚爱人，喜欢施舍，性情豁达简易。他时常有远大的抱负，不愿从事平常百姓的生产劳作。等到壮年之时，被试用为小吏，担任泗水亭长，衙门里的官吏没人不戏弄他的。他喜好饮酒和女色。他经常到王媪、武负的酒肆赊酒，醉了就躺下，武负、王媪看到他的上方经常有一条龙，感到奇怪。高祖每次来买酒，酒的销量都要比平时多出几倍。等到他们发觉了这些奇怪的现象，年终的时候，这两家酒肆经常毁掉赊酒的债据不再讨要他的酒钱。

注 释

❶隆准：高鼻梁。准：鼻梁。龙颜：额角像龙。后世用来称帝王的相貌。❷须髯：胡须。生于嘴下的叫须，生于两颊的叫髯。❸股：大腿。黑子：黑痣。❹施：施舍。❺意豁如：性情豁达简易。❻事：从事，参加。家人：平常百姓。生产作业：生产劳动，这里指农业劳动。❼泗水亭：亭名，在今江苏沛县东。当时县中每十里设一亭，亭有亭长，掌管徭役、治安、诉讼等事。❽廷：官署衙门。狎（xiá）侮：戏弄耍笑欺负。❾贳（shì）：赊买。❿酤：买酒。每酤留饮：每次来买酒或坐下饮酒。⓫雠（chóu）：售出。酒雠数倍：卖出去的酒是平时的几倍。⓬岁竟：年终。⓭折券弃责（zhài）：折毁赊酒的债据，不再讨要债款。“责”通“债”。

【原 文】

高祖常繇咸阳[①]，纵观[②]，观秦皇帝[③]，喟然太息曰[④]：“嗟乎[⑤]，大丈夫当如此也！”

【译 文】

高祖曾经到咸阳去服徭役，随意观看，看见秦始皇帝，感慨地长叹一声说：“唉，大丈夫就应该是这个样子！”

注 释

❶常：通“尝”，曾经。繇：通“徭”，服徭役。咸阳：秦都城，在今陕西咸阳东。 ❷纵观：任凭人们观看。当时皇帝出行，本禁止人们观看，但此次例外，任凭民观。 ❸秦皇帝：指秦始皇。 ❹喟（kuì）然太息：感慨地叹息。 ❺嗟乎：赞叹声。

【原 文】

单父人吕公善沛令[①]，避仇从之客[②]，因家沛焉。[③]沛中豪桀吏闻令有重客[④]，皆往贺。萧何为主吏[⑤]，主进[⑥]，令诸大夫曰[⑦]：“进不满千钱，坐之堂下。”[⑧]高祖为亭长，素易诸吏[⑨]，乃绐为谒曰“贺钱万”[⑩]，实不持一钱。谒入，吕公大惊，起，迎之门。吕公者，好相人[⑪]，见高祖状貌，因重敬之[⑫]，引入坐。萧何曰：“刘季固

【译 文】

单父人吕公和沛县令关系很好，为躲避仇家而投奔县令做宾客，迁居到沛县。沛县的豪杰和官吏听说县令家来了贵客，都去道贺。萧何是主吏，负责接收礼物，他对各位宾客说：“进献的礼钱不到一千钱的，坐在堂下。”高祖担任亭长，平时看不起众官吏，就欺骗性地在名帖上写“贺礼一万钱”，实际上他一文钱也没带。名帖递进去后，吕公很惊讶，起身，到门口去迎接。吕公这个人，喜欢给人相面，见到高祖的相貌，就加倍敬重他，带他到堂上坐下。萧何说：“刘季向来爱说大话，很少做成事。”高祖趁

多大言，少成事。”高祖因狎侮诸客，遂坐上坐[13]，无所诎。[14]酒阑[15]，吕公因目固留高祖。[16]高祖竟酒[17]，后。[18]吕公曰：“臣少好相人，相人多矣，无如季相，愿季自爱。[19]臣有息女[20]，愿为季箕帚妾。”[21]酒罢，吕媪怒吕公曰：“公始常欲奇此女[22]，与贵人，沛令善公，求之不与，何自妄许与刘季？”[23]吕公曰：“此非儿女子所知也。”[24]卒与刘季。[25]吕公女乃吕后也[26]，生孝惠帝、鲁元公主。[27]

机戏弄堂上众宾客，就自己坐到上座，毫不谦让。酒席结束，吕公使眼色让高祖一定留下来。高祖一直喝到酒席散，走在最后。吕公说：“我年轻的时候就喜欢给人相面，看过的人很多了，没有像你刘季这样的，希望你自己能保重。我有个亲生女儿，愿意许配给你做妻妾。”酒席散后，吕媪生气地对吕公说：“您当初总是想让女儿出人头地，把她许配给贵人。沛县令对您很好，求娶女儿却不答应，为什么随便把她许配给刘季？”吕公说：“这不是妇孺之辈能够理解的。”最终他还是将女儿许配给了刘季。吕公的女儿就是吕后，生下了孝惠帝、鲁元公主。

注释

❶单父（shànfǔ）：今山东单县。善沛令：与沛县县令要好。 ❷从之客：到沛县县令家客居。 ❸家沛：把家安在沛县。 ❹桀，通“杰”。重客：贵客。 ❺萧何：汉初著名政治家，开国功臣，辅佐刘邦打天下，任丞相，封酂侯。主吏：即主吏掾，也称“功曹掾”，职责是协助县令进行人事考核。 ❻主进：主管收纳贺礼之事。 ❼诸大夫：泛指前来贺礼之宾客。 ❽坐之堂下：即让他坐在堂下。 ❾素：平时，向来。易：轻视，小看。 ❿绐（dài）：欺骗。谒（yè）：名帖一类的东西，谒上要写明贺礼的价值。 ⓫好：喜欢，爱好。相人：给人相面。 ⓬重敬：加倍敬重。 ⓭上坐：即“上座”。 ⓮诎（qū）：同“屈”，谦让。 ⓯阑：残尽。酒阑：酒席将散之时。 ⓰因目：使眼色。固留高祖：让高祖一定留下。 ⓱竟酒：一直喝到酒席散。 ⓲后：走在最后。 ⓳自

爱：自己珍惜，自多保重。⑳息：生。息女：亲生女儿。㉑箕帚妾：打扫清洁的婢妾。这是句谦辞，实际是说愿把女儿嫁给刘邦做妻子。㉒奇此女：意思是让这个女儿不同凡俗，出人头地。㉓妄：胡乱，随便。㉔儿女子：相当于“妇孺之辈”，有轻蔑之意。㉕卒：最终。㉖吕后：名雉，字娥姁，汉高祖的皇后，曾佐助刘邦统一天下和铲除异姓王。刘邦死后，执掌朝政十六年。㉗孝惠帝：刘盈，西汉王朝第二代皇帝，在位七年。鲁元公主：刘邦与吕后之女，后嫁给鲁元王张敖，故称“鲁元公主”。

【原文】

高祖为亭长时，常告归之田。[①]吕后与两子居田中耨[②]，有一老父过请饮[③]，吕后因餔之。[④]老父相吕后曰：“夫人天下贵人。”令相两子，见孝惠，曰：“夫人所以贵者，乃此男也。”相鲁元，亦皆贵。老父已去，高祖适从旁舍来[⑤]，吕后具言客有过[⑥]，相我子母皆大贵。高祖问，曰：“未远。”乃追及，问老父。老父曰：“乡者夫人婴儿皆似君[⑦]，君相贵不可言。”高祖乃谢曰：“诚如父言[⑧]，不敢忘德。”及高祖贵，遂不知老父处。

【译文】

高祖做亭长时，曾经请假回到田里。吕后和两个孩子在田里锄草，有一个老人路过要水喝，吕后请他吃了一顿饭。老人给吕后相面说：“夫人是天下的贵人。”吕后让他给两个孩子相面。老人见到孝惠帝，说：“夫人之所以富贵，就在于这个孩子。”他给鲁元公主相面，也说是富贵之人。老人离开后，高祖恰好从邻居家过来，吕后原原本本地说有客人路过这里，为我们母子相面后说都是富贵之人。高祖就问老人在哪里，吕后说：“还没有走远。”高祖就追上去，问老人。老人说：“刚才看过夫人和孩子的面相都像您一样，您的面相富贵不可言。”高祖于是道谢说：“果真像老人家所说的这样，我绝不会忘记恩德。”等到高祖富贵以后，已经不知道老人在哪里了。

注释

❶常：通“尝”，曾经。告归：请假回家。之：往。田：田间。 ❷耨（nòu）：锄草。 ❸父：对男性长者之尊称。老父：相当于老伯。请饮：要水喝。 ❹餔之：拿饭与之吃。 ❺适：正巧。旁舍：邻居家。 ❻具言：原原本本地全部说出。 ❼乡者：刚才。乡：通“向”。 ❽诚：果真。

【原文】

高祖为亭长，乃以竹皮为冠，令求盗之薛治之①，时时冠之。及贵常冠②，所谓“刘氏冠”乃是也。③

【译文】

高祖当亭长，就用竹皮制作冠帽，命令求盗前往薛县制作，他经常戴着，等到富贵时还经常戴着，这就是人们所说的“刘氏冠”。

注释

❶求盗：亭长手下负责追捕盗贼的吏卒。薛：在今山东滕州南。 ❷常冠：经常戴。 ❸刘氏冠：据裴骃《集解》和司马贞《索隐》引应劭曰：刘氏冠是“以竹始生皮作冠”，一名“长冠”，“侧竹皮裹以纵前，高七寸，广三寸，如板”。

【原文】

高祖以亭长为县送徒郦山①，徒多道亡。②自度比至皆亡之③，到丰西泽中④，止饮⑤，夜乃解纵所送徒。⑥曰：

【译文】

高祖当亭长时为县里押送刑徒前往郦山，很多刑徒在半路逃跑了。他心里估计等到目的地刑徒就都逃光了，走到丰邑的沼泽，停下来喝酒休息，在夜里

"公等皆去，吾亦从此逝矣！"[7]徒中壮士愿从者十余人。高祖被酒[8]，夜径泽中[9]，令一人行前。行前者还报曰："前有大蛇当径[10]，愿还。"高祖醉，曰："壮士行，何畏！"乃前，拔剑击斩蛇。蛇遂分为两，径开。行数里，醉，因卧。后人来至蛇所[11]，有一老妪夜哭。[12]人问何哭，妪曰："人杀吾子，故哭之。"人曰："妪子何为见杀？"[13]妪曰："吾子，白帝子也[14]，化为蛇，当道，今为赤帝子斩之[15]，故哭。"人乃以妪为不诚[16]，欲告之[17]，妪因忽不见。后人至，高祖觉。[18]后人告高祖，高祖乃心独喜，自负。[19]诸从者日益畏之。[20]

把他所押送的刑徒全部解散。高祖说："你们都走吧，从此以后我也不回去了！"刑徒里有十几个壮士愿意跟随他。高祖带着醉意，在夜里抄小路穿过沼泽，让一个人走在前面。走在前面的人回来报告说："前方有一条大蛇拦住小路，我想回去。"高祖喝醉了，说："壮士走路，怕什么！"于是他上前，拔剑砍蛇。蛇就被砍成两段，小路通畅了。走了几里，高祖因为喝醉了，于是躺下。后面的人走到斩蛇的地方，见到一个老妇人在夜里哭泣。人们就问她为什么哭，老妇人说："有人杀死了我的儿子，所以哭。"人们就说："老妇人的儿子为什么被杀？"老妇人说："我的儿子是白帝的儿子，变化为蛇，挡在路上，今天被赤帝的儿子砍了，所以我哭。"人们都认为老妇人不诚实，想要打她，老妇人却忽然不见了。后面的人赶到，高祖醒了。他们告诉高祖这些事，高祖心里暗自高兴，自命不凡。各位追随者越来越敬畏他。

注释

❶徒：役夫，多为服劳役的罪犯。郦（lí）山：即"骊山"，在今陕西省西安市临潼区东南。秦朝征发几十万民夫在此修始皇陵墓。 ❷道亡：半路逃跑。❸度（duó）：揣摸，推测。比至：等到了目的地。 ❹丰西泽：丰邑西边一片积水的洼地。 ❺止饮：停止前行，喝酒歇息。 ❻解纵：解散放走。 ❼公

等：相当于“你们”，是带有尊敬的称呼。逝：走开，离去。这里有逃亡的意思。 ⑧被：加。被酒：带着醉意。 ⑨径：本指小路，这里作动词用，即抄小路。 ⑩当径：拦住小路。 ⑪来至蛇所：来到斩蛇的地方。 ⑫老妪（yù）：老妇人。 ⑬何为见杀：为什么被杀。 ⑭白帝：古代传说中的五天帝之一，是位于西方之神，代表五行中的金德。秦居西方，秦襄公供祠白帝，自称为白帝之子孙。 ⑮赤帝：亦为五天帝之一，是位于南方之神，代表五行中的火德。汉朝人崇奉赤帝，认为自己是赤帝之子孙。根据金木水火土五德循环、相生相克的理论，火能克金，白帝子被赤帝子所杀，预示了秦朝将为汉朝取代。 ⑯不诚：不诚实。 ⑰欲告之：要向官府告发其妖言惑众。但此义于上下文不太通。据司马贞《索隐》曰：“《汉书》作‘苦’，谓欲困苦辱之。一本或作‘笞’，《说文》云：‘笞，击也。’”告当为“笞”字较合情理。 ⑱觉：睡醒。 ⑲自负：自命不凡。 ⑳畏：敬畏。

【原文】

秦始皇帝常曰“东南有天子气”[1]，于是因东游以厌之。[2]高祖即自疑，亡匿[3]，隐于芒、砀山泽岩石之间。[4]吕后与人俱求[5]，常得之。[6]高祖怪问之。吕后曰：“季所居上常有云气，故从往常得季。”高祖心喜。沛中子弟或闻之[7]，多欲附者矣。[8]

【译文】

秦始皇帝曾说“东南方有天子之气”，于是就巡游东方来镇压那里的天子之气。高祖怀疑和自己有关，就逃跑藏匿起来，隐居在芒砀山的湖泽与岩石之间。吕后和别人共同寻找，总是能找到他。高祖感到奇怪而问吕后。吕后说：“你所在之处的上方总有云气聚集，所以跟着云气走就会找到你。”高祖心里很高兴。沛县子弟有人听说了这件事，很多想要追随依附他。

注释

❶天子气：这是古代方士们的一种迷信说法，即将有天子出现的地方，天空会有一种特殊的云气。 ❷厌（yā）：镇压住。 ❸亡匿：逃跑后隐藏起来。 ❹芒、砀（dàng）：即芒山与砀山，均在今安徽砀山，芒山在北，砀山在南。 ❺俱求：共同寻找。 ❻得：获得，找到。 ❼或：有人。 ❽附：追随依附。

【原文】

秦二世元年秋①，陈胜等起蕲②，至陈而王③，号为“张楚”。④诸郡县皆多杀其长吏以应陈涉。⑤沛令恐，欲以沛应涉。掾、主吏萧何、曹参乃曰⑥：“君为秦吏，今欲背之，率沛子弟，恐不听。愿君召诸亡在外者，可得数百人，因劫众⑦，众不敢不听。”乃令樊哙召刘季。⑧刘季之众已数十百人矣。

【译文】

秦二世元年秋季，陈胜等人从蕲县起兵，来到陈县后称王，号“张楚”。很多郡县的百姓杀死当地官吏来响应陈涉。沛县令很害怕，想要在沛县起兵响应陈涉。萧何、曹参于是说：“您是秦朝的官吏，现在想要背叛秦朝，率领沛县的子弟起兵，恐怕他们不会听从。希望您召回那些逃亡在外的人，能够得到几百人，利用他们来胁迫众人，众人不敢不听从。”于是就命令樊哙去召回刘季。刘季的手下已经有几十上百人了。

注释

❶秦二世元年：公元前209年。 ❷蕲（qí）：在今安徽宿州南。 ❸陈：在今河南省周口市淮阳区。王：称王。 ❹张楚：陈胜所建农民政权的名称，意为张大楚国。 ❺长吏：大吏，即高级官吏。 ❻掾（yuàn）：县令之属吏。曹参：汉初著名政治家，辅佐刘邦打天下、建立西汉王朝的开国功臣，继萧何为

汉朝丞相。 ❼因：依靠，借助。劫：劫持，胁迫。因劫众：是说借逃亡在外的人的力量来胁持县里的民众。 ❽樊哙：原是杀狗之屠夫，起事后成为刘邦手下的得力将领，汉朝建立后曾官拜左丞相，爵封舞阳侯。

【原 文】

于是樊哙从刘季来。沛令后悔，恐其有变，乃闭城城守[①]，欲诛萧、曹。萧、曹恐，逾城保刘季。[②]刘季乃书帛射城上[③]，谓沛父老曰："天下苦秦久矣。[④]今父老虽为沛令守，诸侯并起，今屠沛。[⑤]沛今共诛令，择子弟可立者立之，以应诸侯，则家室完。[⑥]不然，父子俱屠，无为也。"[⑦]父老乃率子弟共杀沛令，开城门迎刘季，欲以为沛令。刘季曰："天下方扰[⑧]，诸侯并起，今置将不善[⑨]，壹败涂地。[⑩]吾非敢自爱[⑪]，恐能薄[⑫]，不能完父兄子弟。此大事，愿更相推择可者。"[⑬]萧、曹等皆文吏，自爱，恐事不就[⑭]，后秦种族其家[⑮]，尽让刘季。诸父

【译 文】

这时樊哙跟随刘季回来。沛县令后悔了，担心发生变故，就关闭城门凭城墙防守，想要诛杀萧何、曹参。萧何、曹参很害怕，就翻越城墙投靠刘季以得到保护。刘季把对沛中父老说的话写在丝帛上射入城中，告知沛县的父老说："天下人为秦朝所苦已经很久了。现在父老虽然为沛县令守城，但是诸侯都起兵反抗秦朝，马上要屠戮沛县了。现在沛县的父老一同诛杀县令，选出可以当首领的子弟推举他，来响应诸侯，那么身家性命才能得以保全。否则，父子都会被屠杀，那就不值当了。"沛中父老就率领子弟一起杀死了沛县令，打开城门迎接刘季，想要让他做沛县令。刘季说："天下正陷入混乱，诸侯都起兵反抗秦朝，现在选出的将领不称职，就一败涂地了。我不敢爱惜自己，只怕才能浅薄，不能保全父兄子弟的性命。这是大事，希望另选能够胜任的人。"萧何、曹参等人都是文吏，爱惜自己，害怕事情不成功，过后秦朝会将他们灭族，都让位给

老皆曰："平生所闻刘季诸珍怪[16]，当贵；且卜筮之[17]，莫如刘季最吉。"[18]于是刘季数让，众莫敢为，乃立季为沛公。祠黄帝[19]，祭蚩尤于沛庭[20]，而衅鼓旗[21]，帜皆赤。由所杀蛇白帝子，杀者赤帝子，故上赤。[22]于是少年豪吏如萧、曹、樊哙等皆为收沛子弟二三千人，攻胡陵、方与[23]，还守丰。

刘季。众父老都说："我们平时就常听说刘季的那些奇异之事，刘季必当得到富贵，而且经过占卜，没有谁比得上刘季更吉利。"于是刘季多次谦让。众人都不敢做，就立刘季为沛公。众人在沛县官署的庭院祭祀黄帝、蚩尤，把牲畜的血涂在战鼓战旗上，旗帜都染成了红色。由于所杀的蛇是白帝之子，杀蛇的人是赤帝之子，所以崇尚红色。这时沛县少年和有权势的官吏如萧何、曹参、樊哙等人都给沛公召集子弟，一共有两三千人，一起攻打胡陵、方与，退守丰邑。

注释

❶城守：凭靠城墙防守。 ❷逾城：翻越城墙。保刘季：投依刘季，以得到保障。 ❸书帛：把对沛中父老说的话写在绢帛上。 ❹天下苦秦：天下人为秦所苦。 ❺今：马上，即将。 ❻完：完全，得以保全。 ❼无为：没有意义，不值当。 ❽方扰：正乱。 ❾今：现在，眼下。这里含有假设的语气。 ❿壹败涂地：一旦战败将肝脑涂地。形容一旦失败的严重后果，即不可收拾。 ⓫非敢自爱：不敢爱惜自己。 ⓬能薄：能力小，才能差。 ⓭可者：能够胜任的人。 ⓮不就：不成功。 ⓯种族其家：对其家人绝种灭族。秦法严酷，一人犯死罪，要诛灭三族。 ⓰平生：平素。 ⓱卜筮（shì）：占卜吉凶。烧灼龟甲，以裂纹定吉凶叫"卜"；用蓍（shī）草定吉凶叫"筮"。 ⓲莫如：没有谁比得上。 ⓳祠：祭祀。黄帝：传说中的上古五帝之一，姬姓，轩辕氏，被尊奉为中华民族的祖先。 ⓴蚩尤：传说中的上古氏族部落首领，兵器的发明者，特别善于打仗。作战前祭蚩尤，是求其保佑。 ㉑衅（xìn）鼓旗：把牲畜的血涂抹在战鼓战旗上。这是古代的一种祭祀礼仪。 ㉒上：通"尚"，崇尚。上赤：把赤

作为最高贵的颜色。 ㉓胡陵：县名，治所在今山东鱼台东南。方与：在今山东鱼台西北。攻胡陵、方与：据《汉书·高帝纪》及《秦楚之际月表》，此事当发生在秦二世二年十月，此处记作元年，疑误。

【原 文】

秦二世二年，陈涉之将周章军西至戏而还。[①]燕、赵、齐、魏皆自立为王。[②]项氏起吴。[③]秦泗川监平将兵围丰[④]，二日，出与战，破之。命雍齿守丰[⑤]，引兵之薛。泗川守壮败于薛[⑥]，走至戚[⑦]，沛公左司马得泗川守壮[⑧]，杀之。沛公还军亢父[⑨]，至方与，（周市来攻方与）未战。陈王使魏人周市略地。[⑩]周市使人谓雍齿曰："丰，故梁徙也。[⑪]今魏地已定者数十城。齿今下魏[⑫]，魏以齿为侯守丰。不下，且屠丰。"雍齿雅不欲属沛公[⑬]，及魏招之，即反为魏守丰。沛公引兵攻丰，不能取。沛公病，还之沛。沛公怨雍齿与丰子弟叛之，闻东阳甯君、秦嘉立景驹为假王[⑭]，在留[⑮]，乃往从之，

【译 文】

秦二世二年，陈涉的将领周章带领军队向西到戏水后返回。燕、赵、齐、魏都自立为王。项氏在吴地起兵。秦朝泗川郡监察官平率领士兵包围丰邑，过了两天，沛公出城与其交战，打败了他。沛公命令雍齿镇守丰邑，自己领兵到薛县。泗川郡守壮在薛县被打败，逃到戚县。沛公的左司马擒获泗川郡守壮，将他杀死。沛公回军亢父，来到方与，没有作战。陈王派魏人周市攻取土地。周市派人对雍齿说："丰邑，曾是梁的徙都。现在魏国已经平定几十座城池。雍齿你投降魏王，魏王就会封你为侯来守卫丰邑。要是不投降，我就要屠戮丰邑。"雍齿向来不愿跟随沛公，等到魏国招降他，立即反叛为魏国守卫丰邑。沛公带兵攻打丰邑，不能攻下。沛公生病了，返回沛县。沛公怨恨雍齿和丰邑的子弟背叛他，听说东阳甯君、秦嘉立景驹为代理王，在留县，就前去投靠他们，想要借兵去攻打丰邑。当时秦将

欲请兵以攻丰。是时秦将章邯从陈[16]，别将司马𫐐将兵北定楚地[17]，屠相[18]，至砀。[19]东阳甯君、沛公引兵西，与战萧西[20]，不利。还收兵聚留，引兵攻砀，三日乃取砀。因收砀兵，得五六千人。攻下邑[21]，拔之。还军丰。闻项梁在薛，从骑百余往见之。[22]项梁益沛公卒五千人，五大夫将十人。[23]沛公还，引兵攻丰。

章邯追击陈胜军，别将司马𫐐率领士兵向北平定楚地，屠戮相县，到了砀县。东阳甯君、沛公带兵向西，与其在萧县以西交战，不能取胜。沛公回军收兵聚集在留县，带兵攻打砀县，三天就攻占了砀县。他顺势收编了砀县的士兵，得到五六千人。攻打下邑，攻下了这里。回军丰邑。沛公听说项梁在薛县，就带着一百多名随从的骑兵前去见他。项梁增援沛公士兵五千人，具有五大夫爵位的将领有十人。沛公返回，带兵攻打丰邑。

注释

❶周章：也叫周文，陈县（今河南省周口市淮阳区）人，陈胜起义军中的著名将领。戏：水名，在今陕西省西安市临潼区东，发源于骊山，流入渭水，现已涸。 ❷燕、赵、齐、魏皆自立为王：秦二世二年八月，武臣自立为赵王，田儋自立为齐王，韩广自立为燕王，魏咎自立为魏王。 ❸项氏：即项梁、项羽叔侄，楚国将门之后，秦末政治家、军事家。吴：在今江苏苏州。 ❹泗川：即泗水，郡名，治所在沛（今江苏沛县），汉初改为沛郡。监：中央设在郡中的监察官。平：人名。 ❺雍齿：沛人，随刘邦起兵，曾一度背叛刘邦，汉初被封为什方侯。 ❻壮：人名，泗水郡守。 ❼戚：在今山东滕州南。 ❽左司马：官名，掌管军政。得：这里是“俘获”的意思。 ❾亢父（gāngfǔ）：在今山东济宁南。 ❿陈王：即陈胜。周市（fú）：陈胜部将，略地至魏，迎立魏咎为王，自任魏相。 ⓫梁：战国后期魏国又称梁国，因都城在大梁。故梁徙：曾是梁的徙都。 ⓬下魏：投降魏。 ⓭雅：素来，向来。 ⓮东阳：在今安徽天长西北。甯君：姓甯的一个人。秦嘉：响应陈胜起兵反秦的一支农民军领袖。景驹：

楚国旧贵族。假王：代理王。 ⑮留：在今江苏沛县东南。 ⑯章邯：秦朝大将，镇压陈胜吴广起义的主要军事将领，后投降项羽。从陈：追击陈胜军。⑰别将：在另外的地方配合主将作战的将领。巳：古“夷”字。司马巳：人名。⑱相：在今安徽濉溪西北。 ⑲砀：在今河南夏邑东南。 ⑳萧：在今安徽萧县西北。 ㉑下邑：在今安徽砀山西。 ㉒从骑（qí）：随从的骑兵。 ㉓五大夫：秦二十等军功爵中的第九级。五大夫将：具有五大夫爵的将领。

【原 文】

从项梁月余，项羽已拔襄城还。[①]项梁尽召别将居薛。闻陈王定死[②]，因立楚后怀王孙心为楚王[③]，治盱台[④]，项梁号武信君。居数月，北攻亢父，救东阿[⑤]，破秦军。齐军归[⑥]，楚独追北[⑦]，使沛公、项羽别攻城阳[⑧]，屠之。军濮阳之东[⑨]，与秦军战，破之。

【译 文】

沛公跟随项梁一个多月，项羽已经攻下襄城回来了。项梁全部召集将领来到薛县。听到陈王确定无疑死了，就立楚国后代楚怀王裔孙熊心为楚王，定都盱眙。项梁号称武信君。过了几个月，楚军向北进攻亢父，援救东阿，打败秦军。齐军返回齐国，楚军独自追击败退的敌军，派沛公、项羽另外率领军队攻打城阳，屠戮那里。沛公、项羽驻扎在濮阳以东，和秦军交战，打败了秦军。

注 释

❶襄城：在今河南襄城西。 ❷定死：确定无疑死了。 ❸怀王孙心：即战国楚怀王熊槐的孙子熊心。立熊心为王，用其祖父的谥号仍称楚怀王，这是为了顺应楚人之心。 ❹治盱台（xūyí）：定都盱台。盱台：即盱眙，在今江苏盱眙东北。 ❺东阿（ē）：在今山东阳谷东北。 ❻归：回本国。 ❼北：战败。追北：追击败退的敌军。 ❽城阳：在今山东鄄城东南。 ❾军：驻扎。濮阳：在今河南濮阳西南。

【原 文】

秦军复振，守濮阳，环水。[1]楚军去而攻定陶[2]，定陶未下。沛公与项羽西略地至雍丘之下[3]，与秦军战，大破之，斩李由。[4]还攻外黄，外黄未下。[5]

【译 文】

秦军又振作起来，守卫濮阳，环城引水。楚军离去而攻打定陶，定陶没有攻下。沛公和项羽向西攻取土地到雍丘城下，和秦军交战，大破秦军，斩杀李由。回军攻打外黄，外黄没有攻下。

注 释

❶环水：在城墙的外面挖沟，环城引水，易守难攻。 ❷去：离去，撤离。定陶：在今山东定陶。 ❸雍丘：在今河南杞县。 ❹李由：秦朝丞相李斯之子，当时任三川郡守。 ❺外黄：在今河南民权西北。

【原 文】

项梁再破秦军，有骄色。宋义谏[1]，不听。秦益章邯兵，夜衔枚击项梁[2]，大破之定陶，项梁死。沛公与项羽方攻陈留[3]，闻项梁死，引兵与吕将军俱东。[4]吕臣军彭城东，项羽军彭城西[5]，沛公军砀。

【译 文】

项梁再次击败秦军，有骄傲的神色。宋义劝诫他，不听。秦朝派兵增援章邯，在夜里口中衔枚偷袭项梁，在定陶大破项梁，项梁死了。沛公和项羽正在攻打陈留，听说项梁死了，就带兵与吕将军一同向东。吕臣驻扎在彭城以东，项羽驻扎在彭城以西，沛公驻扎在砀县。

注释

❶宋义：战国末年楚国的令尹，随项氏起兵反秦，曾任上将军，号称“卿子冠军”。 ❷衔枚：枚的形状像筷子，两头有绳带，可系于颈后。古代行军，特别是偷袭敌军时，常令士兵衔于口中，以防喧哗。 ❸陈留：在今河南开封东南。 ❹吕将军：即吕臣，原陈胜部将，后归属项梁。 ❺彭城：在今江苏徐州。

【原文】

章邯已破项梁军，则以为楚地兵不足忧，乃渡河[1]，北击赵，大破之。当是之时，赵歇为王[2]，秦将王离围之巨鹿城[3]，此所谓“河北之军”也。

【译文】

章邯打败项梁的军队以后，就认为楚地的军队不值得担忧，于是渡过黄河，向北攻打赵国，大败赵军。在这个时候，赵歇是赵王，秦将王离把他围困在巨鹿城，这就是所谓的河北之军。

注释

❶河：黄河。 ❷赵歇：战国赵王族后裔。陈胜起义后，武臣曾自立为赵王，后被人杀死，其部将张耳、陈余等人又立赵歇为赵王。 ❸巨鹿：在今河北平乡西南。

【原文】

秦二世三年，楚怀王见项梁军破，恐，徙盱台，都彭

【译文】

秦二世三年，楚怀王见项梁的军队被打败，很害怕，迁徙离开盱眙，

城，并吕臣、项羽军自将之。以沛公为砀郡长，封为武安侯，将砀郡兵。封项羽为长安侯，号为“鲁公”。吕臣为司徒[1]，其父吕青为令尹。[2]

定都彭城，合并吕臣、项羽的军队亲自带领。他任命沛公为砀郡长，封为武安侯，带领砀郡的士兵。封项羽为长安侯，号为鲁公。吕臣做司徒，他的父亲吕青做令尹。

注释

❶司徒：官名，掌管土地、人民、税役。 ❷令尹：官名，相当于丞相。

【原文】

赵数请救，怀王乃以宋义为上将军，项羽为次将，范增为末将[1]，北救赵。令沛公西略地入关。与诸将约，先入定关中者王之。[2]

【译文】

赵国屡次请求救援，怀王就任命宋义为上将军，命项羽为次将，范增为末将，向北救援赵国。他命令沛公向西攻取土地进入关中。他和众将领约定，先进入关中的人封为王。

注释

❶范增：项羽的重要谋士。 ❷关中：函谷关以西的秦国故地称为关中。王（wàng）：封为王。

【原 文】

当是时，秦兵强，常乘胜逐北，诸将莫利先入关。[1]独项羽怨秦破项梁军，奋[2]，愿与沛公西入关。怀王诸老将皆曰："项羽为人僄悍猾贼。[3]项羽尝攻襄城，襄城无遗类[4]，皆坑之[5]，诸所过无不残灭。[6]且楚数进取[7]，前陈王、项梁皆败。不如更遣长者扶义而西[8]，告谕秦父兄。[9]秦父兄苦其主久矣，今诚得长者往，毋侵暴[10]，宜可下。[11]今项羽僄悍，今不可遣；独沛公素宽大长者，可遣。"卒不许项羽，而遣沛公西略地，收陈王、项梁散卒。[12]乃道砀至成阳[13]，与杠里秦军夹壁[14]，破（魏）〔秦〕二军。楚军出兵击王离，大破之。

【译 文】

在这个时候，秦军很强大，经常乘胜追击败军，众将领没有谁把先入关看成是有利的。只有项羽怨恨秦军打败项梁的军队，心情很激愤，愿意和沛公向西进入关中。怀王的诸位老将都说："项羽这个人勇猛狡猾。项羽曾攻打襄城，襄城没有留下一个人，都被活埋，凡是经过的地方没有不被摧毁的。再说楚军多次进攻，此前陈王、项梁都失败了。不如改派一个宽厚仁义的人依靠仁义向西进军，告诉秦地父老兄弟。秦地的父老兄弟被他们的君主折磨很久了，现在真能找到一个宽厚仁义的人前去，不伤害欺凌，应该可以取下关中。现在项羽十分凶悍，不可派他去。只有沛公平时是个宽厚的人，可以派他去。"最后怀王没有答应项羽，而是派沛公向西攻取土地，收拢陈王、项梁零散的残兵。大军经过砀县到成阳，和杠里的秦军对垒列阵，打败两支秦军。楚军派兵攻打王离，大破王离。

注 释

❶莫利先入关：没有谁把先入关看成是有利的。 ❷奋：指情绪激动、亢奋。 ❸僄悍（piàohàn）：轻捷勇猛。猾贼：欺诈凶残。 ❹无遗类：没留下一人，即"斩尽杀绝"。 ❺坑：活埋。 ❻诸所过：凡是经过的各个地方。 ❼且：再

说。数（shuò）：屡次。进取：进攻。 ❽更：改。长者：宽厚仁义之人。扶义：仗义，依靠仁义。 ❾告谕：告诉使之了解。 ❿侵暴：伤害欺凌。 ⓫宜可下：应该是可以取下（关中）的。 ⓬散卒：零散的残兵。 ⓭道：经过，取道。成阳：即城阳。 ⓮杠里：在今山东鄄城东南。夹壁：对垒列阵。

【原 文】

沛公引兵西，遇彭越昌邑[①]，因与俱攻秦军，战不利。还至栗[②]，遇刚武侯[③]，夺其军，可四千余人[④]，并之。与魏将皇欣、魏申徒武蒲之军并攻昌邑[⑤]，昌邑未拔。西过高阳。[⑥]郦食其（谓）〔为〕监门[⑦]，曰："诸将过此者多，吾视沛公大人长者。"乃求见说沛公。沛公方踞床[⑧]，使两女子洗足。郦生不拜[⑨]，长揖[⑩]，曰："足下必欲诛无道秦[⑪]，不宜踞见长者。"于是沛公起，摄衣谢之[⑫]，延上坐。[⑬]食其说沛公袭陈留，得秦积粟，乃以郦食其为广野君，郦商为将[⑭]，将陈留兵，与偕攻开封[⑮]，开封未拔。西与秦将杨熊战白马[⑯]，又战曲遇东[⑰]，大破之。

【译 文】

沛公带兵向西进发，在昌邑遇到彭越，于是和他一同进攻秦军，作战没有取胜。回军到栗县，遇到刚武侯，夺取他的军队，有四千多人，军队合并。沛公和魏将皇欣、魏司徒武蒲的军队一同进攻昌邑，昌邑没有攻下。向西经过高阳。郦食其负责看守城门，说："从这路过的将领很多，我看沛公是个大人物。"于是他请求拜见劝说沛公。沛公正叉开腿坐着，让两个女子给他洗脚。郦生没有下拜，只是拱手高举行礼，说："您一定想要诛灭无道的秦朝，不应该叉开腿坐着接见长者。"于是沛公站起来，整理衣服向他道歉，请他坐上座。郦食其劝说沛公袭击陈留，得到秦朝囤积的粮食。沛公于是封郦食其为广野君，封郦商为将军，率领陈留的军队，与他一同攻打开封，开封没有攻下。沛公向西和秦将杨熊在白马交战，又在曲遇以东交战，大破秦军。杨熊逃到荥阳，秦

杨熊走之荥阳[18]，二世使使者斩以徇。[19]南攻颍阳[20]，屠之。因张良遂略韩地轘辕。[21]

二世派使者将他斩首示众。沛公向南进攻颍阳，屠戮那里。依靠张良终于攻下韩地的轘辕。

注释

❶彭越：曾为盗，陈胜起义后，起兵响应，后依附刘邦，是刘邦战胜项羽的主要力量之一，汉初被封梁王，最后为刘邦所杀。 ❷栗：在今河南夏邑。 ❸刚武侯：姓名失传。 ❹可：大约。 ❺申徒：官名，即“司徒”。 ❻高阳：在今河南杞县西。 ❼郦食其（yìjī）：刘邦手下的谋臣及说客。监门：负责看守、开闭城门的小吏。 ❽踞床：古人席地而坐，一般是两膝着地，两脚向后。踞则是臀部着地，两脚叉开向前伸，这是一种极不礼貌的见客姿态。床：类似板凳的坐具。 ❾拜：古时下对上行的一种敬礼，包括下跪叩头、打恭作揖等。 ❿长揖：古时不分尊卑的一种相见礼，拱手高举，自上而下。 ⓫足下：对对方的敬称。 ⓬摄衣：整理一下衣服。谢：道歉。 ⓭延：引入，请入。 ⓮郦商：郦食其之弟，刘邦手下主要将领之一，汉初封曲周侯。 ⓯偕：一同。开封：也称“启封”，在今河南开封南。 ⓰白马：在今河南滑县东。 ⓱曲遇：在今河南中牟东。 ⓲走：逃跑。荥阳：在今河南荥阳东北。 ⓳徇（xún）：示众。 ⓴颍阳：县名，治所在今河南许昌西南。 ㉑张良：字子房，韩国贵族后裔，刘邦手下最重要的谋臣，汉朝建立后，封为留侯。轘（huán）辕：山名。在今河南偃师东南，接偃师、巩县两县界，因山路有十二曲，盘旋往还得名。形势险阻，历代为控守要地。

【原 文】

当是时，赵别将司马卬方欲渡河入关[1]，沛公乃北攻

【译 文】

在这个时候，赵国别将司马卬正要渡过黄河进入关中，沛公向北进攻平阴，

平阴[2]，绝河津。[3]南，战雒阳东[4]，军不利，还至阳城[5]，收军中马骑，与南阳守齮战犨东[6]，破之。略南阳郡，南阳守齮走，保城守宛。[7]沛公引兵过而西。张良谏曰："沛公虽欲急入关，秦兵尚众，距险。[8]今不下宛，宛从后击，强秦在前，此危道也。"于是沛公乃夜引兵从他道还，更旗帜，黎明，围宛城三匝。[9]南阳守欲自刭。[10]其舍人陈恢曰："死未晚也。"[11]乃逾城见沛公，曰："臣闻足下约，先入咸阳者王之。今足下留守宛。宛，大郡之都也，连城数十，人民众，积蓄多，吏人自以为降必死，故皆坚守乘城。[12]今足下尽日止攻[13]，士死伤者必多；引兵去宛，宛必随足下后；[14]足下前则失咸阳之约，后又有强宛之患。为足下计，莫若约降[15]，封其守[16]，因使止守。[17]引其甲卒与之西。诸城未下者，闻声争开门而待，足下通行无所

横渡黄河渡口。向南进发，在洛阳以东交战，不能取胜，回到阳城，集合军队中的战马和骑兵，与南阳郡守齮在犨县以东交战，击败敌军。攻取南阳郡，南阳郡守齮逃跑，退守到宛县。沛公带兵绕过宛县向西。张良劝谏说："沛公虽然想要尽快进入关中，但是秦军人数还是很多，依险据敌。现在不攻下宛县，宛县从后面进攻，强大的秦军在前方，这是危险的道路。"于是沛公就在夜里带兵从另外的路返回，更换了旗帜，天快亮时，把宛县城重重包围。南阳郡守想要自杀。他的门客陈恢说："等我实在走投无路了再死也不算晚。"他就翻越城墙去见沛公，说："我听说您有约定，先进入咸阳的人可以称王。现在您却留下围攻宛县。宛县是大郡的治所，相连的城池有几十座，人口众多，积蓄也很多，官吏和百姓都认为投降一定会死，所以都登上城墙坚守。现在您整天留下来攻城，士卒死伤的一定有很多；带兵离开宛县，宛县的军队一定会跟在您的后面追击，您向前就失掉了先入咸阳的约定，向后又有强大的宛县为祸患。我替您考虑，不如约请宛县守军投降，对郡守进行封侯，顺便留他在那里防守，您率领他的士卒向西进发。那些没有被攻下的城邑，听说这个消息后，都争相

累。”[18]沛公曰：“善。”乃以宛守为殷侯，封陈恢千户。引兵西，无不下者。至丹水[19]，高武侯鳃、襄侯王陵降西陵。[20]还攻胡阳[21]，遇番君别将梅销[22]，与皆[23]，降析、郦。[24]遣魏人甯昌使秦[25]，使者未来。是时章邯已以军降项羽于赵矣。

打开城门等待您，您就能通行无所牵挂了。”沛公说：“好。”于是封南阳郡守为殷侯，封给陈恢一千户食邑。沛公带兵向西进发，没有不能攻下的城邑。到达丹水，高武侯鳃、襄侯王陵在西陵投降。回军进攻胡阳，遇到番君的别将梅销，和他共同作战，降服了析县、郦县。沛公派魏人甯昌出使秦朝，使者没有回来。这时章邯已经率领军队在赵地投降项羽了。

注释

❶司马卬（áng）：原为赵将，后归属项羽，因功封为殷王。 ❷平阴：古渡口名，在今河南孟津东。 ❸绝河津：横渡黄河渡口。 ❹雒阳：即“洛阳”，在今河南洛阳东北。 ❺阳城：在今河南登封东南。 ❻南阳：郡名，治所在宛，即今河南南阳。齮（yǐ）：郡守名字。犨（chōu）：在今河南鲁山东南。 ❼宛：今河南南阳。 ❽距：通“拒”。距险：依险拒敌。 ❾匝（zā）：环绕一周。三匝：指重重包围。 ❿自刭（jǐng）：割颈自杀。 ⓫舍人：门下的侍从、宾客。死未晚也：这是一句省略语，完整的意思是说，等到实在走投无路了再寻死也不算晚。 ⓬坚守乘城：登城坚守。 ⓭止攻：停止前进，留下攻城。 ⓮随足下后：意思是在您的后面追击。 ⓯莫若：不如。 ⓰封其守：对那里的郡守进行封侯。 ⓱止守：留下来在那里防守。 ⓲累：负担，牵挂。 ⓳丹水：县名，在今河南淅川西北。 ⓴高武侯鳃：姓氏不详，一说即戚鳃，但颜师古认为非一人。襄侯王陵：一说即汉初曾任右丞相的安国侯王陵，但颜师古认为亦非一人。西陵：邑名，在今湖北宜昌西，但此地望与史事难符，所以疑为衍文，《汉书·高帝纪》只作“襄侯王陵降”，无“西陵”二字。 ㉑胡阳：在今河南唐河南。 ㉒番（pó）君：吴芮。秦时曾任番县令，故称番君。汉初封

为长沙王。㉓皆：通“偕”，与偕，共同作战。㉔析：在今河南西峡。郦：在今河南南阳西北。㉕使秦：出使秦地。指暗中与赵高通谋。此事详见《秦始皇本纪》。

【原文】

初，项羽与宋义北救赵，及项羽杀宋义，代为上将军，诸将黥布皆属；[1]破秦将王离军，降章邯，诸侯皆附。及赵高已杀二世[2]，使人来，欲约分王关中。沛公以为诈，乃用张良计，使郦生、陆贾往说秦将[3]，啖以利[4]，因袭攻武关[5]，破之。又与秦军战于蓝田南[6]，益张疑兵旗帜，诸所过毋得掠卤[7]，秦人憙[8]，秦军解[9]，因大破之。又战其北，大破之。乘胜，遂破之。

【译文】

当初，项羽和宋义向北援救赵国，等到项羽杀死宋义，取代他为上将军，诸将黥布等人都隶属于他，打败秦将王离的军队，降服章邯，诸侯都归顺项羽。等到赵高杀死秦二世，派人来，想要约定在关中分地称王。沛公认为有诈，于是采用张良的计策，派郦生、陆贾前去劝说秦军将领，用利益引诱他们，顺势袭击武关，将其攻破。又在蓝田以南和秦军交战，增设疑兵和旗帜，所有路过的地方不得掳掠，秦国百姓都很高兴，秦军因此懈怠，沛公趁机大破秦军。又在蓝田以北交战，大败秦军。沛公乘胜追击，终于打败了秦军。

注释

❶黥（qíng）布：原名英布，因犯罪受了黥刑，人称黥布。秦末率刑徒起兵，先依附项羽，被封为九江王，后背楚降汉，被封淮南王。❷赵高：秦朝大宦官。❸郦生：即郦食其。陆贾：楚国人，刘邦手下的谋臣及说客，汉初官拜太中大夫，著有《新语》十二篇。❹啖（dàn）：吃或给人吃，这里是引诱的意思。❺武关：在今陕西丹凤东南。❻蓝田：在今陕西蓝田西。❼卤：通

“虏”。掠卤：抢掠。 ❽憙，通“喜”。 ❾解（xiè）：通“懈”，懈怠。

【原 文】

汉元年十月①，沛公兵遂先诸侯至霸上。②秦王子婴素车白马③，系颈以组④，封皇帝玺符节⑤，降轵道旁。⑥诸将或言诛秦王。沛公曰：“始怀王遣我，固以能宽容⑦；且人已服降，又杀之，不祥。”乃以秦王属吏⑧，遂西入咸阳。欲止宫休舍⑨，樊哙、张良谏，乃封秦重宝财物府库⑩，还军霸上。召诸县父老豪杰曰：“父老苦秦苛法久矣。⑪诽谤者族⑫，偶语者弃市。⑬吾与诸侯约，先入关者王之，吾当王关中。与父老约⑭，法三章耳⑮：杀人者死，伤人及盗抵罪。⑯余悉除去秦法。诸吏人皆案堵如故。⑰凡吾所以来，为父老除害，非有所侵暴⑱，无恐！⑲且吾所以还军霸上，待诸侯至而定约束耳。”⑳乃使人与秦吏行县乡邑㉑，告谕之。秦人大喜，争

【译 文】

汉元年十月，沛公的军队最终先于诸侯到达霸上。秦王子婴乘坐素车白马，用丝带系在脖子上，封好皇帝印玺符节，在轵道旁投降。诸将中有的人建议诛杀秦王。沛公说：“最初怀王派我来，本来就是因为我能宽容。况且人家已经投降了，还要杀死他们，不吉利。”于是将秦王交给官吏负责，向西进入咸阳。沛公想要留在秦宫中歇息，樊哙、张良劝谏，他才封存秦宫的珍宝财物及仓库，撤回霸上。沛公召集各县的父老、豪杰说：“各位父老深受秦朝的严酷的法律折磨已经很久了，批评朝政的人要灭族，聚在一起交谈的要弃市。我和诸侯约定，先进入关中的人称王，我应当在关中称王。我和父老相约：杀人的处死，伤人和盗窃的根据罪行来治罪。秦朝法令全部废除。众官吏和百姓都一切照旧，各安其位。我来到这里的原因，就是要为父老铲除祸害，不会有侵犯残害的行为，不要害怕！况且我撤回霸上驻扎，等诸侯前来规定处置的规矩罢了。”于是他派人和秦朝的官吏巡视县乡邑，告谕百姓。秦朝的百

持牛羊酒食献飨军士。㉒沛公又让不受，曰："仓粟多，非乏，不欲费人。"㉓人又益喜，唯恐沛公不为秦王。

姓十分高兴，争相送来牛羊酒食犒劳将士。沛公又推辞不接受，说："仓库的粮食很多，不缺少食物，不想让你们破费。"百姓更加高兴，只怕沛公不做秦王。

注释

❶汉元年十月：公元前206年阴历十月，这一年刘邦被封为汉王，汉纪年开始。 ❷霸上：地名，也作"灞上"，又名"霸头"，因地处霸水以西的高原上而得名，在今陕西西安东。 ❸子婴：秦朝末代王。素车白马：白车白马，古代丧葬礼仪。 ❹组：丝带。系颈以组：用丝带系在脖子上，表示自己该死。❺玺：本来凡印均称玺，但自秦朝以后，只有皇帝的印方可称玺。符、节：均为古代朝廷用作信物的凭证，主要用以传达命令和调兵遣将。符以金属或竹木制成，上书文字，剖分为二，双方各持一半，使用时两半相合以验证真伪。符多为虎形，称为虎符，用以调兵遣将。节主要以竹制成，上加旄饰，使臣持之，以证明身份。 ❻轵（zhǐ）道：亭名，也作"枳道"，在今陕西西安东北。❼固：本来。 ❽属（zhǔ）吏：交给吏人负责。 ❾止宫休舍：留在秦宫中休息。 ❿府库：收藏财物的仓库。 ⓫苛法：严酷的法律。 ⓬诽谤者族：指批评朝政的人要被灭族。 ⓭偶语：聚在一起相互交谈。弃市：在闹市执行死刑，并暴尸示众，表示为人所共弃。 ⓮约：相约，达成协定。 ⓯法三章耳：法律仅只三条。意为十分简约。 ⓰抵罪：当其罪。 ⓱案堵如故：一切照旧，各安其位。 ⓲侵暴：侵犯残害。 ⓳无：通"毋"，不要。 ⓴定约束：规定处置的规矩。 ㉑行：巡行。 ㉒飨（xiǎng）：用酒肉慰劳。 ㉓费人：让人花费，破费。

【原 文】

或说沛公曰[①]："秦富十倍天下[②]，地形强。今闻章邯降项羽，项羽乃号为雍王[③]，王关中。[④]今则来[⑤]，沛公恐不得有此。可急使兵守函谷关[⑥]，无内诸侯军[⑦]，稍征关中兵以自益[⑧]，距之。"沛公然其计[⑨]，从之。十一月中，项羽果率诸侯兵西，欲入关，关门闭。闻沛公已定关中，大怒，使黥布等攻破函谷关。十二月中，遂至戏。沛公左司马曹无伤闻项王怒[⑩]，欲攻沛公，使人言项羽曰："沛公欲王关中，令子婴为相，珍宝尽有之。"欲以求封。[⑪]亚父劝项羽击沛公。[⑫]方飨士，旦日合战。[⑬]是时项羽兵四十万，号百万。沛公兵十万，号二十万，力不敌。[⑭]会项伯欲活张良[⑮]，夜往见良，因以文谕项羽[⑯]，项羽乃止。沛公从百余骑，驱之鸿门[⑰]，见谢项羽。[⑱]项羽曰："此沛公左司马曹无

【译 文】

有人劝沛公说："秦朝的富足是天下的十倍，地形有优势。现在听说章邯投降项羽，项羽封他为雍王，统治关中。现在如果过来，沛公恐怕无法保住这里了。应该赶快派兵守住函谷关，不要让诸侯军队进入，渐渐征发关中的士兵来增强自身实力，抵抗他们。"沛公认同他的计谋，就采纳了。十一月中旬，项羽果然率领诸侯的军队向西进发，想要进入函谷关，关门紧闭。项羽听说沛公已经平定关中，非常生气，派黥布等人攻破函谷关。十二月中旬，项羽到达戏水。沛公的左司马曹无伤听说项王很生气，想要进攻沛公，派人对项羽说："沛公想要在关中称王，让子婴做丞相，把珍宝尽归己有。"曹无伤想要借此求得封赏。亚父劝说项羽攻打沛公。项羽正在犒劳士卒，明早和沛公交战。这时项羽的兵力有四十万，号称一百万。沛公的兵力有十万，号称二十万，兵力不相匹敌。正赶上项伯想救张良，在夜里去见他，沛公趁机用言辞对项羽讲道理，项羽才作罢。沛公带着一百多名骑兵，乘车来到鸿门，拜见项羽赔罪。项羽说："这是沛公的左司马曹无伤对我说的。不然，我怎会做这样的

伤言之。不然，籍何以生此！”[19]沛公以樊哙、张良故，得解归。[20]归，立诛曹无伤。

事呢！”沛公由于樊哙、张良的缘故，才得以脱身回来。回到军中，立即诛杀了曹无伤。

注释

❶或说沛公曰：有人劝沛公说。据《楚汉春秋》，说者为解先生。 ❷十倍天下：即是天下的十倍。 ❸号：宣称。号为雍王：宣称要封章邯为雍王。 ❹王关中：统治关中。 ❺则：如果。 ❻函谷关：在今河南灵宝东北。 ❼内：通“纳”。 ❽稍：渐渐。征：征集。自益：增加自己的兵力。 ❾然其计：认为他的计谋对。 ❿项王：《汉书·高帝纪》作“项羽”。此时项羽尚未称王，应从《汉书》为“项羽”。 ⓫欲以求封：想要通过此言求得项羽的封赏。 ⓬亚父：即范增。 ⓭旦日：明早。合战：交战。 ⓮不敌：不相匹敌，不是对手。 ⓯项伯：项羽的叔父。活：救活。 ⓰以文谕项羽：用言辞向项羽解释说明。 ⓱鸿门：在今陕西西安临潼东北。 ⓲谢：赔罪，道歉。 ⓳籍：项羽的名。生此：“生”疑为“至”字之误。《项羽本纪》作“至此”。 ⓴解：解脱。

【原文】

项羽遂西，屠烧咸阳秦宫室，所过无不残破。秦人大失望，然恐，不敢不服耳。

项羽使人还报怀王。怀王曰：“如约。”[1]项羽怨怀王不肯令与沛公俱西入关，而北救赵，后天下约。[2]乃曰：“怀王者，吾家项梁所立

【译文】

项羽于是向西进发，屠戮焚烧咸阳城和秦朝宫室，所经过的地方没有不被摧毁的。秦朝的百姓非常失望，然而因为害怕，不敢不服从罢了。

项羽派人回去报告给怀王。怀王说：“按照约定的来。”项羽怨恨怀王不肯让他和沛公一同西进入关，而派他北上援救赵国，没能第一个入定关中，就说：“怀王，只是我家叔父项梁所立的罢了，

耳[3]，非有功伐[4]，何以得主约！[5]本定天下，诸将及籍也。”乃详尊怀王为义帝[6]，实不用其命。[7]

没有功劳，凭什么主持诸侯们订立盟约呢！本来平定天下的，就是诸将和我。”于是他假装尊崇楚怀王为义帝，其实并不执行他的诏令。

注释

❶如约：按照原来的约定执行，即“先入定关中者王之”。❷后天下约：意思是按照“先入定关中者王之”的约言落后了，亦即没能第一个入定关中。❸项梁：项羽直呼其叔父之名，不合乎情理，《汉书》中无“项梁”二字，梁玉绳《史记志疑》认为当作“武安君”（项梁生前自号“武安君”）。❹功伐：功劳，业绩。❺主约：主持诸侯们订立盟约。❻详：通“佯”，假装。义帝：有两种解释，一说“义”即“假”，义帝就是假皇帝；一说“义”即名义，义帝就是名义上的皇帝。❼不用其命：不执行义帝的诏令。

【原文】

正月，项羽自立为西楚霸王[1]，王梁、楚地九郡[2]，都彭城。负约[3]，更立沛公为汉王，王巴、蜀、汉中[4]，都南郑。[5]三分关中，立秦三将：章邯为雍王，都废丘[6]；司马欣为塞王，都栎阳[7]；董翳为翟王[8]，都高奴。[9]楚将瑕丘申阳为河南王[10]，都洛阳。赵将司马卬为殷王，都

【译文】

正月，项羽自立为西楚霸王，统治梁地、楚地的九个郡，定都彭城。他违背约定，改立沛公为汉王，统治巴、蜀、汉中，定都南郑。把关中一分为三，封给秦朝的三位降将：章邯为雍王，定都废丘；司马欣为塞王，定都栎阳；董翳为翟王，定都高奴。楚将瑕丘人申阳为河南王，定都洛阳。赵将司马卬为殷王，定都朝歌。赵王歇改任代王。赵将

朝歌。[11]赵王歇徙王代。[12]赵相张耳为常山王[13]，都襄国。[14]当阳君黥布为九江王，都六。[15]怀王柱国共敖为临江王[16]，都江陵。[17]番君吴芮为衡山王，都邾。[18]燕将臧荼为燕王，都蓟。[19]故燕王韩广徙王辽东。[20]广不听，臧荼攻杀之无终。[21]封成安君陈余河间三县[22]，居南皮。[23]封梅锅十万户。

张耳为常山王，定都襄国。当阳君黥布为九江王，定都六县。怀王的柱国共敖为临江王，定都江陵。番君吴芮为衡山王，定都邾县。燕将臧荼为燕王，定都蓟县。前燕王韩广改任辽东王。韩广不服从，臧荼进攻韩广，在无终将其杀死。封给成安君陈余河间的三个县为食邑，让他居住在南皮。封给梅锅十万户为食邑。

注释

❶西楚霸王：古代楚地有南楚、东楚和西楚之分。西楚地处淮水以北，泗水、沂水以西，约今豫东、皖北和江苏西北部地区。位居整个楚地的西北，对东楚而言故称西楚。项羽建都在西楚的彭城，故称西楚霸王。 ❷王梁、楚地九郡：统治梁地、西楚地、东楚地共九个郡。 ❸负约：指违背了楚怀王“先入定关中者王之”的约言。 ❹巴：郡名，治所在江州，今重庆北。蜀：郡名，治所在今四川成都。汉中：郡名，治所南郑，今陕西汉中东。 ❺南郑：县名。 ❻废丘：在今陕西兴平东南。 ❼栎阳：在今陕西省西安市临潼区北渭水北岸。 ❽董翳（yì）：原为章邯手下的都尉，曾劝章邯投降项羽。 ❾高奴：在今陕西延安东北延河北岸。 ❿瑕丘：在今山东兖州东北。 ⓫朝歌：邑名，在今河南淇县。 ⓬徙：调任，改任。 ⓭张耳：战国名士，大梁（今河南开封）人。先依附项羽，被封为常山王，后又归附刘邦，被封为赵王。 ⓮襄国：县名，在今河北邢台西南。 ⓯六：在今安徽六安东北。 ⓰柱国：楚国官名，原为保卫国都之官，后为最高武官。又称“上柱国”。 ⓱江陵：今湖北江陵。 ⓲邾（zhū）：在今湖北黄冈。 ⓳臧荼：原为燕王韩广的部将，后随项羽入关，被封王。蓟：在今北京西南。 ⓴韩广：原为赵王武臣的部将，后率兵攻取燕地，自

立为王于燕地。辽东：郡名，治所襄平，今辽宁辽阳。 ㉑无终：今天津市蓟州区。 ㉒成安：在今河南民权东北。陈余：战国名士，大梁人，与张耳一起拥立赵歇为赵王，赵歇封他为代王。河间：汉初郡、国名，治所乐城，今河北献县东南。 ㉓南皮：在今河北南皮东北。

【原 文】

四月，兵罢戏下[1]，诸侯各就国。[2]汉王之国，项王使卒三万人从，楚与诸侯之慕从者数万人。[3]从杜南入蚀中。[4]去辄烧绝栈道[5]，以备诸侯盗兵袭之，亦示项羽无东意。[6]至南郑，诸将及士卒多道亡归，士卒皆歌思东归。韩信说汉王曰[7]：“项羽王诸将之有功者，而王独居南郑，是迁也。[8]军吏士卒皆山东之人也[9]，日夜跂而望归[10]，及其锋而用之[11]，可以有大功。天下已定，人皆自宁，不可复用。不如决策东乡[12]，争权天下。”

【译 文】

四月，大军从戏水边撤离，诸侯各自回到自己的封国。汉王前往封国，项王派士兵三万人随行，楚国和诸侯仰慕汉王而追随的多达几万人，沿杜县往南进入蚀中。汉军走了以后就烧毁了沿途的栈道，来防备诸侯和盗贼偷袭，也向项羽表示没有东进的意思。到了南郑，众将领和士兵有许多人在途中逃回去，士兵都唱着歌想要回到东方。韩信劝汉王说：“项羽封有功的将领为王，可是大王却被封到南郑，这是流放。军吏和士兵都是山东人，日夜踮起脚后跟引颈盼望回到家乡。利用他们此时的锐气，可以建立大功。天下平定以后，人们都安定下来，就再也不能利用了。不如下令向东进军发展，和诸侯争夺天下。”

注 释

❶戏（huī）下：即“麾下”，军队中主帅之旗下。也有说戏下为戏水边，当

时入关的诸侯们云集之地。❷就国：到自己的封国中。❸慕从者：是说因敬慕刘邦而追随他西行的人。❹杜：在今陕西西安东南。蚀中：谷道名，即子午谷，在今陕西西安南，是汉中与关中两地区间的重要通道。❺辄：就。栈（zhàn）道：也称“阁道”“栈阁”。是在悬崖峭壁上凿孔、架木、铺板而形成的悬空窄道。❻无东意：没有东归争夺关中之意。❼韩信：见《淮阴侯列传》。❽迁：贬谪，流放。❾山东：泛指战国秦地以外的东方六国之地，因在崤山、华山及函谷关以东，故名。❿跂（qì）而望归：踮起脚后跟引颈盼望东归。⓫锋：锐，这里指锐气。⓬东乡（xiàng）：向东进军发展。乡：通“向”。

【原 文】

项羽出关①，使人徙义帝。②曰：“古之帝者地方千里③，必居上游。”④乃使使徙义帝长沙郴县⑤，趣义帝行⑥，群臣稍倍叛之⑦，乃阴令衡山王、临江王击之⑧，杀义帝江南。⑨项羽怨田荣⑩，立齐将田都为齐王。⑪田荣怒，因自立为齐王⑫，杀田都而反楚⑬，予彭越将军印，令反梁地。⑭楚令萧公角击彭越⑮，彭越大破之。陈余怨项羽之弗王己也，令夏说说田荣⑯，请兵击张耳。齐予陈余兵，击破常山王张耳，张耳亡归汉。迎赵王歇

【译 文】

项羽出函谷关，派人去迁徙义帝，说：“古时候的帝王统治方圆千里的土地，一定在上游居住。”他就派使者将义帝迁到长沙的郴县，催促义帝动身，群臣渐渐产生了背叛之心，于是暗中命令衡山王、临江王袭击义帝，在江南杀死义帝。项羽怨恨田荣，立齐将田都为齐王。田荣很生气，趁机自立为齐王，杀死田都而背叛楚国，授予彭越将军印，命令他在梁地反叛。楚国命令萧公角进攻彭越，彭越大破萧公角。陈余怨恨项羽没有封自己为王，命令夏说劝说田荣，借兵进攻张耳。齐国借兵给陈余，打败了常山王张耳，张耳逃跑归顺汉王。陈余从代郡迎回赵王歇，重

于代，复立为赵王。赵王因立陈余为代王，项羽大怒，北击齐。

新立他为赵王。赵王于是立陈余为代王。项羽非常生气，出兵向北进攻齐国。

注释

❶出关：即东出函谷关。 ❷徙：迁徙。 ❸方：疆土面积。地方千里：疆土纵横各千里。 ❹上游：即江河的上游。这不过是迁义帝出彭城的借口。❺长沙：郡名，治所临湘，今湖南长沙。郴县：今湖南郴州。 ❻趣（cù）：通“促”，催促。 ❼稍：渐渐。倍：通“背”。 ❽阴令：暗中命令。衡山王：即吴芮。临江王：即共敖。 ❾据《史记·黥布列传》，杀义帝的人是九江王英布，“江南”当为“江中”。 ❿项羽怨田荣：田荣是齐国旧王族。项梁被秦军围困，告急于齐，田荣不救，项梁战死。项羽由此怨恨田荣。 ⓫田都：田假部将，被项羽封为齐王。 ⓬田荣怒，因自立为齐王：项羽封三田氏为王，却不封他，田荣十分气愤，于是打败田都，击杀田安、田市，并三王之地，自立为齐王。 ⓭杀田都：据《史记·项羽本纪》和《史记·田儋列传》，田都被田荣打败后，逃归项羽，没有被杀。 ⓮予彭越将军印，令反梁地：据《汉书·彭越传》，是“汉乃使人赐越将军印”，而不是田荣。项羽封诸侯王时，彭越没有被封，所以怨恨项羽而反楚。 ⓯萧：县名。公：是楚国对县令的称呼。角：项羽部将，曾任萧县县令。 ⓰夏说（yuè）：陈余手下人，陈余为代王时，曾任相国。

【原文】

八月，汉王用韩信之计，从故道还①，袭雍王章邯。邯迎击汉陈仓②，雍兵败，还走；止

【译文】

八月，汉王采取韩信的计策，从故道返回关中，袭击雍王章邯。章邯在陈仓迎击汉军，雍军战败，撤退；

战好畤[3]，又复败，走废丘。汉王遂定雍地。东至咸阳，引兵围雍王废丘，而遣诸将略定陇西、北地、上郡。[4]令将军薛欧、王吸出武关[5]，因王陵兵南阳[6]，以迎太公、吕后于沛。楚闻之，发兵距之阳夏[7]，不得前。令故吴令郑昌为韩王[8]，距汉兵。

在好畤停下交战，又战败，逃往废丘。汉王最终平定雍地。大军向东进发到咸阳，带兵在废丘将雍王围困，并且派将领攻取陇西、北地、上郡。汉王命令将军薛欧、王吸从武关出发，借助王陵的军队驻守南阳，去沛县迎接太公、吕后。楚国听说后，发兵在阳夏抵抗，汉军无法前进。项羽封原吴县令郑昌为韩王，抵抗汉军。

注释

❶故道：县名。在今陕西宝鸡西南。一说即陈仓古道。 ❷陈仓：在今陕西宝鸡东。 ❸好畤（zhì）：在今陕西乾县东。 ❹陇西：郡名，因在陇山之西而得名，治所狄道，今甘肃临洮南。北地：郡名，治所在义渠，今甘肃庆阳西南。上郡：郡名，治所在肤施，今陕西榆林东南。 ❺薛欧、王吸：刘邦的两名部将，后分别被封为广平侯和清阳侯。 ❻因王陵兵南阳：借助王陵的兵力驻在南阳。 ❼阳夏（jiǎ）：在今河南太康。 ❽故吴令：原吴县县令。

【原 文】

二年[1]，汉王东略地，塞王欣、翟王翳、河南王申阳皆降。韩王昌不听，使韩信击破之。于是置陇西、北地、上郡、渭南、河上、中地郡[2]；关外置河南郡。[3]更立韩太尉信

【译 文】

二年，汉王向东攻取城邑，塞王司马欣、翟王董翳、河南王申阳全部投降。韩王郑昌不愿顺从，汉王派韩信将他击败。于是汉王设置陇西、北地、上郡、渭南、河上、中地等郡，在关外设置河南郡。重新任命韩国太尉韩信为韩王。诸将率领一万人或是

为韩王。[4]诸将以万人若以一郡降者[5]，封万户。缮治河上塞。[6]诸故秦苑囿园池[7]，皆令人得田之。[8]正月，虏雍王弟章平，大赦罪人。

一郡投降的，封赏一万户食邑。汉军修整河套地区的要塞。那些原属秦朝的园林和池塘，都分给百姓来开垦、耕种。正月，汉军俘虏雍王的弟弟章平，汉王大赦罪犯。

注释

❶二年：即汉二年，公元前 205 年。❷渭南、河上、中地：三个郡名，渭南郡即后来的京兆尹，河上郡即后来的左冯翊（píngyì），中地郡即后来的右扶风。因三郡处于京都长安的辅卫之地，故合称为“三辅”。❸河南郡：郡名，改秦之三川郡设置，治所在洛阳，今河南洛阳东北。❹韩太尉信：战国韩王族后裔，刘邦封其为韩王，后降匈奴。❺若：或者。❻缮治：修缮治理。河上塞：指河套地区防御匈奴的要塞。❼苑囿园池：畜养禽兽、种有花草树木的专供帝王和贵族们游猎的风景园林。❽田之：开垦、耕种苑囿园池之地。

【原文】

汉王之出关至陕[1]，抚关外父老，还，张耳来见，汉王厚遇之。

【译文】

汉王出函谷关来到陕县，安抚关外的父老，返回后，张耳前来拜见，汉王厚待他。

注释

❶陕：在今河南三门峡西。

【原 文】

二月，令除秦社稷[①]，更立汉社稷。

【译 文】

二月，汉王命令废弃秦朝社稷，改立汉朝社稷。

注释

❶除：废除。社稷：社是土神，稷是谷神。社稷坛，是古代君主祭祀土神、谷神的场所。社稷也常用作国家的代称。

【原 文】

三月，汉王从临晋渡[①]，魏王豹将兵从。[②]下河内，虏殷王，置河内郡。[③]南渡平阴津[④]，至雒阳。新城三老董公遮说汉王以义帝死故。[⑤]汉王闻之，袒而大哭。[⑥]遂为义帝发丧，临三日。[⑦]发使者告诸侯曰："天下共立义帝，北面事之。[⑧]今项羽放杀义帝于江南，大逆无道。寡人亲为发丧，诸侯皆缟素。[⑨]悉发关内兵，收三河士[⑩]，南浮江汉以下[⑪]，愿从诸侯王击楚之杀义帝者。"[⑫]

【译 文】

三月，汉王从临晋渡过黄河，魏王豹率领军队追随。汉军攻下河内，俘虏殷王，设置河内郡。汉军向南从平阴津渡河，到达洛阳。新城三老董公拦住诉说义帝的死因。汉王听说后，袒露右臂大哭，于是为义帝举行丧礼，哀悼三天。他派使者通知诸侯说："天下诸侯共同拥立义帝，北面称臣。现在项羽流放义帝，在江南杀害他，大逆不道。我亲自为义帝发丧，诸侯都要身穿白色丧服。全部调发关内的军队，集结三河的士兵，向南渡过长江和汉水，愿意追随诸侯王击杀项羽。"

注释

❶临晋：关隘名，在今陕西大荔东黄河的西岸，扼黄河的蒲津渡口，后来也称蒲津关。 ❷魏王豹：战国时魏国旧贵族。 ❸河内郡：治所在怀县，今河南武陟西南。 ❹平阴津：在今河南孟津东，为黄河重要渡口之一。 ❺新城：在今河南伊川西南。三老：乡官，职掌教化。遮说：拦路诉说。 ❻袒（tǎn）：裸露，这里指露出右臂，是一种丧礼仪式。 ❼临（lìn）：聚众哭吊死者。 ❽北面：称臣。古代君主坐北朝南居正位，臣子们北面朝见，侍奉君主，所以称北面事之。 ❾缟（gǎo）：白色的丝织物。素：没有染色的丝绸。缟素：泛指白色丧服。 ❿三河：河东、河内、河南三郡之合称。 ⓫江汉：长江和汉水。 ⓬楚之杀义帝者：指项羽。

【原文】

是时项王北击齐，田荣与战城阳。田荣败，走平原①，平原民杀之。齐皆降楚。楚因焚烧其城郭、系虏其子女。②齐人叛之。田荣弟横立荣子广为齐王，齐王反楚城阳。项羽虽闻汉东③，既已连齐兵④，欲遂破之而击汉。⑤汉王以故得劫五诸侯兵⑥，遂入彭城。项羽闻之，乃引兵去齐⑦，从鲁出胡陵⑧，至萧，与汉大战彭城灵壁东睢水上⑨，大破汉军，

【译文】

当时项王向北攻打齐国，田荣和他在城阳交战。田荣战败，逃往平原，平原的百姓杀死了他。齐地全部投降楚国。楚军趁机烧毁齐国的城郭，掳掠他们的子女。齐人背叛了楚国。田荣的弟弟田横立田荣的儿子田广为齐王，齐王在城阳反叛楚国。项羽虽然听说汉军向东进兵，但是正与齐军交战，想顺利做到彻底打败齐军迎战汉军。汉王因为这个缘故得以劫持五路诸侯的军队，于是进入彭城。项羽听说后，就带兵离开齐国，经鲁县从胡陵出发，到达萧县，和汉军在彭城灵璧以东的睢水边大战，大破汉军，杀死众多士兵，睢水因为尸体的堵

多杀士卒，睢水为之不流。乃取汉王父母妻子于沛，置之军中以为质。[10]当是时，诸侯见楚强汉败，还皆去汉复为楚。塞王欣亡入楚。

塞而无法流通。楚军就在沛县抓走了汉王的父母妻儿，安置在军中当作人质。在这个时候，诸侯看到楚军强盛而汉军败退，都离开汉王而重新归附楚国。塞王司马欣逃到楚国。

注释

❶走：逃跑。平原：在今山东平原南。❷系虏：捆绑掳掠。❸汉东：指汉王的军队向东进兵。❹连齐兵：正与齐国军队交战。❺欲遂：想顺利做到。❻五诸侯：指常山王张耳、河南王申阳、韩王郑昌、魏王魏豹、殷王印。❼去齐：撤离齐地。❽鲁：在今山东曲阜东。胡陵：在今山东滕州西南。❾灵壁：即灵璧，在今安徽淮北西南。睢水：也称睢河，当时是沟通黄河与淮水的重要水道。❿质：人质。

【原文】

吕后兄周吕侯为汉将兵[1]，居下邑。[2]汉王从之，稍收士卒，军砀。汉王乃西过梁地，至虞。[3]使谒者随何之九江王布所[4]，曰："公能令布举兵叛楚，项羽必留击之。得留数月，吾取天下必矣。"随何往说九江王布，布果背楚。楚使龙且往击之。[5]

【译文】

吕后的哥哥周吕侯为汉军带领军队，驻扎在下邑。汉王来投奔他，渐渐收拢逃散的士兵，驻扎在砀县。汉王于是向西路过梁地，来到虞县，派谒者随何到九江王黥布的住所，汉王说："您能够让黥布起兵背叛楚国，项羽一定会留下进攻九江。能够拖延几个月，我一定能夺取天下了。"随何前去劝说九江王黥布，黥布果然背叛楚国。楚国派龙且前去进攻九江。

注释

❶周吕侯：吕泽。 ❷下邑：在今安徽砀山。 ❸虞：在今河南虞城东北。 ❹谒者：官名，君主身边的侍从官，掌管传达。随何：刘邦手下的谋士。 ❺龙且（jū）：齐国人，项羽手下的骁将，后被韩信所杀。

【原文】

汉王之败彭城而西，行使人求家室[①]，家室亦亡[②]，不相得。败后乃独得孝惠，六月，立为太子，大赦罪人。令太子守栎阳，诸侯子在关中者皆集栎阳为卫。引水灌废丘，废丘降，章邯自杀。更名废丘为槐里。[③]于是令祠官祀天地、四方、上帝、山川[④]，以时祀之。[⑤]兴关内卒乘塞。[⑥]

【译文】

汉王在彭城战败而向西撤退时，路上派人去找家中亲人，家眷也逃走了，没能遇见。战败之后只找到了孝惠帝，六月，立他为太子，大赦罪人。汉王命令太子驻守栎阳，诸侯的儿子在关中的都聚集在栎阳防守。引水淹灌废丘，废丘投降，章邯自杀。汉王将废丘改名为槐里。在这个时候他命令祠官祭祀天地、四方、上帝、山川，以后按时祭祀。汉军发动关内的士兵去守塞。

注释

❶家室：家中亲人，父母妻儿等。 ❷亡：逃掉，失散。 ❸槐里：在今陕西兴平东南。 ❹祀：祭祀。上帝：泛指天帝、天神。 ❺以时：按时。 ❻兴：发。乘：登。乘塞：登塞，也就是守塞。

【原文】

是时九江王布与龙且战，不胜，与随何间行归汉。[1]汉王稍收士卒，与诸将及关中卒益出[2]，是以兵大振荥阳，破楚京、索间。[3]

【译文】

当时九江王黥布和龙且交战，不能取胜，和随何抄小路归附汉王。汉王渐渐收拢逃散的士兵，众将领和关中的士兵大举出动，于是荥阳士气大振，在京、索之间打败了楚军。

注释

❶间（jiàn）行：抄小路走。 ❷益出：大举出动。 ❸京：在今河南荥阳东南。索（suǒ，又读 sè）：故址在今河南荥阳。

【原文】

三年[1]，魏王豹谒归视亲疾[2]，至，即绝河津[3]，反为楚。汉王使郦生说豹，豹不听。汉王遣将军韩信击，大破之，虏豹。遂定魏地，置三郡，曰河东、太原、上党。[4]汉王乃令张耳与韩信遂东下井陉击赵[5]，斩陈余、赵王歇。其明年，立张耳为赵王。

【译文】

三年，魏王豹请假回家探视生病的父母，到了以后就断绝黄河渡口，叛汉归楚。汉王派郦生劝说魏豹，魏豹不听从。汉王派将军韩信攻打魏国，大败魏军，俘虏魏豹。汉王终于平定魏地，设置三个郡，分别为河东、太原、上党。汉王于是命令张耳和韩信向东经由井陉攻打赵国，斩杀陈余、赵王歇。第二年，封张耳为赵王。

注释

❶三年：公元前204年。❷谒归：请假回家。❸绝河津：断绝黄河渡口。❹河东：郡名，治所在安邑，今山西夏县东北。太原：郡名，治所在晋阳，今山西太原西南。上党：郡名，治所在长子，今属山西长治。❺井陉（xíng）：又称土门关，故址在今河北井陉北井陉山上。此为“太行八陉”之一，是太行山区进入华北平原的隘口。

【原文】

汉王军荥阳南，筑甬道属之河[1]，以取敖仓。[2]与项羽相距岁余。项羽数侵夺汉甬道[3]，汉军乏食，遂围汉王。汉王请和，割荥阳以西者为汉。项王不听。汉王患之，乃用陈平之计[4]，予陈平金四万斤，以间疏楚君臣。[5]于是项羽乃疑亚父。亚父是时劝项羽遂下荥阳，及其见疑，乃怒，辞老[6]，愿赐骸骨归卒伍[7]，未至彭城而死。

【译文】

汉王驻扎在荥阳以南，修筑甬道一直连接到黄河边，来运取敖仓的粮食。汉军和项羽相持了一年多。项羽多次侵扰汉军的甬道，汉军缺乏食物，项羽于是包围了汉王。汉王请求和解，将荥阳以西划归汉。项王不答应。汉王担心，就采用陈平的计策，给陈平金四万斤，来离间楚国的君臣。于是项羽开始怀疑亚父。亚父这时劝说项羽趁机攻下荥阳，等到他被怀疑，感到很生气，以年老为托辞，请求告老回家，还没到彭城就死了。

注释

❶甬（yǒng）道：两旁筑有墙的交通道，可以防止敌人截击。属（zhǔ）之河：意为从荥阳一直连接到黄河边。❷敖仓：秦朝所建著名大粮仓，在今河南

荥阳境内，因修在敖山上，故名。❸数：多次。❹陈平：刘邦的重要谋臣，汉初封曲逆侯，曾官拜丞相。❺间疏：离间使之疏远。❻辞老：托辞年老。❼骸（hái）骨：身体。古时臣下把事君为官看成是把身体许给了君主，故引退辞官叫乞骸骨。归卒伍：卒、伍均是古代居民的编制单位，五家为一伍，三百家为一卒。归卒伍就是指辞官回家为民。

【原文】

汉军绝食[1]，乃夜出女子东门二千余人[2]，被甲[3]，楚因四面击之。将军纪信乃乘王驾[4]，诈为汉王，诳楚[5]，楚皆呼“万岁”[6]，之城东观，以故汉王得与数十骑出西门遁。[7]令御史大夫周苛、魏豹、枞公守荥阳。[8]诸将卒不能从者，尽在城中。周苛、枞公相谓曰：“反国之王[9]，难与守城。”因杀魏豹。

【译文】

汉军没了粮食，于是在夜里从东门放出两千多个女子，身披铠甲，楚军从四面围攻。将军纪信就乘坐着汉王的车子，假扮成汉王，欺骗楚军。楚国士兵都高喊万岁，去城东观看，因此汉王得以和数十名骑兵从西门逃走。汉王命令御史大夫周苛、魏豹、枞公驻守荥阳。众将领及士卒不能跟随的，都留在城中。周苛、枞公相互商量说：“魏豹难以和他一起守城。”于是杀死了魏豹。

注释

❶绝食：没了粮食。❷出：放出。❸被：通“披”。❹王驾：汉王乘坐的车子。❺诳（kuāng）：欺骗，迷惑。❻万岁：欢呼之语。❼遁：逃走。❽御史大夫：最高监察官。枞（cōng）公：姓枞，名字不详。❾反国之王：指曾反汉为楚的魏豹。

【原文】

汉王之出荥阳入关，收兵欲复东。袁生说汉王曰[①]："汉与楚相距荥阳数岁，汉常困。愿君王出武关，项羽必引兵南走，王深壁[②]，令荥阳、成皋间且得休。[③]使韩信等辑河北赵地[④]，连燕、齐[⑤]，君王乃复走荥阳，未晚也。如此，则楚所备者多，力分，汉得休，复与之战，破楚必矣。"汉王从其计，出军宛、叶间[⑥]，与黥布行收兵。[⑦]

【译文】

汉王出荥阳进入关中时，收兵想要再次向东进发。袁生劝汉王说："汉军和楚军在荥阳相持已经几年了，汉军总是被困。希望君王从武关出击，项羽一定会带兵向南逃跑，君王建造深沟高垒，坚守不战，让荥阳、成皋之间的士兵暂时休息。派韩信等人平定黄河以北的赵地，与燕、齐两国联结，君王再去荥阳，也不算晚。像这样，楚军所要防备的地方很多，兵力分散，汉军得以休整，再和楚军交战，就一定能够击败楚军了。"汉王听从了他的计策，出兵驻扎在宛县、叶县之间，和黥布边行军，边收拢士兵。

注释

❶袁生：《汉书·高帝纪》作"辕生"。 ❷深壁：建造深沟高垒，坚守不战。 ❸成皋：古邑名，今河南荥阳的汜水镇。且：暂且。 ❹辑：平定，安抚，聚集。 ❺连：联结。 ❻宛（yuān）：今河南南阳。叶：在今河南叶县南。 ❼行收兵：边行军，边收拢士卒。

【原文】

项羽闻汉王在宛，果引兵南。汉王坚壁不与战。[①]是时彭越渡睢水，与项声、薛公战下

【译文】

项羽听说汉王在宛县，果然带兵向南进发。汉王坚守营垒不与楚军交战。这时彭越渡过睢水，和项声、薛

邳[2]，彭越大破楚军。项羽乃引兵东击彭越。汉王亦引兵北军成皋。[3]项羽已破走彭越[4]，闻汉王复军成皋，乃复引兵西，拔荥阳，诛周苛、枞公，而虏韩王信，遂围成皋。

公在下邳交战，彭越大破楚军。项羽就带兵向东进攻彭越。汉王也带兵向北驻扎在成皋。项羽打败并赶跑了彭越之后，听说汉王重新在成皋驻扎，于是再次带兵向西进发，攻下荥阳，诛杀周苛、枞公，并且擒获韩王信，最终包围成皋。

注释

❶坚壁：坚守营垒。 ❷项声：项羽部将。薛公：原楚国令尹，后归附刘邦。下邳：在今江苏睢宁北。 ❸军：驻扎。 ❹破走彭越：打败并赶跑了彭越。

【原文】

汉王跳[1]，独与滕公共车出成皋玉门[2]，北渡河，驰宿修武。[3]自称使者，晨驰入张耳、韩信壁[4]，而夺之军。乃使张耳北益收兵赵地[5]，使韩信东击齐。汉王得韩信军，则复振。引兵临河南飨[6]，军小修武南，欲复战。郎中郑忠乃说止汉王[7]，使高垒深堑[8]，勿与战。汉王听其计，使卢绾、刘贾将卒二万人[9]，骑数百，渡白马津[10]，入楚地，与

【译文】

汉王逃走，独自和滕公一起乘车从成皋北门出去，向北渡过黄河，驱车到修武住宿。汉王自称使者，早上驱车进入张耳、韩信的军营中，并且夺取他们的兵权，于是命令张耳向北在赵地征发更多的士兵增援，使韩信向东进攻齐国。汉王得到韩信的军队，士气重新振奋。他率领军队向南来到黄河边，驻扎在小修武以南，想要再次作战。郎中郑忠于是劝阻汉王，让他增高壁垒，深挖堑沟，不要与项羽交战。汉王听从了他的计策，派卢绾、刘贾率领士兵两万人，骑兵几百人，从白马津渡过黄河，

彭越复击破楚军燕郭西[11]，遂复下梁地十余城。

进入楚地，和彭越在燕县外城以西再次击败楚军，最终重新攻下梁地的十多座城池。

注释

❶跳（táo）：通“逃”。 ❷滕公：即夏侯婴，因其曾任滕县令，故称“滕公”。玉门：成皋的北门。 ❸修武：今河南省获嘉县小修武。 ❹壁：军营。 ❺益收兵赵地：即在赵地征发更多的士卒。 ❻南飨：据《史记志疑》，应为“南乡”，乡通“向”。 ❼郎中：官名，负责侍卫。 ❽高垒深堑：增高壁垒，深挖堑沟。 ❾卢绾（wǎn）：刘邦同乡好友，追随刘邦打天下，汉初封为燕王，后投降匈奴。刘贾：刘邦的堂兄，汉初被封为荆王，但没过多久即被英布杀死。 ❿白马津：古津渡名，在今河南滑县东北，当时在黄河南岸，与北岸的黎阳津相对。 ⓫燕：在今河南延津东北。郭：外城。

【原文】

淮阴已受命东[1]，未渡平原。[2]汉王使郦生往说齐王田广[3]，广叛楚[4]，与汉和，共击项羽。韩信用蒯通计[5]，遂袭破齐。齐王烹郦生，东走高密。[6]项羽闻韩信已举河北兵破齐、赵，且欲击楚，则使龙且、周兰往击之。[7]韩信与战，骑将灌婴击[8]，大破楚军，杀龙且。齐王广奔彭越。当此

【译文】

淮阴侯接到命令以后向东进发，还没渡过平原津。汉王派郦生前去劝说齐王田广，田广反叛楚国，和汉和解，一同攻击项羽。韩信采纳蒯通的计策，最终攻破齐国。齐王烹杀郦生，向东逃往高密。项羽听说韩信已经率领黄河以北的士兵攻破齐、赵，并且想要进攻楚国，就派龙且、周兰前往阻击。韩信和楚交战，骑兵将领灌婴出击，大破楚军，杀死龙且。齐王田广投奔彭越。在这个时候，彭越率领

时，彭越将兵居梁地，往来苦楚兵[9]，绝其粮食。

士兵驻扎在梁地，往来骚扰楚军，断绝他们运送粮食的通道。

注释

❶淮阴：即淮阴侯韩信。 ❷平原：即黄河渡口平原津，在今山东平原南。 ❸田广：田荣之子。 ❹广叛楚：记载不当，因田广从未归附过项羽。 ❺蒯通：原名"蒯彻"，司马迁为了避汉武帝刘彻之讳，改称"蒯通"。范阳（在今河北定兴西南）人士，当时著名的说客。 ❻高密：在今山东高密西南。 ❼周兰：项羽手下将领。 ❽灌婴：睢阳（在今河南商丘南）人，原为绸贩，后成为刘邦手下的得力战将。 ❾苦楚兵：就是使楚兵受苦，即对楚军进行骚扰。

【原文】

四年[1]，项羽乃谓海春侯大司马曹咎曰[2]："谨守成皋。若汉挑战，慎勿与战，无令得东而已。我十五日必定梁地，复从将军。"[3]乃行，击陈留、外黄、睢阳[4]，下之。汉果数挑楚军，楚军不出，使人辱之五六日，大司马怒，度兵汜水。[5]士卒半渡，汉击之，大破楚军，尽得楚国金玉货赂。[6]大司马咎、长史欣皆自刭汜水上。[7]项羽至睢阳，闻海春侯破，乃引兵还。

【译文】

四年，项羽于是对海春侯大司马曹咎说："谨慎地守卫成皋。如果汉军挑战，千万不要和他们交战，不让他们向东进发就可以了。我十五天内一定会攻下梁地，再和将军会合。"他就出兵去攻打陈留、外黄、睢阳，将其攻下。汉军果然多次挑战楚军，楚军不出战，汉军派人接连辱骂楚军五六天，大司马很生气，让士兵渡过汜水。士兵渡过一半时，汉军攻击他们，大破楚军，获得楚国的全部金玉财物。大司马曹咎、长史司马欣都在汜水边上自刎而死。项羽到睢阳，听说海春侯被打败，就率领军队返回。

汉军方围钟离眜于荥阳东，项羽至，尽走险阻。[8]

汉军当正在荥阳以东围攻钟离眜，项羽到了，汉军全部逃到险要难行之地。

注释

❶四年：公元前203年。❷大司马：官名，掌管军政的高级官员。❸从：参与，这里是会合之义。❹陈留：今河南开封东南的陈留城。外黄：在今河南民权西北。睢阳：在今河南商丘南。❺度：通“渡”。❻货赂：财物。❼长史：官名，丞相和大将军高级官员府中的诸吏之长。❽险阻：险要难行之地。

【原文】

韩信已破齐，使人言曰：“齐边楚[1]，权轻，不为假王[2]，恐不能安齐。”汉王欲攻之，留侯曰[3]：“不如因而立之，使自为守。”乃遣张良操印绶立韩信为齐王。[4]

【译文】

韩信攻破齐国以后，派人告诉汉王说：“齐国靠近楚国，权力太小，不做临时代理之王，恐怕不能安定齐国。”汉王想进攻韩信。留侯说：“不如趁机封他为齐王，让他为自己守卫齐国。”汉王就派张良带着印绶封韩信为齐王。

注释

❶边楚：靠近楚国。❷假王：临时代理之王。❸留：在今江苏沛县东南。留侯：即张良。❹绶：用来系印的丝带。

【原 文】

项羽闻龙且军破，则恐，使盱台人武涉往说韩信[1]，韩信不听。

【译 文】

项羽听说龙且的军队被打败，就害怕了，派盱眙人武涉前往劝说韩信。韩信不听从。

注 释

❶盱台（xūyí）：台也作“眙”，今江苏盱眙东北。武涉：项羽手下的说客。

【原 文】

楚汉久相持未决[1]，丁壮苦军旅[2]，老弱罢转饷。[3]汉王项羽相与临广武之间而语。[4]项羽欲与汉王独身挑战。汉王数项羽曰[5]：“始与项羽俱受命怀王，曰先入定关中者王之，项羽负约，王我于蜀汉，罪一。项羽矫杀卿子冠军而自尊[6]，罪二。项羽已救赵，当还报，而擅劫诸侯兵入关，罪三。怀王约入秦无暴掠，项羽烧秦宫室，掘始皇帝冢[7]，私收其财物，罪四。又强杀秦降王子婴[8]，罪

【译 文】

楚、汉长期相持不分胜负，壮年男子苦于行军打仗，老弱因转运物资而疲劳。汉王、项羽一起在广武涧的两边交谈。项羽想要和汉王单独挑战。汉王历数项羽的罪过说：“最初我与项羽一起接受怀王的命令，说好谁先进入平定关中就可以称王。项羽违背约定，封我为蜀、汉的王，这是第一条罪状。项羽假传怀王的命令杀死宋义，并且自立为上将军，这是第二条罪状。项羽援救赵国以后，应当回去报告，却擅自劫持诸侯的军队进入关中，这是第三条罪状。怀王约定进入秦地不能施暴劫掠，项羽却烧毁秦宫室，挖掘秦始皇的坟墓，私下收集他的财物，这是第四条罪状。项羽又强行杀死投降的秦王子婴，这是第五条罪状。

五。诈坑秦子弟新安二十万[9]，王其将[10]，罪六。项羽皆王诸将善地，而徙逐故主[11]，令臣下争叛逆，罪七。项羽出逐义帝彭城，自都之[12]，夺韩王地[13]，并王梁、楚[14]，多自予[15]，罪八。项羽使人阴弑义帝江南[16]，罪九。夫为人臣而弑其主，杀已降，为政不平，主约不信，天下所不容，大逆无道，罪十也。吾以义兵从诸侯诛残贼[17]，使刑余罪人击杀项羽[18]，何苦乃与公挑战！”[19]项羽大怒，伏弩射中汉王。[20]汉王伤匈[21]，乃扪足曰[22]：“虏中吾指！”[23]汉王病创卧[24]，张良强请汉王起行劳军，以安士卒，毋令楚乘胜于汉。汉王出行军[25]，病甚，因驰入成皋。

项羽以欺骗手段在新安活埋秦地子弟二十万人，封他们的将领为王，这是第六条罪状。项羽把自己的将领都封在好地方为王，却把原来受封的诸侯王赶往他地，让臣下争相叛逆，这是第七条罪状。项羽把义帝从彭城赶走，自己在那里定都，夺走韩王的封地，兼并梁、楚两地，分给自己更多的土地，这是第八条罪状。项羽派人在江南暗杀义帝，这是第九条罪状。身为别人的臣子却杀害自己的君主，诛杀已经投降的人，处理政事不能公平，设立约定不能守信，天下人都不能容忍，大逆不道，这是第十条罪状。我率领正义之师跟随诸侯来诛杀贼人，派受过刑罚的罪人杀掉项羽，何必同你挑战！”项羽非常生气，埋伏的弓弩手射中了汉王。汉王伤到胸部，却按着脚说：“贼人射中了我的脚趾！”汉王受伤卧床，张良请汉王强行起来慰劳士卒，来稳定军心，不让楚军乘胜攻打汉军。汉王出来巡视慰劳军中，伤势加重，因而驱车进入成皋。

注释

❶未决：未分胜负。 ❷苦军旅：苦于行军打仗。 ❸罢（pí）：通“疲”，疲劳。转饷：运送粮草。 ❹广武：在今河南荥阳东北。广武山上有东、西二城，中间隔广武涧，楚汉相争时，刘邦屯西城，项羽屯东城，二城相距约二百

步。间：通“涧”。❺数（shǔ）：历数罪状。❻矫：假托名义。卿子冠军：即宋义。❼冢（zhǒng）：高大的坟墓。❽强（qiǎng）：勉强。强杀：是说本不该杀而杀了。❾新安：在今河南渑池东。❿王其将：封秦降将为王。⓫徙逐故主：把原来受封的诸侯王赶往他地。⓬自都之：把彭城作为自己的都城。⓭夺韩王地：韩王指韩国旧贵族韩成。⓮并王梁、楚：指项羽兼并梁地、楚地。⓯多自予：多给自己。⓰阴：暗中。⓱残贼：残害人的人。⓲刑余罪人：受过刑的罪人。⓳何苦乃与公挑战：是说何必要同你单挑决雌雄呢。⓴弩：一种利用机械力量发射箭的弓。㉑匈：通“胸”。㉒扪（mén）：按着。㉓虏：对敌人的蔑称。㉔病创卧：因箭伤而卧病。㉕行军：即上文“行劳军”，巡视慰劳军队。

【原 文】

病愈，西入关。至栎阳，存问父老[1]，置酒，枭故塞王欣头栎阳市。[2]留四日，复如军[3]，军广武。关中兵益出。[4]

【译 文】

汉王伤愈，向西进入关中，抵达栎阳，慰问当地父老百姓，摆酒设宴，在栎阳闹市中将以前的塞王司马欣斩首示众。过了四天，汉王再次回到军中，驻扎在广武。关中的士兵大量出关。

注 释

❶存问：慰问。❷枭（xiāo）：把人头割下，悬挂示众。市：闹市。❸如：往，到。❹关中兵益出：汉军大量出关。

【原 文】

当此时，彭越将兵居梁地，往来苦楚兵，绝其粮食。田横往从之。[1]项羽数击彭越等，齐王信又进击楚。项羽恐，乃与汉王约，中分天下，割鸿沟而西者为汉[2]，鸿沟而东者为楚。项王归汉王父母妻子[3]，军中皆呼万岁，乃归而别去。

【译 文】

在这个时候，彭越率领士兵驻扎在梁地，往来骚扰楚军，断绝他们的粮食。田横前去归附彭越。项羽多次进攻彭越等人，齐王韩信又进军攻击楚军。项羽很害怕，就和汉王约定，平分天下，划分鸿沟以西归汉国，鸿沟以东归楚国。项王归还汉王的父母妻子、儿女，汉军都高喊万岁，于是撤退离开。

注 释

❶从“当此时”至“田横往从之”五句，与前文重复，当删。 ❷鸿沟：古运河名。约在战国魏惠王十年（前360）开通。自楚汉战争中刘项划鸿沟为界后，人们常以鸿沟比喻界限分明。 ❸父母妻子：当时刘邦生母已死，在楚军中为人质的，除了太公、吕后外，还有刘邦的庶母及庶子刘肥。

【原 文】

项羽解而东归。汉王欲引而西归，用留侯、陈平计[1]，乃进兵追项羽，至阳夏南止军，与齐王信、建成侯彭越期会而击楚军。[2]至固陵[3]，不会。楚击汉军，大破之。汉王复入壁，深堑

【译 文】

项羽解除包围向东返回。汉王想要带兵向西返回，采用留侯、陈平的计策，于是出兵追击项羽，到阳夏以南停留驻扎，和齐王韩信、建成侯彭越约定时间会合后攻打楚军。汉王到固陵，韩信、彭越没有来会合。楚军进攻汉军，大破汉军。汉王再次进入

而守之。用张良计[4]，于是韩信、彭越皆往。及刘贾入楚地[5]，围寿春[6]，汉王败固陵，乃使使者召大司马周殷举九江兵而迎（之）武王[7]，行屠城父[8]，随（何）刘贾、齐梁诸侯皆大会垓下。[9]立武王布为淮南王。

营垒，深挖沟堑来防守。汉王采用张良的计策，这时韩信、彭越都赶来会合。等到刘贾进入楚地，围困寿春，汉王在固陵战败，才派使者召见大司马周殷，发动九江的兵力去迎接武王，在进军途中屠戮城父，跟随刘贾、齐、梁的诸侯都在垓下会合。汉王封武王为淮南王。

注释

❶留侯、陈平计：张良、陈平认为汉已占有天下大半，而楚则已兵疲粮尽，应乘机消灭它，如放弃此机会，将养虎遗患。❷期会：约定会合的时间。❸固陵：在今河南太康南。❹张良计：张良认为，韩信、彭越失约，是因为分地为王的欲望尚未得到满足，因此劝刘邦将睢阳以北至谷城的土地分给彭越，将陈县到海边分给韩信，让他们不是为汉，而是为自己的封地而战。❺及：《史记会注考证》认为“及”字上面当有“黥布”二字。❻寿春：在今安徽寿县。❼周殷：项羽部将，后叛楚降汉。武王：即黥布。❽城父（fǔ）：在今安徽亳州东南。❾垓下：在今安徽固镇东北、沱河南岸。

【原文】

五年[1]，高祖与诸侯兵共击楚军，与项羽决胜垓下。淮阴侯将三十万自当之，孔将军居左[2]，费将军居右[3]，皇帝在后[4]，绛侯、柴将军在皇帝

【译文】

五年，高祖和诸侯的军队一同进攻楚军，和项羽在垓下决战。淮阴侯率领三十万人独自在正面抵挡，孔将军在左翼，费将军在右翼，皇帝在后方，绛侯、柴将军在皇帝之后。项羽的士兵大约有十万人。淮阴侯率先与

后。[5]项羽之卒可十万。[6]淮阴先合[7]，不利，却。孔将军、费将军纵[8]，楚兵不利，淮阴侯复乘之[9]，大败垓下。项羽卒闻汉军之楚歌[10]，以为汉尽得楚地，项羽乃败而走，是以兵大败。使骑将灌婴追杀项羽东城[11]，斩首八万，遂略定楚地。鲁为楚坚守不下。汉王引诸侯兵北，示鲁父老项羽头，鲁乃降。遂以鲁公号葬项羽谷城。[12]还至定陶，驰入齐王壁[13]，夺其军。

项羽交战，不能取胜，撤退。孔将军、费将军放任军队出击，楚军不能取胜，淮阴侯又趁势再次发起攻击，在垓下大败项羽。项羽的士兵听到汉军士兵唱楚歌，以为汉军已经全部占领楚地，项羽于是战败逃走，所以楚军大败。汉王派骑兵将领灌婴在东城追杀项羽，斩首八万人，终于平定楚地。鲁县人为楚国坚守而无法攻下。汉王率领诸侯的军队向北进发，向鲁县的百姓展示项羽的头，鲁县人于是投降。于是汉王以鲁公的封号将项羽埋葬在谷城。汉王回到定陶，驱车进入齐王的营垒，夺取了他的兵权。

注释

❶五年：公元前202年。 ❷孔将军：即孔藂，韩信部将，后封为蓼侯。 ❸费将军：名陈贺，也是韩信部将，后封为费侯。 ❹皇帝：即刘邦。 ❺绛侯：即周勃，刘邦手下重要将领。柴将军：即柴武，汉初封为棘蒲侯。 ❻可：大约。 ❼合：交战。 ❽纵：放任军队攻击。 ❾复乘之：乘势再次发起攻击。 ❿卒闻：《史记·项羽本纪》和《汉书·高帝纪》均作“夜闻”。 ⓫东城：在今安徽定远东南。 ⓬以鲁公号：以鲁公的名号。谷城：在今山东平阴西南东阿镇。 ⓭齐王：即淮阴侯韩信。

【原 文】

正月，诸侯及将相相与共

【译 文】

正月，诸侯和将相共同请求尊崇

请尊汉王为皇帝。[1]汉王曰："吾闻帝贤者有也[2]，空言虚语，非所守也[3]，吾不敢当帝位。"群臣皆曰："大王起微细[4]，诛暴逆，平定海内，有功者辄裂地而封为王侯。大王不尊号，皆疑不信。[5]臣等以死守之。"[6]汉王三让，不得已，曰："诸君必以为便，便国家。"[7]甲午[8]，乃即皇帝位汜水之阳。[9]

汉王为皇帝。汉王说："我听说皇帝的名号只有贤德之人才能享有，只说空话不做实事的人，是守不住皇帝之位的，我不敢担当皇帝的位置。"群臣都说："大王出身卑微，诛除暴逆，平定天下，有功的人就分土地而封为王侯。大王如果不称帝，大家都会疑惑不信。我们以死坚持主张。"汉王多次辞让，没有办法，说："你们一定认为这样做好，是因为这样对国家有利。"甲午日，汉王在汜水以北登上皇帝之位。

注释

❶相与共：一起，共同。 ❷帝贤者有也：皇帝的名号，只有贤德之人才能享有。 ❸空言虚语，非所守也：只说空话不做实事的人，是守不住皇帝之位的。 ❹微细：微贱，卑微，指出身平民。 ❺大王不尊号，皆疑不信：是说刘邦如果不称帝，对裂地分封王侯等均会疑惑不信。 ❻守之：坚持主张。 ❼诸君必以为便，便国家：你们大家一定认为这样做好，是因为这样有利于国家。 ❽甲午：甲午日，即汉五年二月初三日。 ❾阳：水之北为阳。

【原文】

皇帝曰：义帝无后。[1]齐王韩信习楚风俗[2]，徙为楚王，都下邳。[3]立建成侯彭越为梁王，都定陶。故韩王信为韩王，都阳翟。[4]

【译文】

皇帝说义帝没有后代，齐王韩信熟悉楚地的风俗，就改封他为楚王，定都下邳。封建成侯彭越为梁王，定都定陶。原韩王信为韩王，定都阳翟。改封衡山王吴芮为长沙

徙衡山王吴芮为长沙王，都临湘。[5]番君之别将梅销有功，从入武关，故德番君。[6]淮南王布、燕王臧荼、赵王敖皆如故。[7]

王，定都临湘。番君的将领梅销有战功，跟随刘邦进入武关，所以刘邦感谢番君。淮南王黥布、燕王臧荼、赵王张敖封地和以前一样。

注释

❶后：继承人。此话是为徙齐王韩信作理由。 ❷习：熟悉，了解。 ❸下邳：在今江苏睢宁北。 ❹阳翟：在今河南禹州。 ❺临湘：在今湖南长沙。 ❻德：感谢，报答。 ❼赵王敖：故赵王张耳之子张敖，父死嗣封，后娶刘邦之女鲁元公主为妻。

【原 文】

天下大定，高祖都雒阳，诸侯皆臣属。[1]故临江王驩为项羽叛汉[2]，令卢绾、刘贾围之，不下。数月而降，杀之雒阳。

【译 文】

天下大致平定。高祖定都洛阳，诸侯都是他的臣属。原来的临江王共驩为项羽反叛汉王，高祖命令卢绾、刘贾包围临江，不能攻下。几个月后将其降服，在洛阳杀死他。

注释

❶臣属：称臣服从。 ❷故临江王驩：临江王共敖之子共驩。

【原 文】

五月，兵皆罢归家。[1]诸侯

【译 文】

五月，士兵都解散回到家乡。诸

子在关中者复之十二岁[2]，其归者复之六岁，食之一岁。[3]

侯的子弟留在关中的都免除赋税、徭役十二年，回到家乡的士兵免除六年，发给他们一年的粮食。

注释

❶罢：解散，遣归。 ❷复：免除赋税徭役。 ❸食（sì）：供养。

【原文】

高祖置酒雒阳南宫。高祖曰：“列侯诸将无敢隐朕[1]，皆言其情。吾所以有天下者何？项氏之所以失天下者何？”高起、王陵对曰[2]：“陛下慢而侮人[3]，项羽仁而爱人。然陛下使人攻城略地，所降下者因以予之[4]，与天下同利也。[5]项羽妒贤嫉能，有功者害之[6]，贤者疑之，战胜而不予人功，得地而不予人利，此所以失天下也。”高祖曰：“公知其一，未知其二。夫运筹策帷帐之中[7]，决胜于千里之外，吾不如子房[8]；镇国家，抚百姓，给馈饷[9]，不绝粮道，吾不如萧何；连百万之军，战必胜，攻必取，

【译文】

高祖在洛阳南宫摆酒宴。高祖说：“列侯诸将不要瞒我，都说真话。我能取得天下的原因是什么呢？项氏失掉天下的原因是什么呢？”高起、王陵回答说：“陛下傲慢而喜欢侮辱人，项羽仁厚而爱护人。然而陛下派人攻城略地，所投降或攻克的地方就封给他们，和大家同享利益。项羽妒贤嫉能，有功的人嫉恨他，贤能的人就怀疑他，胜利却不给人功劳，夺得土地也不给别人好处，这就是他失掉天下的原因。”高祖说：“您只知道其中一个方面，不知道另一个方面。要说在军营中筹划策略，在千里外决战制胜，我比不上子房；镇守国家，抚慰百姓，供给粮饷，保证粮道不被阻断，我比不上萧何；统率百万大军，战必胜，进攻一

吾不如韩信。此三者，皆人杰也，吾能用之，此吾所以取天下也。项羽有一范增而不能用，此其所以为我擒也。”

定会攻下，我比不上韩信。他们三个人，都是人中的俊杰，我能够任用他们，这才是我能够得到天下的原因。项羽只有一个范增却不能任用，这就是他被我擒获的原因。”

注释

❶无敢：不许。隐朕（zhèn）：瞒我。 ❷高起：人名。 ❸慢：对人简慢无礼。 ❹降下者：指投降或攻克的地盘。 ❺天下：犹如“大家”。指刘邦手下的人。 ❻害：忌妒，嫉恨。 ❼筹策：本为古代计算用的工具，这里引申为谋略、计策。帷帐：军帐，指挥大营。 ❽子房：即张良。 ❾馈（kuì）饷：粮饷。

【原文】

高祖欲长都雒阳①，齐人刘敬说②，及留侯劝上入都关中，高祖是日驾③，入都关中。六月，大赦天下。

【译文】

高祖想要长期定都洛阳，齐国人刘敬劝说高祖，留侯也劝说高祖进入关中定都，高祖当天起驾，进入关中定都。六月，大赦天下。

注释

❶长：长久地。 ❷刘敬：原名娄敬，一名戍卒，由于劝说刘邦定都关中，得到采纳，被赐姓刘。 ❸驾：车驾。这里是起驾的意思。

【原 文】

十月，燕王臧荼反，攻下代地。高祖自将击之，得燕王臧荼。即立太尉卢绾为燕王。[1]使丞相哙将兵攻代。[2]

【译 文】

十月，燕王臧荼反叛，攻下代地。高祖亲自带兵攻打他，擒获燕王臧荼，随即封太尉卢绾为燕王。他派丞相樊哙率领军队攻打代郡。

注 释

❶太尉：全国最高军政长官。 ❷哙：即樊哙。

【原 文】

其秋，利几反，高祖自将兵击之，利几走。利几者，项氏之将。项氏败，利几为陈公[1]，不随项羽，亡降高祖[2]，高祖侯之颍川。[3]高祖至雒阳，举通侯籍召之[4]，而利几恐，故反。

【译 文】

当年秋天，利几反叛，高祖亲自带兵攻打叛军，利几逃走。利几是项氏的将领。项氏失败，利几自称陈公，没有跟随项羽，逃出来投降高祖，高祖封他为颍川侯。高祖来到洛阳，召见所有在册的列侯，利几感到害怕，所以反叛。

注 释

❶陈公：即陈县（在今河南省周口市淮阳区）县令。 ❷亡降：从原来的地方逃掉前来投降刘邦。 ❸侯之颍川：封他在颍川为侯。 ❹举：全部。通侯即列侯，本称“彻侯”，因避汉武帝刘彻之讳，改称“通侯”。籍：名册。这句话是说召见所有在册的列侯。

【原 文】

六年[1]，高祖五日一朝太公[2]，如家人父子礼。太公家令说太公曰[3]："天无二日，土无二王。[4]今高祖虽子[5]，人主也；太公虽父，人臣也。柰何令人主拜人臣！如此，则威重不行。"[6]后高祖朝，太公拥彗迎门却行[7]，高祖大惊，下扶太公。太公曰："帝，人主也，柰何以我乱天下法！"于是高祖乃尊太公为太上皇。[8]心善家令言[9]，赐金五百斤。

【译 文】

六年，高祖五天拜见一次太公，像普通人家一样行父子之礼。太公的家令劝太公说："天上没有两个太阳，地上没有两个君主。现在皇帝虽然是儿子，却是君主；太公尽管是父亲，却也是臣下。怎么可以让君主跪拜臣下呢！像这样，皇帝的威严和权力就不能通行天下。"后来高祖拜见太公，太公就手持扫帚，迎在门口，倒退着走。高祖非常惊讶，下车搀扶太公。太公说："皇帝是君主，怎么可以因为我而扰乱天下的法纪呢！"于是高祖就尊崇太公为太上皇。高祖心中赞赏家令的话，赐给他金五百斤。

注释

❶六年：公元前201年。 ❷朝：拜见。 ❸家令：官名，掌管家事。 ❹天无二日，土无二王：这两句话出自《礼记·坊记》。 ❺高祖：是刘邦死后的尊号，不应出现在太公家令的话中。《汉书·高帝纪》则作"皇帝"。 ❻威重不行：指皇帝的权力、威严就不能通行天下。 ❼拥彗（huì）：手持扫帚。表示身份低贱，为来人清扫道路。却行：退着走。 ❽太上皇：皇帝给自己父亲封的尊号，始于秦始皇。 ❾善：赞赏。

【原文】

十二月，人有上变事告楚王信谋反[1]，上问左右，左右争欲击之。用陈平计，乃伪游云梦[2]，会诸侯于陈，楚王信迎，即因执之。[3]是日，大赦天下。田肯贺，因说高祖曰："陛下得韩信，又治秦中。[4]秦，形胜之国[5]，带河山之险[6]，县隔千里[7]，持戟百万，秦得百二焉。[8]地埶便利，其以下兵于诸侯，譬犹居高屋之上建瓴水也。[9]夫齐，东有琅邪、即墨之饶[10]，南有泰山之固[11]，西有浊河之限[12]，北有勃海之利。[13]地方二千里，持戟百万，县隔千里之外[14]，齐得十二焉。[15]故此东西秦也。[16]非亲子弟，莫可使王齐矣。"高祖曰："善。"赐黄金五百斤。

【译文】

十二月，有人上书告发楚王韩信阴谋反叛的事情，高祖询问身边的大臣，大臣们争着想要去征讨韩信。高祖采纳陈平的计策，假装巡游云梦泽，在陈县会见诸侯，楚王韩信前往迎接，就趁机拘捕了他。当天，高祖大赦天下。田肯前来祝贺，趁机劝高祖说："陛下擒获韩信，又建都秦中。秦地，是地理形势险要的地方，有四周环绕山河的险阻，与诸侯相隔上千里，手持长戟的武士达上百万，秦地比其他地方好一百倍。地理形势有利，从这里出兵到诸侯国，就像站在高大的屋子上往下倾倒瓶中的水一样。齐国，东面有琅琊、即墨的丰饶，南面有泰山的险固，西面有浊河的阻隔，北面有渤海的物产。土地方圆二千里，手持长戟的武士上百万，与诸侯相隔上千里，齐国比其他地方好十倍。因此齐地形胜富饶足以与秦地东西相抗衡。不是陛下的亲近子弟，就不要封他为齐王了。"高祖说："好。"赐给他金五百斤。

注释

❶上变事：上书告发谋反等重大事变。 ❷云梦：古泽薮名，在今湖北境内。 ❸执：拘捕。 ❹治：指建都。秦中：与狭义的关中略同。 ❺形胜：形势险要。 ❻带河山：以河山为带，就是说有河山环绕。 ❼县（xuán）：通"悬"。

县隔千里：是说关中沃野千里，加之山河之险，与关东之间犹如相隔千里。❽百二：比较费解。一说，古人把“倍”叫“二”，百二就是百倍。秦得百二是说秦比其他地方好一百倍。再一说，因秦地险要，如关东用百万军队，秦用百分之二即两万就足以阻挡了。❾建：倾倒。瓴（líng）：盛水的瓶子。居高屋之上建瓴水：意思是从高屋的屋脊上倾倒瓶中的水，比喻居高临下，不可阻挡的形势。后人把这句话简括为“高屋建瓴”。❿琅邪（yá）：郡名，治所在琅邪，在今山东省青岛市琅琊台西北。即墨：今山东省青岛市即墨区。⓫固：险要。⓬浊河：即黄河。限：阻隔。⓭勃海：即渤海。利：指鱼盐之利。⓮县隔千里之外：相隔超过千里。⓯十二：参考注⑧。⓰东西秦：指齐地形胜富饶足以与秦地东西相抗衡。

【原　文】

后十余日，封韩信为淮阴侯，分其地为二国。高祖曰：将军刘贾数有功，以为荆王，王淮东。①弟交为楚王，王淮西。②子肥为齐王③，王七十余城，民能齐言者皆属齐。④乃论功，与诸列侯剖符行封。⑤徙韩王信太原。⑥

【译　文】

十几天以后，封韩信为淮阴侯，将他原来的封地分为二国。高祖说：将军刘贾多次立下战功，封他为荆王，统治淮水以东。弟弟刘交封为楚王，统治淮水以西。儿子刘肥封为齐王，统治七十多座城池，说齐语的民众都归属齐国。高祖于是评定功劳，和众列侯剖符分封。他将韩王信迁徙到太原。

注　释

❶淮东：约当今安徽省淮河东部和南部一带地方。❷淮西：约当今安徽省淮河西部和北部一带地方。❸子肥：庶子刘肥。❹齐言：齐国话。❺剖符行封：把表示封侯凭证的符分成两半，一半留在朝廷，一半存在被封者手中。

❻太原：郡名，治所在晋阳，今山西太原西南。

【原 文】

七年[1]，匈奴攻韩王信马邑[2]，信因与谋反太原。白土曼丘臣、王黄立故赵将赵利为王以反。[3]高祖自往击之。会天寒，士卒堕指者什二三[4]，遂至平城。[5]匈奴围我平城，七日而后罢去。令樊哙止定代地。[6]立兄刘仲为代王。[7]

【译 文】

七年，匈奴在马邑进攻韩王信，韩王信趁机和匈奴谋划在太原反叛。白土人曼丘臣、王黄立原赵将赵利为王来反叛，高祖亲自前去攻击叛军。正逢天气寒冷，士兵冻掉手指的有十分之二三，终于到了平城。匈奴在平城围攻我军，七天后才撤离。高祖命令樊哙留下平定代地，封哥哥刘仲为代王。

注 释

❶七年：公元前200年。 ❷马邑：在今山西朔州。 ❸白土：白土城，在今陕西神木。曼丘臣、王黄：二人均是韩王信手下将领。 ❹什二三：十分之二三。 ❺平城：在今山西大同东北。 ❻止定代地：留下平定代地。 ❼刘仲：刘邦的二哥。立为代王之事应在六年，非七年。

【原 文】

二月，高祖自平城过赵、雒阳，至长安。[1]长乐宫成[2]，丞相已下徙治长安。[3]

【译 文】

二月，高祖从平城经赵国、洛阳，到长安。长乐宫建成，丞相以下官吏机构迁到长安办公。

注释

❶长安：西汉都城，在今陕西西安西北。❷长乐宫：汉宫名。汉初皇帝在此视朝，后改为太后所居，又称“东宫”。❸已：通“以”。丞相已下徙治长安：丞相以下的整个朝廷官吏机构由栎阳迁到长安。

【原文】

八年[1]，高祖东击韩王信余反寇于东垣。[2]

【译文】

八年，高祖向东进发，在东垣攻打韩王信的残余叛贼。

注释

❶八年：公元前199年。❷东垣：在今河北石家庄东，汉高祖十一年改为真定。

【原文】

萧丞相营作未央宫[1]，立东阙、北阙、前殿、武库、太仓。[2]高祖还，见宫阙壮甚，怒，谓萧何曰：“天下匈匈苦战数岁[3]，成败未可知，是何治宫室过度也？”萧何曰：“天下方未定，故可因遂就宫室。[4]且夫天子以四海为家，非壮丽无以重

【译文】

萧丞相修建未央宫，建造了东阙、北阙、前殿、武库、太仓。高祖返回，看见宫阙非常壮丽，很生气，对萧何说：“天下纷扰动乱，人们被战事困扰多年，事业的成败还不知道，怎么能把宫室修建得过度呢？”萧何说：“天下还没有安定，因此可以趁机建成宫室。况且天子以四海为家，宫室不壮丽就无法加强威严，而

威[5]，且无令后世有以加也。”[6]高祖乃说。[7]

且也可以让后世不能再超过。”高祖这才高兴。

注释

❶未央宫：汉宫名，故址在今陕西西安西北长安故城内西南隅。此宫常为朝见之处。❷阙：皇宫前的高台楼阁建筑物，通常左右各一，中间有道路。太仓：国家在京城中的粮食仓库。❸匈匈：纷扰动乱的样子。❹因遂就：趁机建成。❺重威：加强威严。❻加：增加，这里是超过的意思。❼说（yuè）：高兴，通“悦”。

【原文】

高祖之东垣，过柏人[1]，赵相贯高等谋弑高祖[2]，高祖心动，因不留。[3]代王刘仲弃国亡[4]，自归雒阳，废以为合阳侯。[5]

【译文】

高祖前到东垣，路过柏人，赵相贯高等人要谋杀高祖，高祖感到心惊，因此没有停留。代王刘仲丢弃封国逃跑，私自回到洛阳，被贬为合阳侯。

注释

❶柏人：邑名，在今河北隆尧西。❷赵相贯高等谋弑高祖：赵王张敖是鲁元公主的丈夫，高祖从平城返回，路过赵国时，对赵王傲慢无礼，赵相贯高等气愤不平，欲杀高祖，被赵王阻止。此次高祖再次过此，贯高等背着赵王设埋伏要杀高祖。❸高祖心动，因不留：据《史记·张耳陈余列传》，高祖过柏人时，本欲留宿，心有所动，当得知此地名“柏人”时，说：“柏人者，迫于人也。”于是不宿而去。❹代王刘仲弃国亡：匈奴进攻代地，代王刘仲不能守，

便丢弃封国，逃归洛阳。 ⑤废：削去王爵。合阳：即郃阳，在今陕西合阳东南。

【原 文】

九年[1]，赵相贯高等事发觉，夷三族。[2]废赵王敖为宣平侯。是岁，徙贵族楚昭、屈、景、怀、齐田氏关中。

【译 文】

九年，赵相贯高等人的阴谋被发觉，被灭三族。高祖贬赵王张敖为宣平侯。这一年，迁徙楚国贵族昭氏、屈氏、景氏、怀氏，齐国贵族田氏到关中。

注释

①九年：公元前198年。 ②夷：灭。三族：父族、母族、妻族。

【原 文】

未央宫成。高祖大朝诸侯群臣，置酒未央前殿。高祖奉玉卮[1]，起为太上皇寿[2]，曰："始大人常以臣无赖[3]，不能治产业，不如仲力。[4]今某之业所就孰与仲多？"殿上群臣皆呼万岁，大笑为乐。

【译 文】

未央宫建成。高祖隆重地会见诸侯和群臣，在未央宫前殿摆酒设宴。高祖捧着玉杯，站起来给太上皇敬酒祝寿，说："开始父亲大人总是认为我没出息，不能从事产业，不如刘仲勤奋努力。现在我的事业和刘仲比，谁的更多呢？"殿上的群臣都高喊万岁，大笑为乐。

注释

❶奉：两手捧着。玉卮（zhī）：玉制酒器。❷寿：敬酒祝寿。❸无赖：指不事生产，没有赖以为生的本领。❹不如仲力：不如刘仲勤奋努力。

【原文】

十年十月[1]，淮南王黥布、梁王彭越、燕王卢绾、荆王刘贾、楚王刘交、齐王刘肥、长沙王吴芮皆来朝长乐宫。春夏无事。

【译文】

十年十月，淮南王黥布、梁王彭越、燕王卢绾、荆王刘贾、楚王刘交、齐王刘肥、长沙王吴芮都来到长乐宫朝见高祖。春季、夏季没有什么事发生。

注释

❶十年：公元前197年。

【原文】

七月，太上皇崩栎阳宫[1]，楚王、梁王皆来送葬。赦栎阳囚。更名郦邑曰新丰。[2]

【译文】

七月，太上皇在栎阳宫去世。楚王、梁王都来送葬。高祖赦免栎阳的囚犯。郦邑改名为新丰。

注释

❶崩：古代帝王或王后死叫崩。❷郦邑：在今陕西省西安市临潼区东北。新丰：意思是新建的丰邑。刘邦都关中后，见太公思念故乡，便按家乡丰邑的

样子改建郦邑，并把丰邑的故旧迁到郦邑居住。

【原 文】

八月，赵相国陈豨反代地。[1]上曰："豨尝为吾使，甚有信。代地吾所急也[2]，故封豨为列侯，以相国守代，今乃与王黄等劫掠代地！[3]代地吏民非有罪也，其赦代吏民。"九月，上自东往击之。至邯郸[4]，上喜曰："豨不南据邯郸而阻漳水[5]，吾知其无能为也。"闻豨将皆故贾人也[6]，上曰："吾知所以与之。"[7]乃多以金啖豨将[8]，豨将多降者。

【译 文】

八月，赵相国陈豨在代地造反。高祖说："陈豨曾经做过我的使者，很守信用。代地是我认为很重要的地方，所以封陈豨为列侯，以相国的名义驻守在代地，现在竟然和王黄等人劫掠代地！代地的官吏和百姓并没有罪，赦免他们。"九月，高祖亲自向东攻打陈豨。到了邯郸，高祖高兴地说："陈豨不向南占据邯郸，并且以漳水为屏障，我就知道他不能成功了。"听说陈豨的部将都是以前的商人，高祖说："我知道如何对付这些人了。"他就用金钱引诱陈豨的部将，陈豨的很多部将投降了。

注 释

❶赵相国：《汉书·高帝纪》作"代相国陈豨反"。 ❷急：认为紧要，重要。 ❸乃：竟然。劫掠：劫持、胁迫代地吏民一同造反。 ❹邯郸：在今河北省邯郸市西南。 ❺漳水：即漳河。流经今河北、河南两省边境，东南流入卫河。 ❻贾人：商人。 ❼与：给，这里引申为对付。 ❽啖（dàn）：吃，这里是引诱的意思。

【原 文】

十一年[1]，高祖在邯郸诛豨等未毕，豨将侯敞将万余人游行[2]，王黄军曲逆[3]，张春渡河击聊城。[4]汉使将军郭蒙与齐将击[5]，大破之。太尉周勃道太原入[6]，定代地。至马邑，马邑不下，即攻残之。[7]

【译 文】

十一年，高祖在邯郸还没有将陈豨等人完全诛灭，陈豨的部将侯敞率领一万多人周旋游击，运动作战。王黄驻扎在曲逆，张春渡过黄河攻打聊城。汉军派将军郭蒙和齐国将领出击，大败叛军。太尉周勃从太原进军，平定了代地。到了马邑，马邑不投降，周勃随即将其摧毁。

注 释

❶十一年，公元前196年。 ❷游行：周旋游击，运动作战。 ❸曲逆：在今河北顺平东南。 ❹张春：陈豨部将。聊城：在今山东聊城西北。 ❺郭蒙：汉将，因功封为东武侯。 ❻道：由，从。 ❼攻残：攻击摧毁。

【原 文】

豨将赵利守东垣，高祖攻之，不下。月余，卒骂高祖，高祖怒。城降，令出骂者斩之，不骂者原之。[1]于是乃分赵山北[2]，立子恒以为代王[3]，都晋阳。[4]

【译 文】

陈豨的部将赵利驻守东垣，高祖攻打东垣，不能攻下。一个多月后，士卒辱骂高祖，高祖非常生气。东垣投降时，高祖命令交出辱骂自己的人，将其斩首，没有辱骂的就原谅了他们。因此划出赵国常山以北的地区，封儿子刘恒为代王，定都晋阳。

注释

❶原：原谅，宽赦。 ❷分赵山北：把赵国常山（即恒山）以北的地区划分出来。 ❸恒：即后来的汉文帝刘恒。 ❹晋阳：县名，治所在今山西太原。

【原文】

春，淮阴侯韩信谋反关中，夷三族。

夏，梁王彭越谋反，废迁蜀；复欲反，遂夷三族。立子恢为梁王，子友为淮阳王。

秋七月，淮南王黥布反，东并荆王刘贾地，北渡淮，楚王交走入薛。高祖自往击之。立子长为淮南王。

十二年十月[①]，高祖已击布军会甄[②]，布走，令别将追之。

【译文】

春天，淮阴侯韩信在关中阴谋反叛，被灭三族。

夏天，梁王彭越阴谋反叛，废去封号迁徙蜀郡；他又想反叛，就将其灭三族。高祖封儿子刘恢为梁王，儿子刘友为淮阳王。

秋天七月，淮南王黥布反叛，向东吞并荆王刘贾的封地，向北渡过淮水，楚王刘交逃到薛县。高祖亲自前去攻打他。封儿子刘长为淮南王。

十二年十月，高祖在会甄攻打黥布的军队后，黥布逃走，高祖命令别将去追击黥布。

注释

❶十二年：公元前 195 年。 ❷会甄（kuàizhuì）：在今安徽宿州东南。

【原文】

高祖还归，过沛，留。置酒沛宫，悉召故人父老子弟纵酒[①]，发沛中儿得百二十人，教之歌。酒酣[②]，高祖击筑[③]，自为歌诗曰："大风起兮云飞扬，威加海内兮归故乡，安得猛士兮守四方！"令儿皆和习之。[④]高祖乃起舞，慷慨伤怀，泣数行下。谓沛父兄曰："游子悲故乡。[⑤]吾虽都关中，万岁后吾魂魄犹乐思沛。且朕自沛公以诛暴逆，遂有天下，其以沛为朕汤沐邑[⑥]，复其民，世世无有所与。"[⑦]沛父兄诸母故人日乐饮极欢，道旧故为笑乐。[⑧]十余日，高祖欲去，沛父兄固请留高祖。高祖曰："吾人众多，父兄不能给。"[⑨]乃去。沛中空县皆之邑西献。[⑩]高祖复留止，张饮三日。[⑪]沛父兄皆顿首曰："沛幸得复，丰未复[⑫]，唯陛下哀怜之。"[⑬]高祖曰："丰吾所生长，极不忘耳，吾特为其以雍齿故反我为魏。"[⑭]沛父

【译文】

高祖撤军返回，经过沛县，留下来。在沛宫摆酒设宴，将从前的朋友和父老子弟都召来纵情饮酒，征发沛县的儿童一百二十人，教他们唱歌。喝酒喝得畅快时，高祖击筑，亲自作诗唱道："大风起兮云飞扬，威加海内兮归故乡，安得猛士兮守四方！"他命令那些儿童都跟着唱。高祖于是起身跳舞，情绪激动而伤感，眼泪留下数行。他对沛县的百姓说："远游之人思念故乡。我虽然定都关中，去世以后我的魂魄还是思念沛县。况且我以沛公的身份诛灭暴逆，终于得到天下，以沛县为我的汤沐邑，免除沛县民众的赋税徭役。"沛县的男女长辈和朋友每天快乐饮酒，叙说旧事取笑为乐。过了十几天，高祖想要离开，沛县的百姓执意挽留高祖。高祖说："我的随行人员太多，大家供养不起。"于是离去。沛县百姓都来到城西进献酒食。高祖又留下来，设帐篷宴饮三天。沛县百姓都叩头说："沛县有幸得以免除赋税徭役，丰邑还没有免除。希望陛下哀怜丰邑百姓。"高祖说："丰邑是我生长的地方，绝不能忘记，我只因为当地人跟随雍齿背叛我投靠魏国才

兄固请，乃并复丰，比沛。[15]于是拜沛侯刘濞为吴王。[16]

不愿免除的。”沛县百姓执意请求，高祖才一并免除丰邑的赋役，与沛县一样。这时高祖封沛侯刘濞为吴王。

注释

❶纵酒：尽情饮酒。 ❷酣：酒喝得很畅快。 ❸筑（zhù）：古代一种击弦乐器。 ❹令儿皆和习之：让男孩儿们都跟着唱。 ❺游子：离开故乡远行之人。悲：眷顾，怅念。 ❻汤沐邑：周朝时，诸侯朝见天子，天子赐以王畿之内供住宿和斋戒沐浴的封邑。后世皇帝、皇后、诸侯、公主等收取赋税的私邑也叫“汤沐邑”。 ❼无有所与：没有任何赋税徭役负担。 ❽道旧故：谈论往事。❾给：供给。 ❿空县：县中空无一人。献：贡献酒食等礼品。 ⓫张：通“帐”。张饮：搭起帐篷宴饮。 ⓬丰：汉始置县，在今江苏丰县。 ⓭唯：希望。哀怜：怜悯。 ⓮特：只是。 ⓯比沛：与沛县一样。 ⓰刘濞（pì）：刘邦次兄刘仲之子，被封为吴王。景帝时，反对朝廷削夺诸侯王封地，与楚、赵等六国发动叛乱，史称“吴楚七国之乱”，结果兵败被杀。

【原文】

汉将别击布军洮水南北[1]，皆大破之，追得斩布鄱阳。

【译文】

汉将在洮水南北两路分别追击黥布的军队，都大破叛军，在鄱阳追上黥布将其斩首。

注释

❶洮（táo）水：在今江淮之间。

【原 文】

樊哙别将兵定代①，斩陈豨当城。②

【译 文】

樊哙另外率领军队平定了代地，在当城将陈豨斩首。

注释

❶《汉书·高帝纪》则作“周勃定代”。《史记·樊哙列传》中也无定代之事。此处记载疑有误。 ❷当城：在今河北蔚县东北。

【原 文】

十一月，高祖自布军至长安。十二月，高祖曰：“秦始皇帝、楚隐王陈涉、魏安釐王、齐缗王、赵悼襄王皆绝无后①，予守冢各十家②，秦皇帝二十家，魏公子无忌五家。”③赦代地吏民为陈豨、赵利所劫掠者，皆赦之。陈豨降将言豨反时，燕王卢绾使人之豨所，与阴谋。上使辟阳侯迎绾④，绾称病。辟阳侯归，具言绾反有端矣。⑤二月，使樊哙、周勃将兵击燕王绾。赦燕吏民与反者。立皇子建为燕王。

【译 文】

十一月，高祖从讨伐黥布的军队返回长安。十二月，高祖说：“秦始皇帝、楚隐王陈涉、魏安釐王、齐缗王、赵悼襄王都没有后代，分别派守墓人十家，秦始皇帝为二十家，魏公子无忌为五户。”代地被陈豨、赵利所胁迫的官吏及百姓，全部赦免。陈豨的降将说陈豨在反叛时，燕王卢绾派人来到陈豨的住所，和他暗中谋划。高祖派辟阳侯去迎接卢绾，卢绾称病。辟阳侯返回，详细报告卢绾已经有反叛的苗头了。二月，高祖派樊哙、周勃率领军队进攻燕王卢绾，赦免燕国参与反叛的官员和百姓。封皇子刘建为燕王。

注释

❶楚隐王：陈涉死后的谥号。绝无后：断绝子孙，没有后代。 ❷守冢：守护坟墓。 ❸魏公子无忌：即信陵君，战国时期著名的四公子之一。 ❹辟阳侯：即审食其（yìjī）。辟阳：在今河北省衡水市冀州区。 ❺端：苗头。

【原 文】

高祖击布时，为流矢所中①，行道病。②病甚，吕后迎良医。医入见，高祖问医。医曰："病可治。"③于是高祖嫚骂之曰④："吾以布衣提三尺剑取天下⑤，此非天命乎？命乃在天，虽扁鹊何益！"⑥遂不使治病，赐金五十斤罢之。已而吕后问："陛下百岁后，萧相国即死⑦，令谁代之？"上曰："曹参可。"问其次，上曰："王陵可。然陵少戆⑧，陈平可以助之。陈平智有余，然难以独任。周勃重厚少文⑨，然安刘氏者必勃也，可令为太尉。"吕后复问其次，上曰："此后亦非而所知也。"⑩

【译 文】

高祖攻打黥布时，被飞箭所射中，行军途中生病。病情非常严重，吕后迎接良医。医生进宫拜见，高祖问医生，医生说："病可以治好。"于是高祖谩骂医生说："我以平民的身份手持三尺剑夺取天下，这不是天命吗？性命由上天注定，即使扁鹊又能有什么用处！"高祖于是不让医生治病，赏赐给他金五十斤，让他走了。不久吕后问："陛下去世以后，萧相国假如死了，让谁去接替他？"高祖说："曹参可以。"又问其次，高祖说："王陵可以。然而王陵稍微憨厚刚直，陈平可以协助他。陈平智慧有余，然而难以独自担当重任。周勃过于厚道而缺少文采，然而能够安定刘氏的人一定是周勃，可以让他做太尉。"吕后再问其次，高祖说："这以后的事情也不是你所能知道的。"

注释

❶流矢：飞箭。 ❷行道病：走在半路发病。 ❸病可治：病已不能治的委婉说法。 ❹嫚：也写作“漫”“谩”。嫚骂：即辱骂之意。 ❺布衣：平民。 ❻扁鹊：战国时期的名医，姓秦，名越人。 ❼即：假如，如果。 ❽少：稍微。戆（zhuàng）：憨厚刚直。 ❾重厚少文：过于厚道，缺少文才。 ❿而：通“尔”，你。

【原文】

卢绾与数千骑居塞下候伺[①]，幸上病愈自入谢。[②]

【译文】

卢绾率领几千名骑兵在边塞观察等待，希望在高祖病愈时亲自进宫谢罪。

注释

❶候伺：观察等待。 ❷幸：希望。

【原文】

四月甲辰[①]，高祖崩长乐宫。四日不发丧。吕后与审食其谋曰：“诸将与帝为编户民[②]，今北面为臣，此常怏怏[③]，今乃事少主[④]，非尽族是[⑤]，天下不安。”人或闻之，语郦将军。[⑥]郦将军往见审食

【译文】

四月甲辰日，高祖在长乐宫去世。过了四天也不发丧。吕后与审食其商量说：“众将领和皇帝都出身平民，现在面朝北方向皇帝称臣，心里经常感到不服气，现在又侍奉年少的君主，不把这些人全部灭族，天下就不会安定。”有人听说这个消息，就对郦将军说了。郦将军前去见审食其，说：“我

其，曰："吾闻帝已崩，四日不发丧，欲诛诸将。诚如此，天下危矣。陈平、灌婴将十万守荥阳，樊哙、周勃将二十万定燕、代，此闻帝崩，诸将皆诛，必连兵还乡以攻关中。⑦大臣内叛，诸侯外反，亡可翘足而待也。"⑧审食其入言之，乃以丁未发丧⑨，大赦天下。

听说皇帝已经去世，四天仍不发丧，还想杀死众将领。如果真的这样做，天下就危险了。陈平、灌婴率领十万人驻守荥阳，樊哙、周勃率领二十万人平定燕国、代国，这时他们听说皇帝去世，众将领都被诛杀，一定会联合起来调转方向向关中进发。大臣在内叛乱，诸侯在外造反，灭亡就会在短时间内到来了。"审食其进宫说了这些话，才在丁未日公发丧，大赦天下。

注释

❶四月甲辰：四月二十五日。 ❷编户民：又称"编户齐民"，即登记在册的平民。 ❸此常怏（yàng）怏：这些人常常表现出不服气的样子。 ❹少主：指汉惠帝刘盈。 ❺族：诛杀，灭族。是：这些人。 ❻郦将军：即郦商。 ❼还乡："乡"通"向"，还向就是调转方向。 ❽翘（qiào）足：举足，抬脚。可翘足而待：形容可以在短时间内到来。 ❾丁未：四月二十八日。

【原文】

卢绾闻高祖崩，遂亡入匈奴。

丙寅①，葬。己巳②，立太子③，至太上皇庙。④群臣皆曰："高祖起微细⑤，拨乱世反之正⑥，平定天下，为汉太祖，功

【译文】

卢绾听说高祖去世，就逃到了匈奴。

丙寅日，下葬。己巳日，立太子为皇帝，到太上皇庙祭拜。各位大臣都说："高祖出身平民，治理乱世，使之回到正常状态，平定天下，是汉太祖，功劳最大。"高祖的尊号

最高。”上尊号为高皇帝。太子袭号为皇帝，孝惠帝也。令郡国诸侯各立高祖庙，以岁时祠。⑦

是高皇帝，太子继承尊号是皇帝，这就是孝惠帝。命令各郡国诸侯设立高祖庙。每年按时祭祀。

注释

❶丙寅：五月十七日。 ❷己巳：五月二十日。 ❸立太子：立太子刘盈为皇帝。 ❹自“丙寅”至“至太上皇庙”，《史记志疑》认为此段文字有错乱，应依《汉书·高帝纪》为：“五月丙寅，葬长陵。已下，皇太子群臣皆反至太上皇庙。” ❺高祖：当时群臣正在议论刘邦尊号之事，不应先称“高祖”。《汉书·高帝纪》作“帝”，为是。 ❻拨乱世反之正：即治理乱世，使之恢复到正常状态。 ❼以岁时祠：每年按时祭祀。

【原 文】

及孝惠五年①，思高祖之悲乐沛②，以沛宫为高祖原庙。③高祖所教歌儿百二十人，皆令为吹乐，后有缺，辄补之。④

【译 文】

等到孝惠帝五年，想起高祖思念沛县，就将沛宫改建为高祖的原庙。高祖所教唱歌的儿童一百二十人，都让他们在高祖庙里吹奏音乐，以后有缺额，就补充。

注释

❶孝惠五年：公元前190年。 ❷悲乐：思念，喜欢。 ❸原庙：再立之庙。因已在长安立庙，这里又立，故称“原庙”。 ❹辄（zhé）：即，就。

【原 文】

高帝八男：长庶齐悼惠王肥①；次孝惠，吕后子；次戚夫人子赵隐王如意②；次代王恒，已立为孝文帝，薄太后子③；次梁王恢，吕太后时徙为赵共王；次淮阳王友，吕太后时徙为赵幽王；次淮南厉王长；次燕王建。

【译 文】

高帝有八个儿子：庶长子齐悼惠王刘肥；其次是孝惠帝，吕后的儿子；其次是戚夫人的儿子赵隐王刘如意；其次是代王刘恒，后来被立为孝文帝，是薄太后的儿子；其次是梁王刘恢，吕太后时改封他为赵共王；其次是淮阳王刘友，吕太后时改封他为赵幽王；其次是淮南厉王刘长；其次是燕王刘建。

注 释

❶庶：庶子，即非正妻所生之子。 ❷戚夫人：刘邦宠姬，生赵王如意，刘邦死后，母子二人惨死于吕后之手。 ❸薄太后：刘邦之姬，生子刘恒，即汉文帝，被尊为皇太后。

【原 文】

太史公曰：夏之政忠。① 忠之敝②，小人以野③，故殷人承之以敬。④敬之敝，小人以鬼⑤，故周人承之以文。⑥文之敝，小人以僿⑦，故救僿莫若以忠。三王之道若循环⑧，终

【译 文】

太史公说：夏朝的政治忠诚质朴。忠诚质朴的缺点，就是平民缺少礼节，因此殷商以恭敬有威仪来取代它。恭敬有威仪的缺点，就是平民崇拜鬼神，因此周朝以尊卑礼仪来取代它。尊卑礼仪的缺点，就是平民虚伪不诚，因此补救虚伪不诚没有比质朴更好的了。三王的治国之道就像循环，终而复始。周朝、秦朝之间，可以说

而复始。[9]周、秦之间，可谓文敝矣。秦政不改，反酷刑法[10]，岂不缪乎？[11]故汉兴，承敝易变[12]，使人不倦，得天统矣。[13]朝以十月。[14]车服黄屋左纛。[15]葬长陵。[16]

是尊卑礼仪的缺点暴露的时代。秦朝的政令没有改变这种情况，反而使用严刑酷法，难道不荒谬吗？因此汉朝兴起，承继秦之弊政，而加以改变，使人们不感到疲倦，得到天道了。每年十月诸侯进宫朝见皇帝。车马服饰的制度，皇帝车驾伞盖有黄色缎子做衬里，左上方的车衡插上牦牛尾或野鸡尾做的饰物。高祖被安葬在长陵。

注释

❶忠：忠诚质朴。 ❷敝：通“弊”，弊病。 ❸小人：平民。野：缺少礼节。 ❹敬：恭敬有威仪。 ❺鬼：崇拜鬼神。 ❻文：讲究尊卑礼仪。 ❼僿（sài）：虚伪不诚。 ❽三王：即三代开国之君。 ❾终而复始：这是司马迁的历史循环发展观，认为秦应行夏政。 ❿酷刑法：使用刑法严酷。 ⓫缪：通“谬”，错误。 ⓬承敝易变：承继秦之弊政，而加以改变。 ⓭天统：犹言天道，即自然循环的发展系统。 ⓮朝以十月：每年十月定为诸侯王进京朝见皇帝的时间。 ⓯黄屋：车盖用黄缎子做衬里，后代指帝王车。左纛（dào）：用牦牛尾或野鸡尾做成的装饰物，插在车衡的左上方，这是古代帝王车的标志。 ⓰长陵：汉高祖刘邦的陵墓，在今陕西咸阳。按：自“朝以十月”至“葬长陵”三句，文义不连贯，疑有脱漏、衍误。

孔子世家

【原 文】

孔子生鲁昌平乡陬邑。①其先宋人也，曰孔防叔。②防叔生伯夏，伯夏生叔梁纥。③纥与颜氏女野合而生孔子④，祷于尼丘得孔子。⑤鲁襄公二十二年而孔子生。⑥生而首上圩顶⑦，故因名曰丘云。字仲尼，姓孔氏。

【译 文】

孔子出生在鲁国昌平乡陬邑。他的祖先是宋国人，名叫孔防叔。防叔生了伯夏，伯夏生了叔梁纥。叔梁纥和姓颜的女子野合生下了孔子，他们来到尼丘祈祷之后就生下了孔子。鲁襄公二十二年，孔子出生。孔子刚出生时，头顶中间低而四周高，所以取名为丘。孔子字仲尼，姓孔。

注 释

❶陬邑：在今山东曲阜东南。 ❷孔防叔：孔子的曾祖。先世居宋，到孔防叔时，因畏华氏之逼由宋奔鲁，故孔氏成为鲁国人。 ❸叔梁纥：《左传·襄公十七年》作鄹叔纥。 ❹野合：一说叔梁纥年老，颜氏女年少，不合古婚礼，故谓之野合。一说孔子是私生子。 ❺尼丘：山名，在曲阜东南。 ❻鲁襄公二十二年：公元前551年。 ❼圩顶：头顶中间低而四周高。

【原 文】

丘生而叔梁纥死，葬于防山。防山在鲁东，由是孔

【译 文】

孔子出生后，叔梁纥就死了，埋葬在防山。防山在鲁国的东部，因而孔子不知

子疑其父墓处，母讳之也。[1]孔子为儿嬉戏，常陈俎豆[2]，设礼容。[3]孔子母死，乃殡五父之衢[4]，盖其慎也。郰人輓父之母诲孔子父墓[5]，然后往合葬于防焉。

道父亲的坟墓在哪里，他的母亲也不说。孔子小时候嬉戏时，常陈列俎豆之类的器具，举行仪式。孔子的母亲去世后，在五父之衢出殡，这是为了慎重。陬邑人輓父的母亲告诉孔子他父亲的墓地的位置，然后孔子将母亲与父亲合葬在了防山。

注释

❶母讳之也：有几种解释，《索隐》云，孔子的母亲刚刚到结婚的年龄，就嫁给了叔梁纥，不久，纥死，她成了年轻的寡妇。为避免别人说闲话，她没有去送葬，故不知墓处，并非有意避讳。《礼记·檀弓》郑玄注认为，孔母颜徵在与叔梁纥野合而生孔子，孔子系私生子，所以不知墓处。梁玉绳认为，古者墓而不坟，故疑其处，无母讳之说。 ❷俎豆：祭祀用的器具。 ❸礼容：指礼制仪容。 ❹五父之衢：地名，在曲阜东。 ❺郰：通“陬”。诲：告诉。

【原文】

孔子要绖[1]，季氏飨士[2]，孔子与往。阳虎绌曰[3]：“季氏飨士，非敢飨子也。”孔子由是退。[4]

【译文】

孔子的腰里还系着丧服的麻带，季孙氏宴请文武名士，孔子前去参加。阳虎驱赶他说：“季孙氏宴请文武名士，没有请你来。”孔子由此就退了出来。

注释

❶要：通“腰”。要绖：腰上缠着丧服的麻带。 ❷季氏飨士：鲁国掌权的大夫季氏宴请鲁国的文武之士。 ❸阳虎：一名阳货，系季氏家臣。 ❹母死居

丧三年，此云孔子在服重丧期间欲参加季氏之飨，恐非。

【原 文】

孔子年十七，鲁大夫孟釐子病且死[1]，诫其嗣懿子曰："孔丘，圣人之后[2]，灭于宋。[3]其祖弗父何始有宋而嗣让厉公。[4]及正考父佐戴、武、宣公，三命兹益恭[5]，故鼎铭云：'一命而偻，再命而伛，三命而俯[6]，循墙而走，亦莫敢余侮。[7]饘于是[8]，粥于是，以糊余口。'其恭如是。吾闻圣人之后，虽不当世[9]，必有达者。[10]今孔丘年少好礼，其达者欤？吾即没[11]，若必师之。"[12]及釐子卒，懿子与鲁人南宫敬叔往学礼焉。[13]是岁，季武子卒，平子代立。

【译 文】

孔子十七岁时，鲁国的大夫孟釐子生病将要死去了，告诫他的继承人懿子说："孔丘，是圣人的后人，他的先人在宋国被人所杀。他的先祖弗父何当初应该继位为宋国国君，却将君位让给了厉公。到正考父时，辅佐戴公、武公和宣公，虽然是三朝重臣却越来越谦恭，因此所铸的鼎的铭文上就说：'第一次受命时曲着身体接受，第二次受命时弯着腰接受，第三次受命时俯下身接受。走路时沿着墙走，也没有人敢来欺侮我。煮稠粥用这个鼎，煮稀粥也用这个鼎，就是靠它来糊口的。'他的恭谨已经到了这样的程度。我听人说圣人的后人，虽不一定能当国君，但一定会是贤达之人。现在孔丘年纪这么小却爱好礼仪，他就是那个贤达的人吧？我就要死了，你一定要像对待老师那样对待他。"等到釐子去世，懿子与鲁国人南宫敬叔到孔子那里学习礼仪。这一年，季武子去世，平子继立。

注 释

❶孟釐子病在鲁昭公七年，死在鲁昭公二十四年，中间相隔 17 年，时孔子

年已三十四，此处疑有疏误。❷圣人：谓商汤。❸灭于宋：《集解》引杜预说，孔子六世祖孔父嘉为宋华督所杀，其子孔防叔奔鲁。❹孔子远祖弗父何为宋湣公之长子、宋厉公之兄。弗为嫡嗣，当立，但让位于厉公。❺三命兹益恭：指正考父虽为三朝重臣，却越益谦恭。❻偻、伛、俯：皆恭敬貌。❼侮：欺侮。❽馕于是：煮稠粥于此鼎中。❾当世：做国君。❿达者：贤达之人。⓫吾即没：我死了。⓬若：你，指孟懿子。⓭南宫敬叔：据《左传》《世本》记载，南宫敬叔与孟懿子皆孟釐子之子，不应再说"鲁人"。

【原 文】

孔子贫且贱。及长，尝为季氏史[1]，料量平[2]；尝为司职吏而畜蕃息。[3]由是为司空。已而去鲁[4]，斥乎齐[5]，逐乎宋、卫，困于陈蔡之间，于是反鲁。孔子长九尺有六寸，人皆谓之"长人"而异之。鲁复善待，由是反鲁。

【译 文】

孔子贫穷而且地位卑下。等到他成年后，曾担任季氏家中主管仓库的小吏，称量计算都公平准确。他还曾担任管理牧场的小吏，使牲畜繁殖得很好。因此他就做了司空。不久后离开鲁国，在齐国受到排斥，在宋国和卫国遭到驱逐，受困在陈国和蔡国之间，于是返回鲁国。孔子身高九尺六寸，人们都说他是"长人"，觉得他与众不同。鲁国还是善待他，所以他回到了鲁国。

注释

❶史：《孟子·万章下》作"委吏"，主管仓库的小官。❷料量：称量计算。❸司职吏：《孟子·万章下》作"乘田"，管理牧场的小官。❹已而：不久。去鲁：离开鲁国。❺斥：驱逐，排斥。

【原文】

鲁南宫敬叔言鲁君曰："请与孔子适周。"①鲁君与之一乘车，两马，一竖子俱②，适周问礼，盖见老子云。③辞去，而老子送之曰："吾闻富贵者送人以财，仁人者送人以言。吾不能富贵，窃仁人之号④，送子以言，曰：'聪明深察而近于死者⑤，好议人者也。博辩广大危其身者，发人之恶者也。⑥为人子者毋以有己⑦，为人臣者毋以有己。'"孔子自周反于鲁，弟子稍益进焉。

【译文】

鲁国的南宫敬叔对鲁君说："请允许我和孔子一起到周。"鲁君给了他们一辆车，两匹马和一名童仆一块去周学习礼仪，又拜见了老子。辞别离开的时候，老子送他们说："我听说富贵的人送给人金钱，仁德的人送给人吉言。我不富贵，冒充了一个仁德之人的名号，送给你几句话：'聪明能够深察的人离死亡不远，因为他们喜欢议论别人。学识广博、能言善辩的人会危害自身，因为他们喜欢揭发别人的过错。为人子女的不能有私心，做人臣的不能只想到自己。'"孔子从周回到了鲁国，他的弟子渐渐多了起来。

注释

①适：到。 ②竖子：童仆。俱：一起去。 ③老子：姓李名耳，一名老聃，当过周的守藏史。孔子何时适周见老子，诸说歧异，矛盾很多。 ④窃：谦辞，冒充。 ⑤近：迫近。近于死：受到死亡的威胁。 ⑥发：揭发。 ⑦毋以有己：不要考虑自己的利益。

【原文】

是时也，晋平公淫，六卿擅权①，东伐诸侯；楚灵王兵

【译文】

当时，晋平公淫乱，晋国六卿专权，向东攻打诸侯。楚灵王兵力强盛，

强，陵轹中国[2]；齐大而近于鲁。鲁小弱，附于楚则晋怒；附于晋则楚来伐；不备于齐，齐师侵鲁。[3]

欺压中原诸侯。齐国强大，而且与鲁国邻近。鲁国弱小，依附楚国晋国就会发怒；依附晋国楚国就会前来征讨；对齐国做得不周到，齐国的军队就会入侵鲁国。

注释

❶六卿：晋国六家大夫，指范氏、中行氏、智氏、韩氏、魏氏、赵氏。❷陵轹：通“凌轹”，欺压。中国：指中原地区。❸以《左传》考之，以上所言多与事实不符。

【原文】

鲁昭公之二十年，而孔子盖年三十矣。齐景公与晏婴来适鲁，景公问孔子曰：“昔秦穆公国小处辟[1]，其霸何也？”对曰：“秦，国虽小，其志大；处虽辟，行中正。身举五羖[2]，爵之大夫，起累绁之中[3]，与语三日，授之以政。以此取之，虽王可也，其霸小矣。”景公说。[4]

【译文】

鲁昭公二十年的时候，孔子已经三十岁了。齐景公与晏婴来到鲁国，景公问孔子说：“从前秦穆公的国家很小而且很偏僻，他凭什么称霸呢？”孔子回答说：“秦国，虽然国家很小，但志向很大；地理位置虽然偏僻，但行为很中正。秦君亲自任用以五张公羊皮赎出来的百里奚，给他大夫爵位，把他从监狱中解救出来，秦君与他谈论了三天，让他执掌国政。以这样的方法治理国家，即使称王也是可以做到的，他当个霸主不算什么。”景公听了非常高兴。

注释

❶辟：通“僻”。 ❷五羖：指五羖大夫百里奚。因百里奚是用五张公羊皮换来的，故有此称。 ❸累绁：通“缧绁”，捆绑囚犯的绳子，引申为囚禁。 ❹说：通“悦”。

【原文】

孔子年三十五，而季平子与郈昭伯以斗鸡故得罪鲁昭公①，昭公率师击平子，平子与孟氏、叔孙氏三家共攻昭公，昭公师败，奔于齐，齐处昭公乾侯。②其后顷之，鲁乱。孔子适齐，为高昭子家臣，欲以通乎景公。与齐太师语乐③，闻《韶》音④，学之，三月不知肉味，齐人称之。

【译文】

孔子三十五岁时，季平子和郈昭伯由于斗鸡得罪了鲁昭公，昭公就率领军队进攻平子，平子和孟氏、叔孙氏三家共同攻打昭公，昭公的军队战败了，昭公逃到齐国，齐国就把昭公安置到了乾侯。此后不久，鲁国变乱。孔子来到齐国，成为高昭子的家臣，想要借此接近景公。孔子和齐国的乐官谈论音乐，听到《韶》乐，学习以后，三个月都吃不出肉的味道，齐国人都称赞他。

注释

❶斗鸡：事见《左传·昭公二十五年》。季氏与郈氏两家相邻，在政治上有矛盾，故斗鸡成为导火线，引起鲁国统治阶级内部矛盾的大爆发。 ❷乾侯：地名，在今河北成安东南。 ❸太师：乐官。 ❹《韶》：虞舜乐名。

【原 文】

景公问政孔子，孔子曰：“君君，臣臣，父父，子子。”景公曰：“善哉！信如君不君，臣不臣，父不父，子不子，虽有粟，吾岂得而食诸！”他日又复问政于孔子，孔子曰：“政在节财。”景公说，将欲以尼谿田封孔子。晏婴进曰：“夫儒者滑稽而不可轨法[①]；倨傲自顺，不可以为下[②]；崇丧遂哀[③]，破产厚葬，不可以为俗；游说乞贷[④]，不可以为国。自大贤之息[⑤]，周室既衰，礼乐缺有间。[⑥]今孔子盛容饰，繁登降之礼，趋详之节[⑦]，累世不能殚其学，当年不能究其礼。君欲用之以移齐俗，非所以先细民也。”[⑧]后景公敬见孔子，不问其礼。异日，景公止孔子曰：“奉子以季氏[⑨]，吾不能。”以季孟之间待之。[⑩]齐大夫

【译 文】

齐景公向孔子请教施政，孔子说：“国君要有国君的样子，大臣要有大臣的样子，父亲要有父亲的样子，儿子要有儿子的样子。”景公说：“好啊！要是国君没有国君的样子，大臣没有大臣的样子，父亲没有父亲的样子，儿子没有儿子的样子，虽然有粮食，我又怎么能吃到呢！”改天景公又向孔子请教施政的方法，孔子说：“施政就在于节省财物。”景公很高兴，想要把尼谿的田地赏给孔子。晏婴进言说：“那些儒者能言善辩，不能当作法规来实行；他们傲慢自大，不能让这样的人当下属官吏；他们把死看得很重，不节制悲哀，破费家产来厚葬死去的人，不能让这种做法成为习俗；他们靠游说生活，不能以此来治理国家。自从那些圣贤相继去世，周王室已经衰微，礼乐制度缺失已经有一段时间了。现在孔子盛装修饰自己的仪容，制定烦琐的上下之礼、进退之节，令别人几世都学不完他的学问，一年也学不完这些礼仪。您打算用这些来改造齐国的习俗，恐怕不是引导百姓的方法。”此后景公仍然恭敬地接见孔子，不再询问他关于礼制的事情。另一天，景公挽留孔子说：“像鲁国对待季氏那样对待您，我无法做到。”就按照上卿与下卿之间的规格对待孔子。齐国大夫想

欲害孔子，孔子闻之。景公曰："吾老矣，弗能用也。"孔子遂行，反乎鲁。

要害孔子，孔子听说了这件事。景公说："我已经老了，不能用你了。"于是孔子离开齐国，回到鲁国。

注释

❶滑（gǔ）稽：一种流酒器，因终日流出不绝，故借用来形容那些能言巧辩的人。 ❷为下：任为下属官吏。 ❸崇丧：把死看得很重。遂哀：不节制悲哀。 ❹游说乞贷：靠游说生活。崔述以为春秋无游说者。晏婴这段话不但与孔子生平相反，与《左传》《孟子》所记晏婴言行亦相反。 ❺大贤：指周文王、周公等人。 ❻有间：已经很久了。 ❼趋详：《晏子春秋》《墨子》皆作"趋翔"，形容行走时如鸟张翼。此处指进退。 ❽先：引导，指导。细民：小民，百姓。 ❾奉子以季氏：季氏在鲁为上卿，此句意为像鲁国对待季氏那样对待您。 ❿以季孟之间待之：孟孙氏在鲁国为下卿，这句话的意思是说，齐国给孔子的地位是上卿与下卿之间。

【原 文】

孔子年四十二，鲁昭公卒于乾侯，定公立。定公立五年，夏，季平子卒，桓子嗣立。季桓子穿井得土缶，中若羊，问仲尼云"得狗"。[1]仲尼曰："以丘所闻，羊也。丘闻之，木石之怪夔、罔阆[2]，水之怪龙、罔象[3]，土之怪坟羊。"[4]

【译 文】

孔子四十二岁，鲁昭公在乾侯去世，鲁定公即位。定公即位五年后，夏天，季平子去世，桓子继承季平子。季桓子在挖井时获得一个瓦罐，瓦罐里有个像羊一样的东西，他问孔子，说自己"得到一只狗"。孔子说："根据我的所见所闻，这是羊。我听说，山中的怪物是夔和罔阆，水中的怪物是龙和罔象，土中的怪物是坟羊。"

注释

❶得狗：得羊而说得狗，是想试探孔子的学问。 ❷夔（kuí）：独足怪兽。罔阆：亦作“魍魉”，山精。 ❸罔象：水怪。 ❹坟羊：土中怪兽。

【原文】

吴伐越，隳会稽①，得骨节专车。②吴使使问仲尼：“骨何者最大？”仲尼曰：“禹致群神于会稽山，防风氏后至，禹杀而戮之③，其节专车，此为大矣。”吴客曰：“谁为神？”仲尼曰：“山川之神足以纲纪天下，其守为神，社稷为公侯，皆属于王者。”④客曰：“防风何守？”仲尼曰：“汪罔氏之君守封、禺之山⑤，为釐姓。在虞、夏、商为汪罔，于周为长翟，今谓之大人。”客曰：“人长几何？”仲尼曰：“僬侥氏三尺⑥，短之至也。长者不过十之⑦，数之极也。”于是吴客曰：“善哉圣人！”

【译文】

吴国讨伐越国，毁掉了会稽，得到一节骨头就装满了一车。吴国派使者问孔子：“什么东西的骨头最大？”孔子说：“大禹在会稽山召集群神，防风氏来晚了，禹就杀了他陈尸，他的骨头就能装满一车，这是骨头里面最大的。”吴国的使者问：“谁是神呢？”孔子说：“山川之神能纲纪天下，所以诸侯都祭祀社稷，社稷虽然是公侯的守护神，但最终还是受王的统治。”使者问：“防风氏负责祭祀什么呢？”孔子说：“汪罔氏的君主负责祭祀封山、禺山，姓釐。在虞、夏、商时期称为汪罔，在周朝时称为长翟，如今被称作大人。”使者问：“人的身高能达到多少？”孔子说：“僬侥氏身高三尺，矮到了极点。最高的人也不过是三天的十倍，这应该是身高数字的极限了。”于是吴国的使臣说：“高明啊，圣人！”

注释

❶会稽：越都，今浙江绍兴。 ❷得骨节专车：得到一节骨头就装满了一车。❸戮：陈尸。 ❹孔子这几句话的意思是，山川之神能纲纪天下，故诸侯皆祭祀社稷。社稷虽为公侯的守护神，但最终还是受王的统治。 ❺封、禺之山：二山相邻，在今浙江德清西南。 ❻僬侥氏：韦昭说为西南蛮之别名。 ❼十之：指三尺的十倍。

【原文】

桓子嬖臣曰仲梁怀①，与阳虎有隙。②阳虎欲逐怀，公山不狃止之。③其秋，怀益骄，阳虎执怀。桓子怒，阳虎因囚桓子，与盟而醳之。④阳虎由此益轻季氏。季氏亦僭于公室⑤，陪臣执国政⑥，是以鲁自大夫以下皆僭离于正道。故孔子不仕，退而修诗书礼乐，弟子弥众⑦，至自远方，莫不受业焉。

【译文】

季桓子有个宠臣名叫仲梁怀，和阳虎有矛盾。阳虎想要驱逐仲梁怀，公山不狃阻止了他。秋天，仲梁怀愈发骄纵，阳虎捉住了仲梁怀。桓子非常生气，阳虎就趁机囚禁了桓子，和他订立盟约后才放了桓子。阳虎因此越发轻视季氏。季氏本身也超越本分，凌驾于公室之上，以陪臣的身份执掌国政，所以鲁国自大夫以下全都僭越礼法背离了正道。因此孔子不再做官，隐退修订《诗》《书》《礼》《乐》，他的弟子更加多了，从多远来的都有，没有不接受孔子所授学业的。

注释

❶嬖臣：宠臣。 ❷隙：矛盾，不和。 ❸公山不狃（niǔ）：《论语·阳货》作公山弗扰，任季氏封邑费宰。 ❹醳：通“释”，释放。 ❺僭：超越本分。❻陪臣：《礼记·曲礼下》云：“列国之大夫入天子之国曰某士，自称曰陪臣

某。”意即诸侯为天子臣，卿大夫为诸侯臣，对天子，诸侯的卿大夫即称陪臣。卿大夫的家臣对诸侯亦称陪臣。 ❼弥众：更加多了。

【原 文】

定公八年，公山不狃不得意于季氏，因阳虎为乱，欲废三桓之适[①]，更立其庶孽阳虎素所善者[②]，遂执季桓子。桓子诈之，得脱。定公九年，阳虎不胜，奔于齐。是时孔子年五十。

【译 文】

鲁定公八年，公山不狃在季氏手下不得志，趁着阳虎叛乱的机会，想要废掉三桓季孙氏、叔孙氏、孟孙氏的嫡子，改立阳虎素来所喜欢的庶子，于是拘禁了季桓子。桓子欺骗了他，得以脱身。鲁定公九年，阳虎作战不胜，逃到齐国。当时孔子五十岁。

注 释

❶三桓：指叔孙氏、季孙氏、孟孙氏。因三氏皆为鲁桓公之后，故称三桓。适：通“嫡”，正妻所生之子，法定继承人。 ❷庶孽：妾所生之子。

【原 文】

公山不狃以费畔季氏[①]，使人召孔子。[②]孔子循道弥久[③]，温温无所试[④]，莫能己用[⑤]，曰：“盖周文武起丰镐而王，今费虽小，傥庶几乎！”[⑥]欲往。子路不说，止

【译 文】

公山不狃依靠费邑反叛季氏，派人去邀请孔子。孔子遵循着一定的原则已经很久了，郁郁不得志，没有施展才能的地方，没有人能任用自己，说：“周文王、周武王自丰、镐兴起而称王，如今费邑尽管很小，说不定会有成功的希望！”想要前去。子路不高兴，就劝阻孔

孔子。孔子曰："夫召我者岂徒哉？[7]如用我，其为东周乎！"[8]然亦卒不行。

子。孔子说："他们请我去，难道是去帮公山不狃搞叛乱？假如任用我，大概能在东方重现周朝的礼乐制度吧！"然而孔子最终也没能成行。

注释

❶费（bì）：季氏邑，在今山东费县北。畔：通"叛"。 ❷公山不狃召孔子，《左传》在定公十二年，又见《论语·阳货》。 ❸循道：遵循着一定的原则。 ❹温温：温和貌。一说郁郁不得志貌。 ❺己用：任用自己。 ❻傥：倘或。傥庶几乎：说不定会有成功的希望。 ❼岂徒哉：《论语·阳货》刘宝楠《正义》："言不徒召之而往也。"意为孔子遵周道而无处试，故欲往费，借此施展自己的抱负，表明并非去帮助公山不狃搞叛乱。 ❽为东周：意为把周的那套制度在东方兴盛起来。

【原文】

其后定公以孔子为中都宰[1]，一年，四方皆则之。[2]由中都宰为司空[3]，由司空为大司寇。[4]

【译文】

从那以后，鲁定公让孔子担任中都的长官。一年后，四处都效法孔子。孔子由中都宰升任为司空，又由司空升任为大司寇。

注释

❶中都：在今山东汶上西。 ❷则：效法。 ❸司空：主管工程营建的官。 ❹大司寇：主管司法的最高官员。

【原文】

定公十年春，及齐平。[①]夏，齐大夫黎鉏言于景公曰："鲁用孔丘，其势危齐。"乃使使告鲁为好会[②]，会于夹谷。[③]鲁定公且以乘车好往。[④]孔子摄相事[⑤]，曰："臣闻有文事者必有武备，有武事者必有文备。古者诸侯出疆，必具官以从。请具左右司马。"[⑥]定公曰："诺。"具左右司马。会齐侯夹谷，为坛位，土阶三等，以会遇之礼相见[⑦]，揖让而登。献酬之礼毕[⑧]，齐有司趋而进曰[⑨]："请奏四方之乐。"[⑩]景公曰："诺。"于是旍旄羽袯矛戟剑拨鼓噪而至。[⑪]孔子趋而进，历阶而登，不尽一等[⑫]，举袂而言曰[⑬]："吾两君为好会，夷狄之乐何为于此！请命有司！"[⑭]有司却之[⑮]，不去，则左右视晏子与景公。景公心怍[⑯]，麾而去之。有顷，

【译文】

鲁定公十年春，鲁国与齐国和好。夏天，齐国大夫黎鉏向齐景公进言说："鲁国任用了孔丘，这种形势能够危害到齐国。"因此就派出使者告知鲁国举行友好会盟，在夹谷会盟。鲁定公装饰好车子，无戒备地前去。当时孔子兼任相的事，说："我听说进行文事活动的人一定要有武力防备，进行武事活动的人一定要有文事防备。古时诸侯离开自己的疆域，一定会配备文武官员跟从。请让左右司马随从。"定公说："好的。"就安排了左右司马随同前往。在夹谷与齐侯会面，修筑了高台，修筑了土台阶三级，依照诸侯平等相会的礼节，鲁定公与齐景公拱手相互揖让着登上了高台。宴饮赠礼完毕，齐国的官员快步走上前来请示说："请演奏边地少数民族的舞乐。"齐景公说："好的。"因此来自齐国的乐队，打着旌旗，头上插着羽毛，身上披着皮衣，手里拿着矛、戟、剑、大盾，击鼓呼叫而来。孔子快步走上前去，一步一阶地迅速往上走，离坛还差最后一级台阶时，举起衣袖说："我们两国的君主在进行友好会盟，夷狄的舞乐为什么会在这里！请命令当事官员立即制止！"当事官员下令让乐队退下，乐队并未离去，于是孔子向左右看着晏子和齐

齐有司趋而进曰："请奏宫中之乐。"景公曰："诺。"优倡侏儒为戏而前。⑰孔子趋而进，历阶而登，不尽一等，曰："匹夫而营惑诸侯者罪当诛！⑱请命有司！"有司加法焉，手足异处。景公惧而动，知义不若，归而大恐，告其群臣曰："鲁以君子之道辅其君，而子独以夷狄之道教寡人，使得罪于鲁君，为之柰何？"有司进对曰："君子有过则谢以质⑲，小人有过则谢以文。⑳君若悼之㉑，则谢以质。"于是齐侯乃归所侵鲁之郓、汶阳、龟阴之田以谢过。㉒

景公。齐景公心中很惭愧，挥手让乐队退下。过了一会儿，齐国的当事官员快步走上前来说："请弹奏宫中的音乐。"齐景公说："好的。"倡优和侏儒就戏谑调笑着走上前来。孔子快步走上前来，一步一阶地迅速往上走，离坛还差最后一级台阶时，说："下等人迷惑诸侯的，罪当处死！请当事官员立即制止！"当事官员依法施行，倡优和侏儒都被处斩，手和脚都分开了。齐景公内心恐惧而震动，知道在道义上比不上鲁国，回国后十分惊恐，告诫群臣说："鲁国用君子之道辅佐他们的君主，你们却用夷狄之道来教我，让我得罪了鲁国国君，该怎么办呢？"当事官员上前回答说："君子犯了错就实实在在表示歉意，小人犯了错用文采来掩饰。您如果真的悔过，就实实在在地表示歉意。"于是齐侯便归还了所侵占的鲁国的郓、汶阳、龟阴的土地以表示歉意。

注释

❶及齐平：与齐国和好。 ❷好会：友好盟会。 ❸夹谷：亦作祝其，故址有数说，以在今山东省济南市莱芜区境内较当。 ❹好往：无戒备地前去。 ❺摄相事：春秋时，各国君主盟会，都有大臣辅佐前往，称之曰相。摄相事即孔子以司寇之职兼代相的事。 ❻左右司马：即小司马，地位较低的武官。此云具左右司马，即有两师军队前往，以保护鲁君。 ❼会遇之礼：春秋时期，诸侯相见有盟、会、遇等形式，盟为高级形式，要订约盟誓；会为一般会见；不期而

会曰遇。夹谷之会系齐召鲁君，孔子为使鲁君摆脱被齐控制的地位，故以较低的礼节会见齐君。❽献酬：赠礼品。❾有司：泛指当事的官员。❿四方之乐：指边地少数民族的舞乐。⓫旍：通“旌”。袚（fú）：舞者所执的舞具。拨（fá）：大盾。据《左传》《孔子家语》记载，这次会见是齐国事先布置好了，准备用莱人劫持鲁定公。⓬不尽一等：还有一级台阶未登上，说明孔子的急切之情。⓭袂（mèi）：袖子。⓮请命有司：意为命当事官员加以制止。⓯却之：命令舞乐的人退去。⓰心怍：心里惭愧不安。⓱优倡：表演歌唱乐舞的艺人。侏儒：矮小的人，在舞乐中扮丑角。⓲营惑：迷惑。⓳质：实在的东西。⓴文：文采，言词。㉑悼：悔过。㉒郓：在今山东郓城东。汶阳：《索隐》引《左传》说汶阳当作讙。讙在今山东肥城南。龟阴：在今山东泰安东。三田皆在汶阳。

【原 文】

定公十三年夏①，孔子言于定公曰：“臣无藏甲②，大夫毋百雉之城。”③使仲由为季氏宰④，将堕三都。⑤于是叔孙氏先堕郈。⑥季氏将堕费，公山不狃、叔孙辄率费人袭鲁。公与三子入于季氏之宫⑦，登武子之台。费人攻之，弗克，入及公侧。⑧孔子命申句须、乐颀下伐之⑨，费人北。⑩国人追之，败诸姑蔑。⑪二子奔齐，遂堕费。将堕成⑫，公敛处

【译 文】

鲁定公十三年夏天，孔子告诉定公说：“臣子不可以私藏兵器，大夫封邑的城墙周长不得超过三百丈。”他派子路担任季氏家臣，打算让季孙、叔孙、孟孙三家拆掉三都的城墙。于是叔孙氏率先拆掉了郈邑的城墙。季氏将要拆掉费邑的城墙，公山不狃和叔孙辄率领费邑人袭击鲁国都城。定公和季孙、叔孙、孟孙三人进入季氏的宫院，登上了季武子修筑的楼台。费邑人攻打他们，未能攻克，但箭还是射到了定公的旁边。孔子派申句须、乐颀下台攻打费邑人，费邑人败走。鲁国人追击他们，在姑蔑打败了费邑人。公山不狃、叔孙辄逃奔齐国，于是拆毁了费邑的城墙。即将

父谓孟孙曰[13]："堕成，齐人必至于北门。且成，孟氏之保鄣[14]，无成是无孟氏也。我将弗堕。"十二月，公围成，弗克。

拆掉孟孙氏的成邑的城墙，公敛处父对孟孙氏说："拆掉了成邑的城墙，齐国的军队一定能够直接到达都城的北门。而且成邑是孟孙氏的屏障，没有成邑也就没有孟孙氏。我不会拆掉成邑的城墙。"十二月，鲁定公包围成邑，没能攻克。

注释

❶十三年：《左传》在十二年。 ❷甲：兵器。 ❸大夫毋百雉之城：大夫封邑的城墙周长不得超过三百丈。城墙高一丈长三丈叫雉。 ❹仲由：即子路。 ❺堕三都：三都，鲁三桓之采邑，即季孙之费，叔孙之郈，孟孙之成。此时三都宰又据三都以欺凌三家，子路劝说三家，并率兵与三家共堕之。堕三都是大夫削弱家臣的斗争。 ❻郈：在今山东东平东。 ❼三子：即季孙氏、叔孙氏、孟孙氏，称其三子乃当时习语。 ❽入及公侧：杨伯峻《春秋左传注》定公十二年引俞樾《茶香室经说》，谓"入"为"矢"字之误，费人从台下仰攻，故矢及公侧。可从。 ❾申句须、乐颀：皆鲁大夫。 ❿北：败走。 ⓫姑蔑：在今山东泗水东。 ⓬成：在今山东泗水北。 ⓭公敛处父：成宰，孟孙氏家臣。 ⓮鄣：通"障"。

【原文】

定公十四年，孔子年五十六，由大司寇行摄相事[1]，有喜色。门人曰："闻君子祸至不惧，福至不喜。"孔子曰："有是言也。不曰

【译文】

鲁定公十四年，孔子五十六岁，以大司寇的身份代理相的职务，面上现出喜色。有弟子说："听说君子遇到灾难祸害不会恐惧，得到好事也不会有喜色。"孔子说："是有这样的话。但不是还说'自己尊贵了，但仍能以谦卑待人为乐'

‘乐其以贵下人’乎？”②于是诛鲁大夫乱政者少正卯。与闻国政三月，粥羔豚者弗饰贾③；男女行者别于涂④；涂不拾遗；四方之客至乎邑者不求有司，皆予之以归。⑤

吗？”于是孔子杀掉了扰乱鲁国政事的大夫少正卯。孔子参与国政三个月，卖羊、猪肉的人不敢要虚价，男女行人在路上分道行走，路上掉了东西也没人捡，从四面八方来到鲁国办事的人，到了城中不用和官员求情，都能满意地回去。

注释

❶行摄相事：代理相的职务。相为最高行政长官。 ❷乐其以贵下人：意思是说，自己尊贵了，但仍能以谦卑待人为乐。 ❸粥羔豚者弗饰贾：卖羊肉、猪肉的不敢要虚价。粥：通“鬻”。贾：通“价”。 ❹涂：通“途”，道路。 ❺皆予之以归：《孔子家语》作“皆如归”。

【原文】

齐人闻而惧，曰：“孔子为政必霸，霸则吾地近焉，我之为先并矣。①盍致地焉？”②黎鉏曰：“请先尝沮之③；沮之而不可则致地，庸迟乎！”④于是选齐国中女子好者八十人，皆衣文衣而舞《康乐》⑤，文马三十驷，遗鲁君。⑥陈女乐文马于鲁城南高门外。季桓子微服往观再三⑦，将受，

【译文】

齐国人听说后十分恐惧，说：“孔子当政后一定会称霸，称霸的话我们齐国和鲁国邻近，我们就会率先被吞并。何不先送给鲁国一些土地呢？”黎鉏说：“请先尝试破坏鲁国君臣关系。不能阻止再赠送国土，难道晚吗！”因此就挑选了齐国容貌美丽的女子八十人，全都穿着色彩华丽的衣服，跳着《康乐》舞，连同华丽的马驾着的三十辆马车，一起送给鲁君。将女乐队和华丽的马陈列在鲁国都城以南的高门外。季桓子身着便服

乃语鲁君为周道游[8]，往观终日，怠于政事。子路曰："夫子可以行矣。"孔子曰："鲁今且郊[9]，如致膰乎大夫[10]，则吾犹可以止。"桓子卒受齐女乐，三日不听政；郊，又不致膰俎于大夫。孔子遂行[11]，宿乎屯。[12]而师己送，曰："夫子则非罪。"孔子曰："吾歌可夫？"歌曰："彼妇之口，可以出走；彼妇之谒[13]，可以死败。盖优哉游哉，维以卒岁！"[14]师己反，桓子曰："孔子亦何言？"师己以实告。桓子喟然叹曰："夫子罪我以群婢故也夫！"

再三前往观看，想要接受，就对鲁君说要周游一下，趁此机会前去观看，对政事很懈怠。子路说："老师，我们可以离开了。"孔子说："如今鲁国即将举行郊祭，如果将郊祭所用的烤肉分给大夫的话，那我还是可以留下来的。"桓子最终接受了齐国送来的女乐，三天不处理政事；举行了郊祭后，又不把祭肉和郊祭所用的礼器分送给大夫。于是孔子便离开了鲁国，在屯地留宿。师己前来送行，说："先生并没有什么过错。"孔子说："我唱首歌行吗？"唱道："那个女子凭一张嘴，就可以使大臣被迫出走；如果答应了那个女子的请求，就能让人死国败。悠闲自在啊，只有以此来度过岁月！"师己返回国都，桓子问："孔子说了些什么？"师己据实以告。桓子伤心地长叹说："先生是因为齐国女乐的事而怪罪我！"

注释

❶我之为先并：我先为别人所吞并。 ❷盍：何不。 ❸沮之：指败坏鲁国内部君臣关系。沮：败坏。 ❹庸：岂，难道。 ❺《康乐》：舞曲名。 ❻遗：赠予。 ❼微服：改穿上平民衣服。 ❽周道游：环游各处。桓子的用意是以周游为名，让鲁君去观看美女文马。 ❾郊：郊祭，在城郊外祭祀天或地的典礼。 ❿致膰乎大夫：祭祀后把祭肉分给大夫。这是当时的礼节。膰：祭肉。 ⓫孔子离开鲁国的时间，《十二诸侯年表》与《鲁周公世家》皆云在定公十二年，此处似误。 ⓬屯：在山东曲阜南。 ⓭谒：请求。意思是如果答应了那些齐国美女

的请求。 ⑭维以卒岁：只好这样来度过岁月。

【原 文】

孔子遂适卫，主于子路妻兄颜浊邹家。[1]卫灵公问孔子："居鲁得禄几何？"对曰："奉粟六万。"[2]卫人亦致粟六万。居顷之，或谮孔子于卫灵公。[3]灵公使公孙余假一出一入。[4]孔子恐获罪焉，居十月，去卫。

【译 文】

孔子于是来到卫国，寄居在子路妻子的兄长颜浊邹家中。卫灵公问孔子说："您在鲁国时能得到多少俸禄？"孔子回答说："俸禄粮食六万小斗。"卫国人也送给孔子粮食六万小斗。住了不长时间，有人在卫灵公面前诋毁孔子。卫灵公让公孙余假监视着孔子。孔子担心获罪，住了十个月，就离开了卫国。

注释

❶主：以子路妻兄家为主人，即寄居之意。颜浊邹：卫大夫，曾受业于孔子。 ❷六万：《正义》云当是六万小斗，相当于唐代的二千石。 ❸谮：中伤，诋毁。 ❹一出一入：指带着兵器随孔子出入，监视孔子。

【原 文】

将适陈[1]，过匡[2]，颜刻为仆[3]，以其策指之曰[4]："昔吾入此，由彼缺也。"[5]匡人闻之，以为鲁之阳虎。阳虎尝暴匡人[6]，匡人于是遂止孔

【译 文】

孔子即将前往陈国，路过匡地，颜刻充当驾车人，他用马鞭指着匡地说："从前我来过这个地方，是从那个城墙缺口进去的。"匡地人听说后，以为那是鲁国的阳虎。阳虎曾对匡人施暴，匡人于是就拦住了孔子。孔子长得很像阳虎，

子。孔子状类阳虎，拘焉五日。[7]颜渊后[8]，子曰："吾以汝为死矣。"颜渊曰："子在，回何敢死！"[9]匡人拘孔子益急，弟子惧。孔子曰："文王既没，文不在兹乎？[10]天之将丧斯文也，后死者不得与于斯文也。[11]天之未丧斯文也，匡人其如予何！"孔子使从者为甯武子臣于卫，然后得去。

被匡人拘束在这里五天。颜渊落在后面，孔子说："我以为你已经死了。"颜渊说："先生还健在，我怎么敢死！"匡人围捕孔子越来越急，弟子们都很恐惧。孔子说："周文王已然去世，周朝的礼乐制度不都存在我这里吗？上天将要毁灭周朝的礼乐制度，就不可能让我这后死之人掌握这种礼乐制度。上天假如不打算毁灭周朝的礼乐制度，匡人能把我怎么样！"孔子派弟子前往卫国都城担任甯武子的家臣，然后才得以离开。

注释

❶陈：今河南省周口市淮阳区。 ❷匡：在今河南长垣西南。 ❸颜刻：刻亦作"剋"，孔子弟子。仆：驾车者。 ❹策：马鞭。 ❺缺：指城墙豁口。 ❻暴：残害。 ❼焉：犹言"于此"。 ❽颜渊后：由于孔子与颜渊相失，故曰后。 ❾回：颜回，即颜渊。 ❿文：这里指周代的礼乐制度。 ⓫后死者：孔子自指。孔子向往周礼，以懂周礼自居。

【原文】

去即过蒲。[1]月余，反乎卫，主蘧伯玉家。[2]灵公夫人有南子者，使人谓孔子曰："四方之君子不辱欲与寡君为兄弟者[3]，必见寡小君。[4]寡小

【译文】

孔子等人离开匡地经过蒲地。一个多月后，孔子回到卫国，寄居在蘧伯玉家。卫灵公有个叫南子的夫人，派人对孔子说："四方来的君子不以为耻辱想要和国君结为兄弟的，一定要见我。我希望和您见面。"孔子表示推辞，但还

君愿见。”孔子辞谢，不得已而见之。夫人在絺帷中。⑤孔子入门，北面稽首。夫人自帷中再拜，环珮玉声璆然。⑥孔子曰：“吾乡为弗见，见之礼答焉。”⑦子路不说。孔子矢之曰⑧：“予所不者⑨，天厌之！天厌之！”⑩居卫月余，灵公与夫人同车，宦者雍渠参乘⑪，出，使孔子为次乘，招摇市过之。孔子曰：“吾未见好德如好色者也。”于是丑之，去卫，过曹。⑫是岁，鲁定公卒。

是迫不得已前去见她。夫人在细葛布的帷帐之中。孔子进入门内，面朝北叩头。夫人在帷帐中行拜礼两次，身上佩戴的环佩玉器叮当作响。孔子说：“我过去是不想见她的，既然见她就应该以礼相待。”子路很不高兴。孔子发誓说：“我假如不对的话，就让上天厌恶我吧！就让上天厌恶我吧！”在卫国住了一个多月，卫灵公和夫人同乘一辆车，宦官雍渠陪同坐车，离开宫廷，让孔子乘坐第二辆车，招摇过市。孔子说：“我从未见喜好德行如同喜好美色的人。”于是厌恶这里，离开卫国，经过曹国。这一年，鲁定公去世。

注释

❶蒲：今河南长垣。 ❷蘧伯玉：卫大夫。 ❸不辱：不以为耻辱。 ❹寡小君：南子自称。 ❺絺帷：细葛布的帷帐。 ❻璆（qiú）：玉相击声。 ❼此句意为，我过去是不愿意见她的，现在已经去了，就要以礼相待。 ❽矢：通“誓”，发誓。 ❾所：如果。假设连词，只用于誓词。不：不对。此句意为，我假如不对的话。 ❿厌：厌弃。此句意为，天将厌弃我。 ⓫参乘：陪同坐车。 ⓬曹：姬姓诸侯国，都陶丘，在今山东定陶西南。

【原 文】

孔子去曹适宋[1]，与弟子习礼大树下。宋司马桓魋欲杀孔子，拔其树。孔子去。弟子曰："可以速矣。"孔子曰："天生德于予，桓魋其如予何！"

【译 文】

孔子离开曹国，来到宋国，和弟子们在一棵大树下演习礼仪。宋国的司马桓魋想要杀掉孔子，派人砍了那棵树。孔子离开了这里。弟子们说："可以快些离开。"孔子说："上天将这样的品德降临在我身上，桓魋能把我怎么样呢！"

注 释

❶宋：子姓诸侯国，都商丘，在今河南商丘南。

【原 文】

孔子适郑[1]，与弟子相失，孔子独立郭东门。[2]郑人或谓子贡曰："东门有人，其颡似尧[3]，其项类皋陶[4]，其肩类子产，然自要以下不及禹三寸[5]，累累若丧家之狗。"[6]子贡以实告孔子。孔子欣然笑曰："形状，末也。[7]而谓似丧家之狗，然哉！然哉！"

【译 文】

孔子来到郑国，和弟子走散了，孔子独自一人站在外城的东门。有个郑国人对子贡说："东门有个人，他的前额很像尧，他的脖子很像皋陶，他的肩膀像子产，而腰部以下的部分比禹短了三寸。不得志的样子就像丧家狗一样。"子贡将这些话如实地告诉了孔子。孔子欣然地笑着说："外貌，是微不足道的东西。但说我如同丧家狗一样，确实是这样啊！确实是这样啊！"

注释

❶郑：姬姓诸侯国，都新郑，今河南新郑。 ❷郭：外城。 ❸颡：前额。 ❹皋陶（yáo）：尧、舜的贤臣。 ❺要：通“腰”。不及禹三寸：比禹短三寸。 ❻累累：无精打采，不得志的样子。 ❼末：轻微不足道。

【原文】

孔子遂至陈，主于司城贞子家。岁余，吴王夫差伐陈，取三邑而去。赵鞅伐朝歌。[1]楚围蔡[2]，蔡迁于吴。吴败越王句践会稽。

【译文】

于是孔子来到陈国，寄居在司城贞子家中。一年多之后，吴王夫差讨伐陈国，攻取三座城池以后撤去。赵鞅讨伐朝歌。楚国包围蔡国，蔡国迁到了吴地。吴国军队在会稽击败了越王句践。

注释

❶朝歌：曾为卫国都城。此因晋国范氏、中行氏走保朝歌，赵鞅讨伐之。❷蔡：姬姓诸侯国，始都上蔡（今河南上蔡），春秋时为楚所逼，多次迁都。此楚围蔡，系因公元前506年蔡与吴曾伐楚之故。

【原文】

有隼集于陈廷而死[1]，楛矢贯之[2]，石砮[3]，矢长尺有咫。[4]陈湣公使使问仲尼。仲尼曰：“隼来远矣，

【译文】

有几只隼停在陈君的宫廷中死去，身上穿着一支楛木做的箭，石箭头，箭长一尺八寸。陈湣公派使者问孔子。孔子说：“隼是从很远的地方飞来的，这是肃慎部族的箭。

此肃慎之矢也。[5]昔武王克商，通道九夷百蛮，使各以其方贿来贡[6]，使无忘职业。于是肃慎贡楛矢石砮，长尺有咫。先王欲昭其令德[7]，以肃慎矢分大姬[8]，配虞胡公而封诸陈。[9]分同姓以珍玉，展亲[10]；分异姓以远方职，使无忘服。[11]“故分陈以肃慎矢。”试求之故府[12]，果得之。

从前周武王攻灭了商朝，打通了前往九夷百蛮的道路，命令各族都以地方土特产来进贡，让他们不要忘了自身对天子应承担的职责与义务。于是肃慎就进贡了楛木箭与石箭头，箭长一尺八寸。先王为了宣扬他的美德，就将肃慎的箭分赐给了长女大姬，将她许配给了虞胡公，并将虞胡公封在了陈地。又分赠给同姓之人珍宝玉石等物，以展示亲密关系；分赠给异姓诸侯远方进献的贡品，让他们不要忘记周天子。所以将肃慎的箭赠予陈国。”陈湣公让人去旧仓库中试着寻找，果然得到了楛木箭。

注释

❶隼（sǔn）：鹰类。 ❷楛矢贯之：身上穿着一支楛木做的箭。 ❸石砮：石箭头。 ❹咫：八寸。 ❺肃慎：古族名，在我国东北地区。 ❻方贿：当地的土特产。 ❼昭：表彰。令德：美德。 ❽大姬：周武王的长女。 ❾虞胡公：陈国初封之君，据说是虞舜的后代。 ❿展亲：展示亲密关系。 ⓫使无忘服：使他们不要忘记周天子。 ⓬故府：旧仓库。

【原文】

孔子居陈三岁，会晋楚争强[1]，更伐陈[2]，及吴侵陈，陈常被寇。孔子曰：“归与归与！吾党之小子狂

【译文】

孔子在陈国住了三年，当时正是晋、楚两国争霸之时，它们轮番讨伐陈国，到了吴国侵犯陈国时，陈国经常遭到劫掠。孔子说：“回去吧！回去吧！我的弟子们志向都很大，但行事粗略，努力进

简[3]，进取不忘其初。”[4]于是孔子去陈。

取并未忘记最初的任务。”于是孔子离开陈国。

注释

❶晋楚争强：此时无晋楚争强事，亦无伐陈事，此说失实。 ❷更伐陈：文意是陈依附于这一方，另一方伐之；依附于另一方，这一方伐之。 ❸吾党之小子：指在鲁国未随孔子出游的弟子。狂简：志向很大，但行事粗略，意即指导教育不够。 ❹不忘其初：没有忘记当初所担负的教育这些留在鲁国的弟子的任务。

【原文】

过蒲，会公叔氏以蒲畔，蒲人止孔子。弟子有公良孺者[1]，以私车五乘从孔子。其为人长贤，有勇力，谓曰：“吾昔从夫子遇难于匡，今又遇难于此，命也已。吾与夫子再罹难，宁斗而死。”斗甚疾。蒲人惧，谓孔子曰：“苟毋适卫，吾出子。”[2]与之盟，出孔子东门。孔子遂适卫。子贡曰：“盟可负邪？”孔子曰：“要盟也[3]，神不听。”

【译文】

路过蒲地，遇到公叔氏从蒲地叛乱，蒲地人留住了孔子。孔子的弟子里有个叫公良孺的，带着自己的五辆车跟从孔子。他身材高大，为人贤德，有勇有力，说：“我从前跟随先生在匡地遭遇危难，现在又在此地遭遇危难，这就是命啊。我和先生再次遭逢灾难，宁愿战斗而死！”战斗十分激烈。蒲地人害怕了，对孔子说：“只要不去卫国，我们放你走。”孔子和蒲地人约定好，蒲地人放孔子从东门出去了。孔子于是前往卫国。子贡说：“盟约可以违背吗？”孔子说：“要挟之下订立的盟约，神是不会听的。”

注释

❶公良孺：《孔子家语》作良儒，陈人，字子正。❷出：释放。❸要盟：要挟之下而订立的盟约。

【原文】

卫灵公闻孔子来，喜，郊迎。问曰："蒲可伐乎？"对曰："可。"灵公曰："吾大夫以为不可。今蒲，卫之所以待晋、楚也①，以卫伐之，无乃不可乎？"孔子曰："其男子有死之志，妇人有保西河之志。②吾所伐者不过四五人。"③灵公曰："善。"然不伐蒲。

【译文】

卫灵公听说孔子来了，非常高兴，到郊外去迎接。卫灵公问孔子说："蒲地可以讨伐吗？"孔子回答说："可以。"灵公说："我的大夫们认为不可以。现在的蒲地是卫国能够阻挡晋、楚两国攻伐的缓冲地带，用卫国的军队去攻打蒲地，恐怕不太好吧？"孔子说："西河地区的男女都有保家卫国的坚强意志，都不愿跟着叛乱者跑。我们所要讨伐的不过是四五个与公叔氏叛乱者的人。"灵公说："好。"然而并没有攻打蒲地。

注释

❶此句意为，蒲在卫的西边，晋楚伐卫，蒲首当其冲，是一个缓冲地带。
❷此句意为，西河地区的男女都有保家卫国的坚强意志，都不愿跟着叛乱者跑。
❸四五人：指与公叔氏叛乱的少数人。

【原文】

灵公老，怠于政，不用孔子。孔子喟然叹曰："苟有用我者，期月而已[1]，三年有成。"孔子行。

【译文】

卫灵公老了，对国政很懈怠，并未任用孔子。孔子长叹说："要是有能够用我的，一年可见成效，三年就会很有成绩了。"孔子离开了卫国。

注释

❶期（jī）月：一年之意，"月"当为衍文。《论语·阳货》有"期可已矣"，意与此同。

【原文】

佛肸为中牟宰。[1]赵简子攻范、中行，伐中牟。佛肸畔，使人召孔子。孔子欲往。子路曰："由闻诸夫子，'其身亲为不善者，君子不入也'[2]今佛肸亲以中牟畔，子欲往，如之何？"孔子曰："有是言也。不曰坚乎，磨而不磷[3]；不曰白乎，涅而不淄。[4]我岂匏瓜也哉，焉能系而不食？"[5]

【译文】

佛肸担任中牟宰。赵简子攻打范氏、中行氏，讨伐中牟。佛肸叛乱，派人来请孔子。孔子想要前往。子路说："我曾听先生说过，'那种亲自干坏事的人，君子是不会加入的'。如今佛肸独自占据中牟叛乱，您想要前去，这是为什么呢？"孔子说："是说过这样的话。不是说过嘛，坚硬之物被磨也不会变薄；不是说过嘛，洁白之物被染而不黑。我难道是个匏瓜吗，怎能老挂在那里而不被人食用呢？"

注释

❶佛肸（bìxī）：晋大夫范氏与中行氏的家臣。中牟：在今河南鹤壁西。❷不入：不入其境。❸磷：薄。此句意为，坚硬的东西磨而不薄。❹涅：染黑。淄：黑色。此句意为，染而不黑。❺此句意为，我岂能像葫芦一样，老挂在那里，不被人食用吗？

【原 文】

孔子击磬。[1]有荷蒉而过门者[2]，曰："有心哉[3]，击磬乎！硁硁乎[4]，莫己知也夫而已矣！"[5]

【译 文】

孔子敲打石磬。有个背着草筐从门前经过的人，说："有心事啊，就敲打石磬啊！发出硁硁的击石声啊，是在说没人了解自己吧。"

注释

❶磬：用石或玉制成的打击乐器。❷蒉：用草类编织的筐子。❸心：心事。❹硁硁（kēng）：击石声。❺全句意为，从击磬的声音听来，这个人是有心事的，这心事就是感叹无人了解自己。

【原 文】

孔子学鼓琴师襄子[1]，十日不进。师襄子曰："可以益矣。"[2]孔子曰："丘已习其曲矣，未得其数也。"[3]有间，曰："已习其数，可以

【译 文】

孔子向师襄子学习弹琴，学了十天仍没学习新的曲子。师襄子说："可以增弹另一支曲子了。"孔子说："我已经学会了曲子，只是还没掌握弹琴的节拍。"过了些日子，师襄子说："你已经学会了

益矣。”孔子曰：“丘未得其志也。”[4]有间，曰：“已习其志，可以益矣。”孔子曰：“丘未得其为人也。”[5]有间，(曰)有所穆然深思焉，有所怡然高望而远志焉。曰：“丘得其为人，黯然而黑，几然而长[6]，眼如望羊[7]，如王四国[8]，非文王其谁能为此也!”师襄子辟席再拜，曰：“师盖云《文王操》也。”[9]

弹琴的节拍，可以多学些内容了。”孔子说：“我还未领悟曲子所表达的思想。”过了些时候，师襄子说：“已经领悟了曲子所表达的思想，可以多学些内容了。”孔子说：“我还没能品味出作曲者的为人。”过了些时候，孔子穆然深思，感到心旷神怡，眼界高阔，志向宏大，说：“我知道作曲者的为人了。那人肤色黝黑，身材颀长，眼睛像仰视的样子，好像成了天下四方的王，除了周文王谁还能成为这个样子呢!”师襄子离开座席拜了两拜，说：“我的老师传授此曲时说这是《文王操》啊。”

注释

❶师襄子：善弹琴击磬。 ❷益：增弹另一支曲子。 ❸数：节拍。 ❹志：指作者寄寓曲中的思想感情。 ❺其为人：从曲中体现出来的作者的为人。 ❻几然：亦作“颀然”，长的样子。 ❼望羊：亦作“望阳”“望洋”，仰视貌。 ❽四国：四方的诸侯国家。 ❾《文王操》：琴曲名，相传为周文王所作。全句意思是老师传授此曲时说这是《文王操》啊。

【原文】

孔子既不得用于卫，将西见赵简子。至于河而闻窦鸣犊、舜华之死也[1]，临河而叹曰：“美哉水，洋洋乎！丘之

【译文】

孔子既然在卫国没能得到任用，就打算向西去见赵简子。到了黄河边，听说了窦鸣犊、舜华之死的消息，孔子面对黄河叹息着说：“多么美的黄河水啊，浩浩荡荡！我没有渡过黄河，

不济此，命也夫！”子贡趋而进曰：“敢问何谓也？”孔子曰：“窦鸣犊、舜华，晋国之贤大夫也。赵简子未得志之时，须此两人而后从政；及其已得志，杀之乃从政。丘闻之也，刳胎杀夭则麒麟不至郊[2]，竭泽涸渔则蛟龙不合阴阳[3]，覆巢毁卵则凤皇不翔。何则？君子讳伤其类也。夫鸟兽之于不义也尚知辟之，而况乎丘哉！”乃还息乎陬乡，作为《陬操》以哀之。[4]而反乎卫，入主蘧伯玉家。

这是命啊！”子贡快走几步上前说：“请问这说的是什么呢？”孔子说：“窦鸣犊、舜华是晋国非常贤德的大夫，赵简子还未得志的时候，必须依靠这两个人才得以从政。等到他已经得偿所愿，杀死他们后就执掌了政权。我曾听说，剖腹取出幼小动物并杀死，麒麟就不会来到郊外；竭泽而渔，蛟龙就不会再调和阴阳；倾覆鸟巢，摧毁鸟卵，凤凰就不再飞翔。这是为什么呢？君子忌讳伤害自己的同类。鸟兽对于那些不合道义的行为都知道躲避，更何况是我孔丘呢！”就回到了陬乡居住，创作《陬操》来哀悼窦鸣犊、舜华。孔子又回到卫国，寄居在蘧伯玉家中。

注释

❶河：黄河。 ❷刳胎杀夭：剖腹取出幼小动物并杀死。 ❸蛟龙：古代传说中能呼风唤雨、调和阴阳的一种神物。 ❹《陬操》：琴曲名，即《将归操》。

【原文】

他日，灵公问兵陈。[1]孔子曰：“俎豆之事则尝闻之[2]，军旅之事未之学也。”

【译文】

有一天，卫灵公向孔子询问用兵作战的方法。孔子说：“祭祀之类的事情我曾听说过，用兵作战的事情我没学过。”第二天，灵公和孔子说话，看到天空飞

明日，与孔子语，见蜚雁[3]，仰视之，色不在孔子。孔子遂行[4]，复如陈。

过的大雁，抬头注视，神色并不在意孔子。孔子于是离开了卫国，再次来到陈国。

注释

❶陈：通“阵”。 ❷俎豆：指祭祀。 ❸蜚：通“飞”。 ❹事在鲁哀公二年。

【原文】

夏，卫灵公卒，立孙辄，是为卫出公。六月，赵鞅内太子蒯聩于戚。[1]阳虎使太子绕[2]，八人衰绖[3]，伪自卫迎者，哭而入，遂居焉。[4]冬，蔡迁于州来。[5]是岁鲁哀公三年[6]，而孔子年六十矣。齐助卫围戚，以卫太子蒯聩在故也。

【译文】

夏天，卫灵公去世，他的孙子辄即位，就是卫出公。六月，赵鞅将太子蒯聩送到了戚邑。阳虎让太子蒯聩身穿丧服，又派八个人身穿丧服，装作是从卫国前来迎接的样子，哭着进入戚邑，于是太子蒯聩就在戚邑住了下来。冬天，蔡国迁都州来。第二年是鲁哀公三年，孔子六十岁。齐国帮助卫国人包围了戚邑，是因为卫国太子蒯聩居住在此的缘故。

注释

❶内：通“纳”。蒯聩：卫灵公太子，因谋杀灵公与南子未遂，逃至晋。灵公死后，他依靠晋国和阳虎，回到卫国的戚。戚：在今河南濮阳北。 ❷绕（wèn）：始发丧时的丧服。 ❸衰绖（cuīdié）：丧服。 ❹遂居焉：这是阳虎的计谋，让太子穿上丧服，又让八个人穿上丧服，假装从卫迎接太子回来，这

样太子就在戚居住了下来。 ❺州来：即下蔡，今安徽凤台。 ❻是岁：当作“明岁”。

【原文】

夏，鲁桓、釐庙燔[1]，南宫敬叔救火。孔子在陈，闻之，曰：“灾必于桓、釐庙乎？”[2]已而果然。

【译文】

夏天，鲁桓公与鲁釐公的庙堂失火，南宫敬叔去救火。孔子在陈国听说了这件事，说：“火灾一定发生在桓公和釐公的庙堂吧？”后来知道果然是这样。

注释

❶桓、釐庙燔：鲁桓公、鲁釐公的庙堂起火烧了起来。釐：通“僖”。 ❷这是孔子的猜测。孔子在陈，听说鲁国的宗庙被烧，就猜测是鲁桓公、鲁釐公的庙。因为桓公是杀兄而立，釐公是庶兄闵公被庆父杀死而立，这在孔子看来是不符合礼的，故他们的庙当毁。又桓、釐非定公、哀公直系祖先，到定、哀时均已逾五世，庙当毁。鲁事非礼之庙，故当毁。

【原文】

秋，季桓子病，辇而见鲁城[1]，喟然叹曰：“昔此国几兴矣，以吾获罪于孔子，故不兴也。”顾谓其嗣康子曰：“我即死，若必相鲁；相鲁，必召仲尼。”后数日，桓

【译文】

秋天，季桓子生病，坐在辇车上巡视鲁国都城，深深地叹息着说：“从前这个国家几乎要振兴了，由于我得罪了孔子，所以没能兴盛起来。”转过头对他的继承人季康子说：“我要是死了，你一定会成为鲁国的宰相。如果成了鲁国宰相，一定要请回孔子。”几天后，

子卒，康子代立。已葬，欲召仲尼。公之鱼曰[②]：“昔吾先君用之不终，终为诸侯笑。今又用之，不能终，是再为诸侯笑。”康子曰：“则谁召而可？”曰：“必召冉求。”[③]于是使使召冉求。冉求将行，孔子曰：“鲁人召求，非小用之，将大用之也。”是日，孔子曰：“归乎归乎！吾党之小子狂简，斐然成章[④]，吾不知所以裁之。”[⑤]子赣知孔子思归[⑥]，送冉求，因诫曰“即用，以孔子为招”云。[⑦]

季桓子去世，季康子成了鲁国的宰相。安葬了季桓子后，季康子想要召回孔子。公之鱼说：“从前我们的先君任用孔子时有始无终，最终被诸侯所耻笑。现在又任用他，倘若不能有始有终，会再一次被诸侯耻笑。”康子说：“那么请谁可以呢？”公之鱼说：“一定要请冉求。”因此派出使者去邀请冉求。冉求即将前去，孔子说：“鲁国人邀请冉求，绝不会小用他，将会重用他。”当天，孔子说：“回去吧！回去吧！我的弟子们都志向高远，文采斐然成章，我不知道如何调教他们。”子赣知道孔子想要回到故国，送冉求时，就告诫他“你要是得到重用，招回并任用孔子”。

注释

❶辇：人推挽的车。 ❷公之鱼：季氏家臣。 ❸冉求：字子有，孔子的弟子，鲁国人。 ❹孔子的意思是，弟子狂者进取于大道，妄穿凿以成章，不知所以裁制。 ❺裁：裁制，意为培养教育。 ❻子赣：即子贡。 ❼以孔子为招：召回并任用孔子。

【原文】

冉求既去，明年，孔子自陈迁于蔡。蔡昭公将如吴，吴

【译文】

冉求离开陈国后，第二年，孔子从陈国迁到蔡国。蔡昭公将要前往吴国，

召之也。前昭公欺其臣迁州来，后将往，大夫惧复迁[①]，公孙翩射杀昭公。楚侵蔡。秋，齐景公卒。

这是吴国国君召他去的。从前蔡昭公欺骗大臣把国都迁到了州来，这次将前往吴国，大夫担心又用欺骗手段再次迁都，大夫公孙翩就用箭射杀了昭公。楚国入侵蔡国。秋季，齐景公去世。

注释

❶此句意为：从前蔡昭公欺骗大臣把国都迁到了州来，这次将前往吴国，大夫担心又用欺骗手段再次迁都。

【原文】

明年，孔子自蔡如叶。[①]叶公问政，孔子曰："政在来远附迩。"[②]他日，叶公问孔子于子路，子路不对。[③]孔子闻之，曰："由，尔何不对曰'其为人也，学道不倦，诲人不厌，发愤忘食，乐以忘忧，不知老之将至'云尔。"

【译文】

第二年，孔子从蔡国前往叶邑。叶公询问孔子如何施政，孔子说："施政的关键在于使远方的人归顺，使近处的人依附。"有一天，叶公向子路询问孔子的为人，子路没有回答。孔子听说了这件事，说："仲由，你怎么不回答他'他的为人，学习道理不知疲倦，教诲别人不会厌烦，发愤学习时会忘记吃饭，快乐时会忘记忧伤，不知道衰老将要到来'之类的话。"

注释

❶叶（shè）：在今河南叶县南，楚邑。 ❷来远附迩：远方的人归顺，近处的人依附。 ❸不对：没有回答。

【原文】

去叶，反于蔡，长沮、桀溺耦而耕[①]，孔子以为隐者，使子路问津焉。[②]长沮曰："彼执舆者为谁？"[③]子路曰："为孔丘。"曰："是鲁孔丘与？"曰："然。"曰："是知津矣。"[④]桀溺谓子路曰："子为谁？"曰："为仲由。"曰："子，孔丘之徒与？"曰："然。"桀溺曰："悠悠者天下皆是也[⑤]，而谁以易之？[⑥]且与其从辟人之士[⑦]，岂若从辟世之士哉！"[⑧]耰而不辍。[⑨]子路以告孔子，孔子怃然曰[⑩]："鸟兽不可与同群。[⑪]天下有道，丘不与易也。"[⑫]

【译文】

孔子离开叶邑，返回蔡国。长沮、桀溺各持一耜并肩而耕，孔子认为他们是隐士，让子路去探听渡口在哪里。长沮说："那边驾车的人是谁？"子路说："是孔丘。"长沮说："就是鲁国的孔丘吗？"子路说："正是。"长沮说："他是知道渡口的。"桀溺对子路说："你是谁？"子路说："我是仲由。"桀溺说："你是孔丘的弟子吗？"子路说："正是。"桀溺说："水回旋周流，天下都是一样的，又有谁能改变它呢？况且与其跟随那些择主而事之士，怎么能比得上跟随那些不与世人来往之士啊！"两人说完继续碎土。子路将这些话告诉孔子，孔子惆怅地说："我们不能隐居山林。天下有道，是用不着我孔丘去改变的。"

注释

❶耦而耕：两人各持一耜并肩而耕。 ❷津：渡口。 ❸执舆：驾车。本是子路驾车，子路下去问路，由孔子代驾，故有此问。 ❹是知津矣：他是知道渡口的。 ❺悠悠：此喻水的回旋周流。意为到处有坏事。暗指孔子徒劳无功。 ❻易之：改变它。 ❼辟人之士：谓择主而事之士。 ❽辟世之士：不与世人来往之士。此二句自喻。 ❾耰：碎土的农具。这里指继续碎土。 ❿怃然：惆怅貌。 ⓫此句意为：不能和鸟兽住在一起，即不能隐居山林。 ⓬此句意为：天下有道，是用不着我孔丘去改变的。

【原文】

他日，子路行，遇荷蓧丈人[1]，曰："子见夫子乎？"丈人曰："四体不勤，五谷不分，孰为夫子！"植其杖而芸。[2]子路以告，孔子曰："隐者也。"复往，则亡。[3]

【译文】

一天，子路行走时，遇到一位肩上扛着农具的老人。子路说："您见过我的老师吗？"老人说："四肢不勤快，不能分辨五谷，谁是你的老师！"老人把他的手杖插在地里继续锄草。子路将这些话告诉孔子。孔子说："这是位隐士。"让子路再去那个地方看时，老人已经走了。

注释

❶蓧：一种竹器，古人用来芸田。 ❷植：插立。芸：除草。 ❸亡：走了。

【原文】

孔子迁于蔡三岁，吴伐陈，楚救陈，军于城父。[1]闻孔子在陈蔡之间，楚使人聘孔子。孔子将往拜礼，陈蔡大夫谋曰："孔子贤者，所刺讥皆中诸侯之疾。今者久留陈、蔡之间，诸大夫所设行皆非仲尼之意。[2]今楚，大国也，来聘孔子。孔子用于楚，则陈、蔡用事大夫危矣。"[3]于是乃相与发徒役围孔子于野。

【译文】

孔子迁居到蔡国的第三年，吴国征伐陈国。楚军援救陈国，军队驻扎在城父。听说孔子在陈国与蔡国之间，楚国派人请孔子。孔子将要前去拜礼，陈国和蔡国的大夫谋划说："孔子是贤德的人，所讥刺抨击的东西都切中诸侯的弊病。现在他长期滞留在陈国与蔡国之间，各大夫的所作所为都不符合孔子的心意。如今楚国是大国，派人来邀请孔子。孔子如果在楚国得到任用，那陈国、蔡国掌权的大夫就很危险了。"于是就联合调发役徒将孔子围困在野外。孔子不能成

不得行，绝粮。从者病，莫能兴。[4]孔子讲诵弦歌不衰。子路愠见曰[5]："君子亦有穷乎？"[6]孔子曰："君子固穷[7]，小人穷斯滥矣。"[8]

行，没有了粮食。跟随的弟子生病了，起不来了。孔子讲学、诵诗、弹琴、唱歌没有间断。子路恼怒地来见孔子，说："君子难道也有窘困之时吗？"孔子说："君子虽穷但能固守其节，小人一旦窘困就胡作非为。"

注释

❶城父：在今河南平顶山北。 ❷设行：所作所为。 ❸用事：执政，掌权。❹兴：起。 ❺愠：恼怒。 ❻穷：窘困。 ❼固穷：虽穷但能固守其节。❽小人穷斯滥矣：意为小人穷时不能守节操，就会胡作非为。

【原文】

子贡色作。[1]孔子曰："赐[2]，尔以予为多学而识之者与？"[3]曰："然。非与？"[4]孔子曰："非也。予一以贯之。"[5]

【译文】

子贡变了脸色。孔子说："赐啊，你以为我是个博学强记之人吗？"子贡说："是啊。难道不是吗？"孔子说："不是的。我的学说是以一个基本观念贯穿着的。"

注释

❶色作：变了脸色。 ❷赐：子贡姓端木，名赐。 ❸识：强记。 ❹然：是的。非与：难道不是这样吗？ ❺予一以贯之：我的学说以一个基本观念贯穿着。

【原文】

孔子知弟子有愠心，乃召子路而问曰："《诗》云'匪兕匪虎[1]，率彼旷野'。[2]吾道非邪？吾何为于此？"子路曰："意者吾未仁邪？[3]人之不我信也。意者吾未知邪？[4]人之不我行也。"孔子曰："有是乎！由，譬使仁者而必信，安有伯夷、叔齐？[5]使知者而必行，安有王子比干？"[6]

【译文】

孔子知道弟子们心有怨气，就叫来子路询问说："《诗》说'不是野牛，不是老虎，却能出没于空旷的野外'。我奉行的道义难道是错的吗？我为什么会被围困于此呢？"子路说："我想是不是我们不仁啊？人们不相信我们。我想是不是我们的智谋还不够吧？人们不让我们顺利通行。"孔子说："有这样的说法吗？仲由，假如仁者都能使四方信从，哪会有伯夷、叔齐饿死首阳山的事？要是有智慧的人一定通行无阻，哪里会有王子比干被剖心的事呢？"

注释

❶匪兕（sì）匪虎：不是野牛不是老虎。 ❷率：循。率彼旷野：出没于旷野。此诗句见《诗·小雅·何草不黄》。孔子引此诗的用意是我们又不是野兽，为什么被围困在旷野上呢？ ❸意者吾未仁邪：我想是不是我们不仁的缘故呢？ ❹知：通"智"，下同。 ❺此句意为：假如仁者都能使四方信从，哪会有伯夷、叔齐饿死首阳山的事呢？ ❻王子比干：商纣王的叔父，因忠谏而被纣王剖杀。

【原文】

子路出，子贡入见。孔子曰："赐，《诗》云'匪兕匪虎，率彼旷野'。

【译文】

子路出来后，子贡进去见孔子。孔子说："赐啊，《诗》说'不是野牛，不是老虎，却能出没于空旷的野外'。我奉行的道

吾道非邪？吾何为于此？”子贡曰：“夫子之道至大也，故天下莫能容夫子。夫子盖少贬焉？”[1]孔子曰：“赐，良农能稼而不能为穑[2]，良工能巧而不能为顺。[3]君子能修其道，纲而纪之，统而理之，而不能为容。今尔不修尔道而求为容。赐，而志不远矣！”

义难道是错的吗？我为什么会被围困在此地呢？”子贡说：“老师的学说非常宏大，所以天下容不下老师。老师何不略微贬损一点自己的大道？”孔子说：“赐啊，好的农夫能种好庄稼却不能保证取得好的收成，好的工匠能做到技术高超却不能保证顺合人意。君子能够实践自己的学说，以其为纲并遵守它，再统筹疏理，却不能保证一定会被统治者接受。现在你不实践你的学说，而想求得被世人所容纳。赐啊，你的志向不远大啊！”

注释

❶盖：通“盍”，何不。此句意为：先生何不略微贬损一点自己的大道，既可从俗，而又少吃苦头呢！ ❷能稼：能种好庄稼。不能为穑：不能保证收成。❸顺：顺合人意。

【原文】

子贡出，颜回入见。孔子曰：“回，《诗》云‘匪兕匪虎，率彼旷野’。吾道非邪？吾何为于此？”颜回曰：“夫子之道至大，故天下莫能容。虽然，夫子推而行之，不容何病[1]，不容然后见君

【译文】

子贡出来后，颜回进去见孔子。孔子说：“回，《诗》说‘不是野牛，不是老虎，却能出没于空旷的野外’。我奉行的道义难道是错的吗？我为什么会被围困在此地呢？”颜回说：“老师的学说非常宏大，所以天下容纳不下。尽管如此，老师去推广并施行自己的学说，不被容纳有什么关系，不被容纳，才显现出君

子！[2]夫道之不修也，是吾丑也。夫道既已大修而不用，是有国者之丑也。不容何病，不容然后见君子！”孔子欣然而笑曰：“有是哉颜氏之子！使尔多财，吾为尔宰。”[3]

子的伟大！没能实践学说，是我们的耻辱。学说已然实践得很完美，却没能被采用，这是当权之人的耻辱。不被容纳有什么关系，不被容纳，之后才显现出君子的伟大！”孔子欣然地笑着说：“真有你的，颜家的孩子！如果你有许多财产，我愿意做你的管家。”

注释

❶不容何病：天下不容纳有什么关系。 ❷此句意为：正因为天下不容，才显示出君子的伟大精神。 ❸吾为尔宰：我愿意做你的管家。

【原文】

于是使子贡至楚，楚昭王兴师迎孔子[1]，然后得免。

【译文】

孔子于是派子贡前往楚国。楚昭王调动军队来迎接孔子，孔子得以脱离困境。

注释

❶兴师：调动军队。

【原文】

昭王将以书社地七百里封孔子。[1]楚令尹子西曰[2]：“王之使使诸侯有如子贡者

【译文】

楚昭王打算把有户籍的地区方圆七百里土地封赐给孔子。楚国的令尹子西说：“大王派到诸侯国的使者有比得上子贡的

乎？”[3]曰：“无有。”“王之辅相有如颜回者乎？”曰：“无有。”“王之将率有如子路者乎？”曰：“无有。”“王之官尹有如宰予者乎？”曰：“无有。”“且楚之祖封于周，号为子男五十里。今孔丘述三五之法[4]，明周、召之业[5]，王若用之，则楚安得世世堂堂方数千里乎？夫文王在丰，武王在镐，百里之君卒王天下。今孔丘得据土壤[6]，贤弟子为佐，非楚之福也。”昭王乃止。[7]其秋，楚昭王卒于城父。

吗？”昭王说：“没有。”（子西）说：“大王的辅佐宰相有比得上颜回的吗？”（昭王）说：“没有。”（子西）说：“大王的将帅有比得上子路的吗？”（昭王）说：“没有。”（子西）说：“大王的主事长官有比得上宰予的吗？”（昭王）说：“没有。”（子西）说：“况且楚国的始祖在周王室受封时，封爵为子男，封地为方圆五十里。如今孔丘阐发三皇五帝的规则法度，申明周公、召公的功业，大王如果任用他，那么楚国如何能够世世代代保有方圆几千里的疆域呢？周文王在丰邑，周武王在镐邑，从统辖方圆百里的君主而最终称王天下。现在孔丘得以占据封地，贤良的弟子作为辅佐，这不是楚国的福气。”昭王于是停止了这个打算。当年秋天，楚昭王死在了城父。

注释

❶书社地：有户籍的地区。古代地方编制二十五家为里，里则立社，把社里的人登记于册，称书社。❷令尹：楚宰相称令尹。❸使使诸侯：派到诸侯国的使臣。❹三五：三皇五帝的简称。❺周：周公旦。召：召公奭。周初辅臣，为周初事业的创建者。❻土壤：土地，指书社地七百里封地。❼据前人考证，关于孔子与楚国关系的这些叙述，全是虚文。梁玉绳《史记志疑》多所考证，可参阅。

【原文】

楚狂接舆歌而过孔子[1]，曰：“凤兮凤兮，何德之衰！[2]往者不可谏兮[3]，来者犹可追也！[4]已而已而[5]，今之从政者殆而！”[6]孔子下[7]，欲与之言。趋而去[8]，弗得与之言。

【译文】

楚国狂人接舆唱着歌从孔子身边经过，说：“凤凰啊，凤凰啊，你的德行怎么会衰败了啊！过去的事情已经无法挽救，未来的事情还可补救。算了吧，算了吧，现在去搞政治是危险的。”孔子下车，打算和他说话。接舆快步而行离开了，孔子没能和他说话。

注释

❶楚狂接舆：接舆因不满现实而装作狂人。 ❷何德之衰：意即孔子本是凤凰，如今道德为什么衰败了。 ❸谏：挽救。 ❹来者犹可追：未来还可以控制、补救。这句话的意思是：已经过去的劝说也无用，今后尚可掌握自己所走的道路。 ❺已而：算了吧！ ❻殆：危也。此句意为：如今去搞政治活动是危险的。一释“殆”为“疑”，谓今之从政者会见疑。一训“殆”为“已”，止也，谓今之从政者可以停止了。 ❼下：下车。 ❽趋：快步而行。

【原文】

于是孔子自楚反乎卫。是岁也，孔子年六十三，而鲁哀公六年也。

其明年，吴与鲁会缯[1]，征百牢。[2]太宰嚭召季康子。[3]康子使子贡往，然后得已。[4]

【译文】

于是孔子从楚国返回到卫国。这年孔子六十三岁，是鲁哀公六年。

第二年，吴国与鲁国在缯地会盟，吴国向鲁国索要一百头祭祀所用的牛。太宰嚭召见季康子。季康子派子贡前去，然后这件事才算完了。

注释

❶缯：亦作鄫，在今山东枣庄东。 ❷征百牢：征收用于祭祀的一百头牛。按周礼，上公九牢，侯伯七牢，子男五牢。吴索要百牢，是无礼要求。 ❸太宰嚭：即吴国太宰伯嚭。 ❹然后得已：子贡以周礼相对，这件事才算完了。

【原文】

孔子曰："鲁、卫之政，兄弟也。"①是时，卫君辄父不得立，在外，诸侯数以为让。②而孔子弟子多仕于卫，卫君欲得孔子为政。子路曰："卫君待子而为政，子将奚先？"③孔子曰："必也正名乎！"④子路曰："有是哉，子之迂也！⑤何其正也？"⑥孔子曰："野哉由也！⑦夫名不正则言不顺，言不顺则事不成，事不成则礼乐不兴，礼乐不兴则刑罚不中⑧，刑罚不中则民无所错手足矣。⑨夫君子为之必可名⑩，言之必可行。君子于其言，无所苟而已矣。"⑪

【译文】

孔子说："鲁国与卫国的政治状况，就如同兄弟一样。"当时，卫君辄的父亲不能即位为国君，流亡在外，诸侯多次因这件事指责卫国。而孔子的弟子有很多在卫国做官，卫君打算让孔子参与政事。子路说："卫君等待您参与政事，您会以什么为先？"孔子说："一定要先正名！"子路说："有这回事吗，您可真是迂腐啊！怎么正名？"孔子说："不通事理啊，仲由！如果名不正，说话就会不顺；说话不顺，事情就不能成功，事情不能成功；礼和乐就无法兴盛；礼和乐无法兴盛，刑罚就不会准确；刑罚不准确，百姓就会手足无措。君子做什么事情必须符合名分，说出来的话一定要付诸行动。君子对于自己的话，不能随随便便。"

注释

❶引语见《论语·子路》。有几种不同的解释：朱熹《四书集注》以为鲁、卫本兄弟之国，但因处乱世，政亦相似。刘宝楠《论语正义》以为鲁、卫系姬姓之国、礼乐之邦，末世犹贤于他国。包咸以为周公、康叔为兄弟，关系和睦，其国之政亦如兄弟。 ❷让：指责。 ❸奚先：以什么为先。 ❹正名：正其名分，即按君君、臣臣、父父、子子的关系来端正名分。 ❺迂：固执于一般道理而不管实际情况。子之迂也：您太迂腐了。 ❻何其正也：怎么正名呢？意思是说，卫君辄与其父蒯聩已处于势不两立的状态，哪还谈得上正名呢？ ❼野：不通事理。 ❽中：无过无不及。 ❾错：通“措”。 ❿必可名：必须符合名分。 ⓫无所苟：不能随随便便。

【原文】

其明年[①]，冉有为季氏将师，与齐战于郎[②]，克之。季康子曰：“子之于军旅，学之乎？性之乎？”[③]冉有曰：“学之于孔子。”季康子曰：“孔子何如人哉？”对曰：“用之有名[④]；播之百姓，质诸鬼神而无憾。[⑤]求之至于此道，虽累千社[⑥]，夫子不利也。”[⑦]康子曰：“我欲召之，可乎？”对曰：“欲召之，则毋以小人固之[⑧]，则可矣。”而卫孔文子将攻太叔[⑨]，

【译文】

第二年，冉有为季氏统率军队，和齐国的军队在郎邑作战，打败了齐军。季康子说：“您在打仗上的才能，是学习来的，还是天生的呢？”冉有说：“是从孔子那里学来的。”季康子说：“孔子是个怎样的人呢？”（冉有）回答说：“孔子用兵，师出有名，符合人民的愿望，连鬼神都满意。像我学到的这些用兵之道，虽然增加了很多土地，老师不会认为是有利的。”季康子说：“我想要召请孔子，可以吗？”（冉有）回答说：“想要召请他，就不要像对待小人那样包围他，那样就行了。”卫国的孔文子打算攻打太叔，向

问策于仲尼。仲尼辞不知，退而命载而行[10]，曰："鸟能择木，木岂能择鸟乎！"文子固止。[11]会季康子逐公华、公宾、公林[12]，以币迎孔子[13]，孔子归鲁。

孔子询问计策。孔子推说不知道，退出来后就下令备车马立即离开，说："鸟能选择在哪棵树上栖息，树木怎么能选择鸟呢！"孔文子再三挽留。当时正赶上季康子驱逐公华、公宾、公林，带着礼物来迎接孔子，孔子就返回了鲁国。

注释

❶其明年：当作后四年。 ❷郎：在今山东滕州西。 ❸性之乎：天生的吗？ ❹用之有名：出师有名。 ❺这句话的意思是：孔子用兵，师出有名，符合人民的愿望，连鬼神都满意。借以说明孔子用兵，不是为了土地，而是为了正义。 ❻虽累千社：虽然增加了很多土地。 ❼夫子不利：夫子不认为是有利的。 ❽固：包围。 ❾孔文子：卫国大夫。太叔：名疾，卫国贵族。 ❿命载：下令备车。 ⓫固止：再三挽留。 ⓬公华、公宾、公林：三人为季康子左右之小人。季康子欲召孔子，先逐此三小人。一说"逐"字为"使"字之误。 ⓭币：礼物。

【原 文】

孔子之去鲁凡十四岁而反乎鲁。

鲁哀公问政[1]，对曰："政在选臣。"季康子问政[2]，曰："举直错诸枉[3]，则枉者直。"康子患盗，孔

【译 文】

孔子离开鲁国一共十四年，然后才回到鲁国。

鲁哀公向孔子询问施政的方法，（孔子）回答说："为政之道在于选择臣子。"季康子向孔子询问施政的方法，孔子说："举荐正直的人，废置邪枉小人，邪枉小人就会变得正直。"季康子对盗贼十分忧虑，

子曰："苟子之不欲，虽赏之不窃。"[4]然鲁终不能用孔子，孔子亦不求仕。

孔子说："如果您没有贪欲，即使鼓励他们去偷盗，他们都不会去。"然而鲁国最终还是没能任用孔子，孔子也不谋求官位。

注释

❶《论语·为政》有哀公问："何为则民服？"孔子对曰："举直错诸枉则民服。"《颜渊》有季康子问政于孔子，孔子对曰："政者，正也。"未有哀公问政说。故《索隐》云："盖太史公撮略《论语》为文而失事实。" ❷实则为樊迟问仁，见《论语·颜渊》。太史公误。 ❸错：置。此句意为：举用正直的人而废置邪枉小人。 ❹这句话的意思是：如果你没有贪欲，即便鼓励他们去偷盗，他们也不去。

【原文】

孔子之时，周室微而礼乐废，《诗》《书》缺。追迹三代之礼，序《书传》[1]，上纪唐虞之际，下至秦缪，编次其事。曰："夏礼吾能言之，杞不足征也。[2]殷礼吾能言之，宋不足征也。足，则吾能征之矣。"观殷、夏所损益，曰："后虽百世可知也，以一文一质。[3]周

【译文】

孔子所处的时期，周王室衰微，礼乐崩坏，《诗》《书》都已残缺。孔子追寻夏、商、周三代的礼制，编定排列《书传》，向上记录到唐尧、虞舜之际，向下记录到秦穆公，按次序编排历史事件。说："夏代的礼制我能够说明，但杞国的礼不足以作证。殷商的礼制我能说明，但宋国的礼不足作证。如果文献充足，我就可以运用文献来证明这些礼制了。"孔子在观察了殷商与夏朝礼制增损变化的情况后，说："即使是百世之后的情况，也是可以知道的，不变的是本质，增损改变的是文采仪节。周朝的礼制借鉴夏、

监二代[4]，郁郁乎文哉。吾从周。”故《书传》《礼记》自孔氏。

商两代，文采是多么丰富多彩啊！我认同周礼。”因此《书传》和《礼记》都是由孔子整理的。

注释

❶《书传》：指《尚书》及解释《尚书》的传述文字。 ❷杞不足征：语出《论语·八佾》。谓夏礼我能说明，但可惜杞国的礼不足作证。杞：夏后裔封国。❸文：文采。质：质朴。 ❹监：通“鉴”，借鉴。

【原文】

孔子语鲁大师[1]：“乐其可知也。始作翕如[2]，纵之纯如[3]，皦如[4]，绎如也[5]，以成。”“吾自卫反鲁，然后乐正，《雅》《颂》各得其所。”[6]

【译文】

孔子对鲁国的乐官说：“乐曲的演奏是能够知道的。开始时，声音赫盛，接着乐队齐奏变得和谐而清晰，乐声持续不断，一直到演奏完成。”（孔子）说：“我从卫国返回鲁国，然后音乐得以订正，《雅》《颂》都恢复了原来的古乐调。”

注释

❶大师：即太师，乐官。 ❷翕（xī）：盛。翕如：赫盛貌。 ❸纵：刘宝楠《正义》谓八音皆作，即乐队齐奏。纯如：和谐貌。 ❹皦如：音节明确貌。❺绎如：连续不断貌。 ❻《雅》《颂》各得其所：《雅》和《颂》都恢复了原来的乐调。古时诗是配乐演唱的，因春秋末年所谓道衰乐废，故孔子有此举。

【原文】

古者《诗》三千余篇，及至孔子，去其重，取可施于礼义，上采契、后稷[1]，中述殷、周之盛，至幽、厉之缺[2]，始于衽席[3]，故曰"《关雎》之乱以为《风》始[4]，《鹿鸣》为《小雅》始，《文王》为《大雅》始，《清庙》为《颂》始"。三百五篇孔子皆弦歌之，以求合《韶》《武》《雅》《颂》之音。[5]礼乐自此可得而述，以备王道，成六艺。[6]

【译文】

古时的《诗》共有三千多篇，到孔子时，他删去其中重复的，选取那些可以用在礼义方面的，向上采用契、后稷之事，中间论述殷商、周朝的兴盛，一直到周幽王与周厉王的政治腐败，从男女情爱开始。因此说"《关雎》篇是《国风》的第一篇，《鹿鸣》是《小雅》的第一篇，《文王》是《大雅》的第一篇，《清庙》是《颂》的第一篇"。《诗经》中的三百零五篇诗歌孔子都弹唱，以使其能与《韶》《武》《雅》《颂》的相合。礼乐制度从此才得以记述，并以此来完备治国施政之道，修成六艺。

注释

❶契（xiè）：商的始祖。后稷：周的始祖。❷缺：政治腐败。❸衽席：卧席。此指男女情爱。❹《关雎》之乱：犹言《关雎》全章。❺《韶》：舜乐名。《武》：周乐名。❻六艺：即《诗》《书》《礼》《乐》《易》《春秋》六种书的总称。

【原文】

孔子晚而喜《易》[1]，序《彖》《系》《象》《说卦》《文

【译文】

孔子晚年喜欢读《易》，编辑了《彖辞》《系辞》《象传》《说卦》《文

言》。读《易》，韦编三绝。[2]曰："假我数年，若是，我于《易》则彬彬矣。"[3]

言》。他读《易》，编联竹简的牛皮绳子都被磨断了三次。他说："再让我多活几年，如果真的这样，我对《易》的文辞与义理都能掌握很齐备了。"

注释

❶据传，孔子五十岁而研究《易》，作《十翼》。 ❷韦编三绝：编联竹简的牛皮绳子断了三次。 ❸彬彬：文质齐备貌。

【原文】

孔子以诗书礼乐教，弟子盖三千焉，身通六艺者七十有二人。如颜浊邹之徒[1]，颇受业者甚众。

【译文】

孔子用诗、书、礼、乐教导弟子，弟子大约有三千人，兼通六艺的有七十二人。像颜浊邹这样的，也有不少。

注释

❶颜浊邹：《正义》云："颜浊邹，非七十二人数也。"

【原文】

孔子以四教：文、行、忠、信。[1]绝四[2]：毋意[3]，毋必[4]，毋固[5]，毋我。[6]所慎：齐，战，

【译文】

孔子从四个方面教导弟子：诗书礼乐、德行、忠诚及信实。断绝四种毛病：不要猜测、不要武断、不要固执、不要单凭个人主见。需要尤其谨慎的有：祭祀前的斋戒、战争、疾

疾。[7]子罕言利与命与仁。[8]不愤不启[9]，举一隅不以三隅反[10]，则弗复也。[11]

病。孔子极少谈论利益和天命、仁德。弟子要是没到苦思冥想又不能领会之时，孔子不会启发他。要是不能举一反三，孔子也不再重新教授了。

注释

❶文：谓诗书礼乐。行：德行。忠：忠诚。信：信实。 ❷绝四：断绝四种毛病。 ❸毋意：不要猜测。 ❹毋必：不要武断。 ❺毋固：不要固执。 ❻毋我：不要单凭个人主见。 ❼齐：通“斋”，祭祀前的斋戒，包括清心寡欲、素食、洁身等，这里指祭祀。战：战争。疾：疾病。 ❽罕言：少言。 ❾愤：苦思冥想又不能领会貌。启：启发。 ❿隅：角。方的东西有四个角，说一知三。 ⓫这句话的意思是：如果你不能举一反三，就不再重新教授了。

【原文】

其于乡党[1]，恂恂似不能言者。[2]其于宗庙朝廷，辩辩言[3]，唯谨尔。[4]朝，与上大夫言，訚訚如也[5]；与下大夫言，侃侃如也。[6]

【译文】

孔子在自己的家乡，谦恭谨慎，好像是个不善言谈之人。他在宗庙与朝廷之上，说得有条理而详尽，但是很谨慎。上朝时，孔子和上大夫谈话，和悦而能直言；和下大夫谈话，和乐而刚直。

注释

❶乡党：乡和党是古代的两级基层组织。此指家乡。 ❷恂恂：谦恭谨慎貌。 ❸辩辩言：说得有条理而详尽。 ❹唯谨尔：但很谨慎。 ❺訚（yín）訚如：和悦而能直言貌。 ❻侃侃如：和乐刚直貌。

【原 文】

入公门[1]，鞠躬如也[2]；趋进，翼如也。[3]君召使傧[4]，色勃如也。[5]君命召，不俟驾行矣。[6]

【译 文】

孔子进入君主之门时，低着头，弯着腰，非常恭敬；进来后，小步地快速前行，十分谨慎。国君召他来迎接宾客，他的表情十分郑重。国君有命要召见他，孔子不等套好车，就出发了。

注 释

❶公门：君主之门。 ❷鞠躬如也：恭敬貌。 ❸翼如也：谨慎貌。 ❹傧：迎接宾客。 ❺勃如：郑重貌。 ❻不俟驾行矣：不等待套好车就走。

【原 文】

鱼馁，肉败，割不正[1]，不食。席不正[2]，不坐。食于有丧者之侧，未尝饱也。[3]

【译 文】

鱼不新鲜，肉腐败，非正常情况下的屠宰，孔子不会吃。座次不适当，孔子不会坐。在处于丧事中的人身旁吃饭，孔子从来没有吃饱过。

注 释

❶割：宰割，杀。割不正：谓非正常情况下的屠宰。 ❷席不正：座次不适当，不合身份，违背礼节。 ❸以上语见《论语·乡党》。

【原 文】

是日哭，则不歌。[1]见齐衰、瞽者，虽童子

【译 文】

在这天哭泣，就不会再唱歌。看到穿着孝服的人和盲人，即便是个小孩子，孔子也

必变。[2]

一定会表现出同情哀怜的表情。

注释

❶语见《论语·述而》。 ❷此句意为：见到穿孝服的和盲人，即便是小孩子，脸上也会表现出同情哀怜的表情。此句见《论语·乡党》，文字与此稍异。

【原文】

"三人行，必得我师。""德之不修，学之不讲，闻义不能徙[1]，不善不能改，是吾忧也。"使人歌，善，则使复之，然后和之。[2]

【译文】

孔子说："三个人一起走路，其中一定有可以当我老师的。""品德得不到修习，学业得不到讲习，听到正义却不能前去学习，缺点和错误没能改正，这都是我所忧虑的。"让别人唱歌，要是唱得好，就请他再唱一遍，然后自己跟着他一起唱。

注释

❶徙：前去学习。 ❷语见《论语·述而》。

【原文】

子不语：怪，力[1]，乱[2]，神。

【译文】

孔子不谈论怪异、暴力、作乱、鬼神之类的话题。

注释

❶力：以力服人之力。 ❷乱：指臣杀君、子杀父的行为。

【原文】

子贡曰："夫子之文章，可得闻也。夫子之言天道与性命[1]，弗可得闻也已。"[2]颜渊喟然叹曰："仰之弥高，钻之弥坚，瞻之在前，忽焉在后。[3]夫子循循然善诱人[4]，博我以文[5]，约我以礼，欲罢不能。[6]既竭我才，如有所立，卓尔。[7]虽欲从之，蔑由也已。"[8]达巷党人（童子）曰[9]："大哉孔子，博学而无所成名。"[10]子闻之曰："我何执？[11]执御乎？执射乎？我执御矣。"[12]牢曰[13]："子云'不试，故艺'。"[14]

【译文】

子贡说："老师的文章，是能够听到而得知的。老师谈论天道和与性命有关的言论，是不能够听到并知晓的。"颜渊感叹说："老师的学问很高深，越是抬头仰望，越觉得崇高；越是去钻研，就越能体会到其中的坚实与深厚。看到它在前面，忽然又跑到后面。老师善于有次序地诱导人，用文典来扩大我的知识领域，用礼仪规范来约束我们的言行，即使想停止学习都不能自已。已然竭尽了我所有的才力，似乎能独立了，实在太高超了。但是想要再前进一步，却无法达到孔子所达到的程度。"达巷那个地方的人说："伟大啊！孔子，博学却并不被认为只是某一方面的专家。"孔子听说了这话，说："我掌握什么呢？驾车吗？射箭吗？我只会驾车而已。"牢说："老师曾说过'政治上不被任用，所以学会了很多技艺'。"

注释

❶性命：指天生的人性和命运。 ❷语见《论语·公冶长》。 ❸这两句是

说，孔子的学问很高深，不可穷尽，不可捉摸。 ❹循循然：有次序的样子。❺博我以文：用文来扩大我的知识领域。 ❻欲罢不能：想要停止而不能自已。❼卓尔：实在太高超了。 ❽蔑：无。蔑由也已：无法达到孔子所达到的程度。❾达巷：党名，五百家为一党。 ❿博学而无所成名：什么都通，而不被认为只是某一方面的专家。意思是学识广博，无所不知。 ⓫我何执：我掌握什么呢？系谦辞。 ⓬我执御矣：我只会驾车而已。谦辞。古人要学礼、乐、射、御、书数六种技艺，称六艺。六艺中以御为最低下。 ⓭牢：孔子弟子，据《孔子家语》云，他姓琴，名牢，字子开，一字子张。 ⓮不试：政治上不被任用。故艺：所以才学了很多技艺。语见《论语·子罕》。

【原文】

鲁哀公十四年春，狩大野。[①]叔孙氏车子鉏商获兽[②]，以为不祥。仲尼视之，曰："麟也。"取之。曰："河不出图，雒不出书，吾已矣夫！"[③]颜渊死，孔子曰："天丧予！"[④]及西狩见麟，曰："吾道穷矣！"[⑤]喟然叹曰："莫知我夫！"子贡曰："何为莫知子？"子曰："不怨天，不尤人[⑥]，下学而上达[⑦]，知我者其天乎！"[⑧]

【译文】

鲁哀公十四年春天，孔子到大野打猎。叔孙氏的车夫鉏商抓到一头野兽，认为这是不祥的。孔子到后，说："这是麒麟。"把野兽带走了。孔子说："黄河没有出现八卦图，洛水并没有出现洛书，我已经没希望了！"颜渊去世，孔子说："上天这是要让我死亡啊！"等到西行狩猎时发现麒麟，孔子说："我的理想彻底完了啊！"深深地长叹着说："没有人能理解我呀！"子贡说："为什么说没有人理解您呢？"孔子说："我不抱怨天，也不责怪世人，下学人事，上达天命，理解我的只有天了吧！"

注释

❶狩：打猎。大野：今山东巨野、郓城间之古大野泽。 ❷车子鉏商：《左传·哀公十四年》杜注以“车子”连文，鉏商为人名。服虔以为车为御车者，子为姓，鉏商为名。《索隐》以为车子为主车车士。王引之《经义述闻》以子鉏为氏，商为名。 ❸这是孔子因获麟而引起的感慨。河出图，洛出书，表示圣人在位，政治清明。否则就是政治黑暗。孔子发此感慨，认为自己的理想最终不能实现了。 ❹天丧予：天就要让我死亡了。因颜渊是孔子的得意弟子，孔子认为是天生颜渊辅佐自己，颜渊死是天丧自己的预兆。 ❺吾道穷矣：古人认为麟是太平之兽，是与圣人连在一起的。时得麟而死，孔子认为自己的理想彻底完了。 ❻尤：责怪。 ❼下学而上达：下学人事，上达天命。 ❽知我者其天乎：孔子认为自己知天命，与天地合德，故认为唯有天知己。

【原 文】

“不降其志，不辱其身，伯夷、叔齐乎!”谓“柳下惠①、少连降志辱身矣。”②谓“虞仲③、夷逸隐居放言④，行中清⑤，废中权”。⑥“我则异于是，无可无不可。”⑦

【译 文】

（孔子说）：“不屈从自己的志向，不侮辱自己的身体，只有伯夷、叔齐了吧!”又说：“柳下惠、少连屈从自己的志向，侮辱自己的身体。”又说：“虞仲、夷逸避世归隐，不言世事，行为合于纯洁的标准，自我废弃也算权变”。又说：“我不同于以上这些人的行为，没什么是绝对可以的，也没什么是绝对不可以的”。

注释

❶柳下惠：即展禽，鲁国大夫，曾三降其职而未离开鲁国，被孔子认为是降志辱身。 ❷少连：芈姓，又名季连，春秋时期东夷人。 ❸虞仲：即仲雍，周

太王（古公）次子，而非《吴太伯世家》所言周章弟虞仲。 ❹夷逸：周代隐士。放言：不言世事。放：置，放置。 ❺行中清：行为合于纯洁的标准。 ❻废中权：权，权变。 ❼此句意为：我不同于以上这些人的行为，是进是退要以义为标准。

【原 文】

子曰："弗乎弗乎[1]，君子病没世而名不称焉。[2]吾道不行矣，吾何以自见于后世哉？"乃因史记作《春秋》，上至隐公，下讫哀公十四年，十二公。[3]据鲁，亲周，故殷[4]，运之三代。[5]约其文辞而指博。[6]故吴、楚之君自称王，而《春秋》贬之曰"子"；践土之会实召周天子[7]，而《春秋》讳之曰："天王狩于河阳。"[8]推此类以绳当世。贬损之义，后有王者举而开之。[9]《春秋》之义行，则天下乱臣贼子惧焉。

【译 文】

孔子说："不是吗？不是吗？君子担忧的就是死后得不到后人的称道。我的学说不能推行，我要把什么留给后世呢？"于是根据鲁国的历史文献编撰了《春秋》，上自鲁隐公，下至鲁哀公十四年，一共十二个国君。《春秋》以鲁国为根据，以周王室为正统，以殷朝为借鉴，把夏商周三代的历史贯通起来。文辞简约但含义广博。因此吴国和楚国的国君自称为"王"，而《春秋》贬称他们为"子"；践土之会其实是晋侯召周天子前往的，而《春秋》隐讳地说"天王在河阳狩猎"。推究此类的法则以作为当世的准绳。这样贬斥责备的大义，等待后代的王者加以推广。《春秋》的大义得以推行，那么天下的乱臣贼子就非常害怕了。

注 释

❶弗乎：不是吗？ ❷病：担忧。没世：指死后。 ❸十二公：指鲁国的隐、桓、庄、闵、僖、文、宣、成、襄、昭、定、哀十二公。 ❹据鲁，亲周，故

殷：《史记志疑》引《史诠》曰："据鲁者，以鲁为据也。亲周者，以周为亲也。故殷者，以殷为故也。" ❺运之三代：把夏、商、周三代的历史贯通起来，阐明事情的前因后果。 ❻约其文辞而指博：文辞简略而含义广博。 ❼践土之会：据《左传·僖公二十八年》载，周襄王二十二年，晋文公率中原诸侯在城濮打败了北犯的楚国，诸侯在践土会盟，冬季，又会盟于温。此时晋文公请周襄王到河阳来接受诸侯的朝见，周天子被迫应召。这说明周天子衰微了，但孔子认为以臣召君，不可以训，故仍说成是周天子主动出来打猎。此所谓《春秋》笔法。践土：在今河南郑州北。 ❽天王：诸侯称周天子为天王。河阳：在今河南孟州西。 ❾开：推广。

【原 文】

孔子在位听讼，文辞有可与人共者[1]，弗独有也。[2]至于为《春秋》，笔则笔[3]，削则削，子夏之徒不能赞一辞。[4]弟子受《春秋》，孔子曰："后世知丘者以《春秋》，而罪丘者亦以《春秋》。"

【译 文】

孔子当官时审案，文辞上如果有值得与人商量的地方，从不专断。到了他编撰《春秋》时，认为该写的就写，该删的就删，子夏这样有学问的人也无从插上一句话。弟子们学习《春秋》时，孔子说："后世要了解我孔丘，要凭借《春秋》，而要责怪我孔丘，也是因为《春秋》。"

注 释

❶与人共者：值得与人商量的地方。 ❷弗独有也：不专断，不武断。 ❸笔则笔：该怎么写就怎么写。 ❹子夏：名卜商，孔子弟子，文学科最优者。此句意为：连子夏这样有学问的人也无从插上一句话。

【原文】

明岁，子路死于卫。孔子病，子贡请见。孔子方负杖逍遥于门，曰："赐，汝来何其晚也？"孔子因叹，歌曰："太山坏乎！梁柱摧乎！哲人萎乎！"[1]因以涕下。谓子贡曰："天下无道久矣，莫能宗予。[2]夏人殡于东阶，周人于西阶，殷人两柱间。昨暮予梦坐奠两柱之间[3]，予始殷人也。"后七日卒。

【译文】

第二年，子路在卫国死去。孔子生病了，子贡前来拜见。孔子刚好拄着拐杖在门前散步，说："赐，你怎么来得这么晚啊？"孔子因而叹息，唱道："泰山崩坏了啊！梁柱折断了啊！哲人就这样凋零了啊！"就这样落下泪来。（孔子）对子贡说："天下无道已经很久了，没有人归依我的学说。夏朝人死后在东阶上停棺，周朝人死后在西阶上停棺，商朝人死后在正堂的两柱之间停棺。昨天晚上我梦到自己坐在两柱之间受人祭奠，我的始祖是殷商人。"七天后，孔子去世。

注释

❶据《礼记·檀弓上》郑玄注，太山，为众山所仰。梁柱：为众木所仿；哲人：亦为众人所仰仿。此皆孔子暗喻自己。太山：即泰山。❷宗予：归依我。❸坐奠：坐着受人祭奠。

【原文】

孔子年七十三，以鲁哀公十六年四月己丑卒。[1]

【译文】

孔子享年七十三，在鲁哀公十六年的四月己丑日去世。

注释

❶鲁哀公十六年：公元前479年。

【原文】

哀公诔之曰[①]："旻天不吊[②]，不慭遗一老[③]，俾屏余一人以在位[④]，茕茕余在疚。[⑤]呜呼哀哉！尼父，毋自律！"[⑥]子贡曰："君其不没于鲁乎！[⑦]夫子之言曰：'礼失则昏[⑧]，名失则愆。[⑨]失志为昏[⑩]，失所为愆。'[⑪]生不能用，死而诔之，非礼也。称'余一人'，非名也。"[⑫]

【译文】

鲁哀公为孔子作的悼词说："上天不加可怜，不肯暂且将孔子给我留下，让他抛下我，害我在位，孤独无依，我在痛苦之中。啊呀！悲痛啊！尼父，我失去了学习的榜样。"子贡说："君主他不死在鲁国！老师的话是说：'礼制丧失了，就会昏乱；名分失去了，就会出现过失。失去了志向就会昏乱，没有了分寸就会出现过错。'生前得不到重用，死后才来作悼词，这是不符合礼制的。身为诸侯却称'余一人'，这是不符合名分的。"

注释

❶诔（lěi）：上对下的一种哀悼的文辞。 ❷旻天不吊：犹言老天不加可怜。❸慭（yìn）：暂且。一老：指孔子。 ❹余一人：哀公自称。 ❺余在疚：我在痛苦之中。 ❻毋自律：意即失去了学习的榜样。 ❼没：死。不没于鲁：即不死在鲁国，意为客死他国。 ❽礼失则昏：礼丧失了就会昏乱。 ❾名：名分。愆（qiān）：过失。 ❿志：意志。 ⓫所：各得其所之所。 ⓬非名：不符合名分。当时只有天子才称余一人，鲁哀公为诸侯，称余一人不符合名分。

【原 文】

孔子葬鲁城北泗上，弟子皆服三年。三年心丧毕①，相诀而去②，则哭，各复尽哀；或复留。唯子赣庐于冢上③，凡六年，然后去。弟子及鲁人往从冢而家者百有余室，因命曰孔里。鲁世世相传以岁时奉祠孔子冢，而诸儒亦讲礼乡饮大射于孔子冢。④孔子冢大一顷。故所居堂弟子内⑤，后世因庙藏孔子衣冠琴车书，至于汉二百余年不绝。高皇帝过鲁⑥，以太牢祠焉。⑦诸侯卿相至，常先谒然后从政。⑧

【译 文】

孔子死后被葬在鲁城以北的泗水岸边，弟子们都为孔子服心丧三年。三年的心丧结束，互相告别而离开，都哭了，每个人依旧非常伤心，有的人就又留了下来。只有子贡一人在墓旁盖了间屋子，一共待了六年，然后离开。弟子和鲁国人搬到墓地旁居住的有一百多家，因而这个地方就被命名为孔里。鲁地世代相传，每年按时祭祀孔子的坟墓，而儒者们讲习礼仪、乡饮酒礼、比射仪式也会来在孔子的墓地举行。孔子的墓地大小为一顷。孔子旧时居住的堂屋和弟子所住的房子，后世将其改成了庙，收藏孔子生前的衣冠、古琴、车辆、书籍，一直到汉朝，历经二百多年都没有废弃。汉高祖路过鲁地，以太牢之礼祭祀孔子。诸侯卿相来到这里，常要先去孔子墓拜祭后才正式就任。

注 释

❶心丧：不穿丧服，在心中悼念。 ❷诀：告别。 ❸庐于冢上：在墓旁盖上屋子守墓。 ❹乡饮：古代乡学结业时，由乡大夫中年高望重者主持饮酒，并将优秀者推荐给朝廷。这种仪式叫乡饮，也叫乡饮酒。大射：乡饮后举行的一种习射的礼仪。冢：一说为“家”字之误。 ❺故所居堂弟子内：方苞《史记注补正》曰：“当作‘故弟子所居堂内’，传写误倒。” ❻高皇帝：指汉高祖刘邦。 ❼太牢：祭祀时牛羊豕三牲全备谓之太牢。 ❽谒：拜祭。

【原 文】

孔子生鲤，字伯鱼。伯鱼年五十，先孔子死。

伯鱼生伋，字子思，年六十二。尝困于宋。子思作《中庸》。

子思生白，字子上，年四十七。子上生求，字子家，年四十五。子家生箕，字子京，年四十六。子京生穿，字子高，年五十一。子高生子慎，年五十七，尝为魏相。

子慎生鲋，年五十七，为陈王涉博士，死于陈下。[1]

【译 文】

孔子生孔鲤，字伯鱼。伯鱼享年五十岁，先于孔子去世。

伯鱼生孔伋，字子思，享年六十二岁。曾受困于宋国。子思作《中庸》。

子思生孔白，字子上，享年四十七岁。子上生孔求，字子家，享年四十五岁。子家生孔箕，字子京，享年四十六岁。子京生孔穿，字子高，享年五十一岁。子高生子慎，享年五十七岁，曾经担任魏相。

子慎生孔鲋，享年五十七岁，担任过陈王涉的博士，死在陈下。

注 释

❶《汉书·儒林传》《盐铁论·毁学》皆言鲋与涉俱死，而此处与《汉书·孔光传》言死于陈下。《孔丛子·答问》则云："博士（孔鲋）凡仕六旬，老于陈。"

【原 文】

鲋弟子襄，年五十七。尝为孝惠皇帝博士，迁为长沙太守。[1]长九尺六寸。

【译 文】

孔鲋的弟弟子襄，享年五十七岁。曾担任孝惠皇帝的博士，又改任长沙郡太守。身高九尺六寸。

注释

①梁玉绳《史记志疑》云："长沙是时为封国，不应有太守。《孔光传》及《唐表》、《后序》皆作'太傅'，则《史》误也。"按梁说是。

【原文】

子襄生忠，年五十七。忠生武，武生延年及安国。安国为今皇帝博士[①]，至临淮太守，蚤卒。安国生卬，卬生驩。

【译文】

子襄生孔忠，享年五十七岁。孔忠生孔武，孔武生孔延年和孔安国。孔安国担任当今皇帝的博士，又做到临淮太守，早年就去世了。孔安国生下孔卬，孔卬生孔驩。

注释

①今皇帝：指汉武帝。

【原文】

太史公曰：《诗》有之："高山仰止[①]，景行行止。"[②]虽不能至，然心乡往之。[③]余读孔氏书，想见其为人。适鲁，观仲尼庙堂车服礼器，诸生以时习礼其家，余祗回留之不能去云。[④]天下君王至于贤人

【译文】

太史公说：《诗》中有这样的话："道德如高山让人景仰，行为似大道使人遵循。"我虽然没能赶得上孔子的时代，心里却充满了向往。我读孔子的著作，能够想象他的为人。来到鲁地，观看孔子的庙堂及车辆、衣服、礼器，儒生都按时前往孔子的旧居演习礼仪，我徘徊着不想离开。天下的君王和贤达人士有很多，活着的时

众矣，当时则荣，没则已焉。孔子布衣，传十余世，学者宗之。自天子王侯，中国言六艺者折中于夫子⑤，可谓至圣矣！

侯都十分荣耀，死了以后就全都消失。孔子只是个平民，他的学说流传了十几代，学者都以之为宗。自天子和王侯往下，中国所有谈论六艺的人都以孔子的理论作为判断正误的标准，孔子可以说是位至高无上的圣人啊。

注释

❶高山仰止：道德如高山令人敬仰。止：亦作“之”，语气词，加强语句的确定性。下同。 ❷景行（háng）：大路。景行行止：行为似大道使人遵循。❸乡：通“向”。 ❹祗：敬。祗回：一本作“低回”，徘徊之意。 ❺折中：正中。意思是以孔子的理论作为判断正误的标准。

商君列传

【原 文】

商君者①，卫之诸庶孽公子也②，名鞅，姓公孙氏③，其祖本姬姓也。鞅少好刑名之学④，事魏相公叔座为中庶子。⑤公叔座知其贤，未及进。会座病，魏惠王亲往问病，曰："公叔病有如不可讳⑥，将柰社稷何?"公叔曰："座之中庶子公孙鞅，年虽少，有奇才，愿王举国而听之。"王嘿然。⑦王且去，座屏人言曰⑧："王即不听用鞅，必杀之，无令出境。"王许诺而去。公叔座召鞅谢曰⑨："今者王问可以为相者，我言若⑩，王色不许我。⑪我方先君后臣，因谓王即弗用鞅，当杀之。王许我。汝可疾去矣，且见

【译 文】

商君，是卫国的庶出公子之一，名叫鞅，姓公孙氏，他的祖先原本是姓姬。公孙鞅年少时喜欢刑名法术之学，侍奉魏国相国公叔座，担任中庶子。公叔座知道他很有才干，还没来得及向魏王推荐。正巧遇上公叔座生病，魏惠王亲自过来探望，说："您得病，倘有不测，国家将怎么办呢?"公叔座说："我的中庶子公孙鞅，年纪虽然不大，却有奇才，希望大王能把全部国政都交付给他，让他去治理。"魏惠王听了以后很沉默。魏惠王将要离开，公叔座屏退所有人，说："大王如果不用公孙鞅，就一定要杀掉他，不能让他走出国境。"魏王答应之后就离开了。公叔座召来公孙鞅，道歉说："今日大王询问可以担任相国的人，我推荐了你。看他的神情知道他不同意我的意见。我应当先忠于国君，然后才考虑臣下的立场，便对大王说，如果不任用公孙鞅，就应当杀掉他。大王答应了我的请求。你可以赶紧离开了，否则的话，

禽。”[12]鞅曰：“彼王不能用君之言任臣，又安能用君之言杀臣乎？”卒不去。[13]惠王既去，而谓左右曰：“公叔病甚，悲乎，欲令寡人以国听公孙鞅也，岂不悖哉！”[14]

很快就要被逮捕。”公孙鞅说：“大王既然不信您的话任用我，又怎么会信您的话而杀我呢？”最终没有离开魏国。魏惠王离开后，对身边的人说：“公叔座病得很厉害，真让人悲伤啊，他想要我把国政全部交给公孙鞅，这岂不是很荒谬！”

注释

❶商君：秦封公孙鞅于商，故号商君，亦称商鞅。因出身于卫，又称卫鞅。❷庶孽：旁支疏属。❸公孙：诸侯之子称公子，公子之子称公孙。❹刑：通“形”。刑名之学：即讲名与实关系的学说，主张赏罚严明。❺公叔座：公叔是氏，名座，座一作痤。中庶子：本为掌公族之官，大夫家之中庶子系高级门客。❻有如不可讳：犹言倘有不测。❼嘿：同“默”。❽屏（bǐng）：退避。❾谢：道歉。❿若：你。⓫色：脸色。此句意为：从国王的脸色看，他没有应许我。⓬见：被。禽：即“擒”。⓭卒：最终。⓮悖：惑乱，荒谬。

【原 文】

公叔既死，公孙鞅闻秦孝公下令国中求贤者，将修缪公之业[1]，东复侵地[2]，乃遂西入秦，因孝公宠臣景监以求见孝公。[3]孝公既见卫鞅，语事良久，孝公时时

【译 文】

公叔座死后不久，公孙鞅听说秦孝公下令在国中寻求有才能的人，准备重建秦缪公时代的霸业，向东要收复被魏国侵占的土地，他就西行进入秦国，通过秦孝公的宠臣景监求见孝公。秦孝公接见卫鞅，和他谈了很久，孝公时不时打瞌睡，一点也没有听进去。谈完后秦孝公对景监发

睡，弗听。罢而孝公怒景监曰：“子之客妄人耳[4]，安足用邪！”景监以让卫鞅。[5]卫鞅曰：“吾说公以帝道[6]，其志不开悟矣。”后五日，复求见鞅。[7]鞅复见孝公，益愈[8]，然而未中旨。[9]罢而孝公复让景监，景监亦让鞅。鞅曰：“吾说公以王道而未入也。[10]请复见鞅。”鞅复见孝公，孝公善之而未用也。罢而去。孝公谓景监曰：“汝客善，可与语矣。”鞅曰：“吾说公以霸道[11]，其意欲用之矣。诚复见我，我知之矣。”卫鞅复见孝公。公与语，不自知膝之前于席也。[12]语数日不厌。景监曰：“子何以中吾君？吾君之欢甚也。”鞅曰：“吾说君以帝王之道比三代，而君曰：‘久远，吾不能待。且贤君者，各及其身显名天下，安能邑邑待数十百年以成帝王乎？’[13]故吾以强国之术说君，君大说之耳。[14]然亦难以比德

怒，说：“你的客人是一个无知、胡作非为的人，这种人怎么能用！”景监又用秦孝公的话责备卫鞅。卫鞅说：“我用尧、舜等五帝的治国之道来劝说孝公，他的心志不能领会啊。”过了五天之后，景监又向秦孝公请求召见卫鞅。卫鞅再次觐见秦孝公，所说的治国之道比前一次更进一步，然而还是不合秦孝公的心意。谈完后秦孝公又责备景监，景监也责备卫鞅。卫鞅说：“我用三王之道劝说孝公，但他听不进去。请求他再次召见我。”卫鞅再一次觐见秦孝公，孝公对卫鞅很友好，可是没有任用他。谈完后卫鞅离去了，孝公对景监说：“你的客人不错，我可以和他交谈了。”卫鞅说：“我用春秋五霸之道去劝说孝公，他的意思是准备采纳了。如果再次召见我，我就知道该说些什么了。”卫鞅再次见到了秦孝公，孝公与他谈话，不知不觉地膝盖移到了座席的前面。谈了好几天也没有满足。景监说：“您怎么说中了我们国君的心意？我们国君非常高兴。”卫鞅说：“我用帝王之道创建了夏、商、周那样的盛世来劝说国君，可是国君说：‘时间太长了，我等不了。况且贤能的君主，都希望自己在位的时候名扬天下，哪里能等上几十年、几百年来成就帝王大业呢？’所以，我用强国之术来劝说国君，他才大为高兴。但是，这样就难以比拟

于殷周矣。”[15]

殷、周的德治了。”

注释

❶缪公：即秦穆公。 ❷东复侵地：收复被三晋夺去的河西地。河西在秦东部，故曰东复。 ❸因：借助。 ❹妄人：无知，胡作非为之人。 ❺让：责备。 ❻帝道：五帝之道，即尧、舜之道。 ❼复求见鞅：景监请求秦孝公再召见商鞅。 ❽益愈：更进一步。 ❾未中旨：不合孝公之意。 ❿王道：三王之道，即禹、汤、文武之道。 ⓫霸道：春秋五霸之道。 ⓬膝：全句意为：不知不觉地双膝移到了座席的前边。 ⓭邑：通“悒”。邑邑：忧闷不乐貌。 ⓮说：通“悦”。 ⓯比：比拟，类似。

【原文】

孝公既用卫鞅，鞅欲变法，恐天下议己。卫鞅曰：“疑行无名[1]，疑事无功。且夫有高人之行者[2]，固见非于世[3]；有独知之虑者，必见敖于民。[4]愚者暗于成事[5]，知者见于未萌。[6]民不可与虑始而可与乐成。[7]论至德者不和于俗[8]，成大功者不谋于众。是以圣人苟可以强国，不法其故[9]；苟可以利民，不循其礼。”孝公曰：

【译文】

秦孝公已经任用卫鞅，卫鞅打算变法，但秦孝公担心天下人议论自己。卫鞅说：“行动犹豫不定就不会成名，办事犹豫不决就不会成功。况且那些有高出常人的人，本来就常被世俗非难；有独到见解的人，必定会被普通人诋毁。愚蠢的人对已经成功的事都看不清楚，聪明的人可以预见没有发生的事情。不能与百姓谋划开始，但可以同他们一起享受成功的欢乐。讲究最高道德的人不附和世俗，成就伟大功业的人不与一般人共谋。因此，圣人如果能够使国家强盛，就不效法旧制度；如果能够有利于百姓，就不必遵循旧制度。”秦孝公说：“好。”甘龙说：“不对。圣人

"善。"甘龙曰[10]："不然。圣人不易民而教[11]，知者不变法而治。因民而教，不劳而成功；缘法而治者，吏习而民安之。"[12]卫鞅曰："龙之所言，世俗之言也。常人安于故俗，学者溺于所闻。[13]以此两者居官守法可也，非所与论于法之外也。三代不同礼而王，五伯不同法而霸。[14]智者作法[15]，愚者制焉[16]；贤者更礼，不肖者拘焉。"[17]杜挚曰[18]："利不百，不变法；功不十，不易器。法古无过，循礼无邪。"卫鞅曰："治世不一道，便国不法古。故汤武不循古而王，夏殷不易礼而亡。[19]反古者不可非，而循礼者不足多。"[20]孝公曰："善。"以卫鞅为左庶长[21]，卒定变法之令。

不改变民俗而另施教化，聪明人不变法就会把国家治理好。遵照原有的民俗进行施教，不费力气就会成功；根据原有的法治理国家，就能使官吏习惯而百姓安定。"卫鞅说："甘龙所说的话，是世俗的说法。常人安于旧有的习俗，学者沉浸于书本上的见闻。任用这两种人为官，奉公守法是可以的，但不能与他们谈论成法以外的事情。三代的礼制不同而都能够使天下统一，五霸的法制不同而都能各自称霸一方。聪明的人制定法度，愚蠢的人墨守法度；贤能的人更改礼制，无能的人拘泥于旧有的礼制。"杜挚说："不达到百倍的利益，不变法；没有起到十倍的功效，就不能更换器具。效仿旧有的成法不会有过失，遵循旧礼不会有偏差。"卫鞅说："治理国家的方法不是一成不变的，对国家有利就不必仿法旧的制度。所以商汤、周武王不沿袭旧的制度而能称王，夏桀、商纣不更改旧的礼制而导致亡国。违反旧的制度的人不可以非难，而沿袭旧礼的人不值得赞扬。"秦孝公说："好。"于是任命卫鞅为左庶长，最终制定了变法的命令。

注释

❶疑行：行动犹豫不定。 ❷高人：高出常人。 ❸非：非难。 ❹敖：通"警"，诋毁。《商君书》作"骜"。 ❺暗于成事：对已成功的事都看不清楚。

❻知：通“智”。未萌：未开始，未发生。 ❼虑：谋划。乐：喜欢。乐成：共庆成功。 ❽论至德者：讲究最高道德的人。 ❾不法其故：不效法旧制度。 ❿甘龙：秦孝公之臣，系春秋时甘昭公王子带之后。 ⓫不易民而教：不改变民俗而另施教化。 ⓬习：习惯。 ⓭溺：沉浸。 ⓮五伯：即春秋五霸，一般指齐桓公、晋文公、宋襄公、秦穆公、楚庄王。 ⓯作法：创制或制订新法。 ⓰制：墨守。 ⓱拘：拘泥。 ⓲杜挚：亦孝公臣。 ⓳夏：指夏桀。殷：指商纣王。 ⓴多：推重，赞美。 ㉑左庶长：官爵名，掌军政大权。秦二十等爵之第十等。《秦本纪》记卫鞅为左庶长在变法后三年。

【原文】

令民为什伍①，而相牧司连坐。②不告奸者腰斩，告奸者与斩敌首同赏③，匿奸者与降敌同罚。④民有二男以上不分异者⑤，倍其赋。有军功者，各以率受上爵⑥；为私斗者，各以轻重被刑大小。僇力本业⑦，耕织致粟帛多者复其身。⑧事末利及怠而贫者⑨，举以为收孥。⑩宗室非有军功论⑪，不得为属籍。⑫明尊卑爵秩等级，各以差次名田宅⑬，臣妾衣服以家次。⑭有功者显荣，无功者

【译文】

卫鞅下令把百姓十家编成一什，五家编成一伍，让他们互相纠举揭发，实行连坐，不告发奸恶者处以腰斩，告发奸恶者给予与斩获敌人首级同样的奖赏，藏匿奸恶者给予与投降敌人同样的惩罚。一家中有两个以上成年男子而不分居的，赋税加倍。有军功的人，按一定标准接受更高的爵位；因为私事斗殴的，根据情节的轻重分别受到大小不同的刑罚。努力进行农业生产，让粮食丰收、布帛增产的免除本身的徭役。从事工商业及因为懒惰而贫穷的，把他们的妻子全都没收为官府的奴婢。宗室中没有军功的，不得记入宗室公族的簿籍。明确尊贵、卑贱的爵位等级，按各等级的差别占有土地、住宅，家臣奴婢的数量、衣着，也按其家的爵位等级秩序享用。有军功的显赫荣耀，没有军功的虽然富有

虽富无所芬华。[15]

也没有尊贵荣华。

注释

❶什伍：编制居民的单位，五家为伍，十家为什。令民相保，或五保，或十保。❷牧司：互相纠举揭发。指一家有罪，九家连名举发，若不纠举，则十家连坐。❸同赏：即皆赐爵一级。❹同罚：即皆诛其身，没其家属为官奴婢。❺分异：分居。❻率（lǜ）：一定的标准。❼僇力：亦作"戮力"，努力。本业：指农业。❽复：免除徭役。复其身：免除本身的徭役。❾事末利：指从事工商业。怠：懒惰。❿收孥：没收妻子为官奴婢。⓫论：讲述，评定。⓬属籍：宗室公族的簿籍。⓭差次：等第。名：占有。⓮以家次：随其家之爵秩班次，不使僭侈逾等。⓯芬华：尊贵荣华。

【原文】

令既具[1]，未布[2]，恐民之不信，已乃立三丈之木于国都市南门[3]，募民有能徙置北门者予十金。民怪之，莫敢徙。复曰"能徙者予五十金"。有一人徙之，辄予五十金，以明不欺。卒下令。

【译文】

新法已经准备完备，还没公布，担心百姓不相信，卫鞅于是在国都市场的南门竖起一根三丈长的木头，招募能够把木头搬到北门的人，赏赐十金。百姓们认为这件事情非常怪异，没人敢搬。于是卫鞅又说："能把木头搬到北门的人赏赐五十金。"有一个人搬走了木头，卫鞅立即就给了他五十金，以证明不是骗人的。最终颁布了新的法令。

注释

❶具：完备。❷布：公布。❸市南门：市场南门。

【原 文】

令行于民期年[1]，秦民之国都言初令之不便者以千数。[2]于是太子犯法。[3]卫鞅曰："法之不行，自上犯之。"将法太子。[4]太子，君嗣也，不可施刑，刑其傅公子虔，黥其师公孙贾。明日，秦人皆趋令。[5]行之十年，秦民大说[6]，道不拾遗，山无盗贼，家给人足。民勇于公战，怯于私斗，乡邑大治。秦民初言令不便者有来言令便者，卫鞅曰"此皆乱化之民也"，尽迁之于边城。其后民莫敢议令。

【译 文】

新法令在民间实行了一周年，到国都说新法不方便的老百姓的人数以千计。正在这个时候，太子触犯了新法。卫鞅说："新法不能顺利实行，是由于上面的人触犯法令。"打算依据法令惩罚太子。太子，是国君的继承人，不能施加刑罚，于是对他的老师公子虔处以刑罚，在他的老师公孙贾的脸上刺字。第二天，秦国的百姓就都遵照新法执行了。实行新法令十年以后，秦国的百姓都非常高兴，路不拾遗，山里没有盗贼，家家富裕，人人满足。百姓都勇于为国家打仗，不敢私人斗殴，乡村、城镇都秩序安定。当初说新法令不方便的秦国百姓如今都说法令方便了，卫鞅说"这些都是扰乱教化的人"，于是把他们全部迁移到边疆。此后，百姓中再也没有人敢议论法令了。

注释

❶期年：一周年。 ❷初令：商鞅新变之法令。 ❸太子：即太子驷，后来的秦惠文王。 ❹法：治罪，处罚。 ❺趋令：遵照执行新法令。 ❻说：通"悦"。

【原文】

于是以鞅为大良造。[1]将兵围魏安邑[2]，降之。居三年，作为筑冀阙宫庭于咸阳[3]，秦自雍徙都之，而令民父子兄弟同室内息者为禁。而集小（都）乡邑聚为县[4]，置令、丞[5]，凡三十一县。为田开阡陌封疆[6]，而赋税平。平斗桶权衡丈尺。[7]行之四年，公子虔复犯约，劓之。[8]居五年，秦人富强，天子致胙于孝公[9]，诸侯毕贺。

【译文】

于是秦孝公任命卫鞅为大良造。他率领军队围攻魏国的安邑，使安邑投降。过了三年，秦国在咸阳建筑宫廷、冀阙，把国都从雍邑迁往咸阳。然后下令禁止百姓父子兄弟居住在一户之内。把小乡、小镇、小村庄合并成县，设置了县令、县丞，一共合并了三十一个县。整治田地，放开田间小路，重新划分界线，从而使赋税统一。统一全国斗桶、权衡、丈尺的标准。第二次新法实行了四年，公子虔再次触犯新法，被判处劓刑。过了五年，秦国变得富裕、强大，周天子把祭肉赐给秦孝公，诸侯都来祝贺。

注释

❶大良造：官爵名。亦作“大梁造”或“大上造”，秦之第十六爵名也。❷安邑：《秦本纪》作“固阳”。按：安邑为魏都，魏徙都大梁在商鞅围安邑后十二年，故此处说“降之”，误。❸冀阙：古时宫廷前的高台建筑物，左右各一，中有缺路，故称阙。高台上有上圆下方的楼观，是公布法令的地方。冀犹记事，把法令记成文字悬挂在门阙上，故称冀阙。❹乡、邑、聚：皆居民单位。❺令：一县之长官。丞：县令的副手。❻阡陌：南北曰阡，东西曰陌，指田间小路。封疆：封，聚土；疆，界。❼权：秤锤。衡：秤杆。权衡：指秤。❽劓：古代割掉鼻子的刑罚。❾致胙：天子把祭祀用的肉赠给诸侯，表示对诸侯的特殊礼遇。胙：祭肉。《秦本纪》《六国年表》作“伯”。

【原文】

其明年，齐败魏兵于马陵，虏其太子申，杀将军庞涓。其明年，卫鞅说孝公曰："秦之与魏，譬若人之有腹心疾，非魏并秦，秦即并魏。何者？魏居领厄之西[①]，都安邑，与秦界河而独擅山东之利。利则西侵秦，病则东收地。[②]今以君之贤圣，国赖以盛。而魏往年大破于齐，诸侯畔之[③]，可因此时伐魏。魏不支秦[④]，必东徙。东徙，秦据河山之固[⑤]，东乡以制诸侯[⑥]，此帝王之业也。"孝公以为然，使卫鞅将而伐魏。魏使公子卬将而击之。军既相距[⑦]，卫鞅遗魏将公子卬书曰："吾始与公子欢，今俱为两国将，不忍相攻，可与公子面相见，盟，乐饮而罢兵，以安秦魏。"魏公子卬以为然。会盟已，饮，而卫鞅伏甲士而袭虏魏公子卬，因攻

【译文】

第二年，齐国的军队在马陵打败了魏国的军队，俘获了魏太子申，杀死了将军庞涓。又过了一年，卫鞅劝说秦孝公说："秦国和魏国，就好像人得了心腹疾病，不是魏国兼并了秦国，就是秦国吞并了魏国。什么原因呢？魏国地处山岭险阻之地的西面，都城在安邑，与秦国以黄河为界而独占了崤山以东的地利。形势有利就会向西进犯秦国，形势不利就向东扩展领地。如今凭借君王的贤明，秦国得以繁荣昌盛。而魏国去年被齐国大败，诸侯们纷纷背叛了它，可以趁这个机会攻打魏国。魏国抵挡不住秦国，一定会向东撤退。一旦它向东撤退，秦国就占据了黄河和华山的险要地势，向东可以控制诸侯，这可是千秋帝王伟业。"秦孝公认为很对，让卫鞅率领军队攻打魏国。魏国派公子卬领兵迎击秦军。两军相对抗，卫鞅派人给魏军的将领公子卬送来一封信，写道："我当初与公子相交甚好，如今你和我都是两国的将领，不忍心相互攻击，可以与公子当面相见，缔结盟约，高高兴兴地喝几杯后各自撤兵，使秦国和魏国都相安无事。"魏公子卬认为卫鞅说得对。两人订立了盟约，然后设宴饮酒，然而卫鞅事先埋伏下的士兵突然袭击并俘虏了魏公子卬，趁机

其军，尽破之以归秦。魏惠王兵数破于齐秦，国内空，日以削，恐，乃使使割河西之地献于秦以和。而魏遂去安邑[8]，徙都大梁。[9]梁惠王曰：“寡人恨不用公叔座之言也。”卫鞅既破魏还，秦封之於、商十五邑[10]，号为商君。

攻打他的军队，把魏国军队彻底打败后，押着公子回到秦国。魏惠王的军队因为多次被齐国、秦国打败，国内空虚，魏国一天比一天衰弱了，魏惠王非常恐慌，于是派遣使者割让河西地区给秦国，来求和。魏国于是撤离安邑，迁都大梁。魏惠王说：“我真后悔当初没有听公叔座的话。”卫鞅打败魏军回来以后，秦孝公把於、商一带的十五个邑封给了他，封号是商君。

注释

❶领：通“岭”。领厄：山岭险阻之地。 ❷病：不利。 ❸畔：通“叛”。 ❹不支：支持不住。 ❺河：黄河。 ❻乡：通“向”。 ❼相距：相对抗。距：通“拒”，抵御。 ❽去：离开。 ❾大梁：今河南开封。 ❿於、商：今陕西商洛地区。

【原文】

商君相秦十年[1]，宗室贵戚多怨望者。赵良见商君。商君曰：“鞅之得见也，从孟兰皋[2]，今鞅请得交，可乎？”赵良曰：“仆弗敢愿也。孔丘有言曰：‘推贤而戴者进[3]，聚不肖而王者退。’仆不肖，

【译文】

商君在秦当相十年，公室贵族中有很多人都怨恨他。赵良见商君。商君说：“我能见到您，是孟兰皋介绍的，现在我请求与您结交，可以吗？”赵良回答说：“我不敢想。孔子说过：‘推荐贤能，受到拥戴的人才会任用；聚集不肖之人，成就了王业的人也会引退。’我没有什么才能，所以不敢从命。我听到过这样的

故不敢受命。仆闻之曰：‘非其位而居之曰贪位，非其名而有之曰贪名。仆听君之义，则恐仆贪位贪名也。故不敢闻命。”商君曰：“子不说吾治秦与？”[4]赵良曰：“反听之谓聪[5]，内视之谓明[6]，自胜之谓强。[7]虞舜有言曰：‘自卑也尚矣。’[8]君不若道虞舜之道[9]，无为问仆矣。”商君曰：“始秦戎翟之教[10]，父子无别，同室而居。今我更制其教，而为其男女之别，大筑冀阙，营如鲁卫矣。[11]子观我治秦也，孰与五羖大夫贤？”[12]赵良曰：“千羊之皮，不如一狐之掖；[13]千人之诺诺，不如一士之谔谔。[14]武王谔谔以昌，殷纣墨墨以亡。[15]君若不非武王乎，则仆请终日正言而无诛[16]，可乎？”商君曰：“语有之矣[17]，貌言华也[18]，至言实也[19]，苦言药也，甘言疾也。夫子果肯终日正言，鞅之药也。鞅将事子[20]，子又何辞焉！”赵

话：‘不该拥有的地位而去占据它叫作贪位，不该享有的名声而去享有它叫作贪名。’我如果接受了您的情谊，我恐怕就成了既贪图地位又贪图名声的人了。所以不敢从命。”商鞅说：“您对我这样治理秦国感到很不高兴吗？”赵良说：“能够听反对意见叫作聪，能够自责反省叫作明，能够克制自我叫作强。虞舜曾说过：‘自我谦虚的人就能被人尊重了。’您不如遵循虞舜之道，那就没有必要问我了。”商君说：“当初，秦国是戎狄的风俗，父子之间没有区别，男女老少同室居住。如今我改变了秦国的旧礼制，制定男女的区别，分居而住，修建了很多悬示政教法令的冀阙，把秦国营建得和鲁国、卫国一样。您看我治理秦国，与百里奚相比，谁更高明？”赵良说：“一千张羊皮不如一只狐狸的腋毛贵重，一千个人随声附和比不上一个士人的直言争辩。周武王因为允许大臣直言争辩而使国家昌盛，商纣暴虐无道，举朝默默，不敢直言，使国家灭亡。如果您不认为周武王的做法是错的，那么请允许我始终直言而不受责罚，可以吗？”商君说：“有这样的古话，虚饰之言是花，实话就如同果实，逆耳的话就好比良药，奉承的话就如同疾病。您果真肯始终正义直言，那便是我的良药。我将以您为

良曰："夫五羖大夫，荆之鄙人也。闻秦缪公之贤而愿望见，行而无资，自粥于秦客㉑，被褐食牛。㉒期年，缪公知之，举之牛口之下，而加之百姓之上，秦国莫敢望焉。相秦六七年，而东伐郑，三置晋国之君㉓，一救荆国之祸。㉔发教封内㉕，而巴人致贡；施德诸侯，而八戎来服。㉖由余闻之㉗，款关请见。㉘五羖大夫之相秦也，劳不坐乘，暑不张盖，行于国中，不从车乘，不操干戈㉙，功名藏于府库，德行施于后世。五羖大夫死，秦国男女流涕，童子不歌谣，舂者不相杵。㉚此五羖大夫之德也。今君之见秦王也，因嬖人景监以为主㉛，非所以为名也。相秦不以百姓为事，而大筑冀阙，非所以为功也。刑黥太子之师傅，残伤民以骏刑。㉜是积怨畜祸也。㉝教之化民也深于命㉞，民之效上也捷于令。㉟今君又左建外易㊱，

师，您又何必拒绝呢！"赵良说："那位五羖大夫，是楚国偏远之地的人。听说秦缪公十分贤明，就想去当面拜见，却没有路费，于是把自己卖给秦国的客商，穿着粗布短衣喂牛。一年之后，秦缪公知道了这件事，把他从牛口之下提拔上来，让他凌驾于百姓之上，秦国没有人敢同他相比。担任秦相六七年，向东讨伐过郑国，三次拥立晋国的君主，一次出兵挽救楚国。在境内发布政教，施行德化，巴国人都来进献贡品；对诸侯施行德政，四面八方的戎族都前来臣服。由余听到这种事，叩关求见。五羖大夫担任秦相时，即使很疲劳也不坐车，即使再热也不打伞，在国内巡行，不用随从的车辆，也不携带兵器，他的功名载于史册，保存在府库中，他的德行教化流传于后世。五羖大夫去世时，秦国男女都痛哭流涕，小孩子们都不唱歌谣，舂米的人也因为哀悼而不发出送杵的呼唱声。这就是五羖大夫的德行。当初您见秦王，是通过宠臣景监作为进见的引荐人，这就说不上是成名的正道了。辅佐秦君，却不为百姓造福，反而大造宫阙，说不上是为国家创建功业。对太子的老师处以刑罚和黥刑，用严刑酷法残害平民百姓，这是在积累怨恨和祸患。商鞅的教令对百姓的教化作用比秦君的命令还要深切。百姓听命于商鞅比听秦君的命

非所以为教也。君又南面而称寡人[37]，日绳秦之贵公子。[38]《诗》曰：‘相鼠有体[39]，人而无礼；人而无礼，何不遄死。’[40]以《诗》观之，非所以为寿也。公子虔杜门不出已八年矣[41]，君又杀祝懽而黥公孙贾。[42]《诗》曰：‘得人者兴，失人者崩。’此数事者，非所以得人也。君之出也，后车十数，从车载甲[43]，多力而骈胁者为骖乘[44]，持矛而操闟戟者旁车而趋。[45]此一物不具，君固不出。《书》曰：‘恃德者昌[46]，恃力者亡。’君之危若朝露，尚将欲延年益寿乎？则何不归十五都[47]，灌园于鄙[48]，劝秦王显岩穴之士[49]，养老存孤，敬父兄，序有功，尊有德，可以少安。君尚将贪商於之富，宠秦国之教，畜百姓之怨，秦王一旦捐宾客而不立朝[50]，秦国之所以收君者[51]，岂其微哉？[52]亡可翘足而待。”商君弗从。

令还快。如今您却用歪门邪道来创建权威，改变君命，这不是用来教化百姓的办法。您又在封地中面朝南方自称寡人，每天都用新法来制裁秦国的贵族子弟。《诗经》上说：‘看那鼠都懂得礼貌，人反而没有礼仪；人既然没有礼仪，为什么不快死呢！’用《诗经》来观察，实在不能算是长寿的行为。公子虔闭门不出已经八年了，您又杀死了祝懽，并且以黥刑惩罚了公孙贾。《诗经》上说：‘得到人心的就会兴盛，失掉人心的就会灭亡。’这几件事，都是不得人心的。您一出门，后边跟随了几十辆车，车上都是全副武装的战士，身强力壮的人做陪乘，手持长戟的武士紧靠您的车子快走。这些防卫措施缺少一种，您就坚决不出行。《书》上说：‘依仗德行的昌盛，依仗暴力的灭亡。’您的处境已经危险到了好像早晨的露，您还想要延年益寿吗？为什么不把十五个封邑归还给秦国，到偏僻边远的地方自耕自种，劝说秦王重用隐士，赡养老人，抚恤孤儿，使父兄相互敬重，依据功劳晋升爵位，尊重有德行的人，这样才可以稍安。您如果仍然要贪图商、於的财富，认为独揽秦国的政教才是荣宠，继续积攒百姓的怨恨，一旦秦王去世，秦国用来拘捕您的罪名难道会少吗？死期指日可待了。”但商君没有听从。

注释

❶此“十年”误。商鞅于孝公元年入秦，三年变法，五年为左庶长，十年为大良造，二十二年封商君，二十四年孝公死，商鞅被车裂。疑“十”上脱一“二”字。 ❷从：因。此句是说：商鞅前因孟兰皋得与赵良相见。 ❸戴：拥戴。据《逸周书·谥法》，戴谓爱民好治。 ❹说：通“悦”，高兴。 ❺反听：听反对的意见。 ❻内视：自我省视，亦自责反省之意。 ❼自胜：自力克服私欲。 ❽卑：谦。尚：尊。 ❾前一“道”意为遵从，后一“道”意为思想、主张。 ❿翟：通“狄”。 ⓫营：经营。 ⓬五羖大夫：即百里奚，本春秋虞国人，晋献公灭虞、虢，虏虞君及大夫百里奚。因秦穆公的夫人是晋太子申生的姐姐，百里奚作为陪嫁奴隶到了秦国。百里奚从秦逃到楚国的宛，被楚人抓获（故下文说“荆之鄙人”），穆公闻百里奚贤，便佯称“吾媵臣百里奚在焉，请以五羖羊皮赎之”，赎回授之国政，号曰“五羖大夫”。羖：黑色公羊。 ⓭掖：通“腋”。 ⓮谔谔：直言争辩貌。 ⓯墨墨：通“默默”。全句意为：商纣王暴虐无道，举朝默默不敢直言，以致灭亡。 ⓰诛：责罚。 ⓱语有之矣：犹言有这样的古话。 ⓲貌言：虚饰之言。 ⓳至言：实话。 ⓴事：师事。 ㉑粥（yù）：通“鬻”，卖。 ㉒褐：粗麻短衣，贫苦人之服。食（sì）：喂养。 ㉓置：立。此事指穆公九年纳晋惠公，二十二年晋怀公逃归为晋君，二十四年纳晋文公。见《左传》僖公九年、二十二年和二十四年。 ㉔此句指穆公二十八年秦会晋、宋、齐败楚将子玉于城濮事。 ㉕发教：施教化。封内：境内。 ㉖八戎：泛指四方戎族。 ㉗由余：本晋人，流亡入戎。秦穆公与内史廖谋，使由余入秦。秦用由余，称霸西戎。 ㉘款：叩。 ㉙干：盾。干戈：泛指兵器。 ㉚相杵：舂米送杵时发出的呼唱声。舂者不相杵：指舂米人因哀悼而不发出送杵的呼唱声。 ㉛此句意为：靠受宠幸的宦者景监作为进见的引荐人。 ㉜骏：通“峻”，严峻。 ㉝畜：通“蓄”。 ㉞教：商鞅之教令。命：秦君之号令。全句意为：商鞅教令对百姓的教化作用比秦君的命令还要深切。 ㉟令：孝公之令。全句意为：百姓听命于商鞅比听秦君的命令还快。 ㊱左：谓失正。左建：用歪门邪道来建立自己的权威。外易：在外变易君命。 ㊲南面：古代以面向南为

尊，故帝王之位称南面。此句指商鞅被封于於商，成为封君事。㊳绳：以法制裁。㊴相鼠：鼠之一种，见人则前足交拱，似知礼仪。体：通“礼”。诗见《诗·鄘风·相鼠》。㊵遄（chuán）：速。㊶杜：堵塞。杜门：闭门。㊷祝懽：亦太子师。㊸甲：指带甲的战士。㊹骈：并连。胁：腋下肋骨所在的部位。骈胁：不见肋骨条痕，像是连成一片，此壮汉之形体。骖乘：亦作“参乘”，即陪乘的人，系近侍警卫。㊺闟（xī）：通“鈒”，一种短小的矛。旁：靠近。趋：前进。㊻恃：依仗。㊼归：归还。十五都：即於、商十五邑。㊽鄙：本指边远地区，此指僻静之处。㊾岩穴之士：即隐士。㊿捐：舍弃。捐宾客而不立朝：意即死。(51)收：拘捕。(52)微：少。全句意为：难道还少吗？

【原 文】

后五月而秦孝公卒，太子立。公子虔之徒告商君欲反，发吏捕商君。商君亡至关下[①]，欲舍客舍。客人不知其是商君也[②]，曰：“商君之法，舍人无验者坐之。”[③]商君喟然叹曰：“嗟乎，为法之敝一至此哉！”去之魏。[④]魏人怨其欺公子卬而破魏师，弗受。商君欲之他国。魏人曰：“商君，秦之贼。秦强而贼入魏，弗归，不可。”遂内秦。[⑤]商君既复入

【译 文】

五个月以后，秦孝公去世，太子即位。公子虔这帮人告发商君想要谋反，国君派人去逮捕商君。商君逃到边境关口，打算住旅店。旅店的主人不知道他就是商君，说：“商君的法令规定：住店的人如果没有通行凭据而被店主留宿的话，店主要连带判罪。”商君叹息说：“唉，制定新法的弊病竟然到了这种地步！”于是离开秦国，到了魏国。魏国人怨恨他欺骗公子卬而使魏军惨败，不接纳他。商君打算逃到别的国家。魏国人说：“商君，是秦国的逃犯。秦国强大，而它的逃犯跑到魏国来，不把他送回去，是不行的。”于是把商君送到秦国。商君再次进入秦国后，逃到他的封地商邑，

秦，走商邑，与其徒属发邑兵北出击郑。秦发兵攻商君，杀之于郑黾池。[6]秦惠王车裂商君以徇，曰："莫如商鞅反者！"遂灭商君之家。

和他的部属调动邑中的士兵，向北攻打郑国。秦国派兵攻打商君，在郑国的黾池杀死了他。秦惠王把商君车裂示众，说："不要像商鞅那样造反！"于是又诛杀了商君全族。

注释

❶亡至关下：逃亡到秦边境的关口。 ❷客人：客店的人。 ❸舍人：留宿客人。验：凭据。坐：判罪。 ❹去之魏：离开秦国到魏国去。 ❺内：通"纳"，送致。 ❻黾池：今河南黾池。

【原文】

太史公曰：商君，其天资刻薄人也。[1]迹其欲干孝公以帝王术[2]，挟持浮说[3]，非其质矣。[4]且所因由嬖臣，及得用，刑公子虔，欺魏将卬，不师赵良之言，亦足发明商君之少恩矣。[5]余尝读商君《开塞》《耕战》书[6]，与其人行事相类。卒受恶名于秦[7]，有以也夫！[8]

【译文】

太史公说：商君，是个天性残忍少恩的人。追寻他发家的踪迹，他起初用帝王之术游说孝公来求录用，只不过是一时的虚说，并不是他的本意。况且通过国君的宠臣推荐，等到取得录用后，就处罚公子虔，欺骗魏将公子卬，不听从赵良的话，都可以充分证明商君残忍少恩了。我曾经读过商君《开塞》《耕战》等书，和他本人的行为处事非常相似。他最终在秦国落得了谋反的坏名声，是有原因的啊！

注释

❶天资：天性。刻薄：残忍少恩。 ❷迹：追寻踪迹。干：求录用。 ❸浮说：虚说，非真心话。 ❹质：实质，本意。 ❺发明：表明。 ❻《开塞》《耕战》：皆《商君书》篇名。 ❼恶名：坏名声。 ❽以：缘由。

魏公子列传

【原 文】

魏公子无忌者，魏昭王少子而魏安釐王异母弟也。[1]昭王薨，安釐王即位，封公子为信陵君。是时范睢亡魏相秦[2]，以怨魏齐故，秦兵围大梁[3]，破魏华阳下军，走芒卯。[4]魏王及公子患之。

【译 文】

魏公子无忌，是魏昭王的小儿子，魏安釐王同父异母的弟弟。魏昭王去世后，魏安釐王即位，封公子无忌为信陵君。这个时候范睢从魏国逃走，到秦国做了宰相，因为怀恨魏齐的缘故，所以派秦国的军队围攻大梁，打败了魏国驻扎在华阳的军队，芒卯战败逃走。魏王和公子无忌非常担心。

注 释

❶魏昭王：公元前295年至前277年在位。魏安釐王：公元前276年至前243年在位。 ❷范睢：应为“范雎”，亦作“范且”，魏人，曾做魏中大夫须贾舍人，随须贾出使齐，齐想用重金收买范雎，须贾得知大怒，认为范雎私通齐，便告知魏齐（时任魏相）。魏齐派人毒打范雎，后秦昭王使臣到魏，范雎偷偷与之入秦，受到秦昭王的重用。范雎亡魏相秦即指此事。 ❸大梁：魏国国都，今河南开封。 ❹走芒卯：使芒卯战败而逃。

【原 文】

公子为人仁而下士[1]，士

【译 文】

公子无忌做人仁德，能够礼贤下

无贤不肖皆谦而礼交之[2]，不敢以其富贵骄士。士以此方数千里争往归之，致食客三千人。当是时，诸侯以公子贤，多客，不敢加兵谋魏十余年。

公子与魏王博[3]，而北境传举烽[4]，言"赵寇至，且入界"。[5]魏王释博[6]，欲召大臣谋。公子止王曰："赵王田猎耳，非为寇也。"复博如故。王恐，心不在博。居顷，复从北方来传言曰："赵王猎耳，非为寇也。"魏王大惊，曰："公子何以知之？"公子曰："臣之客有能深得赵王阴事者[7]，赵王所为，客辄以报臣，臣以此知之。"是后魏王畏公子之贤能，不敢任公子以国政。

士，士人无论是贤能的还是不贤能的，都会有礼地同他们交往，从来不敢因为自己富贵而轻视那些士人。士人们因此争相从数千里远的地方赶来归附，招纳在门下的食客有三千人。在这个时候，诸侯因为公子无忌贤能、宾客众多，在十几年的时间里不敢出兵图谋魏国。

公子无忌与魏王下棋，北方边境举起烽火，发出警报，说："赵国大军进犯，将要进入边界。"魏王放下棋子，想要召集大臣商量对策。公子无忌阻止魏王说："这是赵王打猎呢，不是进犯。"二人又像之前那样下棋，魏王非常担心，心思不在下棋上。一会儿，又从北方传来话说："赵王打猎呢，不是进犯。"魏王大惊，说："您是怎么知道的？"公子无忌说："臣的门客中深入了解赵王秘密的人，赵王有行动，门客马上会通报给我，所以我知道。"从此以后，魏王忌惮公子无忌的贤能，不敢将国政委任给他。

注释

❶下：屈己而尊人。 ❷无：无论。不肖：不贤。 ❸博：下棋。古有博戏，掷骰子走棋子。 ❹举烽：举起烽火，发出警报。 ❺且：将要。 ❻释：放下。 ❼阴事：秘密。

【原 文】

魏有隐士曰侯嬴，年七十，家贫，为大梁夷门监者。[1]公子闻之，往请[2]，欲厚遗之。[3]不肯受，曰："臣修身洁行数十年[4]，终不以监门困故而受公子财。"公子于是乃置酒大会宾客。坐定，公子从车骑[5]，虚左[6]，自迎夷门侯生。[7]侯生摄敝衣冠[8]，直上载公子上坐[9]，不让，欲以观公子。公子执辔愈恭。[10]侯生又谓公子曰："臣有客在市屠中[11]，愿枉车骑过之。"[12]公子引车入市。侯生下见其客朱亥，俾倪，故久立[13]，与其客语，微察公子。[14]公子颜色愈和。当是时，魏将相宗室宾客满堂，待公子举酒。[15]市人皆观公子执辔。从骑皆窃骂侯生。[16]侯生视公子色终不变，乃谢客就车。[17]至家，公子引侯生坐

【译 文】

魏国有位隐士叫侯嬴，七十岁了，家里非常贫穷，是大梁的东城门人。公子无忌听说后，前往谒见，想要送给他丰厚的礼物。侯嬴不肯接受，说："我修养身心、洁净品行已经几十年了，终究不会因为看守城门生活贫困而接受您的财物。"公子无忌于是置办酒席，大会宾客。众人都坐好之后，公子无忌就带着随从和车马，空出马车左边的座位，亲自到东城门去迎请侯生。侯生整理了一下破旧的衣服和帽子，径直登上马车坐在公子无忌空的尊位上，不谦让，想要借此观察公子无忌。公子无忌握着马缰绳，神色更加恭敬。侯生又对公子无忌说道："我有个好朋友在市场上的肉铺，希望您的马车屈驾过去，让我去拜访他。"公子无忌驾着马车进入了市场，侯生下车去看他的朋友朱亥，一边斜着眼睛看公子无忌，一边故意长时间地站着和他的朋友说话，暗地里观察公子无忌。公子无忌的神色更加谦和。在这个时候，魏国的大将、卿相、宗室，在公子无忌家的厅堂里都坐满了，等待公子无忌开席。而市场上的人都在观看公子无忌在那里手拿缰绳。随从人员都暗地里骂侯生。侯生见公子无忌的脸色始终都没有改变，于是告别朋友上了马车。到了公子无忌的家里，公

上坐，遍赞宾客[18]，宾客皆惊，酒酣，公子起，为寿侯生前。侯生因谓公子曰："今日嬴之为公子亦足矣。[19]嬴乃夷门抱关者也[20]，而公子亲枉车骑，自迎嬴于众人广坐之中，不宜有所过[21]，今公子故过之。[22]然嬴欲就公子之名，故久立公子车骑市中，过客以观公子，公子愈恭。市人皆以嬴为小人，而以公子为长者能下士也。"于是罢酒，侯生遂为上客。

子领着侯生坐到了上座，向所有宾客赞扬侯生，宾客全都感到惊讶。酒喝到高兴的时候，公子无忌站起来，来到侯生面前敬酒。侯生于是对公子无忌说："今天我为您所做的事情也足够了。我是看守城门的人，但是您亲自屈尊驾着马车，在大庭广众之下来迎接我，这时我不该有过分的要求去拜访朋友，现在您却能特意为我去拜访朋友。然而我也想成就公子的名声，所以长久地让您和车马等在市场中，通过拜访朋友来观察您，而您的态度更加恭敬。市场上的人都认为我是小人，却认为您是一位能礼贤下士的长者。"公子无忌在听了侯嬴的话之后，就撤去了酒席，侯生成了公子无忌的座上宾。

注释

❶夷门：魏都大梁的东门。监者：看守城门的人。 ❷请：谒见。 ❸遗：馈赠。 ❹洁行：洁净品行。 ❺从：跟随。 ❻虚左：空出左方的座位。当时乘车以左位为尊。 ❼侯生：即侯嬴。 ❽摄：揭起，提起，整理。敝：破旧。 ❾直：径直。载：乘坐。 ❿执辔：握着马缰绳。 ⓫市屠：市井的屠户，即市场的肉铺。 ⓬枉车骑：犹言屈驾。过：访，探望。 ⓭俾倪：同"睥睨"，不正视，用眼睛斜视，有高傲之意。 ⓮微：暗中。 ⓯举酒：举起酒杯，即开宴之意。 ⓰从骑：随从人员。 ⓱谢：辞别。 ⓲遍赞宾客：向所有宾客赞扬侯生，一说把宾客一一介绍给侯生。 ⓳为：使。 ⓴关：门闩。抱关：看守城门，当时被看作贱役。 ㉑有所过：有过分的要求。 ㉒故：乃，竟然。

【原 文】

侯生谓公子曰："臣所过屠者朱亥，此子贤者，世莫能知，故隐屠间耳。"公子往数请之[1]，朱亥故不复谢[2]，公子怪之。

【译 文】

侯生对公子无忌说："我所拜访的那位屠户朱亥，是一个贤能的人，世人都不了解他，所以他才隐藏在肉铺里。"公子无忌到肉铺多次邀请朱亥，朱亥故意不答谢，公子无忌觉得非常奇怪。

注 释

❶数：多次。 ❷复谢：答谢。

【原 文】

魏安釐王二十年[1]，秦昭王已破赵长平军[2]，又进兵围邯郸。公子姊为赵惠文王弟平原君夫人[3]，数遗魏王及公子书，请救于魏。魏王使将军晋鄙将十万众救赵。秦王使使者告魏王曰："吾攻赵旦暮且下，而诸侯敢救者，已拔赵，必移兵先击之。"魏王恐，使人止晋鄙，留军壁邺[4]，名为救赵，实持两端以观望。[5]平原君使者

【译 文】

魏安釐王二十年，秦昭王打败了赵国驻扎在长平的军队，继续进兵围攻邯郸。公子无忌的姐姐是赵惠文王的弟弟平原君的夫人，多次给魏王和公子无忌送去书信，请求魏国出兵相救。魏王派将军晋鄙率领十万士兵去救援赵国。秦王派使者对魏王说道："我攻打赵国，早晚就能攻下来，如果诸侯中有人敢救援赵国，等消灭赵国后，一定先派兵攻打他。"魏王害怕，派人阻止晋鄙，在邺驻扎，表面上是救赵国，实际上是采取骑墙态度来观望形势的变化。平原君派往魏国的使者在路上连续不断，责备公子

冠盖相属于魏[6]，让魏公子曰[7]："胜所以自附为婚姻者[8]，以公子之高义，为能急人之困。今邯郸旦暮降秦而魏救不至，安在公子能急人之困也！且公子纵轻胜[9]，弃之降秦，独不怜公子姊邪？"公子患之，数请魏王，及宾客辩士说王万端。[10]魏王畏秦，终不听公子。公子自度终不能得之于王[11]，"计不独生而令赵亡[12]，乃请宾客，约车骑百余乘[13]，欲以客往赴秦军，与赵俱死。

无忌说："我之所以要亲附魏国，与魏国联姻，是因为公子品行高尚有义气，能把别人的困难当成自己的事情来办。现在邯郸早晚就会投降秦国，魏国却不救援，您那种把别人困难当作自己事情来办的精神在哪里呢！况且您纵然轻视我，要抛弃我投降秦国，难道也不怜惜您的姐姐吗？"公子无忌非常担心，多次请求魏王，而且让手下的宾客、辩士想方设法地劝说魏王。但因为魏王害怕秦国，始终不听公子无忌的话。公子无忌估计自己的意见最终不会得到魏王的同意，认为自己不能独活于世而让赵国灭亡，就请来自己的宾客，置备了一百多辆车马，想要率领门客到赵国去与秦国军队决一死战，和赵国一起灭亡。

注释

❶魏安釐王二十年：即公元前 257 年。 ❷破赵长平军：指公元前 260 年秦将军白起在长平破赵军，射杀赵将赵括，并坑杀四十万赵降卒之事。 ❸平原君：即赵胜。 ❹壁：扎营驻守。邺：今河北临漳西南。 ❺持两端：谓采取骑墙的态度。 ❻冠盖：冠服和车盖。此指使者的标志。相属：连续不断。 ❼让：责备。 ❽自附：自愿依附。 ❾纵：即使。 ❿端：究竟。万端：多种理由。 ⓫度（duó）：揣度，估计。 ⓬计：决计。 ⓭约：凑集，置备。

【原 文】

行过夷门，见侯生，具告所以欲死秦军状。辞决而行[①]，侯生曰："公子勉之矣，老臣不能从。"公子行数里，心不快，曰："吾所以待侯生者备矣[②]，天下莫不闻，今吾且死而侯生曾无一言半辞送我[③]，我岂有所失哉？"复引车还，问侯生。侯生笑曰："臣固知公子之还也。"曰："公子喜士，名闻天下。今有难，无他端而欲赴秦军[④]，譬若以肉投馁虎，何功之有哉？尚安事客？[⑤]然公子遇臣厚，公子往而臣不送，以是知公子恨之复返也。"公子再拜，因问。侯生乃屏人间语[⑥]，曰："嬴闻晋鄙之兵符常在王卧内[⑦]，而如姬最幸，出入王卧内，力能窃之。嬴闻如姬父为人所杀，如姬资之三年[⑧]，自王以下欲求报其父仇，莫能得。如姬为公子泣，公子使

【译 文】

经过东门，看到了侯生，公子无忌详细地告诉侯生自己想要与秦军拼死决战的情况。告辞诀别之后，公子无忌就要离开，侯生说："公子努力吧，老臣不能跟您一起去。"公子无忌走了几里路，心里不高兴，说："我那么周全地对待侯生，天下没有人不知道，现在我将要死了，而侯生怎么连一句半句有用的话都没有对我说，难道是因为我有什么失礼的地方吗？"公子无忌于是又驾着马车回来，询问侯生。侯生笑着说："我本来就知道您会回来。"侯生接着说："您喜欢结交贤能的人，名闻天下。现在有了困难，没有别的办法却要去跟秦国军队拼命，就像把肉投给饥饿的老虎一样，有什么用呢？还怎么用得着这些门客？但是您厚待我，您离开，我却不送行，我因此知道您肯定会觉得遗憾而返回。"公子无忌向侯生拜了两次，趁机询问。侯生于是屏退旁人，小声说话，他说："我听说调动晋鄙兵马的虎符常常放在魏王的卧室里面，而如姬最受宠幸，经常进出大王的卧室，如果尽力，她一定能够偷到（虎符）。我听说如姬的父亲被人杀害，如姬重金悬赏了三年，从大王以下，都想帮着她为父亲报仇，却没有人能成功。如姬向您哭泣，您就派遣手

客斩其仇头，敬进如姬。如姬之欲为公子死，无所辞⑨，顾未有路耳。⑩公子诚一开口请如姬⑪，如姬必许诺，则得虎符夺晋鄙军，北救赵而西却秦，此五霸之伐也。”⑫公子从其计，请如姬。如姬果盗晋鄙兵符与公子。

下的门客砍掉她的仇人的头，恭敬地献给如姬，如姬愿意为您去死，不会推辞，只是没有报答的机会。公子如果开口向如姬请求帮忙，如姬一定会答应，那么就可以得到虎符，夺取晋鄙的军队，向北可以救援赵国，向西可以抗拒秦国，这就如同春秋五霸的功绩。”公子无忌听从了侯生的计策，请求如姬帮忙。如姬果然偷出可以调动晋鄙军队的兵符，交给了公子无忌。

注释

❶辞决：辞谢分别。决：通“诀”。 ❷备：周全。 ❸曾：怎，怎么。 ❹他端：别的办法。 ❺尚安事客：还怎么用得着这些门客？尚：还。事：用。 ❻屏人：让他人避开。屏：退避。 ❼兵符：古代调发军队的凭证，用铜铸成卧虎状，背有铭文，剖为两半，君主和将军各执其半。调兵时合符生效。 ❽资：费用，此意为悬赏。 ❾无所辞：没有可推辞的。 ❿顾：但，特。路：指机会。 ⓫诚：如果。 ⓬五霸之伐：如同春秋五霸的功绩。伐：功劳。

【原文】

公子行，侯生曰：“将在外，主令有所不受，以便国家。公子即合符①，而晋鄙不授公子兵而复请之②，事必危矣。臣客屠者朱亥可与俱，此人力士。晋鄙听，

【译文】

公子出发，侯生对他说：“大将在外，君主的号令有时可以不接受，这样才有益于国家。就是您手中兵符与晋鄙手中的兵符相合，而晋鄙也可能不把军队的指挥权交给您，再次向魏王请示，那么事情就危险了。我的朋友屠夫朱亥可以和您一起去，这个人是大力士。如果晋鄙听从您的

大善；不听，可使击之。”于是公子泣。侯生曰：“公子畏死邪？何泣也？”公子曰：“晋鄙嚄唶宿将③，往恐不听，必当杀之，是以泣耳，岂畏死哉？”于是公子请朱亥。朱亥笑曰：“臣乃市井鼓刀屠者④，而公子亲数存之⑤，所以不报谢者，以为小礼无所用，今公子有急，此乃臣效命之秋也。”遂与公子俱。公子过谢侯生。⑥侯生曰：“臣宜从，老不能。请数公子行日⑦，以至晋鄙军之日，北乡自刭⑧，以送公子⑨。”公子遂行。

号令，那就太好了；如果不听，可以让朱亥击杀他。”公子无忌哭了。侯生说：“公子您是怕死吗？为什么要哭泣呢？”公子无忌说：“晋鄙是气势强盛、富有经验的老将，到了那里之后恐怕他不会听从我，必然要杀掉他，所以哭泣，难道是怕死吗？”公子无忌就去请朱亥。朱亥笑着说：“我只是市场上的一个宰牲畜的屠夫，而您多次亲自问候我，之所以没有报答您，是因为我认为小的礼节没有用。现在您遇到危急情况，正是我为您效力的时候。”于是和公子无忌同行。公子无忌拜访侯生并向他辞行，侯生说：“我应该跟您一起去，但因为年老而不能成行。请让我计算公子的行进的日期，在您到达晋鄙军营之日，我会面向北方刎颈自杀，就算是答谢公子了。”公子无忌于是出发了。

注释

❶即：就是。 ❷复请之：再请示魏王。 ❸嚄唶宿将：气势强盛，富有经验的老将。 ❹鼓刀：动刀作声，谓宰牲畜。 ❺存：问候。 ❻过：去。 ❼数：计算。 ❽北乡自刭：面向北方刎颈自杀。 ❾送：致，答谢。

【原文】

至邺，矫魏王令代晋

【译文】

到了邺，公子无忌假传魏王的命令要

鄙。晋鄙合符，疑之，举手视公子曰："今吾拥十万之众，屯于境上，国之重任，今单车来代之[1]，何如哉？"欲无听。朱亥袖四十斤铁椎[2]，椎杀晋鄙，公子遂将晋鄙军。勒兵[3]下令军中曰："父子俱在军中，父归；兄弟俱在军中，兄归；独子无兄弟，归养。"[4]得选兵八万人，进兵击秦军。秦军解去，遂救邯郸，存赵。赵王及平原君自迎公子于界，平原君负韊矢为公子先引。[5]赵王再拜曰："自古贤人未有及公子者也。"当此之时，平原君不敢自比于人。公子与侯生决，至军，侯生果北乡自刭。

取代晋鄙，晋鄙合起兵符，心里却怀疑，就抬起手来看着公子无忌说："现在我统领十万人兵马，驻扎在边境，担负着守卫国家的重大责任，现在您乘着一辆马车来取代我，这是什么道理呢？"想要不听公子无忌的命令。朱亥在袖子里藏着四十斤重的铁锤，锤死了晋鄙，公子于是统领晋鄙的军队。整顿军队时，公子无忌下令说："父亲和儿子都在军队里的，父亲回家；兄长和弟弟都在军队里的，哥哥回家；独生子无兄弟的，回家去奉养父母。"得到精选出来的士兵八万人，进兵攻打秦国的军队。秦国军队解除了对赵国的包围，于是邯郸得救，赵国也得以保存。赵王和平原君亲自到邯郸城的郊外迎接公子无忌，平原君身上背着装满箭的囊袋为公子无忌带路。赵王对着公子无忌拜了两次，说："自古以来的贤德之人，没有能比得上您的。"在这个时候，平原君不敢拿自己跟公子无忌相比。公子无忌和侯生告别之后，在他到达晋鄙军营的时候，侯生果然面向北方刎颈自杀了。

注释

❶单车：仅乘一辆车，即单身。 ❷袖：藏在袖中。 ❸勒：整顿。 ❹归养：回家奉养父母。 ❺韊（lán）：盛箭的囊袋。

【原 文】

魏王怒公子之盗其兵符，矫杀晋鄙，公子亦自知也。已却秦存赵，使将将其军归魏[①]，而公子独与客留赵。赵孝成王德公子之矫夺晋鄙兵而存赵[②]，乃与平原君计，以五城封公子。公子闻之，意骄矜而有自功之色。[③]客有说公子曰："物有不可忘，或有不可不忘。夫人有德于公子，公子不可忘也；公子有德于人，愿公子忘之也。且矫魏王令，夺晋鄙兵以救赵，于赵则有功矣，于魏则未为忠臣也。公子乃自骄而功之，窃为公子不取也。"于是公子立自责，似若无所容者。赵王埽除自迎[④]，执主人之礼，引公子就西阶。[⑤]公子侧行辞让[⑥]，从东阶上。自言罪过，以负于魏，无功于赵。赵王侍酒至暮，口不忍献五城[⑦]，以公子退让也。公子

【译 文】

魏王对公子无忌偷他的兵符、假传命令杀死晋鄙非常生气，公子无忌自己也知道，等到打退秦军保存赵国之后，便派将领率领魏国军队回到了魏国，他自己则与宾客留在了赵国。赵孝成王对公子假传命令杀晋鄙、救赵国非常感激，于是和平原君商量，想把五座城池封赐给公子无忌。公子听说之后，心中骄傲自大，脸上也带有一种自己功劳很大的神色。宾客中有人劝说公子说："事情有的不能忘，也有的不可以不忘。如果是别人对公子有恩德，那么公子是不能忘的；如果是公子对别人有恩德，那么希望公子忘掉吧。况且假传魏王的命令，夺取晋鄙的军队救援赵国，对赵国来说是功劳，对魏王来说不是忠臣。公子竟然为自己感到骄傲，并且以此为功，我认为公子不应当这样。"公子无忌听了这些话以后立刻自责，好像没有地方可以让他容身一样。赵王打扫宫殿亲自迎接，依照主人的礼节，带着公子无忌走西边的台阶。公子无忌侧身而行，一再推辞谦让，走东边的台阶。他说自己有罪，犯了过错，因为辜负了魏国，对赵国也没有功劳。赵王陪着公子无忌喝酒，直到天黑，都不好开口说给公子无忌五座城池的事情，因为公子无忌一直都在谦让。公子无忌最终留在了赵

竟留赵。赵王以鄗为公子汤沐邑[8]，魏亦复以信陵奉公子。公子留赵。

国。赵王把鄗地封赏给公子无忌，作为汤沐邑，魏王又把信陵封给了公子无忌。公子无忌还是留在了赵国。

注释

❶使将将其军：前“将”字，将官；后“将”字，率领。 ❷赵孝成王：公元前265年至公元前245年在位。德：感激。 ❸骄矜：骄傲自大。 ❹埽：通“扫”。 ❺引公子就西阶：古代迎宾升堂的礼节规定，主人从东阶上，宾客从西阶上，以示尊敬。宾客若自谦降低身份，则与主人同从东阶上堂。 ❻侧行：侧身而行，表示谦让。 ❼口不忍：不好开口。 ❽汤沐邑：本是天子赐给诸侯王畿之内的供其朝见天子时住宿和斋戒沐浴的封邑。此指生活供养之地。

【原文】

公子闻赵有处士毛公藏于博徒[1]，薛公藏于卖浆家[2]，公子欲见两人，两人自匿不肯见公子。公子闻所在，乃间步往从此两人游[3]，甚欢。平原君闻之，谓其夫人曰：“始吾闻夫人弟公子天下无双，今吾闻之，乃妄从博徒卖浆者游，公子妄人耳。”[4]夫人以告公子。公子乃谢夫人去，

【译文】

公子无忌听说赵国有才德的隐士毛公隐藏在了赌徒之中，薛公隐藏在了卖酒的地方，公子无忌想要见这两个人，但这两个人却自己藏起来不肯见公子无忌。公子听说这两个人的住处之后，就偷偷地步行去与这两个人交往，非常高兴。平原君听说之后，对他的夫人说道：“以前我听说您的弟弟，是天下独一无二的人物，现在我听说他竟然随便跟赌徒、卖酒的人交往，不过是一个无知妄为的人。”平原君的夫人把这话告诉了公子无忌。公子于是向平原君夫人告辞离开，说：“以前我听说平原君

曰："始吾闻平原君贤，故负魏王而救赵，以称平原君。平原君之游，徒豪举耳[5]，不求士也。无忌自在大梁时，常闻此两人贤，至赵，恐不得见。以无忌从之游，尚恐其不我欲也，今平原君乃以为羞，其不足从游。"乃装为去。[6]夫人具以语平原君。平原君乃免冠谢，固留公子。[7]平原君门下闻之，半去平原君归公子，天下士复往归公子，公子倾平原君客。[8]

贤能，所以宁可辜负魏王也要救赵国，来满足平原君的要求。平原君与士人的交游，只不过是豪放的举动罢了，不是为了求得贤士。我还在大梁的时候，就经常听说这两个人的贤能，到了赵国后，恐怕不能见到他们。我跟他们交往，尚且害怕他们不想跟我交往，现在平原君竟然认为这很羞耻，可见他不值得交往。"于是整理行装准备离开。夫人把公子无忌的话全部告诉了平原君。平原君于是脱掉帽子，向公子无忌谢罪，坚决要让公子留下。平原君的门客听说这件事之后，有一半离开平原君而投靠了公子无忌，天下各国的士人也纷纷来投靠公子无忌，公子无忌的门客超过了平原君。

注释

❶处士：有才德而隐居不仕的人。 ❷浆：酒浆。 ❸间步：悄悄地步行。 ❹妄人：无知妄为的人。 ❺豪举：豪放的举动。 ❻装：整理行装。 ❼固：坚决。 ❽倾：压倒，超过。

【原文】

公子留赵十年不归。秦闻公子在赵，日夜出兵东伐魏。魏王患之，使使往请公

【译文】

公子无忌留在赵国十年没有回魏国。秦国听说公子无忌在赵国，日夜不停地派兵向东攻打魏国。魏王十分担心，派

子。公子恐其怒之，乃诫门下[1]："有敢为魏王使通者[2]，死。"宾客皆背魏之赵[3]，莫敢劝公子归。毛公、薛公两人往见公子曰："公子所以重于赵，名闻诸侯者，徒以有魏也。今秦攻魏，魏急而公子不恤[4]，使秦破大梁而夷先王之宗庙[5]，公子当何面目立天下乎？"语未及卒，公子立变色，告车趣驾归救魏。[6]

使者到赵国去请公子无忌。公子怕魏王生气怪罪自己，就告诫门下的宾客说："如果有人敢为魏王的使者传话，就杀死他。"宾客们都是背弃魏国来到赵国的，没有人敢劝说公子无忌返回魏国。毛公和薛公两个人到公子无忌那里去拜见说："公子之所以受到赵国的尊重，名闻诸侯，只是因为还有魏国存在啊。现在秦国攻打魏国，魏国形势危急而公子却不体恤，假如秦国攻破大梁而踏平先王的宗庙，公子您还有什么脸面立足于天下呢？"话还没有说完，公子马上就变了脸色，命车夫赶快准备好马车回去救援魏国。

注释

❶诫：告诫。 ❷通：传话。 ❸之：往，到。 ❹恤：体恤。 ❺夷：平。 ❻告车趣驾：告诉车夫赶快准备车马。趣：通"促"，赶快。

【原文】

魏王见公子，相与泣，而以上将军印授公子，公子遂将。[1]魏安釐王三十年[2]，公子使使遍告诸侯。诸侯闻公子将，各遣将将兵救魏。公子率五国之兵

【译文】

魏王看到公子无忌回国，与他面对面地互相哭了起来，把上将军的印信授予了公子无忌，公子无忌于是就当上了魏国的上将军。魏安釐王三十年，公子无忌派遣使者遍告所有诸侯。诸侯听说公子无忌成了魏国军队的主将，各自派遣将领带领军队救援魏国。公子无忌统率五个国家的军

破秦军于河外[3]，走蒙骜。遂乘胜逐秦军至函谷关，抑秦兵，秦兵不敢出。当是时，公子威振天下，诸侯之客进兵法，公子皆名之[4]，故世俗称《魏公子兵法》。[5]

队在黄河以南地区打败了秦国的军队，击退蒙骜。于是乘胜追击秦国军队到了函谷关，把秦军压制在关内，秦军不敢再出函谷关。在这个时候，公子无忌的威名震动了天下，诸侯的门客纷纷向公子无忌献上兵法，公子无忌把它们合在一起署上名字，所以人们把这本书俗称为《魏公子兵法》。

注释

❶将：担任上将军。 ❷魏安釐王三十年：即公元前247年。 ❸五国之兵：指赵、韩、齐、楚、燕援魏的军队。河外：指河南西部的黄河以南地区。❹名：署名。 ❺《魏公子兵法》：《汉书·艺文志》有《魏公子》二十一篇，今已不传。

【原文】

秦王患之，乃行金万斤于魏[1]，求晋鄙客，令毁公子于魏王曰："公子亡在外十年矣，今为魏将，诸侯将皆属，诸侯徒闻魏公子，不闻魏王。公子亦欲因此时定南面而王，诸侯畏公子之威，方欲共立之。"秦数使反间[2]，伪贺

【译文】

秦王为此感到担心，于是用大量钱财到魏国去行贿，他们找到晋鄙的门客，让他们在魏王面前诽谤公子无忌说："公子无忌在外国流亡了十年，现在做了魏国的上将军，诸侯派来的将领都听他的号令，诸侯们也只是知道魏国的公子无忌，而不知道魏王。公子无忌也会想着借这样的机会南面称王，诸侯畏惧公子的威名，现在也正打算拥立公子做魏王。"秦国多次派人到魏国使用反间计，假装不知情，向人打听

公子得立为魏王未也。[3]魏王日闻其毁，不能不信，后果使人代公子将。公子自知再以毁废[4]，乃谢病不朝，与宾客为长夜饮，饮醇酒，多近妇女。日夜为乐饮者四岁，竟病酒而卒。[5]其岁，魏安釐王亦薨。

秦闻公子死，使蒙骜攻魏，拔二十城，初置东郡。[6]其后秦稍蚕食魏[7]，十八岁而虏魏王，屠大梁。[8]

公子无忌是否已经做了魏王。魏王每天都听到诽谤公子的话，不能不相信，后来果然派人取代公子无忌统率军队。公子知道自己再次因为受到谗言陷害而被废黜，于是就说自己有病，再也不上朝，跟自己的宾客整夜整夜地饮酒，而且喝的都是浓厚的酒，经常亲近美女。不分昼夜饮酒作乐的生活持续了四年，他最终因为长期过量饮酒而去世。这一年，魏安釐王也死了。

秦国听说公子无忌死了，派蒙骜带军队攻打魏国，攻占了二十座城池，开始设置东郡。后来秦国渐渐蚕食魏国的土地，十八年之后俘虏了魏王，屠杀了大梁的百姓。

注释

❶行：使用。 ❷反间：使敌人间谍为我所用。 ❸未：否。 ❹以毁废：因毁谤而被废黜。 ❺病酒：饮酒过量而生病。 ❻东郡：今河北省东南部及山东省西部地区。治所在濮阳（今河南濮阳西南）。 ❼稍：渐渐地。 ❽十八岁：指魏无忌死后十八年，即公元前225年。

【原 文】

高祖始微少时[1]，数闻公子贤。及即天子位，每过大梁，常祠公子。[2]高祖十二年[3]，从击黥布还，为公子

【译 文】

汉高祖刘邦最初身份低微的时候，多次听说公子无忌贤明。等到登上天子之位后，每次路过大梁，经常祭祀公子无忌。高祖十二年，他从击败黥布的前线回来，为公子无忌的坟墓专门安排了

置守冢五家[4]，世世岁以四时奉祠公子。

五户看守的人家，世世代代每年按时祭祀公子无忌。

注释

❶微少：微贱。 ❷祠：祭祀。 ❸高祖十二年：即公元前 195 年。 ❹守冢：看守坟墓。

【原文】

太史公曰：吾过大梁之墟[1]，求问其所谓夷门。夷门者，城之东门也。天下诸公子亦有喜士者矣，然信陵君之接岩穴隐者[2]，不耻下交，有以也。[3]名冠诸侯，不虚耳。高祖每过之而令民奉祠不绝也。

【译文】

太史公说：我从大梁的废墟路过时，曾经向别人打听所谓的夷门。夷门，就是城的东门。天下诸侯的公子也有喜欢供养食客的，但是只有信陵君能够与那些隐居在深山的隐逸之士交往，不以与他们结交为耻，这也是有道理的。信陵君的名气远超其他诸侯，的确不虚。高祖每次经过大梁都命令百姓祭祀信陵君，至今没有断绝。

注释

❶墟：废墟。 ❷岩穴隐者：住在深山的隐逸之士。 ❸有以：有道理。

屈原贾生列传

【原 文】

屈原者，名平，楚之同姓也。[①]为楚怀王左徒。[②]博闻强志[③]，明于治乱，娴于辞令。[④]入则与王图议国事，以出号令；出则接遇宾客[⑤]，应对诸侯。王甚任之。[⑥]

【译 文】

屈原，名平，是楚王的同姓宗族。他被楚怀王任命为左徒。屈原见识广博，知识丰富，记忆力也很强，对国家存亡兴衰的道理非常了解，对外交辞令十分熟悉。他在朝廷做官就跟楚王商量谋划国家大事，制定国家的政策法令；对外就接待各国来的宾客，应对各国诸侯。楚王对他非常信任。

注 释

❶楚之同姓：与楚王同姓芈（mǐ）。屈是楚武王子瑕的采邑，瑕因以为氏，屈原为其后代。 ❷楚怀王（？—前296）：熊氏，名槐（一作相）。公元前328年至前299年在位。左徒：楚官名，掌起草诏书，参与政事，位仅次于令尹。楚国多以贵族近臣任此职。 ❸强志：记忆力强。志：记。 ❹娴（xián）：熟悉。❺接遇：接待。 ❻任：信任。

【原 文】

上官大夫与之同列[①]，争宠而心害其能。[②]怀王使

【译 文】

上官大夫与屈原同朝为官，他跟屈原争宠，心里嫉妒屈原的才能。楚王命令屈

屈原造为宪令[3]，屈平属草稿未定。[4]上官大夫见而欲夺之，屈平不与，因谗之曰：[5]“王使屈平为令，众莫不知，每一令出，平伐其功[6]，(曰)以为‘非我莫能为’也。”王怒而疏屈平。

原起草法令，屈原写好了草稿，但还没有最后确定。上官大夫看见以后就想夺取草稿，但屈原不给他，上官大夫就在楚王面前进献谗言陷害屈原说：“大王让屈原起草法令，众人没有不知道的。每次一有法令颁布，屈原就夸耀自己的功劳，认为‘除了我没有人能够制定出这样的法令’。”楚王很生气，于是就疏远了屈原。

注释

❶上官大夫：官名，此指靳尚。一说上官是复姓，大夫是爵位，非指靳尚。同列：同事。 ❷害：嫉妒。 ❸宪令：国家的重要法令。 ❹属（zhǔ）：撰著。草稿：创制宪令之本也。 ❺谗（chán）：说别人的坏话。 ❻伐：夸耀。

【原文】

屈平疾王听之不聪也[1]，谗谄之蔽明也[2]，邪曲之害公也[3]，方正之不容也，故忧愁幽思而作《离骚》。[4]离骚者，犹离忧也。[5]夫天者，人之始也；父母者，人之本也。人穷则反本，故劳苦倦极，未尝不呼天也；疾痛惨怛[6]，未尝不呼父母也。

【译文】

屈原怨恨楚王听信小人的谗言，不能察觉小人的险恶用心，被小人的谗言和谄媚蒙蔽了聪明的头脑，致使邪恶之人危害了公正，正直之人不能被容纳，所以很忧虑，沉思之后，写成了《离骚》。《离骚》，就是遭遇忧愁。天，是人产生的根源；父母，是人的根本。人处境窘迫的时候，就会想到自己的根源，所以在劳累困苦、疲倦到了极点的时候，没有不呼叫上天的；在遭受疾病的痛苦而无法忍受的时候，没有不呼叫自己父母的。屈原坚持正直的言行，竭尽自己的忠心和智慧

屈平正道直行，竭忠尽智以事其君，谗人间之[7]，可谓穷矣。信而见疑[8]，忠而被谤，能无怨乎？屈平之作《离骚》，盖自怨生也。《国风》好色而不淫[9]，《小雅》怨诽而不乱。[10]若《离骚》者，可谓兼之矣。上称帝喾[11]，下道齐桓[12]，中述汤武[13]，以刺世事。[14]明道德之广崇，治乱之条贯[15]，靡不毕见。[16]其文约[17]，其辞微[18]，其志洁，其行廉[19]，其称文小而其指极大[20]，举类迩而见义远。[21]其志洁，故其称物芳。[22]其行廉，故死而不容自疏。[23]濯淖污泥之中[24]，蝉蜕于浊秽[25]，以浮游尘埃之外，不获世之滋垢[26]，皭然泥而不滓者也。推此志也，虽与日月争光可也。[27]

来侍奉他的君主，小人却进献谗言来离间他和君主的关系，可以说是处境十分窘迫了。诚实却受到怀疑，忠诚却被人陷害，能没有怨恨吗？屈原创作《离骚》，就是由怨恨引起的。《诗经·国风》虽然有很多描写男女之间情爱的诗篇，却不会让人感到淫乱，《诗经·小雅》虽然充满了怨恨和批评，却不鼓动人们作乱。像《离骚》这样的作品，可以说同时具备了两者。向前追述帝喾，向后赞许齐桓公，中间又叙述了商汤、周武王，用来批评当时的一些弊端。阐明了道德的广大崇高、国家兴衰存亡的道理，没有一点不是完全表达出来的。诗中的文辞都很简约、细微，诗中表达的志向高洁，品行正直，诗中描写的都是细小的事情，但内涵非常广大，写的都是一些身边浅显的事物，但义理非常深远。诗中表达的志向高洁，所以经常用香草来赞扬事物。诗中表达的品行正直，所以宁死也不愿意放松对自己的要求。虽然他处在污泥中，却能把身体洗涤干净，像蝉蜕壳一样把自己从污浊污秽中解脱出来，从而可以在尘埃以外飘浮游荡，不沾染世上的污垢，保持高洁的品质，虽然在污泥中，却不沾染污秽。从这首诗来推断屈原的志向，即使跟太阳、月亮来争夺光辉，也是可以的。

注释

❶疾：痛心。聪：听力好。不聪：谓听信谗言。 ❷谄（chǎn）：巴结奉承。 ❸邪曲：歪曲，指邪恶、不正派的人。 ❹《离骚》：《楚辞》篇名。是屈原自明其心意及离别愁思，并讽谏楚王的长篇叙事诗。 ❺离：通“罹”，遭遇。其后五见，意同。 ❻惨怛（dá）：痛悼，忧伤。惨：毒。怛：痛。 ❼间（jiàn）：离间。 ❽见：被。 ❾《国风》：《诗经》组成部分之一，共有十五国风，是采自各地的民谣。好色：指《国风》中描写爱情的民歌。淫：过分。 ❿《小雅》：《诗经》组成部分之一。《小雅》的绝大部分是西周末东周初这一巨大历史变革时期的作品，因此有不少批判当权者昏庸腐朽和表示关心国家前途、人民命运的篇章。故此处称其“怨诽”。 ⓫帝喾（kù）：五帝之一，相传兴起于高辛，因此为号。详见《五帝本纪》。 ⓬齐桓：齐桓公，公元前685年至前644年在位。春秋五霸之首。 ⓭汤武：商汤、周武王，均为古代的贤王。 ⓮刺：指责。 ⓯条贯：条理。 ⓰靡：没有。见：通“现”。 ⓱约：简明。 ⓲微：隐微，不显露。 ⓳廉：耿直。 ⓴称：举。文：指辞藻。小：琐细。指《离骚》中所举的一些花鸟草木之类小物。指：通“旨”。 ㉑类：比喻。迩：近。引申为浅显。 ㉒称物芳：举美人香草之类做比喻。 ㉓容：允许，肯。疏：粗疏懈怠。 ㉔淖（nào）：泥。淖、污、泥均指秽物。全句意谓：屈原能在污秽中自洁。 ㉕蝉蜕：蝉脱壳。 ㉖获：辱。滋：通“兹”，黑色，指污浊。 ㉗皭（jiào）然：洁白的样子。皭：疏净之貌。滓（zǐ）：泥之黑者，此处意为染黑。

【原 文】

屈平既绌[①]，其后秦欲伐齐，齐与楚从亲[②]，惠王患之[③]，乃令张仪详去秦[④]，厚币委质事楚[⑤]，曰：“秦甚

【译 文】

屈原被罢黜以后，没过多久秦国就想攻打齐国，齐国与楚国合纵相亲，秦惠王担心这件事，于是就派张仪假装离开了秦国，带着丰厚的礼物来侍奉楚国表示臣服，说：“秦王很厌恶齐国，但齐国跟楚

憎齐，齐与楚从亲，楚诚能绝齐[6]，秦愿献商、於之地六百里。”[7]楚怀王贪而信张仪，遂绝齐，使使如秦受地。张仪诈之曰：“仪与王约六里，不闻六百里。”楚使怒去，归告怀王。怀王怒，大兴师伐秦。秦发兵击之，大破楚师于丹、淅[8]，斩首八万。虏楚将屈匄[9]，遂取楚之汉中地。[10]怀王乃悉发国中兵以深入击秦，战于蓝田。[11]魏闻之[12]，袭楚至邓。[13]楚兵惧，自秦归。而齐竟怒不救楚，楚大困。

国合纵相亲，楚国如果真的跟齐国绝交，秦国愿意献出商、於的六百里土地。”楚怀王贪婪，相信了张仪的话，跟齐国绝交，派使者到秦国去接受土地。张仪欺骗楚国的使者说：“我跟楚王约好的是六里土地，没有听过六百里的说法。”楚国使者生气地离开了秦国，回到楚国向楚怀王报告。楚怀王非常生气，发动大军进攻秦国。秦国出兵反击，在丹地、淅地大败楚国军队，斩杀了八万楚国士兵，俘虏了楚将屈匄，于是占领了楚国的汉中一带。楚怀王于是调动全国的军队深入秦国境内，攻打秦国，双方在蓝田交战。魏国听说以后，偷袭楚国，一直打到了邓地。楚国的军队害怕了，从秦国回到楚国。齐国因为楚国跟自己绝交非常生气，最终也没有派兵援救，楚国的处境非常困窘。

注释

❶绌（chù）：通“黜”，贬退。❷从（zòng）亲：合纵相亲。❸惠王：秦惠王，又作惠文王，公元前337年至前311年在位。❹张仪（？—前309）：魏国人。秦惠王时任秦相。倡“连横”之说，游说六国事秦，破六国从亲。详见《史记·张仪列传》。❺匝：财物。质：通“贽”，礼物。委质：古代臣下向君主献礼，表示献身。❻诚：如果。❼商、於：今陕西商洛至河南内乡一带地区。❽丹：丹水，源于陕西商洛，东流入河南。淅：淅水，丹水支流。秦楚战于丹水之北，淅水之南。《楚世家》作丹阳。❾匄（gài）：通“丐”。❿汉中：在今陕西东部、湖北西北部。公元前312年秦惠文王破楚取之，置汉中

郡，治所在南郑（今陕西汉中）。 ⑪蓝田：在今陕西蓝田西。 ⑫魏闻之：《楚世家》作韩、魏。《史记志疑》谓应为韩，“魏”字衍。 ⑬邓：春秋时蔡国地。在今河南省漯河市郾城区东南。

【原文】

明年，秦割汉中地与楚以和。楚王曰：“不愿得地，愿得张仪而甘心焉。”张仪闻，乃曰：“以一仪而当汉中地，臣请往如楚。”如楚，又因厚币用事者臣靳尚[1]，而设诡辩于怀王之宠姬郑袖。[2]怀王竟听郑袖，复释去张仪。是时屈平既疏，不复在位，使于齐，顾反[3]，谏怀王曰：“何不杀张仪？”怀王悔，追张仪不及。

【译文】

第二年，秦国割让汉中的土地给楚国来求和。楚王说：“我不想得到土地，只想得到张仪，就甘心了。”张仪听说以后，就说：“用一个张仪来换取汉中的土地，是很合适的，请大王同意我去楚国。”到了楚国以后，张仪用丰厚的财物贿赂当权大臣靳尚，通过靳尚让楚怀王的宠妃郑袖对楚王说了一番花言巧语。楚怀王竟然相信了郑袖的话，再一次放走了张仪。这时候屈原已经被楚怀王疏远，不再担任官职，并且出使到了齐国，等到他返回楚国，向楚怀王进谏说：“为什么没有杀死张仪？”楚怀王后悔，派人去追杀张仪，已经来不及了。

注释

❶用事者臣：当权的大臣。靳尚：楚怀王侍从之臣，甚得郑袖信任。 ❷设诡辩：指靳尚对郑袖说，王如杀张仪，秦将以重地、美女献楚王以赎之，如是则秦女必贵，郑袖必失宠。因请郑袖说楚怀王释放张仪。事见《楚世家》。 ❸顾反：回来。顾：还。

【原 文】

其后诸侯共击楚，大破之，杀其将唐眛。

时秦昭王与楚婚[1]，欲与怀王会。怀王欲行，屈平曰："秦虎狼之国，不可信，不如毋行。"[2]怀王稚子子兰劝王行：[3]"奈何绝秦欢！"怀王卒行。入武关[4]，秦伏兵绝其后，因留怀王，以求割地。怀王怒，不听。亡走赵，赵不内。[5]复之秦，竟死于秦而归葬。

【译 文】

在此之后，诸侯国共同出兵攻打楚国，大败楚国军队，杀死了楚将唐眛。

当时，秦昭王跟楚国联姻，想要跟楚怀王见面。楚怀王想去，屈原说："秦国是虎狼之国，不可以相信，不如不去。"楚怀王的小儿子子兰劝说楚怀王前往，说："为什么要拒绝秦王的好意，让秦王不高兴呢！"楚怀王最终还是去了。刚一进入武关，秦国的伏兵就切断了楚怀王的后路，于是扣留了楚怀王，想要让楚国割让土地。楚怀王非常生气，没有答应秦国的要求。楚怀王逃到了赵国，赵国不接纳他。楚怀王就又回到了秦国，最后死在秦国而被送回楚国安葬。

注 释

❶秦昭王（前324—前251）：即秦昭襄王，公元前306年至前251年在位。秦昭王时奠定了秦统一六国的基础。 ❷毋：勿。 ❸稚子：小儿子。 ❹武关：秦国的南关，在今陕西商南西北。 ❺内（nà）：通"纳"，接纳。

【原 文】

长子顷襄王立[1]，以其弟子兰为令尹。[2]楚人既咎子兰以劝怀王入秦而不反也。[3]

【译 文】

楚怀王的长子顷襄王即位为国君，让他的弟弟子兰做令尹。楚国人全都怪罪子兰，因为是他劝说楚怀王去秦国无法返回的。

注释

❶顷襄王：名横。公元前298年至前263年在位。 ❷令尹：楚国最高职官，地位相当于其他各国的宰相。 ❸反：通“返”。

【原 文】

屈平既嫉之，虽放流，眷顾楚国[1]，系心怀王[2]，不忘欲反，冀幸君之一悟[3]，俗之一改也。其存君兴国而欲反覆之[4]，一篇之中三致志焉。[5]然终无可奈何，故不可以反，卒以此见怀王之终不悟也。人君无愚智贤不肖，莫不欲求忠以自为，举贤以自佐，然亡国破家相随属[6]，而圣君治国累世而不见者，其所谓忠者不忠，而所谓贤者不贤也。怀王以不知忠臣之分[7]，故内惑于郑袖，外欺于张仪，疏屈平而信上官大夫、令尹子兰。兵挫地削[8]，亡其六郡，身客死于秦[9]，为天下笑。此不知人之祸也。

【译 文】

屈原也怨恨子兰，即使遭到流放，仍然眷顾楚国，怀念楚怀王，时刻不忘返回，希望国君能够一下子醒悟，旧俗也能够改变。他那心存国君、振兴国家、想要改变楚国衰弱局面的愿望，在一篇诗作中表达了很多次。但最终还是没有什么办法，因此不能再返回，也可以根据这一点看出楚怀王最终都没有醒悟。国君无论是愚蠢还是聪明，无论是贤能还是不贤能，没有不想求得忠臣来让自己有所作为的，提拔贤士来辅佐自己，但是国家灭亡、家族破灭相继发生，而圣明的君主把国家治理得好的局面已经好几代没有看到了，其根本原因在于人们所说的忠臣并不忠诚，所说的贤臣并不贤能。楚怀王因为不明白忠臣的职责，所以在国内被郑袖迷惑，在国外被张仪欺骗，疏远屈原，而相信上官大夫、令尹子兰。楚国在军事上失败，国土削减，丢失了六郡的土地，楚怀王自己也客死秦国，受到天下人的耻笑。这就是不知人善任带来的灾祸。《易经》中说：“水井淘洗

《易》曰[10]："井泄不食[11]，为我心恻[12]，可以汲。[13]王明[14]，并受其福。"[15]王之不明，岂足福哉！

干净了，却不吃井中的水，我的心里因此感到难过，因为是可以从井中提水的。君王贤明，那么所有人都可以得到福分。"楚怀王这样不贤明，哪里值得拥有福分啊！

注释

❶眷（juàn）顾：眷恋思念。 ❷系心：挂念，惦记。 ❸冀幸：希望。 ❹反覆之：一反楚国过去的衰弱局面。 ❺三致志：再三表示自己返国复职存君兴国之志。 ❻相随属：相继。 ❼分：本分。 ❽挫：失败。 ❾客死：死于外地。 ❿《易》：此指《易·井》爻辞。 ⓫井泄：除掉井中的污泥，即淘井。不食：不吃井中水。 ⓬为我：使我。恻：悲伤，难过。 ⓭汲：从井中提水。"可以汲"的意思是：井中的污泥已淘净，可以取井中的水用了。犹言臣贤可以用。 ⓮王明：王明智。意思是王明智而后能知贤。 ⓯并受其福：意思是王知贤而后能用贤，这样天下就可以都受到王的福惠。

【原文】

令尹子兰闻之大怒，卒使上官大夫短屈原于顷襄王[1]，顷襄王怒而迁之。[2]

【译文】

令尹子兰听说后，非常生气，最终让上官大夫在顷襄王面前说了屈原的坏话，顷襄王很生气，就放逐了屈原。

注释

❶短：用作动词，陷害，说别人的坏话。 ❷迁：放逐。顾炎武在《日知录》中谓此段应在上段"屈平既嫉之"句下。

【原 文】

屈原至于江滨，被发行吟泽畔。[1]颜色憔悴，形容枯槁。[2]渔父见而问之曰："子非三闾大夫欤？[3]何故而至此？"屈原曰："举世混浊而我独清，众人皆醉而我独醒，是以见放。"[4]渔父曰："夫圣人者，不凝滞于物而能与世推移。[5]举世混浊，何不随其流而扬其波？[6]众人皆醉，何不餔其糟而啜其醨？[7]何故怀瑾握瑜而自令见放为？"[8]屈原曰："吾闻之，新沐者必弹冠[9]，新浴者必振衣[10]，人又谁能以身之察察[11]，受物之汶汶者乎？[12]宁赴常流而葬乎江鱼腹中耳[13]，又安能以皓皓之白而蒙世俗之温蠖乎！"[14]

【译 文】

屈原到了江边，披散着头发，一边在沼泽的边上走，一边吟唱着诗歌。他的脸色憔悴，身体干枯瘦弱。一个渔翁看到屈原就问道："您不是三闾大夫吗？为什么来到这里了？"屈原说："整个世界都是混浊的，只有我是干净的；所有人都喝醉了，唯独我是清醒的，这是我被放逐的原因。"渔翁说道："圣人不会被事物所阻碍，而能够根据世界的变化而变化。整个世界都变得污浊，为什么不顺着流水扬起波浪呢？大家都喝醉了，为什么不吃点酒糟，喝点薄酒呢？为什么一定要保留美玉一般的高洁品质，却使自己被流放呢？"屈原说："我听说，刚刚洗完头发的人，一定会弹掉自己帽子上的灰尘，刚刚洗完澡的人，一定会抖掉衣服上的尘埃，人们又有谁愿意让自己干净的身体被污浊的外物所污染呢！我宁可跳进江中的水流，葬身在鱼肚子里，也不让我这洁白无瑕的品质蒙受世俗的污染！"

注 释

❶被发：披发。 ❷枯槁（gǎo）：瘦瘠。 ❸三闾大夫：掌楚王昭、景、屈三大族事务的官。屈原放逐前曾任此职。 ❹见：被。 ❺凝滞：固着。物：指客观时势。与世推移：随着世俗变化。 ❻扬：推进。 ❼餔（bū）：吃。糟：

酒糟。啜（chuò）：饮，喝。醨（lí）：薄酒。 ❽瑾、瑜：美玉。怀瑾握瑜：喻坚持美好的德操。自令：使自己。为：语气助词，用于疑问句末。 ❾沐：洗头发。弹冠：弹掉帽子上的灰尘。 ❿浴：洗身。振衣：抖掉衣服上的尘埃。 ⓫察察：洁白。 ⓬汶汶（ménmén）：昏暗不明，引申为污垢玷辱。 ⓭常：通"长"。常流：指江水。 ⓮皓皓：皎洁的样子。温蠖（huò）：《索隐》解为昏愦。方以智《通雅》解为"尘滓深曲之状"（尘秽累积的样子）较当。

【原 文】

乃作《怀沙》之赋。[1]其辞曰：

【译 文】

于是屈原创作了《怀沙》。诗中写道：

注 释

❶《怀沙》：《楚辞·九章》的篇名。

【原 文】

陶陶孟夏兮[1]，草木莽莽。[2]伤怀永哀兮，汩徂南土。[3]眴兮窈窈[4]，孔静幽墨。[5]冤结纡轸兮[6]，离愍之长鞠[7]；抚情效志兮[8]，俯诎以自抑。[9]

【译 文】

阳光强烈的初夏时节啊，青草和树木长得很茂盛。悲伤总是充满胸膛啊，我匆匆地来到南方。看到了一片苍茫的景色啊，感受到了毫无声响的沉寂。我的心里抑郁愤慨啊，遭受忧伤的日子真是漫长；自我反省却没有过错啊，蒙受冤屈而心中抑郁。

注释

❶陶陶：一作“滔滔”，盛阳貌，形容太阳炽热。孟夏：初夏。古时把春夏秋冬四季，各分为孟、仲、季三时。 ❷莽莽：草木茂盛的样子。 ❸汩（yù）：快速行走。徂（cú）：往，到。南土：楚国南方僻远之处，指沅湘一带。 ❹眴（shùn）：眼花，看不清楚。窈窈：深远的样子。 ❺孔：很，甚。墨：通“默”，无声。 ❻纡（yū）：委曲。轸：悲痛。 ❼愍：痛，忧患。鞠：困迫。❽抚：抚循，此指内省。效：征验，考核。抚情效志：指内省于己，觉得没有过错。 ❾俛：低头。诎（qū）：通“屈”。俛诎：低头屈曲，引申为忍受。全句意为：抑制自己的情感，忍受一切不幸。

【原 文】

刓方以为圜兮①，常度未替②；易初本由兮③，君子所鄙。章画职墨兮④，前度未改⑤；内直质重兮⑥，大人所盛。⑦巧匠不斫兮⑧，孰察其揆正？⑨玄文幽处兮⑩，蒙谓之不章⑪；离娄微睇兮⑫，瞽以为无明。⑬变白而为黑兮，倒上以为下。凤皇在笯兮⑭，鸡雉翔舞。⑮同糅玉石兮⑯，一概而相量。⑰夫党人之鄙妒兮⑱，羌不知吾所臧。⑲

【译 文】

想把方木削成圆木啊，但正常的法度不可以更改；不走正路改走邪路啊，会受到正人君子的鄙弃。明确规范，牢记法度啊，往日的法度不能随意更改；内心淳朴厚道、品质庄重啊，为君子所赞美。巧匠不拿着斧子砍削啊，谁能看出木头是曲是直？黑色纹理藏在阴暗的地方啊，眼睛瞎的人却说它根本没有纹理；离娄稍微一瞥就能看清楚啊，瞎子反说他失明无光。把白的变成黑的啊，把下倒转成为上。凤凰被关在笼子里啊，野鸡却四处飞舞。美玉和石头杂糅在一处啊，有人却用同一个标准来衡量它们。结成朋党的人卑鄙嫉妒啊，根本不知道我的美好品德。

注释

❶刓（wán）：削刻。❷常度：平常的法度。替：更改，废弃。❸易：更改。初：初行。本：常。由：道。全句意为：改变最初实行的常道。❹章：通“彰”，明。画：规划。职：通“志”，记。墨：绳墨，木工画线的工具，此指法度。此句意谓：彰明规划，铭记法度。❺前度：前人的法度。❻内：内心。直：正直。质：本质。重：敦厚。❼大人：正人君子。盛：赞美。❽斫（zhuó）：削，砍。❾孰：谁。察：了解，知道。揆：度量。正：正确。❿玄文：黑色的花纹。玄：黑。幽：暗。⓫蒙：睁眼瞎子。⓬离娄：也称离朱，传说是古代视力很强的人，能在百步之外，察秋毫之末。睇（dì）：小视，随便一望。⓭瞽（gǔ）：瞎眼。⓮笯（nú）：鸟笼。⓯雉：野鸡。⓰糅（róu）：混杂。⓱概：量粮食时刮平容器的木棍。一概相量：比喻忠佞同等看待。⓲党人：此指结党营私垄断政权的贵族集团。鄙：鄙劣。妒：嫉妒。⓳羌：楚人的发语词，无义。臧：好，善。

【原 文】

任重载盛兮①，陷滞而不济②；怀瑾握瑜兮，穷不得余所示。③邑犬群吠兮，吠所怪也；诽骏疑桀兮④，固庸态也。⑤文质疏内兮⑥，众不知吾之异采；材朴委积兮⑦，莫知余之所有。重仁袭义兮⑧，谨厚以为丰；重华不可牾兮⑨，孰知余之从容！⑩古固有不并兮⑪，

【译 文】

负担又重负载又多啊，却陷没阻滞不能前行；怀有美玉般的品德啊，处境困窘向谁去说。城里成群的野狗狂叫啊，叫的是它们认为奇怪的事情；诽谤豪杰让他们受到怀疑啊，本来就是小人的态度。外表粗疏但是内心朴素啊，人们不知道我奇异的光彩；没有经过雕琢的木材被丢弃了啊，没有人知道我身上的品德和才能。注重仁义的积累和传承啊，加强谨慎、厚道的修养；舜帝这种明君无法相遇啊，谁能了解我气度有多么从容！古代圣贤不会生活在

岂知其故也？汤禹久远兮，邈不可慕也。[12] 惩违改忿兮[13]，抑心而自强；离湣而不迁兮[14]，愿志之有象。[15] 进路北次兮[16]，日昧昧其将暮[17]；含忧虞哀兮[18]，限之以大故。[19]

同一个时代啊，怎能知道原因是什么？商汤、大禹已经是很久以前的人了啊，遥远到我们没有办法追慕。压制住内心愤怒吧，这样可以使自己变得更加坚强；遭受忧患却不改变心意啊，希望我的坚定的意志成为别人的榜样。向北前行在途中休息啊，太阳昏暗已经快下山了；满怀着忧伤但又强颜欢笑啊，最大的不幸不过是死亡。

注释

❶载：负。盛：大，多。屈原谓己才力盛大。❷陷：陷没。滞：沉滞。济：成事，此谓成其本志。❸穷：到处。示：诉说。❹骏：通“俊”。桀：通“杰”。俊杰皆谓才能出众的人。❺庸态：庸夫的恶劣作风。❻文质疏内：即文疏质内。文疏：谓外表疏落，不自炫。质内：谓内心坚毅倔强。❼材：有用的木材。朴：未加工的木材。委积：堆积。材朴委积：形容博学多才。❽重（chóng）、袭：重叠的意思。重仁袭义：仁而又仁，义而又义。❾重华：舜名。牾（wǔ）：逢，遇。❿从容：举动大方。⓫不并：不同时并生（指圣人）。⓬邈（miǎo）：远。慕：依恋，思念。⓭惩：戒止。违：离异。⓮离：通“罹”，遭受。湣（hūn）：通“涽”，昏乱。迁：动摇。⓯象：法式，榜样。全句意谓：希望自己坚定的意志成为别人的榜样。⓰进路：向前赶路。北：郭沫若谓借为“背”，超过。次：临时住宿。⓱昧昧：昏暗的样子。⓲含：《楚辞》作“舒”，舒散。虞：通“娱”，使快乐。虞哀：转哀为乐。⓳限：生命之限。大故：死亡。

【原文】

乱曰[1]：浩浩沅、湘

【译文】

结束语：浩浩荡荡的沅水、湘水啊，

兮[2]，分流汩兮。[3]修路幽拂兮[4]，道远忽兮。[5]曾吟恒悲兮[6]，永叹慨兮。世既莫吾知兮，人心不可谓兮。[7]怀情抱质兮[8]，独无匹兮。[9]伯乐既殁兮[10]，骥将焉程兮？[11]人生禀命兮[12]，各有所错兮。[13]定心广志，余何畏惧兮？曾伤爰哀[14]，永叹喟兮。[15]世溷不吾知[16]，心不可谓兮。[17]知死不可让兮[18]，愿勿爱兮。明以告君子兮[19]，吾将以为类兮。[20]

永远不停地奔流啊。漫长的道路幽深昏暗，前程是多么的迷茫啊。我怀着悠远的悲伤，发出沉重的感慨和叹息。世上已经没有人了解我了，我的心事也不知道对谁说。内心有美好的感情和品质啊，却找不到跟我相配的人。伯乐已经死去了啊，千里马还有谁能识别呢？人生要秉承不同的命运啊，上天早就做出了安排。内心坚定志向宽广啊，还有什么会让我感到害怕呢？深深的忧伤令人悲哀啊，长长的叹息让人感到凄凉。污浊的世界上没有了解我的人啊，无法评说他人内心到底怎么想。知道死亡无法避免啊，也绝对不会吝惜。明白地告诉君子啊，我将成为法度。

注释

❶乱：音乐的末章，此谓结束语。 ❷沅：流经湖南西部的大河。湘：流经湖南东部的大河。 ❸分：或作“汾”，即涌。分流：涌流。汩（gǔ）：水波动的样子。 ❹修路：长路。拂：蔽，受阻。 ❺忽：辽阔渺茫的样子。 ❻曾：通“层”，重重，不断。恒：长久。 ❼谓：说，告诉。 ❽怀情：谓怀忠信之情。抱质：抱敦厚之质。 ❾匹：双。 ❿伯乐：名孙阳，春秋秦穆公时人（一说秦穆公子）。传说伯乐是星名，掌天马。孙阳善相马，故称之为伯乐。 ⓫骥：千里马。焉：怎么。程：量。 ⓬禀命：受天命。 ⓭错：安置。 ⓮爰哀：哀泣不止。 ⓯叹喟（kuì）：叹息。 ⓰溷（hùn）：混沌。 ⓱心不可谓兮：《楚辞》“心”上有“人”字。 ⓲让：避免。 ⓳明：光明磊落。君子：指先贤。 ⓴类：模式，法度。

【原 文】

于是怀石遂自（投）〔沈〕汨罗以死。[①]

【译 文】

屈原就抱着石头跳进汨罗江自杀了。

注 释

❶汨罗：即汨罗江，流经湖南东北部，入湘江。

【原 文】

屈原既死之后，楚有宋玉、唐勒、景差之徒者[①]，皆好辞而以赋见称；然皆祖屈原之从容辞令[②]，终莫敢直谏。其后楚日以削[③]，数十年竟为秦所灭。

【译 文】

屈原死了以后，楚国有宋玉、唐勒、景差这些人，他们都喜欢文学，而且凭借辞赋受到人们的称道；这些人都只是学习了屈原含蓄委婉的文学风格，最终没有一个敢于直言进谏。此后楚国一天天地被削弱下去，几十年以后最终被秦国灭亡了。

注 释

❶宋玉：辞赋家，相传是屈原的学生，楚怀王、楚顷襄王时做过文学侍从一类的官，在政治上不得志。其作品流传下来的有十三篇，但其中有些篇章有人疑非宋玉所作。唐勒、景差：与宋玉同时的辞赋家。《汉书·艺文志》著录唐勒赋四篇（今皆亡佚），景差赋未著录。《楚辞》所收《大招》，有的题景差作。❷祖：效法，学习。辞令：指屈原那种委婉含蓄的文章。 ❸削：削弱。

【原 文】

自屈原沈汨罗后百有余年，汉有贾生，为长沙王太傅[①]，过湘水，投书以吊屈原。[②]

【译 文】

从屈原跳进汨罗江之后，过了一百多年，汉朝有位贾生，担任长沙王太傅，路过湘水，写了一篇辞赋投进了江水里面，来凭吊屈原。

注 释

❶长沙王：吴差，是汉初异姓王吴芮的玄孙。长沙国在今湖南东部。太傅：辅佐一类的官员。 ❷投：寄，递。书：指贾谊的《吊屈原赋》。

【原 文】

贾生名谊，雒阳人也。[①]年十八，以能诵诗属书闻于郡中。[②]吴廷尉为河南守，闻其秀才[③]，召置门下，甚幸爱。孝文皇帝初立[④]，闻河南守吴公治平为天下第一，故与李斯同邑而常学事焉[⑤]，乃征为廷尉。[⑥]廷尉乃言贾生年少，颇通诸子百家之书。[⑦]文帝召以为博士。[⑧]

【译 文】

贾生名叫贾谊，是洛阳人。十八岁那年，因为能够背诵、默写《诗经》《尚书》而在当地很有名气。吴廷尉做河南郡守的时候，听说贾谊很有才学，就把他招致麾下，对他非常宠爱。汉文帝刚刚即位的时候，听说河南郡守吴公治理本郡的政绩卓著，是全国第一，而且跟李斯还是同乡，曾经向李斯学习过，就提拔他做了廷尉。吴廷尉于是对汉文帝说贾谊非常年轻，精通诸子百家的著作。汉文帝于是就征召贾谊做了博士。

注释

❶雒阳：今河南洛阳。 ❷属书：写文章。 ❸秀才：才学优秀。 ❹孝文皇帝：即汉文帝刘恒，公元前180年至前157年在位。 ❺故：因为。常：通“尝”，曾经。学事：向李斯学习。 ❻廷尉：掌司法的长官。 ❼诸子百家：指先秦至汉初各个学派及其代表人物的著作。 ❽博士：官名，秦置，奉常的属官，掌国家图书，并可参加廷议。

【原文】

是时贾生年二十余，最为少。每诏令议下①，诸老先生不能言②，贾生尽为之对③，人人各如其意所欲出。诸生于是乃以为能，不及也。孝文帝说之，超迁④，一岁中至太中大夫。⑤

【译文】

这时贾谊只有二十多岁，是博士中年龄最小的。每当皇帝的诏令颁布，各位老先生都没有话说，贾谊全都回答上来了，每个人都觉得贾谊说出了他们心里想说的话。各位博士于是都认为贾谊很有才能，自己不如他。汉文帝非常高兴，破格提拔了贾谊，他一年之内就升任太中大夫。

注释

❶诏令议下：皇帝命令朝臣议论国家大事。汉制，国家遇有大事，皇帝下诏三公、九卿及博士讨论。 ❷诸老先生：指年老的博士们。 ❸尽为之对：对交代的事情完全能答对出来。 ❹超迁：越级擢升。 ❺太中大夫：官名，秦置，郎中令的属官，掌议论。

【原 文】

贾生以为汉兴至孝文二十余年，天下和洽，而固当改正朔[1]，易服色[2]，法制度[3]，定官名，兴礼乐，乃悉草具其事仪法，色尚黄[4]，数用五[5]，为官名，悉更秦之法。[6]孝文帝初即位，谦让未遑也。[7]诸律令所更定，及列侯悉就国[8]，其说皆自贾生发之。[9]于是天子议以为贾生任公卿之位。[10]绛、灌、东阳侯、冯敬之属尽害之[11]，乃短贾生曰："雒阳之人，年少初学，专欲擅权，纷乱诸事。"于是天子后亦疏之，不用其议，乃以贾生为长沙王太傅。

【译 文】

贾谊认为从汉朝创建到汉文帝时已经过了二十多年，天下和谐融洽，正应该改正历法，改换衣服的颜色，制定法律和制度，决定官职的名称，恢复礼乐制度，于是详细地起草了各种事物的仪式、章法，崇尚黄色，数字用五，创立官职的名称，全部改换了秦朝的旧法。汉文帝刚刚即位的时候，因为谦恭礼让而没有来得及施行。但各项法令的更改和确定，以及诸侯必须到自己的封国上任等事，这些规定都是贾谊制定的。于是汉文帝就主张任命贾谊为公卿。但是绛侯周勃、灌婴、东阳侯、冯敬这类人妒忌贾谊，就诽谤贾谊说："这个洛阳人，年纪很小，刚刚学了点东西，就想着独揽大权，把国家大事都弄乱了。"汉文帝于是疏远了贾谊，不采纳他的意见，后来就把贾谊贬为长沙王太傅。

注 释

❶正（zhēng）朔：一年第一天开始的时候。正：一年的开始。朔：一月的开始。我国古代各朝正朔不同，故历法各异。所以正朔指历法。 ❷服色：指车马服饰的颜色。 ❸法：用作动词，正，制定。 ❹色：服色。尚黄：以黄色为上。根据古代阴阳五行家金、木、水、火、土相生相克的说法，秦为水德，汉代秦，是土克水，汉为土德，土为黄色，故尚黄。 ❺数用五：土在五行中居第五位，故数用五。 ❻悉：全。更：改定。 ❼谦让：辞让，即不主张行改正朔

等事。未遑：还无暇顾及。 ❽就国：到自己的封地去，因列侯受封之后多居于长安。 ❾发：倡议。 ❿任：有能力担任。 ⓫绛：绛侯周勃。灌：灌婴。东阳侯：张相如。冯敬：当时任御史大夫。这些人皆为开国元勋。害：忌，患。

【原文】

贾生既辞往行，闻长沙卑湿，自以寿不得长，又以适去[①]，意不自得。及渡湘水，为赋以吊屈原。[②]其辞曰：

【译文】

贾谊辞别了汉文帝，前往长沙，听说长沙地势低洼，空气潮湿，认为自己的寿命不会很长，又因为是被贬到长沙去的，心里不是很高兴。等到他渡过湘水的时候，就写了一篇赋来凭吊屈原。这篇赋是这样写的：

注释

❶适（zhé）：通“谪”，贬职。 ❷赋：即《吊屈原赋》。

【原文】

共承嘉惠兮[①]，俟罪长沙。[②]侧闻屈原兮[③]，自沈汨罗。造托湘流兮[④]，敬吊先生。遭世罔极兮[⑤]，乃陨厥身。[⑥]呜呼哀哉，逢时不祥！鸾凤伏窜兮[⑦]，鸱枭翱翔。[⑧]阘茸尊显兮[⑨]，谗谀得志[⑩]；贤圣逆曳兮[⑪]，方正倒植。[⑫]

【译文】

我恭奉天子诏命，戴罪来到长沙。曾经听说过屈原，他跳进汨罗江自杀了。我就托付湘江的流水，让它传达我对先生的哀思。遭遇纷乱无常的社会，才逼得您自杀失去生命。啊，正赶上不幸的年代。凤凰伏下身子躲藏起来，猫头鹰在翱翔。没有才能的尊贵显赫，阿谀奉承的人洋洋得意；贤能、圣明的人不能顺遂心意，正直的人反而处于低下的位

世谓伯夷贪兮[13]，谓盗跖廉[14]；莫邪为顿兮[15]，铅刀为铦。[16]于嗟嚜嚜兮[17]，生之无故！[18]斡弃周鼎兮宝康瓠[19]，腾驾罢牛兮骖蹇驴[20]，骥垂两耳兮服盐车。[21]章甫荐屦兮[22]，渐不可久；嗟苦先生兮[23]，独离此咎！[24]

置。世上的人都说伯夷贪婪，盗跖廉洁；莫邪宝剑不锋利，铅做成的刀反而锋利。真是可叹啊，先生无缘无故地遭受了这种灾祸！抛弃了周鼎，却把破壶当成宝贝，驾着疲惫的老牛和跛驴，却让骏马垂着两耳拉盐车。帽子用来当鞋垫，必然不能长久；先生您真是受苦啊，竟然遭受这样的灾祸！

注释

❶共：通“恭”。承：接受。嘉惠：嘉美的恩惠，此指诏命。 ❷俟（sì）罪：戴罪，谦辞，指就职。 ❸侧闻：听别人说。谦辞。 ❹造：至。托：托给，即投入。湘流：湘江。 ❺罔：无。极：中正。罔极：不公正。 ❻陨：死亡。厥：其。代词。 ❼伏：隐。窜：躲藏。 ❽鸱枭（chīxiāo）：猫头鹰一类的鸟，古人以为不祥之鸟。翱翔：回旋飞翔。比喻自由自在地遨游。 ❾阘（tà）茸：指无才德的人。尊显：尊贵，显赫。 ❿谗：说别人的坏话。谀（yú）：奉承。 ⓫逆曳（yì）：倒拉，谓不得顺正道而行。 ⓬植：通“置”。倒植：谓贤能与无才德者颠倒易位。 ⓭伯夷：商末孤竹国君之子，曾与其弟叔齐互相让位。周武王灭商时伯夷力谏，灭商后，他与叔齐隐于首阳山，不食周粟而饿死，故过去被誉为贤者。 ⓮盗跖：春秋末年奴隶起义首领，名跖，盗是统治阶级对他的诬称。 ⓯莫邪：剑名，春秋时吴国的著名宝剑。顿：通“钝”，不锋利。 ⓰铦（xiān）：锋利。 ⓱于嗟：感叹词。嚜嚜（mò）：不得意。 ⓲生：先生，指屈原。无故：无故遭祸。 ⓳斡弃：转弃。康瓠：已破裂的空瓦壶，此处比喻无才的人。 ⓴腾：骑，驾。罢（pí）：通“疲”。蹇（jiǎn）：跛足。骖蹇驴：使三头瘸驴驾车。 ㉑垂两耳：马负重吃力的样子。服：驾，拉车。盐车：载盐的车。借以比喻高才大贤遭压抑，去担任不光彩的

职务。㉒章甫：殷代的一种帽子。荐：垫。屦（jù）：古代用麻葛制成的鞋。章甫荐屦：用帽子垫鞋子，比喻贵贱颠倒。㉓嗟苦：劳苦。㉔咎：灾祸。

【原 文】

讯曰[①]：已矣[②]，国其莫我知[③]，独堙郁兮其谁语？[④]凤漂漂其高逝兮[⑤]，夫固自缩而远去。[⑥]袭九渊之神龙兮[⑦]，沕深潜以自珍。[⑧]弥融爚以隐处兮[⑨]，夫岂从蚁与蛭螾？[⑩]所贵圣人之神德兮，远浊世而自藏。使骐骥可得系羁兮[⑪]，岂云异夫犬羊！般纷纷其离此尤兮[⑫]，亦夫子之辜也！[⑬]瞝九州而相君兮[⑭]，何必怀此都也？[⑮]凤皇翔于千仞之上兮[⑯]，览德辉而下之[⑰]；见细德之险（微）〔征〕兮[⑱]，摇增翮逝而去之。[⑲]彼寻常之污渎兮[⑳]，岂能容吞舟之鱼！横江湖之鳣鲟兮[㉑]，固将制于蚁蝼。[㉒]

【译 文】

尾声：算了，国中没有一个了解我的人，只剩我郁闷不快乐，又能跟谁说呢？凤凰高高飞起，到了远方，本来就应该这样隐居起来。仿效隐居在深渊底部的神龙，深深地隐藏自己爱惜自己。消弭自己的光辉隐藏起来，但又怎能跟蚂蚁、水蛭、蚯蚓在一起？最可贵的是圣人的美德啊，他们远离污浊的世界藏匿起来。假如骏马都能被拴住，怎么能说不同于狗、羊！世界乱纷纷的，遭受了这种灾祸，也有先生自己的责任。游遍了全国九州任意选择君主，为什么非要怀念楚国呢？凤凰飞翔到千仞以上的高空，看到有德行的人的光辉才会下来栖息；看到危险的征兆，就会拍动翅膀远远地躲开。那楚国只是一个狭小而污浊的小水坑，怎能容纳可以吞掉大船的大鱼！在水中自由游动的大鱼，最终还要被蝼蚁制住。

注 释

❶讯：告。“讯曰”与《楚辞》中的“乱曰”意义相同。❷已矣：算了吧！

❸国其莫我知：一国之人没有谁了解我。 ❹堙郁：郁闷不乐。 ❺漂漂：通“飘飘”，轻快地飞翔。 ❻缩：收敛，转意为隐藏。 ❼袭：因袭，效法。九渊：深渊。 ❽沕（mì）：潜藏。 ❾弥：远。融：明。爚（yuè）：光。弥融爚：远离光亮。 ❿蛭（zhì）：蚂蝗。螾：通“蚓”，蚯蚓。 ⓫使：假如。骐骥：良马。系羁：用绳绑缚。 ⓬般：通“斑”，乱。尤：罪过。 ⓭夫子：指屈原。辜：《汉书》作“故”。夫子之辜：谓屈原未像麟凤那样翔逝，故遭此难。⓮瞝（chī）：历观。 ⓯都：京都，指国家。 ⓰千仞：古代以八尺为仞，千仞，形容极高。 ⓱览：看到。辉：光。德辉：指人君道德的光辉。 ⓲细德：道德卑微。征：征兆。 ⓳摇：动。摇增翮：展翅高飞。 ⓴寻：八尺。常：寻之倍，即十六尺。污：停积不流的水。渎：小水渠。 ㉑横江湖：离开江湖。鳣（zhān）、鲟（xún）：皆为大鱼。 ㉒蚁蝼：蚂蚁和蝼蛄。将制于蚁蝼：见《庄子·庚桑楚》。庚桑楚谓弟子曰：“吞舟之鱼，砀而失水，则蚁能苦之。”按：从“凤漂漂其高逝兮”至此，是贾谊以同情和惋惜之情，怪屈原未能深潜自珍，远世自藏，待机而动，而投江自杀，从而表示他对现实所持的态度。

【原 文】

贾生为长沙王太傅三年，有鸮飞入贾生舍[①]，止于坐隅。[②]楚人命鸮曰“服”。[③]贾生既以适居长沙，长沙卑湿[④]，自以为寿不得长，伤悼之，乃为赋以自广。[⑤]其辞曰：

【译 文】

贾谊做长沙王太傅的第三年，有一只猫头鹰飞进了贾谊的住处，停在他的座位旁边。楚国人把猫头鹰称为“服”。贾谊已经认为自己是因为被贬才来到长沙的，而长沙地势低，空气潮湿，因此贾谊认为自己寿命不会长久，很是伤感，就写了一篇赋来安慰自己。这篇赋写道：

注释

❶鸮（xiāo）：即土枭，古人以为不祥之鸟。 ❷坐隅（yú）：座位旁边。坐：通“座”。隅：边，角落。 ❸命：起名，称呼。 ❹卑湿：低洼潮湿。❺广：宽慰。

【原文】

单阏之岁兮[1]，四月孟夏，庚子日施兮[2]，服集予舍，止于坐隅，貌甚闲暇。异物来集兮[3]，私怪其故，发书占之兮[4]，策言其度。[5]曰“野鸟入处兮，主人将去”。请问于服兮：“予去何之？吉乎告我，凶言其灾。淹数之度兮[6]，语予其期。”服乃叹息，举首奋翼，口不能言，请对以意。

【译文】

丁卯这一年的四月，正是初夏时节，时间是庚子日这一天，太阳斜照，服鸟飞到了我的住处，落在了我的座位旁边，十分清闲自在。奇怪的鸟儿到了我的家里，我暗地里觉得奇怪，想知道是什么原因，于是打开书来占卜，书上写着这样的话。说“野鸟飞进了住处，主人就要离开”。我想请问服鸟：“我离开以后会到哪里去呢？如果是吉兆，就请告诉我；如果是凶兆，也把将要发生的灾难告诉我。我的寿命是长是短，也请告诉我。”服鸟于是长叹了一声，抬着头，拍打着翅膀，因为不能说话，所以只能用我的猜测来回答这些问题。

注释

❶单阏（chányān）之岁：太岁在卯为单阏，即卯年。贾谊此赋作于文帝六年（前174）。 ❷施（yí）：《汉书》作“斜”。日施：日西斜。 ❸异物：特异的东西，此指鸮。 ❹发书：打开（占卜用的）书。占：即占卜，一种测知吉凶的迷信活动。 ❺策：指占卦用的书。 ❻淹数之度：意谓自己年数的长短。

淹：迟，引申为长。数：速，引申为短。

【原 文】

万物变化兮，固无休息。斡流而迁兮[1]，或推而还。[2]形气转续兮[3]，变化而嬗。[4]沕穆无穷兮[5]，胡可胜言！[6]祸兮福所倚[7]，福兮祸所伏[8]；忧喜聚门兮[9]，吉凶同域。[10]彼吴强大兮，夫差以败[11]；越栖会稽兮[12]，句践霸世。[13]斯游遂成兮[14]，卒被五刑[15]；傅说胥靡兮[16]，乃相武丁。[17]夫祸之与福兮，何异纠纆。[18]命不可说兮，孰知其极？[19]水激则旱兮[20]，矢激则远。万物回薄兮[21]，振荡相转。[22]云蒸雨降兮[23]，错缪相纷。[24]大专槃物兮[25]，坱轧无垠。[26]天不可与虑兮，道不可与谋。迟数有命兮，恶识其时？[27]

【译 文】

世间万物的变化，本来就没有停止的时候。如同涡流运转，循环往复。外在的形体和内在的气来回变化，就像蝉蜕壳一样。其中的道理非常深奥，怎能用语言来表达清楚呢！祸倚靠在福的身边，福中也隐藏着祸；忧愁和欢喜聚在一起，吉和凶也同处于一个地方。那吴国是多么强大啊，但夫差失败亡国；越国在会稽失败，越王句践最后却称霸了。李斯游说秦国取得了成功，最后却遭受了死刑；傅说原本只是一个罪犯，竟然成了武丁的宰相。祸相对于福来说，跟互相缠绕着的绳子有什么区别呢。命运是很难说明白的，谁能知道它究竟是什么呢？水变成激流力量凶猛，弓箭有了强大的力量就能射得远。万物回旋，动荡转换。云气升腾就会下雨，这是多么纷繁复杂的事情。上天造就了万物，本身又是浩渺无边的。天道高深无法预先做出考虑，凡人是难以预先知道大道理的。死亡到来的早晚是自有命数，谁能知道它什么时候到来呢？

注释

❶斡流：运转。迁：变迁。 ❷推：推移变化。还：回，指循环反复。❸形：有形之物。气：无形之物。转：互相转化。续：连续不断。 ❹嬗（shàn）：更替，演变。 ❺沕（wù）穆：形容道理精微而深远。 ❻胡：怎么。胜：尽。 ❼倚：依托。 ❽伏：藏匿。"祸兮"至"所伏"二句见老子《道德经》，这句是说：祸福互相沿袭，往往福因祸生，福中藏祸。 ❾聚门：聚于一家。 ❿同域：同在一处。 ⓫夫差（？—前473）：春秋时吴国末代君主，公元前495年至前473年在位。在吴越争霸中不听伍子胥灭越的劝告，而舍越伐齐，越乘虚入吴。夫差自杀。详见《史记·吴太伯世家》。 ⓬越：指越王勾践。栖：占山居住。会稽：原名茅山，在浙江绍兴东南。相传夏禹在苗山大会诸侯，计功授爵，因名会稽。 ⓭句践（？—前465）：春秋末越国君主。在与吴王夫差的夫椒之战中大败，被困于会稽山，后屈辱求和，卧薪尝胆，发愤图强，最后灭了吴国并称霸当时。 ⓮斯：李斯。游：游说。指李斯西游于秦。成：成功。指李斯入秦任秦王政客卿后，宗室贵族建议逐客，李斯遂上《谏逐客书》，为秦王政所采纳，李斯得以留于秦，后被任以廷尉、丞相等要职。⓯被：遭受。五刑：中国古代的五种刑罚。即墨（面上刺字）、劓（yì）（割鼻）、剕（也称刖）（断足。一说即膑刑，去掉膝盖骨）、宫（去掉生殖器，女幽禁）、大辟（斩首处死）。隋以后五刑内容有所改变。 ⓰傅说：殷王武丁的贤佐。原为在傅险（今山西平陆）服役的刑徒，武丁举以为相，殷大治。详见《史记·殷本纪》。胥靡：刑徒。服役者用绳索连在一起。 ⓱武丁：即殷高宗。他在位时修政行德，殷极昌盛。 ⓲纆（mò）：绳索。纠纆：绳索互相缠绕。⓳极：终，尽。 ⓴激：水因受阻遏而腾涌或飞溅。旱：通"悍"，猛疾之意。水激则旱：水受激则流得快。 ㉑薄：迫。回薄：往返不停地激荡。 ㉒振：通"震"。此二句大意是：万物彼此震荡而互相影响，因而引起种种变化。 ㉓蒸：上升。 ㉔缪（jiū）：通"摎"，绞结。 ㉕专（jūn）：通"钧"，制造陶器的转轮。大专：指天。槃：通"盘"，旋转。槃物：陶轮旋转制造陶器。此句意谓：天造万物像陶工制造陶器一样。 ㉖坱轧（yǎngyà）：广大。王逸注《楚辞》解

为云雾气昧。垠：边际。 ㉗恶：何。恶识：怎么知道。

【原 文】

且夫天地为炉兮，造化为工；阴阳为炭兮，万物为铜。合散消息兮①，安有常则；千变万化兮，未始有极。忽然为人兮，何足控抟②；化为异物兮③，又何足患！小知自私兮，贱彼贵我；通人大观兮④，物无不可。⑤贪夫徇财兮⑥，烈士徇名；夸者死权兮⑦，品庶冯生。⑧怵迫之徒兮⑨，或趋西东⑩；大人不曲兮⑪，亿变齐同。拘士系俗兮⑫，攌如囚拘⑬；至人遗物兮⑭，独与道俱。众人或或兮⑮，好恶积意⑯；真人淡漠兮⑰，独与道息。释知遗形兮⑱，超然自丧⑲；寥廓忽荒兮⑳，与道翱翔。乘流则逝兮，得坻则止㉑；纵躯委命兮，

【译 文】

况且天地就像一座巨大的熔炉，大自然就是冶炼工厂；阴阳是炉中的火炭，万物都是被等待熔铸的铜。这些事物的聚、散、消、长，哪里有通用的规律；千万种变化，从来都没有终极。偶然才成了人，这有什么值得珍惜的呢；转化成了其他的事物，又有什么可以担心的呢！有小聪明的人都只知道偏爱自己，轻视外物，重视自己；旷达的人一般都从大局着眼，没有什么不能适应。贪婪的人为了财物而死，有抱负的人为了荣誉不要性命；喜好炫耀的人为权力而死，一般的老百姓就只想着活下去。被名利诱惑的人，被贫贱逼迫的人，整天跑东跑西；只有高尚的人才不会对外物屈服，任凭事物有千万种变化，在他们眼里都是一样的。有的人被俗世所羁绊，就像坐牢一样；而圣德极美的人，却能够抛弃世俗，只与大道共同存在。天下的人全都迷惑了，心中充满了喜好、厌恶的感情；而真正看透大道的人对一切都很淡泊，只和大道同归一处。舍弃了智慧，忘掉了自己的形骸，超脱于事物之外，就好像自己根本不存在一样；在空阔恍惚的世界里，跟大道一起翱翔。坐船顺流而下，遇到小岛就停下来；把自己交给命运来主宰，不把身体看成自己私人的东西。活着就像浮萍一样，死了

不私与己。其生若浮兮，其死若休，澹乎若深渊之静[22]，泛乎若不系之舟。不以生故自宝兮，养空而浮[23]；德人无累兮[24]，知命不忧。细故蒂薊兮[25]，何足以疑！

就像是在休息；心中一团宁静，就像深渊一样安静，顺其自然的态度就像一条没有拴住的小船一样。不因为活着就看重自己的生命，修养空灵的品性，不拘泥于已有的规定；德行达到顶点的人不会受到俗世的牵累，明白自己的命运，不会感到忧虑。细小得如芥蒂一样的事情，根本不值得疑虑！

注释

❶消：灭。息：生。 ❷控：引持。抟：抚弄。控抟：引申为爱惜、珍重。❸异物：《索隐》谓死而形化为鬼，谓死去。 ❹通人：通达的人。大观：所见远大。 ❺物无不可：一切事物都有它合适的地方，语出《庄子·齐物论》。❻徇：通“殉”。徇财：为财而死。下文“徇名”意同。 ❼夸者：指过分柔顺以取媚于人的人。 ❽品庶：众人。冯：贪。 ❾怵（chù）：为利所诱。迫：为贫贱所迫。 ❿趋西东：到处趋利。 ⓫大人：指德高识广的人。曲：屈，指为物欲所屈。 ⓬拘士：拘于世俗的人。系俗：为俗务所牵累。 ⓭攌（huǎn）：囚拘，也指监狱。 ⓮至人：圣德极美的人。遗物：遗弃一切事物的牵累。⓯或或：一作“惑惑”，迷惑很深。 ⓰好恶（hàowù）：欢喜与讨厌。意：通“臆”，胸。积意：积满于胸中。 ⓱真人：据《庄子》谓不知悦生，不知恶死，顺乎自然的人。一说得天地之道者。 ⓲释知：绝圣弃智。遗形：忘其身。⓳自丧：忘却自我。 ⓴寥：深。廓：空。 ㉑坻：水中的小块陆地。 ㉒澹（dàn）：安静。指人心平静。 ㉓养空而浮：指道家养空虚之性，心如浮舟一样空荡。 ㉔德人：注重道德的人。无累：无物累，意谓超然物外。 ㉕蒂薊（dìjiè）：通“蒂芥”，细小的梗塞物。

【原 文】

后岁余，贾生征见。孝文帝方受釐[1]，坐宣室。[2]上因感鬼神事，而问鬼神之本。贾生因具道所以然之状。至夜半，文帝前席。[3]既罢，曰："吾久不见贾生，自以为过之[4]，今不及也。"居顷之[5]，拜贾生为梁怀王太傅。[6]梁怀王，文帝之少子，爱，而好书[7]，故令贾生傅之。

【译 文】

过了一年多的时间，贾谊被汉文帝召见。汉文帝坐在宣室里，接受神灵的赐福保佑。汉文帝因为对鬼神之事产生了兴趣，就问贾谊鬼神的根源到底是什么。贾谊乘机面面俱到地讲述了所以会有鬼神之事的种种情形。到了半夜，文帝听得入神了，就把自己的座席向前移动。听贾谊说完以后，汉文帝说："我这么长时间没有见到贾先生，自己觉得能够超过他，现在看来，我还是不如他啊。"没过多久，汉文帝就任命贾谊为梁怀王太傅。梁怀王是汉文帝的小儿子，很受汉文帝的宠爱，而且还喜欢读书，所以汉文帝让贾谊当他的老师。

注 释

❶受釐（xī）：汉代祭祀天地五畤，皇帝不亲自前往，而是派大臣代行，回来将祭祀用过的肉给皇帝，以示受福。釐：祭祀用过的肉。一说"釐"是"禧"的假借字，受釐就是受神的福。 ❷宣室：未央宫前殿的正室。 ❸前席：膝盖在座席上渐渐前移，表示越听越爱听。 ❹过：超过。 ❺居顷之：过了不久。顷之：不久。 ❻拜：授予官职。梁怀王：刘揖。 ❼好书：喜欢读书。

【原 文】

文帝复封淮南厉王子四人皆为列侯。[1]贾生谏[2]，以

【译 文】

汉文帝又册封淮南厉王的四个儿子为侯爵。贾谊劝说汉文帝，认为国家灾

为患之兴自此起矣。贾生数上疏，言诸侯或连数郡，非古之制，可稍削之。文帝不听。

难的兴起就要从这里开始了。贾谊多次向汉文帝上疏，说有些诸侯的封地往往是好几个郡连在一起，不符合古代的制度，可以慢慢削减诸侯的封地。汉文帝不听贾谊的劝谏。

注释

❶淮南厉王：名长，刘邦子，文帝时以不法废，谪徙严道，死于途中，谥厉。见《史记·淮南衡山列传》。子四人皆为列侯：指文帝八年五月封淮南厉王子四人为侯，他们是阜陵侯安、安阳侯勃、阳周侯赐、东城侯良。后刘安为淮南王，勃为衡山王，赐为庐江王。 ❷贾生谏：指贾谊谏孝文帝不要封淮南厉王子。其疏见《汉书·贾谊传》。

【原文】

居数年，怀王骑，堕马而死，无后。贾生自伤为傅无状[①]，哭泣岁余，亦死。贾生之死时年三十三矣。及孝文崩，孝武皇帝立[②]，举贾生之孙二人至郡守，而贾嘉最好学，世其家[③]，与余通书。至孝昭时[④]，列为九卿。[⑤]

【译文】

过了几年，梁怀王在骑马的时候从马上摔下来死了，没有后代。贾谊伤心自己这个老师没有尽到责任，哭了一年多的时间，也死了。贾谊死的时候三十三岁。等到汉文帝去世，汉武帝做皇帝的时候，提拔贾谊的两个孙子做了郡守，其中贾嘉最喜欢学习，继承了贾谊的家风，他跟我有过书信往来。到汉昭帝时，职位在九卿的行列。

注释

❶无状：不像样子，没有尽到责任。 ❷孝武皇帝：汉武帝刘彻，公元前140年至前87年在位。此处当为“今上”。因司马迁死于汉武帝末年，不知其谥号。此非原文。 ❸世其家：继承贾谊的家业。 ❹孝昭：汉昭帝刘弗陵（前94—前74），公元前87年至前74年在位。司马迁死于武帝末年，不知昭帝。此与后句“列为九卿”是后人所加。 ❺九卿：汉代中央政府的九位高级官员，即太常、光禄勋、中大夫令（卫尉）、太仆、廷尉（大理）、大鸿胪、宗伯、大司农（大农令）、少府。

【原文】

太史公曰：余读《离骚》《天问》《招魂》《哀郢》，悲其志。①适长沙②，观屈原所自沈渊，未尝不垂涕，想见其为人。及见贾生吊之，又怪屈原以彼其材，游诸侯，何国不容，而自令若是。读《服鸟赋》，同死生③，轻去就④，又爽然自失矣。⑤

【译文】

太史公说：我读了《离骚》《天问》《招魂》《哀郢》以后，对屈原的感情和心志都非常同情。后来我来到长沙，看到屈原沉江自杀的地方，常常为他流泪，在想象中见到他本人的模样。等到看到贾谊凭吊屈原的那篇赋，又觉得奇怪，屈原凭借他的才能去游说诸侯，哪个国家会不接受他呢，可他偏偏沉江自杀了。等到读了《服鸟赋》以后，把生死同样看待，不患得患失，又轻快舒适地丢掉了自己原来的想法。

注释

❶《天问》《招魂》《哀郢》：都是《楚辞》的篇名，屈原所作，东汉王逸认为《招魂》的作者是宋玉。 ❷适：往，到。 ❸同死生：生死同样看待。

❹去就：得失。轻去就：不患得患失。 ❺爽然：轻快舒适的样子。自失：丢掉自己原来的想法。

刺客列传

【原 文】

曹沫者[1]，鲁人也，以勇力事鲁庄公。庄公好力。[2]曹沫为鲁将，与齐战，三败北。[3]鲁庄公惧，乃献遂邑之地以和。[4]犹复以为将。

【译 文】

曹沫，是鲁国人，凭勇敢和气力侍奉鲁庄公。鲁庄公喜欢武力。曹沫出任鲁国大将，与齐国交战，多次被打败。鲁庄公害怕了，就献出遂邑的土地来求和。但仍继续任命曹沫担任大将。

注 释

❶曹沫：《左传》《穀梁传》皆作“曹刿”。 ❷好力：喜欢武力。 ❸败北：败走。 ❹遂邑：在今山东宁阳西北。《左传·庄公十三年》作“齐人灭遂”，与此处记载不同。

【原 文】

齐桓公许与鲁会于柯而盟。[1]桓公与庄公既盟于坛上，曹沫执匕首劫齐桓公，桓公左右莫敢动，而问曰：“子将何欲？”[2]曹沫曰：“齐强鲁弱，而大国侵鲁亦甚

【译 文】

齐桓公答应和鲁国在柯地会见并订立盟约。齐桓公与鲁庄公在盟坛上订立盟约以后，曹沫手持匕首挟持齐桓公，桓公身边的人不敢轻举妄动，桓公问：“你打算干什么？”曹沫回答说：“齐国强大，鲁国弱小，齐国侵略鲁国，这样也太过分了！如今鲁国的城墙一倒塌，就会压到齐国的

矣。今鲁城坏即压齐境[3]，君其图之。”[4]桓公乃许尽归鲁之侵地。既已言，曹沫投其匕首，下坛，北面就群臣之位，颜色不变，辞令如故。桓公怒，欲倍其约。[5]管仲曰：“不可，夫贪小利以自快，弃信于诸侯，失天下之援，不如与之。”于是桓公乃遂割鲁侵地，曹沫三战所亡地尽复予鲁。

边境，您应该考虑考虑这个问题。”齐桓公答应将侵占的鲁国土地全部归还。话说完以后，曹沫便将匕首扔掉，走下盟坛，回到面向北的臣子的位置上，面不改色，谈吐从容如常。齐桓公很生气，想要违背盟约。管仲说：“不可以那样做。那些贪图小利小惠、只想让自己快乐的人，会在诸侯面前失去信用，这样一来就会失去天下人的援助，不如将土地归还给鲁国吧。”于是，齐桓公就归还所侵占的鲁国的土地，曹沫多次战败失去的土地，全部归还给了鲁国。

注释

❶柯：齐邑。今山东阳谷东北之阿城镇。 ❷此处《公羊传》所载为：“管子进曰：‘君何求乎？’”何休注云：“桓公卒不能应，管仲进为言之也。” ❸鲁城坏即压齐境：意思是，齐国侵占鲁国的土地，已经到了鲁国都城的边缘，如果鲁国都城城墙倒塌，就会压在齐国的边境上了。 ❹图：谋划，思考。 ❺倍：通“背”，违背。

【原 文】

其后百六十有七年而吴有专诸之事。[1]

【译 文】

此后一百六十七年，吴国有专诸的事迹。

注释

❶专诸：《左传》昭公二十年、二十七年载其事。

【原 文】

专诸者，吴堂邑人也。[1]伍子胥之亡楚而如吴也[2]，知专诸之能。伍子胥既见吴王僚，说以伐楚之利。吴公子光曰："彼伍员父兄皆死于楚而员言伐楚，欲自为报私仇也，非能为吴。"吴王乃止。伍子胥知公子光之欲杀吴王僚，乃曰："彼光将有内志[3]，未可说以外事。"乃进专诸于公子光。[4]

【译 文】

专诸，是吴国的堂邑人。伍子胥逃离楚国到吴国时，知道专诸有很大的本领。伍子胥见到吴王僚后，用讨伐楚国的好处来游说他。吴国的公子光说："那个伍员，父亲、兄长全部都死在楚国，他提出攻打楚国，是想要为自己报私仇罢了，并不是为吴国的利益着想。"吴王放弃了攻打楚国的打算。伍子胥知道公子光打算杀死吴王僚，就说："那个公子光有在国内夺取王位的志向，目前还不能说服他向国外出兵。"伍子胥就将专诸推荐给公子光。

注释

❶堂邑：在今江苏六合北。初为楚邑，后属吴。 ❷伍子胥：楚人，名员，父名伍奢，兄伍尚。楚平王时，伍奢为费无忌所谗，平王杀伍奢和伍尚，伍员逃亡到宋，又奔吴。 ❸内志：在国内夺取王位的志向。 ❹进：推荐。

【原 文】

光之父曰吴王诸樊。诸樊弟三人：次曰余祭，次曰夷眛[1]，次曰季子札。诸樊知季子札贤而不立太子，以次传三弟[2]，欲卒致国于季子札。[3]诸樊既死，传余祭。余祭死，传夷眛。夷眛死，当传季子札；季子札逃不肯立，吴人乃立夷眛之子僚为王。公子光曰："使以兄弟次邪，季子当立；必以子乎，则光真适嗣[4]，当立。"故尝阴养谋臣以求立。

【译 文】

公子光的父亲是吴王诸樊。诸樊有三个弟弟：大弟弟名字叫余祭，二弟弟名字叫夷眛，最小的弟弟叫季子札。诸樊了解季子札贤德而有能力，就没有立太子，而是将王位按次序传下去，想要最后将王位交给季子札。诸樊去世以后，将王位传给余祭。余祭去世后，将王位传给夷眛。夷眛去世后，本来应该将王位传给季子札；季子札却逃跑不肯接受王位，于是吴国人拥立夷眛的儿子僚为吴王。公子光说："假如是按照兄弟的次序传递王位，季子应该即位；如果一定是要以儿子的顺序即位，那么我公子光才是真正的嫡长子，我应该继承王位。"因此公子光曾经私下供养谋臣，以便靠他们取得王位。

注 释

❶夷眛：《公羊传》作"余末"。 ❷以次传三弟：按次序把王位传给三个弟弟。 ❸卒：最终。此句意为：想把王位最终传给季子札。 ❹适嗣：嫡长子，正宗继承人。适：通"嫡"，正妻所生之长子。

【原 文】

光既得专诸，善客待之。九年而楚平王死。[1]春，

【译 文】

公子光得到专诸后，像对待客人一样善待他。吴王僚九年，楚平王去世。这年

吴王僚欲因楚丧，使其二弟公子盖余[2]、属庸将兵围楚之灊[3]；使延陵季子于晋[4]，以观诸侯之变。楚发兵绝吴将盖余、属庸路，吴兵不得还。于是公子光谓专诸曰："此时不可失，不求何获！[5]且光真王嗣，当立，季子虽来，不吾废也。"[6]专诸曰："王僚可杀也。母老子弱，而两弟将兵伐楚，楚绝其后。方今吴外困于楚，而内空无骨鲠之臣[7]，是无如我何。"[8]公子光顿首曰[9]："光之身，子之身也。"

春天，吴王僚趁楚国有丧事的机会，派遣他的两个弟弟盖余和属庸率领军队包围楚国的灊地；又派遣延陵季子到晋国，用来观察诸侯国的动静。楚国发兵将盖余、属庸的退路切断，吴国的兵马没有办法回国。这个时候，公子光对专诸说："这是个千载难逢的好机会，千万不可以丢失，如果现在不争取的话，怎么会获得呢！何况我是真正的继承人，理应即位。即使季子回来，也不会废掉我。"专诸说："吴王僚可以杀死。母亲年老，孩子尚在襁褓中，两个弟弟现在又带兵攻伐楚国，被楚军断绝了退路。如今吴国外被楚国所困，朝廷里又没有刚直的大臣，这样一来，就不能把我怎么样。"公子光给专诸叩头说："我公子光的命就是您的命。"

注释

❶《左传·昭公二十六年》《楚世家》《十二诸侯年表》皆云楚平王死在楚平王十三年，吴王僚十一年，此九年误。 ❷盖余：《左传》作"掩余"。 ❸灊：在今安徽霍山与六安间。 ❹延陵季子：即季子札，因封于延陵而故称。延陵：今江苏常州。 ❺不求何获：不求取怎会获得。 ❻不吾废：即不废掉我，或不把我废掉。 ❼骨鲠：刚直，刚劲。鲠：亦作"骾"，或"梗"。 ❽无如我何：犹无奈我何，不能把我怎么样。 ❾顿首：以头叩地。

【原 文】

四月丙子[1]，光伏甲士于窟室中[2]，而具酒请王僚。王僚使兵陈自宫至光之家，门户阶陛左右[3]，皆王僚之亲戚也。[4]夹立侍，皆持长铍。[5]酒既酣，公子光详为足疾[6]，入窟室中，使专诸置匕首鱼炙之腹中而进之。[7]既至王前，专诸擘鱼[8]，因以匕首刺王僚，王僚立死。左右亦杀专诸，王人扰乱。公子光出其伏甲以攻王僚之徒，尽灭之，遂自立为王，是为阖闾。[9]阖闾乃封专诸之子以为上卿。[10]

【译 文】

四月丙子日这天，公子光将身穿铠甲的士兵埋伏在地下室，并准备好酒席邀请吴王僚前来赴宴。吴王僚派遣卫队，从宫廷一直排到公子光的家里，门户、台阶两旁都是吴王僚的亲信。这些人夹道站立，手里都拿着长矛。酒宴喝到尽兴的时候，公子光假装脚痛，来到地下室，让专诸把匕首放在烤熟的鱼腹中，将烤鱼端上去。专诸来到吴王僚面前，剖开鱼腹，拿出匕首刺向吴王僚，吴王僚当场就死了。侍卫也杀死了专诸，吴王僚的人陷入纷扰混乱之中。公子光放出他事先埋伏好的士兵，攻击吴王僚的人，将他们全部消灭，公子光就自立为王，这就是吴王阖闾。阖闾将专诸的儿子封为上卿。

注释

❶此年为吴王僚十二年。 ❷甲士：身穿铠甲的武士。《左传》作“伏甲”。 ❸阶：台阶。陛：宫殿的台阶。 ❹亲戚：亲信。 ❺铍（pī）：长矛。 ❻详：通“佯”，假装。 ❼鱼炙：烤熟的鱼。 ❽擘（bò）：剖开，分开。 ❾阖闾：亦作“阖庐”。 ❿上卿：高级爵位之称。

【原 文】

其后七十余年而晋有豫让之事。

豫让者，晋人也，故尝事范氏及中行氏[①]，而无所知名。去而事智伯[②]，智伯甚尊宠之。及智伯伐赵襄子，赵襄子与韩、魏合谋灭智伯，灭智伯之后而三分其地。赵襄子最怨智伯[③]，漆其头以为饮器。[④]豫让遁逃山中，曰："嗟乎！士为知己者死，女为说己者容。[⑤]今智伯知我，我必为报仇而死，以报智伯，则吾魂魄不愧矣。"乃变名姓为刑人[⑥]，入宫涂厕[⑦]，中挟匕首，欲以刺襄子。襄子如厕[⑧]，心动，执问涂厕之刑人，则豫让，内持刀兵，曰："欲为智伯报仇！"左右欲诛之。襄子曰："彼义人也，吾谨避之耳。且智伯亡无后，而其臣欲为报仇，此天下之贤人也。"卒释去之。

【译 文】

此后又过了七十多年，晋国有豫让的事情。

豫让，是晋国人，以前曾经侍奉过范氏和中行氏，没有什么名声。离开中行氏后，去侍奉智伯，智伯非常尊重、宠幸他。等到智伯攻打赵襄子，赵襄子和韩、魏联合消灭了智伯；智伯被灭以后，他们将智伯的土地分成三份瓜分了。赵襄子最恨智伯，将智伯的头颅涂上油漆，做成饮酒的器皿。豫让逃亡到山中，感叹说："唉！士人甘愿为了解自己的人献出生命，女子甘愿为喜欢自己的人修饰容颜。如今智伯了解我，我一定要拼死为他报仇，以此来报答智伯，就算死了，灵魂也没有什么羞愧了。"于是豫让改名换姓，伪装成宦官，潜入赵襄子的宫中修整厕所，身上带着匕首，想要刺杀襄子。赵襄子上厕所的时候，心中一惊，就让随从捉住并审问那个粉刷厕所的人，才知道是豫让，他的身上还藏着短剑，说："我要为智伯报仇！"赵襄子的侍从都想要杀死豫让。赵襄子却说："这是个有义气的人，我小心谨慎避开他就行了。况且智伯已经死了，他没有后代，他的家臣想要替他报仇，是天下难得的贤人。"最后释放了他，让他离开。

注释

❶范氏及中行氏、智氏、赵氏、韩氏、魏氏，皆晋之卿大夫，专晋国之权，史称“六卿”。 ❷去：离开。 ❸怨：怨仇，仇恨。当时六卿中智伯最强，跟韩、魏割要土地，韩、魏予之，又要赵割让土地，赵不与，智伯遂率韩、魏伐赵，赵襄子逃到晋阳。三家攻晋，并引汾水灌城，城内悬釜（锅）而炊，易子而食，形势十分危急。赵襄子夜间派其相张孟同（同，一作“谈”）说服韩、魏，与赵联合，反而把智氏灭掉。故此说“赵襄子最怨智伯”。 ❹饮器：一种椭圆形盛酒器。 ❺说：通“悦”，喜欢。 ❻刑人：此谓刑余之人，指宦者。 ❼涂厕：修饰厕所。 ❽如：去。

【原文】

居顷之[1]，豫让又漆身为厉[2]，吞炭为哑[3]，使形状不可知，行乞于市。其妻不识也。行见其友，其友识之，曰：“汝非豫让邪？”曰：“我是也。”其友为泣曰：“以子之才，委质而臣事襄子[4]，襄子必近幸子。近幸子，乃为所欲[5]，顾不易邪？何乃残身苦形，欲以求报襄子，不亦难乎！”豫让曰：“既已委质臣事人，而求杀之，是怀二心以事其君也。

【译文】

过了不久，豫让又全身涂满油漆，让身体肿烂，长满了癞疮，又吞下木炭让自己的声音变得沙哑，使自己的样貌不可辨认，在街上讨饭。他的妻子也不能认出他。路上见到他的朋友，他的朋友认出他，说：“你不是豫让吗？”豫让说：“正是我。”他的朋友流着泪说道：“凭借你的才能，如果能委身前去侍奉赵襄子的话，赵襄子一定会非常宠信您的。等到他宠信您之后，您再去干您想干的事，难道不是容易了吗？何苦要摧残自己的身体，丑化自己的样貌，想要用这样的办法达到向赵襄子报仇的目的，不是更困难了吗！”豫让说：“既然已经侍奉了别人，又想杀死他，这就是心怀异

且吾所为者极难耳！[6]然所以为此者，将以愧天下后世之为人臣怀二心以事其君者也。”

心来服侍他的君主啊。我现在这么做非常艰难！但是我之所以坚持这样做，就是要让天下以后那些作为臣子却心怀二意去侍奉自己君主的人感到惭愧。”

注释

❶居顷之：过了不久。 ❷漆身为厉：身上涂上漆，使皮肤肿烂，像得了癞疮。厉：通“癞”，癞疮。 ❸吞炭为哑：吞咽木炭使声音变得嘶哑。 ❹委质：向尊长者献礼，表示献身。质：通“贽”，礼物。 ❺乃为所欲：指刺杀赵襄子。 ❻且：语助词，犹“夫”，放在词前。

【原文】

既去，顷之，襄子当出，豫让伏于所当过之桥下。襄子至桥，马惊，襄子曰：“此必是豫让也。”使人问之，果豫让也。于是襄子乃数豫让曰：[1]“子不尝事范、中行氏乎？智伯尽灭之，而子不为报仇，而反委质臣于智伯。智伯亦已死矣，而子独何以为之报仇之深也？”豫让曰：“臣事范、中行氏，范、中行氏皆众人遇我[2]，

【译文】

豫让说完走后，没过多久，赵襄子正好外出，豫让便埋伏在赵襄子必经的一座桥的下面。赵襄子刚到桥上，马就受惊了，赵襄子说：“这一定是豫让。”派人查问，真的是豫让。赵襄子于是列举罪过责备豫让说：“你不也曾经服侍过范氏和中行氏吗？智伯把他们都消灭了，你却没有为他们报仇，反而委身成智伯的臣子。如今智伯也已经死了，你为什么偏偏要如此急切地为智伯报仇呢？”豫让说：“我服侍范氏和中行氏，范氏和中行氏把我当一般人对待，因此我作为报答也像对待普通人那样对待他们。至于

故我众人报之。至于智伯，国士遇我[3]，我故国士报之。”襄子喟然叹息而泣曰：“嗟乎豫子！子之为智伯，名既成矣，而寡人赦子，亦已足矣。子其自为计，寡人不复释子！”使兵围之。豫让曰：“臣闻明主不掩人之美，而忠臣有死名之义。[4]前君已宽赦臣，天下莫不称君之贤。今日之事，臣固伏诛[5]，然愿请君之衣而击之，焉以致报仇之意，则虽死不恨。非所敢望也，敢布腹心！”[6]于是襄子大义之，乃使使持衣与豫让。豫让拔剑三跃而击之，曰：“吾可以下报智伯矣！”遂伏剑自杀。死之日，赵国志士闻之，皆为涕泣。

智伯，他对待我如同对待国士一样，因此我也应该像国士一样报答他。”赵襄子感慨叹息，流着眼泪说：“唉！豫先生，您为智伯做的，名声已经很大了，而我对您宽赦到这个程度，也已经足够了。您还是为自己打算，我不会再放过你了！”说完，便命令卫士将豫让围住。豫让说：“我听说圣明的君主不会掩盖别人的美名，而忠诚的臣子有为美名而死的道义。以前您已赦免了我，天下没有人不称赞您的贤德。今天的事情，我本应伏法，但是我恳求能够得到您的衣服来击打它，以此来表达我替智伯报仇的心意，这样一来，我就是死了也没有遗憾了。这自然不敢指望您答应我的要求，但我敢于说出我的心里话。”当时襄子非常赞赏豫让的义气，便命令使者拿衣服给豫让，豫让拔出剑来多次跳起来击刺它，说：“我可以到九泉之下去报答智伯了！”于是拔剑自刎了。豫让死的那天，赵国的有志之士得知这个消息，都为他哭泣。

注释

❶数：列举罪状。 ❷众人遇我：把我当一般人对待。 ❸国士：国中豪杰之士。 ❹死名之义：为正义、恩情的美好名声而死。 ❺固：本当，应该。伏诛：犹伏法，即受死刑。 ❻敢布腹心：把心里话说出来。

【原 文】

其后四十余年而轵有聂政之事[1]。

【译 文】

从这以后又过了四十多年，轵县有聂政的事迹。

注 释

❶轵：在今河南济源南。

【原 文】

聂政者，轵深井里人也。杀人避仇，与母、姊如齐，以屠为事。

久之，濮阳严仲子事韩哀侯[1]，与韩相侠累有卻。[2]严仲子恐诛，亡去，游求人可以报侠累者。至齐，齐人或言聂政勇敢士也，避仇隐于屠者之间。严仲子至门请，数反[3]，然后具酒自畅聂政母前。[4]酒酣，严仲子奉黄金百溢[5]，前为聂政母寿。[6]聂政惊怪其厚，固谢严仲子。[7]严仲子固进，而聂政谢曰："臣幸有老母，家贫，客游以为狗屠，可以旦

【译 文】

聂政，是轵县井里人。因为杀人，躲避仇家，和母亲、姐姐到齐国，以屠宰为生。

很久之后，濮阳人严仲子侍奉韩哀侯，与韩国宰相侠累产生了矛盾。严仲子担心侠累杀死自己，便逃离了韩国，周游各国，寻求可以替他向侠累报仇的人。到了齐国以后，齐国有人说聂政是勇士，他为了逃避仇人，才躲藏在屠夫中间。严仲子到聂家来求见聂政，多次往返，之后又准备了酒食，亲自向聂政母亲敬酒。酒酣耳热之际，严仲子又拿出一百镒黄金，上前为聂政的母亲祝寿。聂政对这份厚礼感到奇怪，坚决谢绝严仲子。严仲子坚持要送，聂政辞谢说："我很庆幸我的老母尚在，尽管家境贫穷，客居在这里，以屠狗为职业，

夕得甘毳以养亲。[8]亲供养备，不敢当仲子之赐。”严仲子辟人[9]，因为聂政言曰：“臣有仇，而行游诸侯众矣；然至齐，窃闻足下义甚高[10]，故进百金者，将用为大人粗粝之费[11]，得以交足下之欢，岂敢以有求望邪！”聂政曰：“臣所以降志辱身居市井屠者[12]，徒幸以养老母；老母在，政身未敢以许人也。”[13]严仲子固让，聂政竟不肯受也。然严仲子卒备宾主之礼而去。

早晚也能够得到些美食来奉养母亲。现在我有足够的能力供养母亲，所以不敢接受仲子的赐予。”严仲子令旁人退下，趁机对聂政说：“我有仇要报，因而遍游众多诸侯国；然而来到齐国之后，私下听说您是个非常有义气的人，所以进献百金，作为您母亲买粗粮的费用，并以此来讨得朋友的欢心，怎么还敢有别的请求呢？”聂政说：“我之所以降低自己的志向，委屈自己，在市井里做一个普通的屠夫，只是想能够奉养母亲。老母尚在人世，我不敢为他人献身。”严仲子再三谦让，聂政始终不肯接受。不过，最后严仲子还是尽完宾主之礼才离开。

注释

❶濮阳：今河南濮阳。严仲子：名遂，字仲子。 ❷郤：通“隙”，矛盾。 ❸数反：多次往返。 ❹畅：《战国策·韩二》作“觞”，向人敬酒，饮酒。 ❺溢：黄金重量单位，亦作“镒”，二十两，一说二十四两。 ❻寿：祝寿。 ❼固谢：坚决谢绝。 ❽毳：通“脆”。甘毳：味美的食品。 ❾辟人：屏除、排除其他人。 ❿窃闻：私下听说。 ⓫粗粝：犹粗米，粗糙的粮食。 ⓬降志辱身：《索隐》云：“言其心志与身本应高洁，今乃卑下其志，屈辱其身。《论语》孔子谓‘柳下惠降志辱身’是也。” ⓭《礼记》曰：“父母存，不许友以死。”

【原 文】

久之，聂政母死。既已葬，除服[1]，聂政曰："嗟乎！政乃市井之人，鼓刀以屠；而严仲子乃诸侯之卿相也，不远千里，枉车骑而交臣。[2]臣之所以待之，至浅鲜矣[3]，未有大功可以称者[4]，而严仲子奉百金为亲寿，我虽不受，然是者徒深知政也。[5]夫贤者以感忿睚眦之意而亲信穷僻之人[6]，而政独安得嘿然而已乎！[7]且前日要政[8]，政徒以老母；老母今以天年终，政将为知己者用。"乃遂西至濮阳，见严仲子曰："前日所以不许仲子者，徒以亲在；今不幸而母以天年终。仲子所欲报仇者为谁？请得从事焉！"严仲子具告曰："臣之仇韩相侠累，侠累又韩君之季父也[9]，宗族盛多，居处兵卫甚设，臣欲使人刺之，(众)终莫能就。今足下幸而不弃，请益其车骑壮士可为

【译 文】

很久之后，聂政的母亲去世了。安葬完母亲，除去丧服，聂政说道："唉！我只是一个市井中的普通百姓，拿着刀屠宰牲畜罢了；而严仲子身为诸侯国的卿相，竟然不远千里，屈驾前来与我结交。而我用来对待他的情义，实在是太轻薄了，我没有什么值得称赞的大功，可是严仲子却给我的母亲奉上百金作为寿礼，我尽管没有接受，但是这足以表明他十分了解我。像他这样一个贤德的人，因感愤于一点小小的仇恨而把我这个处于偏僻地方的小民引以为亲信，我怎么能独自心安理得地默不作声，将这件事就这样算了呢！何况他之前邀请我，我只是因为老母才辞谢；如今母亲已经寿终正寝了，我应当为了知己去效力了。"于是，聂政向西出发来到濮阳，见到严仲子说："从前我没有答应仲子，是因为母亲健在；如今老母不幸已经过世，仲子想要向谁寻仇？就请允许我替您处理这件事情吧。"于是严仲子把事情详细地告诉聂政说："我的仇人是韩国的宰相侠累，侠累也是韩王的叔父，他的家族势力强大，人数众多，他居住的地方守卫森严。我想派人去刺杀他，始终没有成功。现在承蒙您不嫌弃，请让我增派些车马壮士做您的助手。"聂政说："韩国和

足下辅翼者。”[10]聂政曰：“韩之与卫，相去中间不甚远[11]，今杀人之相，相又国君之亲，此其势不可以多人，多人不能无生得失，生得失则语泄，语泄是韩举国而与仲子为仇，岂不殆哉！”[12]遂谢车骑人徒，聂政乃辞独行。

卫国，两国相距并不远。现在要杀韩国的宰相，而这位宰相又是国君的亲戚，这种情况下，不可以派那么多人。因为人一旦多了，不可能不出现什么岔子，一旦出了岔子，就会泄露消息，一旦泄露了消息，那么韩国全国上下都会与仲子你为敌，这难道不是十分危险吗！”于是聂政谢绝了车马人众，向严仲子辞别后独自出发了。

注释

❶除服：亦叫“除丧”。即守孝期满，除去丧服。 ❷枉车骑：犹言屈驾。 ❸浅鲜：轻薄。 ❹称：称道，赞许。 ❺徒：但。 ❻睚眦：发怒时瞪眼睛。此句意为：这位贤德的人因感愤于一点小小的仇恨而把我这个处于偏僻地方的小民引以为亲信。 ❼嘿：通“默”，沉默。 ❽要：请。 ❾季父：叔父。 ❿辅翼：辅佐之人，助手。 ⓫不甚远：《索隐》引高诱曰：“韩都颍川阳翟，卫都东郡濮阳，故曰‘间不远’也。”阳翟：今河南禹州，韩景侯时迁都于此。离严仲子的故乡濮阳不远，人多了会泄露秘密，走漏风声，所以他不要其他助手前往。 ⓬殆：危险。

【原 文】

杖剑至韩[1]，韩相侠累方坐府上，持兵戟而卫侍者甚众。聂政直入，上阶刺杀侠累，左右大乱。聂政大呼，

【译 文】

聂政带着剑来到韩国，韩国的宰相侠累刚好坐在堂上，侠累身边手里拿着武器的侍卫非常多。聂政直接冲到堂上，飞上台阶刺杀了侠累。左右的人大乱，聂政大声叫喊着，杀死了数十人，然后聂政用刀

所击杀者数十人，因自皮面决眼[2]，自屠出肠，遂以死。

割面皮，挖出双眼，又自己剖腹，腹中的肠子都流了出来，就这样死掉了。

注释

❶杖：执持。 ❷皮面：《索隐》云：“谓以刀割其面皮，欲令人不识。”决眼：《战国策》作“抉眼”，挖出眼球。

【原文】

韩取聂政尸暴于市[1]，购问莫知谁子。[2]于是韩（购）县〔购〕之[3]，有能言杀相侠累者予千金。久之莫知也。

【译文】

韩国人将聂政的尸体暴露在街市上，悬赏询问，没有人认识他是谁家的子弟。于是韩王悬赏征求认识刺客的人，有能够说出刺杀宰相侠累的人，给千金。但过了很长时间，也没有人知道他是谁。

注释

❶暴于市：暴露在街市上。 ❷购问：悬赏征求询问。 ❸县：通“悬”，悬挂。

【原文】

政姊荣闻人有刺杀韩相者[1]，贼不得，国不知其名姓，暴其尸而县之千金，乃於邑曰[2]：“其是吾弟与？嗟

【译文】

聂政的姐姐聂荣听说有人刺杀了韩国的宰相，不知凶手是谁，韩国人不知道凶手的姓名，将凶手的尸首暴露在街市上并且悬赏千金，就哭着说：“这是我的弟弟

乎，严仲子知吾弟！”立起，如韩，之市，而死者果政也，伏尸哭极哀，曰：“是轵深井里所谓聂政者也。”市行者诸众人皆曰：“此人暴虐吾国相，王县购其名姓千金，夫人不闻与？何敢来识之也？”荣应之曰：“闻之。然政所以蒙污辱自弃于市贩之间者，为老母幸无恙[3]，妾未嫁也。亲既以天年下世，妾已嫁夫，严仲子乃察举吾弟困污之中而交之，泽厚矣，可柰何！士固为知己者死，今乃以妾尚在之故，重自刑以绝从[4]，妾其柰何畏殁身之诛[5]，终灭贤弟之名！”大惊韩市人。乃大呼天者三，卒於邑悲哀而死政之旁。

吗？唉，严仲子了解我的弟弟！”她随即起身，来到韩国，直接来到街市上辨认尸体，死去的人竟然真的是聂政，她趴在尸体上，哭得非常悲哀，说道：“这是轵县深井里一个叫作聂政的人。”街市上很多过路人都说：“这个人杀死了我国的宰相，韩王正在悬赏千金寻人辨认呢，夫人难道没听说吗？怎么还敢来认尸呢？”聂荣回答说：“我听说这件事了。然而聂政当初之所以选择承受屈辱，委身于市井商贩之中，是因为老母尚无病，而且我尚未出嫁。现在母亲已经寿终正寝，而我也已经嫁了丈夫，严仲子能够在我弟弟困辱的境况中找到他跟他交往，恩泽深厚，他能怎么办呢！勇士本就应该替他的知己死，现在我弟弟因为我仍然在世，重重地自毁其容貌，使人无法辨认，以绝其踪迹，以免牵连别人。我怎么能因为担心自己遭到杀身之祸，而埋没贤弟的名声呢！”这话让韩国的百姓大受震惊。她大声连呼三声“天啊”，最后因为过度悲伤而死在聂政的旁边。

注释

❶荣：一作“嫈”。《战国策》无“荣”字。　❷於邑：犹呜咽，因悲哀或愤懑而气结，抽噎。下同。　❸恙：忧，病。　❹从：通“踪”，踪迹。此句意为：重重地自毁其容貌，使人无法辨认，以绝其踪迹，以免牵连别人。　❺殁：死。

【原 文】

晋、楚、齐、卫闻之，皆曰：“非独政能也，乃其姊亦烈女也。乡使政诚知其姊无濡忍之志[1]，不重暴骸之难[2]，必绝险千里以列其名[3]，姊弟俱僇于韩市者[4]，亦未必敢以身许严仲子也。严仲子亦可谓知人能得士矣！”

【译 文】

晋、楚、齐、卫等国的人听说这件事，都说：“不只聂政是个能人，他的姐姐也是一个性情刚烈的女子。过去假使聂政真的知道他的姐姐没有含忍的性格，不顾惜暴尸骨于外的灾难，一定会穿越险阻来公布他的姓名，最后姐弟一起死在韩国的街市上的话，聂政也不一定就敢将自己的生命许托给严仲子。严仲子也可以说是识人，从而获得了贤才啊！”

注 释

❶乡使：过去假使。乡：通“向”，过去。濡忍：容忍，含忍。 ❷不重：不顾惜。暴骸：暴尸骨于外。 ❸绝险：穷尽、越过艰险。列：排列，布列。❹僇：通“戮”，杀戮。

【原 文】

其后二百二十余年秦有荆轲之事。[1]

【译 文】

此后过了二百二十多年，秦国有荆轲的事迹。

注 释

❶《索隐》：徐氏据《六国年表》，聂政去荆轲一百七十年，则谓此传率略而言二百余年，亦当时为不能细也。

【原 文】

荆轲者，卫人也。其先乃齐人，徙于卫，卫人谓之庆卿。[1]而之燕，燕人谓之荆卿。

【译 文】

荆轲，是卫国人。他的祖先原本是齐国人，后来迁徙到卫国，卫国人称荆轲为庆卿。后来荆轲到了燕国，燕国人称他为荆卿。

注 释

❶庆卿：庆，姓；卿，尊称。齐有庆氏，荆轲或本姓庆。

【原 文】

荆卿好读书击剑，以术说卫元君[1]，卫元君不用。其后秦伐魏，置东郡，徙卫元君之支属野王。

【译 文】

荆轲喜欢读书、击剑，曾以剑术游说卫元君，卫元君没有用他。后来，秦国讨伐魏国，设置了东郡，将卫元君的旁支亲属迁徙到了野王。

注 释

❶卫元君：系魏王婿，卫早已为魏属国。

【原 文】

荆轲尝游过榆次[1]，与盖聂论剑[2]，盖聂怒而目之。荆轲出，人或言复召荆卿。

【译 文】

荆轲游历期间经过榆次，和盖聂讨论剑术，盖聂愤怒地瞪着他。荆轲出去后，有人劝盖聂再将荆轲召回来。盖聂说：

盖聂曰："曩者吾与论剑有不称者[3]，吾目之；试往，是宜去，不敢留。"使使往之主人[4]，荆卿则已驾而去榆次矣。使者还报，盖聂曰："固去也，吾曩者目摄之！"[5]

"之前我跟荆轲讨论剑术，彼此见解有不符合的地方，我瞪了他一眼；尝试去找找看吧，但是他应该离开了，不敢再留在这里了。"派使者到荆轲寓居之家主人那里去寻找，发现荆轲早已驾车离开榆次了。使者回来报告，盖聂说："他原本就该离开，先前我的目光已使他畏惧了。"

注释

❶榆次：今山西榆次。 ❷盖（gě）聂：人名，事迹不详。 ❸不称（chèn）：不合剑术。 ❹主人：指荆轲寓居之家的主人。 ❺摄：通"慑"。全句意为：先前我的目光已使他畏惧了。

【原文】

荆轲游于邯郸，鲁句践与荆轲博，争道，鲁句践怒而叱之，荆轲嘿而逃去，遂不复会。

荆轲既至燕，爱燕之狗屠及善击筑者高渐离。[1]荆轲嗜酒，日与狗屠及高渐离饮于燕市，酒酣以往[2]，高渐离击筑，荆轲和而歌于市中，相乐也，已而相泣，旁若无人者。荆轲虽游于酒人乎，

【译文】

荆轲游历到邯郸，鲁句践和荆轲下棋，争执棋路，鲁句践发怒，斥责了荆轲，荆轲默默无语，悄悄逃走了，从这以后，荆轲不再跟鲁句践见面。

荆轲到达燕国后，跟燕国一个杀狗的屠夫以及擅长击筑的高渐离十分投缘。荆轲好酒，每天都在燕国的集市上与屠夫和高渐离一起喝酒，喝得高兴以后，高渐离击着筑，荆轲在集市上和着高渐离的节拍唱着歌，彼此都很高兴，很快又相对哭泣，好像旁边没有人一样。虽然荆轲与其他酒徒们素有交往，但是他

然其为人沈深好书；其所游诸侯，尽与其贤豪长者相结。其之燕，燕之处士田光先生亦善待之，知其非庸人也。

为人却深沉稳重，喜欢读书；他游历各诸侯国，所结交的都是当地德高望重的人。他到达燕国以后，燕国的隐士田光先生也善待他，知道他并非一般人。

注释

❶筑：古乐器，似琴，有弦，用竹敲击，故名筑。 ❷以往：以后。

【原文】

居顷之，会燕太子丹质秦亡归燕。燕太子丹者，故尝质于赵，而秦王政生于赵，其少时与丹欢。及政立为秦王，而丹质于秦。秦王之遇燕太子丹不善，故丹怨而亡归。归而求为报秦王者，国小，力不能。其后秦日出兵山东以伐齐、楚、三晋，稍蚕食诸侯，且至于燕，燕君臣皆恐祸之至。太子丹患之，问其傅鞠武。武对曰："秦地遍天下，威胁韩、魏、赵氏，北有甘泉[①]、谷口之固[②]，

【译文】

没过多久，恰好遇到在秦国做人质的燕太子丹逃回燕国。燕国的太子丹，过去曾经在赵国做人质，而秦王嬴政在赵国出生，他少年时与燕国的太子丹十分要好。等到嬴政即位当上了秦王后，太子丹又到秦国做人质。秦王对燕国的太子丹不友好，因此太子丹抱怨而逃回了燕国。回到燕国以后，太子丹四处寻找报复秦王的办法，燕国弱小，力不能及。后来，秦国经常出兵到崤山以东来攻击齐国、楚国和三晋，渐渐蚕食诸侯国的土地，就快轮到燕国了。燕国的君臣都十分担心灾祸将要来临。太子丹担心这件事，向他的老师鞠武询问。鞠武回答说："秦国的领土遍布天下，威胁韩国、魏国、赵国，北有甘泉、谷口这样坚固险要的关塞，南有泾河、渭河流域肥

南有泾、渭之沃，擅巴、汉之饶，右陇、蜀之山，左关、殽之险[3]，民众而士厉，兵革有余。[4]意有所出[5]，则长城之南，易水以北[6]，未有所定也。柰何以见陵之怨[7]，欲批其逆鳞哉！”[8]丹曰：“然则何由？”对曰：“请入图之。”[9]

沃的原野，占据富饶的巴郡、汉中郡，右边有陇、蜀这样的高山险阻，左边有函谷关、殽山这样的天险，国内百姓众多而兵士勇猛，军备充足。假如它有向外发展的意图，那么长城以南、易水以北的燕国土地就都没有办法保全了。您怎么能因为自己被欺凌了就心生怨恨，想要去触碰秦王的逆鳞呢！”太子丹说：“既然如此，那我们该怎么办呢？”鞠武回答说：“请让我深入地想想办法吧。”

注释

❶甘泉：山名，在今陕西淳化西北。 ❷谷口：亦作瓠口，在今陕西泾阳西北。 ❸关：函谷关。殽：殽山，在今河南洛宁北。 ❹兵革：军备。 ❺出：向外发展。 ❻长城之南，易水以北：为燕国的土地。 ❼见陵：被欺凌。 ❽批：触动。逆鳞：相传龙的喉下有逆鳞，触到了它，龙就吃人。 ❾入图之：深入地想想办法吧。

【原文】

居有间，秦将樊於期得罪于秦王[1]，亡之燕，太子受而舍之。鞠武谏曰：“不可。夫以秦王之暴而积怒于燕，足为寒心。[2]又况闻樊将军之所在乎？是谓‘委肉当饿虎

【译文】

过了不长时间，秦将樊於期得罪了秦王，逃到燕国，太子丹接纳他并安排他在燕国住了下来。鞠武劝阻太子说：“不可。秦王本来就很暴虐，对燕国也有积怨，已经足够让人胆战心惊了，更何况他听说樊将军被收留在燕国之后呢？这就是‘把肉放在饿虎经过的路上’啊，

之蹊’也[3]，祸必不振矣！[4]虽有管、晏[5]，不能为之谋也。愿太子疾遣樊将军入匈奴以灭口。请西约三晋，南连齐、楚，北购于单于[6]，其后乃可图也。”太子曰：“太傅之计，旷日弥久，心惛然，恐不能须臾。[7]且非独于此也，夫樊将军穷困于天下，归身于丹，丹终不以迫于强秦而弃所哀怜之交，置之匈奴，是固丹命卒之时也。愿太傅更虑之。”鞠武曰：“夫行危欲求安，造祸而求福，计浅而怨深，连结一人之后交[8]，不顾国家之大害，此所谓‘资怨而助祸’矣。[9]夫以鸿毛燎于炉炭之上，必无事矣。[10]且以雕鸷之秦，行怨暴之怒，岂足道哉！燕有田光先生，其为人智深而勇沈，可与谋。”太子曰：“愿因太傅而得交于田光先生，可乎？”鞠武曰：“敬诺。”出见田先生，道“太子愿图国事于先生也”。田光曰：“敬奉教。”乃造焉。[11]

灾祸一定无法避免了！即使是管仲、晏婴，也不能替您想到解决的办法了。恳请太子快将樊将军送到匈奴去，以此来消除秦国发兵的借口。建议向西结交三晋，向南联合齐国、楚国，向北与匈奴单于讲和，这样才能有办法对付秦国。”太子说：“太傅的计划，需要花费太长时间了，我现在心烦意乱，恐怕连一会儿也等不及了。况且并非单单因为这个缘故，樊将军在天下无处容身的时候投奔到我这来，我始终不能因为强秦的逼迫而抛弃我同情的朋友，将他遣送到匈奴，应当在我死的时候。希望太傅重新考虑。”鞠武说：“行动危险却想要求得平安，制造祸端却想要谋求福祉，计谋短浅而结怨颇深，为了结交一个新朋友而不顾老朋友，这就是所说的‘积蓄怨恨而资助灾祸’了。将那鸿毛放在一个正在燃烧着的炉炭上，一定一下子就烧完了。至于正如那雕鸷一样凶猛的秦国，发泄巨大的愤怒，后果还用得着说吗！燕国有一位田光先生，此人深谋远虑，而且勇敢沉着，可以跟他商量对策。”太子说：“希望通过老师和田光先生结识，可以吗？”鞠武说：“遵命。”鞠武便出去与田先生见面，说：“太子想要跟先生共商国家大事。”田光说：“我会非常恭敬地向太子领教。”于是就前往拜访太子。

注释

❶於：音 wū。 ❷寒心：害怕。 ❸委：弃置。蹊：道路。全句意为：把肉正好放在饿虎经过的路上。 ❹振：救。不振：无救。 ❺管：管仲，字夷吾，春秋初年佐齐桓公称霸。晏：晏婴，相齐景公，系春秋末年著名政治家。 ❻购：通“媾”，媾和。《战国策》“购”作“讲”，讲，和也，亦通。单（chán）于：匈奴最高首领的称号。 ❼须臾：一会儿。全句意为：恐怕连一会儿也等不及了。 ❽后交：新交的朋友。 ❾资：增加。助：助长。 ❿必无事矣：一定一下子就完了。 ⓫造：前往拜访。

【原文】

太子逢迎，却行为导①，跪而蔽席。②田光坐定，左右无人，太子避席而请曰③：“燕秦不两立，愿先生留意也。”田光曰：“臣闻骐骥盛壮之时，一日而驰千里，至其衰老，驽马先之。今太子闻光盛壮之时，不知臣精已消亡矣。虽然，光不敢以图国事，所善荆卿可使也。”太子曰：“愿因先生得结交于荆卿，可乎？”田光曰：“敬诺。”即起，趋出。太子送至门，戒曰：“丹所报，先生所言者，

【译文】

太子上前去迎接田光，倒退着走路为田光引路，跪着把座席扫拂干净。田光坐定以后，左右没人，太子就离开座席，向田光请教道：“燕国和秦国势不两立，希望先生多加留意。”田光说：“我听说骏马正值强壮的时候，一天能奔驰上千里；等到它衰老的时候，一匹劣马都能够跑到它的前面。现在太子听说的只是我强壮时的情况，并不知道如今我的精力已经全部耗尽了。虽然如此，我不敢冒昧地图谋国家大事，我的好朋友荆轲可以听从太子派遣。”太子说：“希望能够通过先生跟荆轲结交，可以吗？”田光说：“遵命。”接着站起身，快步走了出去。太子送田光到门口，告诫田光说：“我跟先生说的，先

国之大事也，愿先生勿泄也！”田光俯而笑曰：“诺。”偻行见荆卿[4]，曰：“光与子相善，燕国莫不知。今太子闻光壮盛之时，不知吾形已不逮也[5]，幸而教之曰‘燕秦不两立，愿先生留意也’。光窃不自外[6]，言足下于太子也，愿足下过太子于宫。”[7]荆轲曰：“谨奉教。”田光曰：“吾闻之，长者为行，不使人疑之。今太子告光曰‘所言者，国之大事也，愿先生勿泄’，是太子疑光也。夫为行而使人疑之，非节侠也。”[8]欲自杀以激荆卿，曰：“愿足下急过太子，言光已死，明不言也。”因遂自刎而死。

生所说的，都是国家大事，希望先生不要泄露出去！”田光俯身行礼笑着说：“是。”田光弯着腰前去见荆轲，说：“我和你私交甚好，燕国人没有不知道的。现在太子听说我壮年时候的情况，不知道现在我的身体已经大不如以前了，承蒙太子教导我说‘燕国和秦国势不两立，希望先生多加留意’。我私下没有把你当外人，已经跟太子提到你了，希望你能到宫中去拜访太子。”荆轲说：“遵命。”田光说：“我听说，年长的人做事，不能让其他人怀疑自己。今天太子告诉我说‘所说的都是国家大事，希望先生不要泄露出去’，这是太子在怀疑我啊。行事引起他人的猜忌，这个人就不是一个有气节、有侠义的人。”田光想用自杀来激励荆轲，说：“希望您快去拜访太子，告诉太子田光已经死了，表明我不会泄露秘密。”田光于是拔剑自刎而死。

注释

❶却行：倒退，表示极为尊敬。为导：为田光引路。 ❷蔽：掸拂。全句意为：跪着把座席扫拂干净。 ❸避席：离开自己的座位。 ❹偻行：曲背而行。 ❺形：形体。逮：及。全句意为：不知道我的身体已经不如以前了。 ❻不自外：犹言我没有把你当外人。 ❼过：晋见。 ❽节侠：有气节有侠义的人。

【原 文】

荆轲遂见太子，言田光已死，致光之言。太子再拜而跪，膝行流涕[①]，有顷而后言曰："丹所以诫田先生勿言者，欲以成大事之谋也。今田先生以死明不言，岂丹之心哉！"荆轲坐定，太子避席顿首曰："田先生不知丹之不肖，使得至前，敢有所道[②]，此天之所以哀燕而不弃其孤也。[③]今秦有贪利之心，而欲不可足也。非尽天下之地，臣海内之王者，其意不厌。[④]今秦已虏韩王，尽纳其地。又举兵南伐楚，北临赵；王翦将数十万之众距漳、邺，而李信出太原、云中。赵不能支秦，必入臣，入臣则祸至燕。燕小弱，数困于兵，今计举国不足以当秦。[⑤]诸侯服秦，莫敢合从。[⑥]丹之私计，愚以为诚得天下之勇士使于秦，窥以重利[⑦]；秦王贪，其势必得

【译 文】

荆轲于是去见太子，说田光已经死了，转述了田光的话。太子丹拜了两拜，跪着走，痛哭流泪，过了一会儿才说："我之所以告诫田先生不要泄密，是因为想要完成大事的谋划啊。现在田先生用死来表明不会泄密，这怎么会是我的本意呢！"荆轲坐定以后，太子起身离开座席向荆轲叩头说："田先生不知道我是个不成器的人，使我能够来到您的面前，大胆向您表达意愿，这是上天怜悯燕国，不舍弃我。现在秦王有贪图利益的野心，并且这野心是无法满足的。如果不将全天下的土地吞并，如果不让各国的君王都对他称臣，他的野心是不会满足的。现在秦国已经将韩王俘虏，占领了韩国全部的土地。又向南发兵攻打楚国，向北发兵进逼赵国；王翦率领几十万大军已经到达漳河、邺城，李信的军队从太原、云中两地出兵。假如赵国无法抵挡秦国大军，势必会向秦国称臣，赵国称臣以后，那么祸患自然殃及燕国了。燕国国小势弱，先后多次被战祸困扰，现在估计就算发动全国的兵力，也无法抵挡秦军。各国都臣服于秦国，没有敢合纵抗秦的。我个人有个办法，愚昧地认为果真能得到天下最勇敢的勇士，派遣他出使秦国，用重大的利益诱惑秦王；秦王贪图利

所愿矣。诚得劫秦王，使悉反诸侯侵地[8]，若曹沫之与齐桓公[9]，则大善矣；则不可，因而刺杀之。彼秦大将擅兵于外而内有乱，则君臣相疑，以其间诸侯得合从[10]，其破秦必矣。此丹之上愿，而不知所委命，唯荆卿留意焉。”久之，荆轲曰：“此国之大事也，臣驽下[11]，恐不足任使。”太子前顿首，固请毋让，然后许诺。于是尊荆卿为上卿，舍上舍。太子日造门下，供太牢具[12]，异物间进[13]，车骑美女恣荆轲所欲，以顺适其意。

益，我们的目的就一定能达到。果真能够劫持秦王，让他全部归还所侵占的各诸侯国的土地，像曹沫挟持齐桓公那样，那就太好了；如果行不通，就找机会刺杀秦王。秦国的大将现在都在外领兵作战，而国内又发生动乱，君臣就会相互猜疑，趁这个机会，离间诸侯就能够联合起来，一定能够打败秦国。这是我最大的希望，但是不知道将这个重担委托给谁才好，希望荆卿留心这件事。”过了一会儿，荆轲说：“这是国家大事，我才能低劣，恐怕无法担此重任。”太子上前叩头，一再请求荆轲不要推辞，这样荆轲才答应了太子丹。于是尊荆轲为上卿，让他住在上等的馆舍中。太子每天都来到荆轲所住的馆舍门前，给荆轲提供丰盛的筵席，不时进献给荆轲奇珍异宝，车马、美女任凭荆轲享用，来顺应荆轲的心意。

注释

❶膝行：跪着走。 ❷道：表达意愿。 ❸孤：无父曰孤。时丹父燕王喜尚在而丹称孤者，《索隐》认为，这或是记者失辞，或是诸侯嫡子的僭称。 ❹厌：通“餍”，饱，满足。 ❺计：估计。当：通“挡”，抵挡。 ❻从：通“纵”，合纵。 ❼窥：示。 ❽反：通“返”。 ❾曹沫：一名曹刿，鲁国人，为鲁庄公将，与齐战，三败北。后齐桓公与鲁庄公在柯地（今山东阳谷东北）会盟，曹沫执匕首劫持齐桓公，齐桓公被迫归还鲁国三败所丧之地。 ❿间(jiàn)：离间。 ⓫驽下：才能低劣。 ⓬太牢：古代祭祀，牛羊豕三牲俱全，

谓之太牢。只有羊豕称少牢。供太牢具：犹言备以丰盛的筵席。 ⑬间（jiàn）：间或。

【原 文】

久之，荆轲未有行意。秦将王翦破赵，虏赵王，尽收入其地，进兵北略地至燕南界。太子丹恐惧，乃请荆轲曰：“秦兵旦暮渡易水，则虽欲长侍足下，岂可得哉！”荆轲曰：“微太子言[1]，臣愿谒之。今行而毋信[2]，则秦未可亲也。夫樊将军，秦王购之金千斤，邑万家。诚得樊将军首与燕督亢之地图[3]，奉献秦王，秦王必说见臣[4]，臣乃得有以报。”太子曰：“樊将军穷困来归丹，丹不忍以己之私而伤长者之意，愿足下更虑之！”

【译 文】

过了很久，荆轲始终没有行动的意思。秦国的大将王翦攻破了赵国，俘虏了赵王，将赵国完全占领，王翦又带领军队向北进军，一直来到燕国的南部边界。太子丹十分惊恐，于是请求荆轲说：“秦军早晚都会渡过易水，这样一来就算是我想要长久地侍奉您，难道可以办到吗！”荆轲说：“就算没有太子的话，我也准备去拜见您了。现在去秦国，如果没有取信之物，那是没有办法接近秦王的。那樊将军，秦王用千斤黄金、万户封邑来求得他的头。假如我能带着樊将军的头和燕地督亢的地图，将它们献给秦王，秦王一定会高兴地接见我，我才能有机会报答太子。”太子说：“樊将军在穷困的时候前来投靠我，我不忍心因为一己之私而让这位长者伤心，恳请您重新考虑这件事！”

注释

❶微：无。 ❷毋信：无取信之物。 ❸督亢：在今河北易县东南，为燕国肥美之地。 ❹说：通“悦”，高兴。

【原 文】

荆轲知太子不忍，乃遂私见樊於期曰："秦之遇将军可谓深矣[①]，父母宗族皆为戮没。今闻购将军首金千斤，邑万家，将奈何？"於期仰天太息流涕曰："於期每念之，常痛于骨髓，顾计不知所出耳！"荆轲曰："今有一言可以解燕国之患，报将军之仇者，何如？"於期乃前曰："为之奈何？"荆轲曰："愿得将军之首以献秦王，秦王必喜而见臣，臣左手把其袖，右手揕其匈[②]，然则将军之仇报而燕见陵之愧除矣。将军岂有意乎？"樊於期偏袒扼捥而进曰：[③]"此臣之日夜切齿腐心也[④]，乃今得闻教！"遂自刭。太子闻之，驰往，伏尸而哭，极哀。既已不可奈何，乃遂盛樊於期首函封之。[⑤]

【译 文】

荆轲知道太子丹不忍心杀死樊将军，于是私下见樊於期，对他说："秦国对待将军您，可以说是太狠了！您的父母和族人都被秦王杀害。现在听说秦国又要用千斤黄金和万户封邑的赏赐来寻求将军的人头，您打算怎么办呢？"樊於期仰天长叹，流着眼泪说："每当我想到这些事情，经常痛入骨髓，只是想不出有什么报仇的办法！"荆轲说："现在我有一句话可以解除燕国的忧患，同时又能为将军报仇，将军觉得怎么样？"樊於期上前说："有什么办法呢？"荆轲说："我希望能够得到将军的头进献给秦王，秦王一定高兴，进而接见我，我用左手抓住他的衣袖，右手用匕首刺穿他的胸膛，这样一来，将军的仇就可以报了，燕国被欺凌的耻辱也可以消除了。将军难道没有这个心思吗？"樊於期袒露一边肩膀，一只手握住另一只手腕，走到荆轲面前说："这正是我日思夜想切齿痛心的事情啊，今天终于得到您的指教了！"樊於期便自刎了。太子丹听说后，驾车前往，伏在樊将军的尸体上痛哭，十分悲伤。既然已经没有办法挽回了，就把樊於期的头装入匣子中密封起来。

注释

❶深：深切。 ❷揕（zhèn）：刺。匈：通“胸”。 ❸偏袒：袒露一臂。捥：通“腕”。扼捥：即一手握住另一只手腕，系古人表示感情的一种动作。此处表示愤怒。 ❹腐心：心碎裂。切齿腐心：形容痛恨至极。 ❺函：匣子。

【原文】

于是太子豫求天下之利匕首，得赵人徐夫人匕首①，取之百金，使工以药淬之②，以试人，血濡缕③，人无不立死者。乃装为遣荆卿。④燕国有勇士秦舞阳，年十三，杀人，人不敢忤视。⑤乃令秦舞阳为副。荆轲有所待，欲与俱；其人居远未来，而为治行。⑥顷之，未发，太子迟之⑦，疑其改悔，乃复请曰：“日已尽矣，荆卿岂有意哉？丹请得先遣秦舞阳。”荆轲怒，叱太子曰：“何太子之遣？⑧往而不返者⑨，竖子也！⑩且提一匕首入不测之强秦，仆所以留者，待吾客与俱。今太子迟之，请辞决

【译文】

那个时候，太子丹已经预先在寻找天下最锋利的匕首，得到了赵国徐夫人的匕首，太子丹花了百金买下它，让工匠将匕首烧红，浸入毒液，用人试验，只要见一点血，人没有不立即死亡的。于是为荆轲准备行装，送走他。燕国有个名叫秦舞阳的勇士，十三岁的时候杀过人，人们都不敢正面看他。太子便任命秦舞阳做荆轲的助手。荆轲要等待另一个人，同他一道去见秦王；那个人居住的地方比较远，还没来，荆轲将他的行装整治好。过了不久，荆轲仍然没有出发，太子嫌他太拖延了，怀疑他反悔了，于是再次邀请荆轲说：“到时间了，荆卿难道还有其他心思吗？请让我派遣秦舞阳先行。”荆轲生气了，斥责太子说：“太子怎么这样派遣？去了不能完成任务回来，是无能的小子！何况携带一把匕首进入难以预测的强大的秦国，我之所以仍然逗留在这里，是因为要等我的朋友，和他一起去。现在太子认为我拖延，那就

矣！”遂发。

告辞诀别吧！”荆轲于是出发了。

注释

❶徐夫人：人名。 ❷淬：把铁烧红往水中浸一下。此指用毒药水浸染匕首。❸濡：沾湿。血濡缕：意即只要见一丝缕血。 ❹装：准备行装。遣：送走。❺忤视：迎视，正面看。不敢忤视：言人畏惧之甚。 ❻治行：整治行装。❼迟之：嫌他拖延。 ❽此句意为：你怎么这样派遣呢？系惊怪之词。 ❾往而不返：去了不能完成任务回来。 ❿竖子：犹小子，系鄙贱之称。

【原文】

太子及宾客知其事者，皆白衣冠以送之。[1]至易水之上，既祖[2]，取道[3]，高渐离击筑，荆轲和而歌，为变徵之声[4]，士皆垂泪涕泣。又前而为歌曰：“风萧萧兮易水寒，壮士一去兮不复还！”复为羽声慷慨[5]，士皆瞋目，发尽上指冠。于是荆轲就车而去，终已不顾。

【译文】

太子和知道这件事的宾客，全部穿着丧服去为荆轲送行。到易水边上，祭祀了路神以后，荆轲就要上路了，高渐离击筑，荆轲和着他的筑唱歌，唱的是凄凉的“变徵”音调，送行的士人全都流下了眼泪。荆轲一边向前走一边歌唱道：“风声萧萧啊易水凄凉，壮士一去啊不再归还！”接着又唱出慷慨悲壮的“羽声”音调，送行的士人全都圆睁怒目，头发全部向上竖起直指帽子。荆轲登上车子离开，始终都没有回过头。

注释

❶白衣冠：丧服。知此一去难以复还，亦有激励荆轲之意。 ❷祖：古人出行时祭祀路神，并宴饮送别，今谓之饯行。 ❸取道：上路。 ❹徵（zhǐ）：五

声之一。古代把音乐分为宫、商、角、徵、羽五个音阶，又有变宫、变徵两个音阶。变徵之调适合悲歌。❺羽声：此声调高亢故慷慨激昂。

【原 文】

遂至秦，持千金之资币物，厚遗秦王宠臣中庶子蒙嘉。嘉为先言于秦王曰："燕王诚振怖大王之威，不敢举兵以逆军吏，愿举国为内臣，比诸侯之列，给贡职如郡县，而得奉守先王之宗庙。恐惧不敢自陈，谨斩樊於期之头，及献燕督亢之地图，函封，燕王拜送于庭，使使以闻大王①，唯大王命之。"秦王闻之，大喜，乃朝服②，设九宾③，见燕使者咸阳宫。荆轲奉樊於期头函④，而秦舞阳奉地图柙⑤，以次进。至陛，秦舞阳色变振恐，群臣怪之。荆轲顾笑舞阳，前谢曰："北蕃蛮夷之鄙人⑥，未尝见天子，故振慑。⑦愿大王少假借之⑧，使得毕使于前。"秦王谓轲

【译 文】

荆轲到达秦国，就拿着价值千金的礼物，全部送给秦王的宠臣中庶子蒙嘉。蒙嘉替荆轲向秦王禀报说："燕王真的非常畏惧大王的声威，不敢发兵与大王的军队抗衡，希望带领全国成为秦国的臣子，比照其他诸侯国，向秦国交纳贡物和赋税，就如同秦国的郡县一样，只求能够保全先王的宗庙。内心恐惧，不敢亲自前来向秦王陈述，为表诚意，特地砍下樊於期的头，并向秦王进献燕地督亢的地图，全部用匣子封存好，燕王在朝廷上举行了拜送仪式，派使者禀报大王，只等候大王差遣。"秦王听了，十分高兴，于是穿上朝服，安排了九位司仪迎宾的隆重仪式，在咸阳宫接待燕国使者。荆轲手里捧着盛放着樊於期头的匣子，秦舞阳手捧着装地图的匣子，按次序向前走。走到宫殿前台阶下，秦舞阳突然脸色骤变，十分恐慌，秦国的大臣们感到很奇怪。荆轲回过头来对秦舞阳笑了一下，上前谢罪说："这是北方偏远蛮夷地区没见过世面的人，从来没有见过天子，所以感到震惊恐慌。恳请大王能够宽容他一些，让他能在大王面前完

曰："取舞阳所持地图。"轲既取图奏之，秦王发图⑨，图穷而匕首见。⑩因左手把秦王之袖，而右手持匕首揕之。未至身，秦王惊，自引而起⑪，袖绝。拔剑，剑长，操其室。⑫时惶急，剑坚，故不可立拔。荆轲逐秦王，秦王环柱而走。群臣皆愕，卒起不意⑬，尽失其度。而秦法，群臣侍殿上者不得持尺寸之兵；诸郎中执兵皆陈殿下⑭，非有诏召不得上。方急时，不及召下兵，以故荆轲乃逐秦王。而卒惶急，无以击轲，而以手共搏之。是时侍医夏无且以其所奉药囊提荆轲也。⑮秦王方环柱走，卒惶急，不知所为，左右乃曰："王负剑！"⑯负剑，遂拔以击荆轲，断其左股。⑰荆轲废，乃引其匕首以擿秦王⑱，不中，中桐柱。⑲秦王复击轲，轲被八创。轲自知事不就，倚柱而笑，箕踞以骂曰⑳："事所以不成者，以

成自己的使命。"秦王对荆轲说："把秦舞阳所带的地图呈上来。"荆轲拿过地图呈献给秦王，秦王打开地图，地图展到尽头后，现出了匕首。荆轲趁势左手抓住秦王衣袖，右手拿起匕首直接刺向秦王。匕首没有刺到秦王身上，秦王大惊，抽身跳起，衣袖被荆轲扯断。秦王抽剑，剑太长，只是抓住了剑鞘。当时情况惊慌紧急，剑又被剑鞘套得太紧，没办法立即拔出来。荆轲追逐秦王，秦王绕着柱子跑。大臣们都十分惊愕，事发突然，都失去常度。按照秦国法令，进入宫殿的大臣不可以携带任何武器；而那些拿着武器的侍卫都排列在殿下，没有皇上的诏令不可以上殿。正是紧急的时候，秦王来不及召唤殿下的守卫，所以荆轲才可以在宫殿中追逐秦王。仓皇失措的时候，大家因为没有东西击打荆轲，只好空手上前打他。这时，侍从医官夏无且将自己所捧的药袋子扔向荆轲。秦王正绕着柱子跑，仓皇失措，不知道该如何是好，左右的人就说："大王，把剑推到背后！"秦王就将剑推到背上，这才拔出剑来击杀荆轲，砍断了荆轲的左腿。荆轲残废了，举起匕首向秦王投掷去，没有击中秦王，击中了铜柱。秦王继续攻击荆轲，荆轲被刺伤八处。荆轲知道事情不能成功了，便靠在铜柱上大笑起来，两脚向前岔开像箕一样坐在地上大骂

欲生劫之，必得约契以报太子也。”于是左右既前杀轲，秦王不怡者良久。㉑已而论功，赏群臣及当坐者各有差㉒，而赐夏无且黄金二百溢㉓，曰：“无且爱我，乃以药囊提荆轲也。”

说：“事情之所以不能成功，是因为我想要生擒你，一定要让你立下契约将侵占诸侯的土地全部归还，来报答太子。”这时，秦王左右的人一起上前杀死荆轲，秦王惊恐不安了很长时间。后来论功行赏，赏赐群臣和应当判罪的都各有差别，并赏赐给夏无且二百镒黄金，秦王说：“夏无且护我心切，才用药袋子扔荆轲。”

注释

❶此句意为：特地派了使臣来禀报大王。 ❷朝服：穿上上朝的衣服。 ❸九宾：古代最隆重的外交礼仪。 ❹奉：“捧”之本字。 ❺柙：通“匣”。 ❻鄙人：鄙野之人，谓未见过世面的人。 ❼慑（shè）：害怕。 ❽假借：宽容、迁就之意。 ❾发：打开。 ❿见：通“现”。 ⓫引：抽身。 ⓬室：剑鞘。 ⓭卒：通“猝”，突然。 ⓮陈：排列。 ⓯且：音jū。提（dǐ）：投击。 ⓰王负剑：大王把剑推到背上（以便拔剑出鞘）。 ⓱股：大腿。 ⓲擿：同“掷”。 ⓳桐柱：一作“铜柱”。 ⓴箕踞：像箕那样伸开两足坐在地上。 ㉑不怡：不快，谓惊恐不安。 ㉒当坐：判罪。差：差别。 ㉓溢：亦作“镒”，二十两。一说二十四两为一溢。

【原文】

于是秦王大怒，益发兵诣赵①，诏王翦军以伐燕。十月而拔蓟城。燕王喜、太子丹等尽率其精兵东保于辽

【译文】

因此秦王大怒，派遣更多士兵到赵国，命令王翦的军队讨伐燕国。只用了十个月就攻破了燕国的都城蓟城。燕王喜、太子丹带领他们全部的精锐部队向东保卫辽东。秦国大将李信在后面紧追

东。秦将李信追击燕王急，代王嘉乃遗燕王喜书曰[2]：“秦所以尤追燕急者，以太子丹故也。今王诚杀丹献之秦王，秦王必解[3]，而社稷幸得血食。”[4]其后李信追丹，丹匿衍水中[5]，燕王乃使使斩太子丹，欲献之秦。秦复进兵攻之。后五年[6]，秦卒灭燕，虏燕王喜。

燕王，代王赵嘉写了一封信给燕王喜说：“秦军追击燕王追得如此紧急，是因为太子丹。现在大王如果杀死太子丹，献给秦王，秦王一定会和解，燕国的社稷才能得以保全，能够继续享受祭祀。”后来，秦将李信追杀太子丹，太子丹藏在衍水中，燕王就派人斩杀太子丹，准备将他的首级献给秦王。但是，秦王仍然派兵进攻燕王。五年后，秦国终于灭了燕国，俘虏了燕王喜。

注释

❶诣：进到。 ❷代王嘉：赵公子。秦王政十九年，虏赵王迁，公子嘉乃自立为代王，后亦为秦所虏。 ❸解：和解。 ❹社：土神。稷：谷神。古代以社稷作为国家的象征。血食：杀牲祭祀。 ❺衍水：今辽宁东部太子河。 ❻公元前 222 年。

【原 文】

其明年，秦并天下，立号为皇帝。于是秦逐太子丹、荆轲之客，皆亡。高渐离变名姓为人庸保[1]，匿作于宋子。[2]久之，作苦，闻其家堂上客击筑，傍徨不能

【译 文】

第二年，秦国吞并天下，立号为皇帝。于是，始皇下令追捕太子丹和荆轲的门客，他们全部逃亡。高渐离改名换姓当雇工，藏在宋子这个地方工作。过了很长时间，高渐离认为做工太辛苦，听见主人家堂上有客人击筑，徘徊在堂下不愿离开。他经常张口就说：“击筑的那个人，

去。每出言曰："彼有善有不善。"[3]从者以告其主，曰："彼庸乃知音，窃言是非。"家丈人召使前击筑[4]，一坐称善，赐酒。而高渐离念久隐畏约无穷时[5]，乃退，出其装匣中筑与其善衣，更容貌而前。举坐客皆惊，下与抗礼[6]，以为上客。使击筑而歌，客无不流涕而去者。宋子传客之[7]，闻于秦始皇。秦始皇召见，人有识者，乃曰："高渐离也。"秦皇帝惜其善击筑，重赦之，乃矐其目。[8]使击筑，未尝不称善。稍益近之，高渐离乃以铅置筑中，复进得近，举筑朴秦皇帝，不中。于是遂诛高渐离，终身不复近诸侯之人。

有的合调，也有的不合调。"随从将高渐离的话告诉他的主人，说："那个雇工竟然通晓音乐，私下里对击筑的人评论是非。"主人立即召高渐离到堂上来击筑，表演完后，满堂的宾客都称赞，赐酒给他喝。高渐离心想，这样长期担惊受怕东躲西藏，永远没有尽头，于是退下，把自己的筑和好的衣服从行李箱中拿了出来，更改仪容后上前。在座的宾客都十分惊讶，起身走下座位以平等的礼节对待高渐离，把他当作上宾。客人们请高渐离击筑唱歌，没有不流着眼泪离开的。宋子城里的人轮流请他做客，这件事让秦始皇知道了。秦始皇召见他，有人认识他，于是说："他就是高渐离。"秦始皇怜惜他善于击筑，赦免了他，于是弄瞎了他的双眼。让他给自己击筑，没有一次不说好。秦始皇开始慢慢接近高渐离，高渐离将铅块藏在筑里，当他再次进宫靠近秦始皇的时候，举起筑击打秦始皇，没有击中。秦始皇就杀了高渐离，再也不接近诸侯国的人了。

注释

❶庸保：雇工。 ❷宋子：地名，本赵邑，在今河北赵县北。 ❸有善有不善：谓有的合调，有的不合调。 ❹丈人：主人翁。 ❺约：贫贱简约。 ❻下与抗礼：走下座位，用平等的礼节对待他。 ❼传客：轮流请他做客。 ❽矐：失明。

【原 文】

鲁句践已闻荆轲之刺秦王，私曰："嗟乎，惜哉其不讲于刺剑之术也！甚矣吾不知人也！曩者吾叱之，彼乃以我为非人也！"[1]

【译 文】

鲁句践听说荆轲刺秦王的事情之后，私下里说："唉！可惜那荆轲不精通刺剑之术啊！我也太不了解他了。过去我呵叱过他，他就认为我与他不是一路人了！"

注 释

❶非人：不是一路的人。

【原 文】

太史公曰：世言荆轲，其称太子丹之命，"天雨粟，马生角"也[1]，太过。[2]又言荆轲伤秦王，皆非也。始公孙季功、董生与夏无且游，具知其事，为余道之如是。自曹沫至荆轲五人[3]，此其义或成或不成，然其立意较然[4]，不欺其志[5]，名垂后世，岂妄也哉！

【译 文】

太史公说：世上有关荆轲的传言，其中说太子丹的命运，有"天上落下粟，马头长出角"的话，说得未免太过分了。又说荆轲曾经刺伤了秦王，这些都不是事实。当初，公孙季功、董生跟夏无且结伴游历，都知道他的事情，他们对我说的就是这样的。从曹沫到荆轲这五个人，他们的侠义之举有的成功了，有的没成功，但他们的立意都很明白，并且始终没有违背自己的志向，流芳百世，难道是虚假的吗！

注释

❶天雨粟，马生角：这些传说是吹捧燕太子丹得天命的。❷过：过分，虚玄。❸五人：指《刺客列传》所讲的五位刺客：曹沫、专诸、豫让、聂政、荆轲。❹较然：明白。❺不欺其志：不辱没自己的志愿。

淮阴侯列传

【原 文】

淮阴侯韩信者，淮阴人也。[1]始为布衣时，贫无行[2]，不得推择为吏[3]，又不能治生商贾[4]，常从人寄食饮[5]，人多厌之者。常数从其下乡南昌亭长寄食[6]，数月，亭长妻患之，乃晨炊蓐食。[7]食时信往，不为具食。[8]信亦知其意，怒，竟绝去。

【译 文】

淮阴侯韩信是淮阴人。当初韩信是平民的时候，家里很穷，行为不检点，没有被推荐去做地方官吏，他又不能靠经商来谋生，经常寄居在别人家里吃饭，所以大多数人都很讨厌他。韩信曾经数次去下乡南昌亭亭长的家里吃饭，一连数月，亭长的妻子很讨厌他，于是每天一大早就做饭，在睡觉的草席上就将早饭吃了。等到吃饭的时候，韩信来到亭长家，并没有给他准备饭。韩信当然也明白他们的用意，一怒之下，竟然离开再也没有回来。

注 释

❶淮阴：在今江苏淮安。 ❷无行：行为不检点。 ❸推择：推举选择。 ❹治生：谋生。治生商贾：靠经营商业来谋生。 ❺从人：到人家那里去。寄：依附，投靠。 ❻数（shuò）：屡次。下乡：淮阴属下的一个乡名。南昌：下乡属下的一个亭名。 ❼晨炊：一大早就做饭。蓐（rù）：草席。蓐食：在睡觉的草席上吃了饭，表示匆匆地吃罢早饭。 ❽具食：准备饭。

【原 文】

信钓于城下，诸母漂[①]，有一母见信饥，饭信[②]，竟漂数十日。[③]信喜，谓漂母曰："吾必有以重报母。"母怒曰："大丈夫不能自食[④]，吾哀王孙而进食[⑤]，岂望报乎！"

【译 文】

韩信在城下钓鱼，几位老妇人在河边冲洗（粗丝棉），其中一位老妇人见到韩信饥饿难耐，于是拿来饭给韩信吃。冲洗（粗丝棉）几十天，就一直给韩信拿饭吃。韩信很高兴，对老妇人说："我一定会重重报答您老人家的。"老妇人生气地说："大丈夫不能养活自己，我是可怜你这个年轻人才给你饭吃的，难道是希望得到你的报答吗！"

注 释

❶母：古时对老年妇女的通称。漂：用水冲洗（粗丝棉）。 ❷饭：此作动词，供应饭食。 ❸竟：从头到尾。 ❹食（sì）：养活。 ❺王孙：古代贵族子弟的通称，此作尊称。

【原 文】

淮阴屠中少年有侮信者，曰："若虽长大[①]，好带刀剑，中情怯耳。"[②]众辱之曰："信能死[③]，刺我；不能死，出我袴下。"[④]于是信孰视之[⑤]，俯出袴下，蒲伏。[⑥]一市人皆笑信，以为怯。

【译 文】

淮阴的屠户中有少年羞辱韩信，说："你尽管长得人高马大，又喜欢随身佩带刀剑，内心就是个胆小鬼。"又当众羞辱韩信说："你要是不怕死，就拿出剑来刺我；如果怕死，从我胯下钻过去。"韩信上下仔细打量了这个少年，伏下身子，趴在地上，从少年的胯下钻了过去。在场的人都笑韩信，认为他很胆怯。

注释

❶若：你。 ❷中情：内心。 ❸能：通“耐”。 ❹袴：通“胯”，两股之间。 ❺孰：通“熟”，仔细，反复。 ❻蒲伏：通“匍匐”，伏在地上爬行。

【原文】

及项梁渡淮，信杖剑从之[1]，居戏下[2]，无所知名。项梁败，又属项羽，羽以为郎中。[3]数以策干项羽[4]，羽不用。汉王之入蜀，信亡楚归汉[5]，未得知名，为连敖。[6]坐法当斩，其辈十三人皆已斩，次至信[7]，信乃仰视，适见滕公[8]，曰：“上不欲就天下乎？[9]何为斩壮士！”滕公奇其言，壮其貌，释而不斩。与语，大说之。[10]言于上，上拜以为治粟都尉。[11]上未之奇也。

【译文】

后来项梁带队渡过淮河的时候，韩信拿剑追随项梁，在项梁部下，默默无闻。项梁战败之后，韩信又依附于项羽，项羽让韩信做个郎中。韩信曾经多次向项羽献策，但是项羽始终没有采纳。汉王刘邦进入蜀地，韩信从楚逃走归附汉王，依旧默默无闻，因此韩信在汉王部下只是做了一个小官。后来由于触犯军法而被判处斩刑，他的同伙十三个人全部被杀死了，轮到韩信，韩信抬头仰望，目光正好和滕公相对，韩信说：“汉王难道就不想要统一天下吗？为什么要斩壮士呢！”滕公听了他的话，十分惊奇，又见他仪表堂堂，放了他并没有处斩。滕公与韩信交谈，很高兴。于是将这件事告诉汉王，汉王委任韩信为治粟都尉，但并没有觉得韩信有什么奇异之处。

注释

❶杖：拿着。 ❷戏（huī）：通“麾”。戏下：部下。 ❸郎中：秦汉时掌管

车、骑、门户的小官。❹干：求取。❺亡楚：从楚逃跑。❻连敖：官名，主管典礼、招待工作的小官。❼次：依次。❽滕公：夏侯婴曾任滕县令，故名。❾上：皇帝，指刘邦。❿说：通“悦”。⓫治粟都尉：管理粮饷的军需官。

【原 文】

信数与萧何语，何奇之。至南郑①，诸将行道亡者数十人，信度何等已数言上②，上不我用，即亡。何闻信亡，不及以闻，自追之。人有言上曰：“丞相何亡。”上大怒，如失左右手。居一二日，何来谒上，上且怒且喜，骂何曰：“若亡，何也？”何曰：“臣不敢亡也，臣追亡者。”上曰：“若所追者谁何？”曰：“韩信也。”上复骂曰：“诸将亡者以十数，公无所追；追信，诈也。”何曰：“诸将易得耳。至如信者，国士无双。③王必欲长王汉中④，无所事信⑤；必欲争天下，非信无所与计事者。顾王策

【译 文】

韩信多次和萧何交谈，萧何对于韩信感到十分惊奇。抵达南郑的时候，在路上逃跑的各路将领有几十人。韩信估计萧何等已经前后多次向汉王举荐自己，是汉王始终没有重用，于是也逃走了。萧何听说韩信逃跑了，来不及汇报，亲自去追。有人禀报汉王说：“丞相萧何逃走了。”汉王大怒，萧何一走，汉王如同失去了左右手一样。过了一两天，萧何前来拜谒汉王，汉王又生气又高兴，骂萧何说：“你逃走，是为什么？”萧何说：“我不敢逃走，我是去追逃走的人。”汉王说：“你所追的是谁？”萧何回答说：“是韩信。”汉王又接着骂道：“各路将领逃亡的有几十人，您一个也没去追；唯独追赶韩信，这是在欺骗我。”萧何说：“那些将领容易得到，像韩信，很难再找到第二个。大王想在汉中称王，那么用不着韩信；如果大王要争夺天下，除了韩信就没有谁能够与您共商大事了。这就看大王的计策如何决定了。”汉王说：“我当然也想要向东进兵，怎么

安所决耳。”[6]王曰：“吾亦欲东耳[7]，安能郁郁久居此乎？”何曰：“王计必欲东，能用信，信即留；不能用，信终亡耳。”王曰：“吾为公以为将。”[8]何曰：“虽为将，信必不留。”王曰：“以为大将。”何曰：“幸甚。”于是王欲召信拜之。[9]何曰：“王素慢无礼[10]，今拜大将如呼小儿耳，此乃信所以去也。王必欲拜之，择良日，斋戒[11]，设坛场[12]，具礼，乃可耳。”王许之。诸将皆喜，人人各自以为得大将。至拜大将，乃韩信也，一军皆惊。

能够郁郁寡欢，久居此地呢？”萧何说：“大王决意要向东进兵，如果能重用韩信，韩信就会留下来；如果不能重用韩信，他最后还是要逃走的。”汉王说：“就因为您，让他做个将军。”萧何说：“就算是大王让他做将军，韩信也一定不肯留下。”汉王说：“那我任命他做大将军。”萧何说：“太好了。”于是，汉王想要召见韩信授官。萧何说：“大王向来对人轻慢无礼，如今想要任命大将军就如同呼喊小孩子。这正是韩信想要逃走的原因。如果大王已经决定想要任命他为大将军，一定要选择一个良辰吉日，斋戒之后在广场上设置一个高台，所有的礼仪都十分完备，这样才可以。”汉王答应了萧何的请求。众将听说要拜大将军的消息后都很高兴，人人都自认为要做大将军了。等到汉王任命大将军的时候，竟然是韩信，全军将领都感到很惊讶。

注释

❶南郑：在今陕西省汉中市南郑区。 ❷度（duó）：估计，推测。 ❸国士：旧称一国杰出的人才。 ❹王（wàng）：称王。汉中：郡名，治所在今陕西汉中东，约辖今陕西秦岭以南一带和湖北西北部。 ❺事：从事，使用。 ❻策：计谋。安所决：如何决定。 ❼东：向东进兵。 ❽上“为”字：读wèi，因为。下“为”字，读wéi，作。 ❾拜：授官。 ❿素：向来。 ⓫斋戒：古人在祭祀前或举行重要典礼前，进行洗澡、更衣、戒酒、戒荤、戒色等

清心洁身活动以表示庄敬，称为斋戒。 ⑫坛场：筑在广场中的高台。

【原 文】

信拜礼毕，上坐。王曰："丞相数言将军，将军何以教寡人计策？"信谢[①]，因问王曰："今东乡争权天下[②]，岂非项王邪？"汉王曰："然。"曰："大王自料勇悍仁强孰与项王？"[③]汉王默然良久，曰："不如也。"信再拜贺曰："惟信亦为大王不如也。然臣尝事之，请言项王之为人也。项王喑噁叱咤[④]，千人皆废[⑤]，然不能任属贤将，此特匹夫之勇耳。项王见人恭敬慈爱，言语呕呕[⑥]，人有疾病，涕泣分食饮，至使人有功当封爵者，印刓敝[⑦]，忍不能予[⑧]，此所谓妇人之仁也。项王虽霸天下而臣诸侯，不居关中而都彭城。[⑨]有背义帝之约[⑩]，而以亲爱王[⑪]，诸侯

【译 文】

韩信接受大将军任命仪式后，被请入上座。汉王说："丞相多次推荐将军，将军有什么计策指教我呢？"韩信谦让了一番后，问汉王说："如今向东夺取天下，我们的敌人难道不是项王吗？"汉王说："是的。"韩信说："大王自己估计，在勇敢、强悍、仁厚和兵力等方面与项王相比，谁更胜一筹？"汉王沉默了很长一段时间，然后说道："我比不上项王。"韩信起身向汉王拜了两拜，说："我也认为大王比不上项王。但是，我曾经服侍过项王，请让我说一下项王的为人吧。项王在满怀怒气、怒声呼喝的时候，千百个人都被压服，而且他不能知人善任，这不过就是有匹夫之勇罢了。项王待人恭敬慈爱，言语和颜悦色，有人生病，项王心疼得涕泪横流，把自己的食物分给生病的人。等到有人立下战功，准备封爵的时候，项王就将已经刻好的大印放在手里反复把玩，直到大印连棱角都磨圆了也不舍得给人，这就是所谓的妇人之仁。尽管项王称霸天下，诸侯都臣服他，却不居住在关中，而在彭城建都。而且，项王还违背了与义帝的盟约，将自己的亲信全部分封为王，这让诸侯十分不满。诸

不平。诸侯之见项王迁逐义帝置江南[12]，亦皆归逐其主而自王善地。[13]项王所过无不残灭者，天下多怨，百姓不亲附，特劫于威强耳。[14]名虽为霸，实失天下心。故曰其强易弱。今大王诚能反其道：任天下武勇，何所不诛！[15]以天下城邑封功臣，何所不服！以义兵从思东归之士[16]，何所不散！[17]且三秦王为秦将[18]，将秦子弟数岁矣，所杀亡不可胜计，又欺其众降诸侯，至新安[19]，项王诈坑秦降卒二十余万，唯独邯、欣、翳得脱[20]，秦父兄怨此三人，痛入骨髓。今楚强以威王此三人，秦民莫爱也。大王之入武关[21]，秋豪无所害[22]，除秦苛法，与秦民约，法三章耳。秦民无不欲得大王王秦者。于诸侯之约，大王当王关中，关中民咸知之。大王失职入汉中[23]，秦民无不恨者。

侯看着项王将义帝改迁到江南郴县，也都返回各自的封地、驱赶自己的国君，挑选好的地方自立为王。项王军队所经过的地方，全都遭到摧残毁灭，天下人大都十分怨恨项王，不愿归附于他，如今只是被形势所迫，勉强服从而已。尽管他现在是名义上的霸主，但是实际上已经失去了天下的民心。因此说他现在很强，但是很快就会变弱。如今大王如果真的能够反其道而行之，任用天下骁勇善战的人，还有什么不能被诛灭的呢！将天下的城邑分封给功臣，还有什么人不心服口服呢！您率领正义之师，顺从将士们东归的心愿，还有什么能不被打败呢！更何况项羽所分封的三个诸侯王都是秦朝的将领，带领秦朝的士兵征战数年，被杀死及逃走的人多到无法计算，却又欺骗他们的部下归降诸侯。到达新安后，项王使诈坑杀了降兵二十多万人，只有章邯、司马欣和董翳得以脱身，秦地的父老兄弟对这三个人恨之入骨。如今项羽用自己的威势，强行册封这三个人为诸侯王，秦地的百姓没有一个爱戴他们的。而大王您进入武关，不伤害百姓丝毫，废除了秦朝严酷的律法政令，与秦地百姓约法三章，秦地的百姓没有不希望大王在秦地称王的。何况根据诸侯之间已经达成的盟约，大王理应在关中称王，而关中的百姓都知道这件事。大王后来失去了应有的职位而

今大王举而东[24]，三秦可传檄而定也。”[25]于是汉王大喜，自以为得信晚。遂听信计，部署诸将所击。

被封在汉中，秦地的百姓没有谁不怨恨项王的。如今大王发兵向东，只需要一道檄文，三秦就能平定。”汉王听了非常高兴，自认为与韩信相见恨晚。于是听从了韩信的计策，部署各路将领准备攻打预定目标。

注释

❶谢：谦逊。 ❷乡（xiàng）：通“向”。东乡：向东去。 ❸料：估计。 ❹喑噁（yìnwù）：满怀怒气。叱咤（chìzhà）：怒声呼喝。 ❺废：废弃。此有被压服的意思。 ❻呕呕（xūxū）：和颜悦色的样子。 ❼刓（wán）敝：磨损。 ❽忍：自我抑制。 ❾关中：一般指函谷关以西、散关以东的地方。秦一直居此地区，所以也称秦地为关中。彭城：今江苏徐州。 ❿义帝：楚王熊心。义帝之约：项羽、刘邦出兵时，义帝约定先破秦入关者为关中之王，后来项羽未遵守这一约定。 ⓫亲：亲信。爱：宠爱。王：封王。 ⓬置江南：项羽徙义帝于江南郴县，半路上杀害了义帝。 ⓭自王：自己称王。 ⓮特：只是。劫：被逼迫。 ⓯诛：灭。 ⓰从：随着。 ⓱散：散败。 ⓲三秦王：项羽入关后分秦地为三。封秦将章邯为雍王，司马欣为塞王，董翳为翟王，合称为三秦王。 ⓳新安：在今河南渑池东。 ⓴邯、欣、翳：指章邯、司马欣、董翳。 ㉑武关：古代通往关中的重要关口，约在今陕西丹凤东南。 ㉒豪：通“毫”，长而尖锐的毛。秋豪：秋天鸟兽身上初长的细毛，以喻细小之意。 ㉓失职：失去应有的职位。 ㉔举：发兵。 ㉕檄（xí）：古代用作征召、声讨的文书。

【原文】

八月，汉王举兵东出陈仓[1]，定三秦。汉二年，出关[2]，收魏、河南[3]，韩、殷

【译文】

八月，汉王率军途经陈仓向东进军，平定了三秦。汉二年，汉军出函谷关，收服了魏王、河南王，随后韩王、殷王

王皆降。[4]合齐、赵共击楚。[5]四月，至彭城，汉兵败散而还。信复收兵与汉王会荥阳[6]，复击破楚京、索之间[7]，以故楚兵卒不能西。[8]

也都向汉王投降。汉王又联合齐王、赵王一同向楚军展开攻势。四月，到达彭城，汉军大败，溃散而归。韩信重新收复溃散的人马，在荥阳与汉王会合，再次在京、索之间将楚军打败。因此楚军不能向西进军。

注释

❶陈仓：在今陕西宝鸡东。 ❷关：指函谷关。 ❸魏：魏王魏豹。河南：河南王申阳。 ❹韩：韩王郑昌。殷：殷王司马卬。 ❺齐：齐王田荣。项羽曾分齐地为三，分封田市、田都、田安为王，称为三齐。后来田荣并三齐自立为齐王。赵：赵王赵歇。初张耳、陈余拥立赵歇为赵王，后项羽封张耳为常山王，徙赵歇为代王。陈余又联合田荣驱张耳，重新迎立赵歇为赵王。 ❻荥（xíng）阳：在今河南荥阳东北。 ❼京：在今河南荥阳东南。索：在今河南荥阳东南。 ❽卒：终于。西：向西进兵。

【原文】

汉之败却彭城，塞王欣、翟王翳亡汉降楚，齐、赵亦反汉与楚和。六月，魏王豹谒归视亲疾[1]，至国[2]，即绝河关反汉[3]，与楚约和。汉王使郦生说豹[4]，不下。[5]其八月，以信为左丞相，击魏。魏王

【译文】

汉军在彭城战败之后，塞王司马欣、翟王董翳背叛汉王，向楚王投降，随后齐国、赵国也背叛汉王，与楚国讲和。六月，魏王豹请假回家看望生病的老母，魏王豹刚到封国，就立即切断了临晋关，反叛了汉王，同时与楚军定下盟约讲和。汉王派郦食其前去游说魏王豹，没能成功。这年八月，汉王委任韩信为左丞相，韩信带兵前去攻打魏王豹。魏王在蒲坂作好战斗的

盛兵蒲坂⑥，塞临晋⑦，信乃益为疑兵⑧，陈船欲度临晋⑨，而伏兵从夏阳以木罂缻渡军⑩，袭安邑。⑪魏王豹惊，引兵迎信，信遂虏豹，定魏为河东郡。⑫汉王遣张耳与信俱⑬，引兵东，北击赵、代。⑭后九月，破代兵，禽夏说阏与。⑮信之下魏破代，汉辄使人收其精兵，诣荥阳以距楚。⑯

准备，堵塞了临晋关。于是韩信增设疑兵，陈列战船，假装要过临晋关，而让部队暗中在夏阳附近用木头联结一些可以浮起的瓶罐作为渡河器材，偷袭安邑。魏王豹惊慌失措，率领军队迎击韩信，韩信俘获了魏王豹，汉王平定魏地设置河东郡。汉王派张耳和韩信一起，带领军队向东进发，向北攻打赵国和代国。这年闰九月，韩信、张耳的军队打垮了代国的军队，在阏与擒获了夏说。韩信攻占魏国，摧毁代国之后，汉王立即派人收回韩信的精锐兵力，将他们带去荥阳，与楚军对抗。

注释

❶谒归：请假回家。 ❷国：指魏王的封国。 ❸绝：断绝。河关：指临晋关，在今陕西大荔的黄河西岸，关下有蒲津渡口，是由秦入晋的险要之地。❹郦生：郦食其（yìjī），刘邦的谋臣。说（shuì）：游说。 ❺不下：没有成功。❻盛兵：作好战斗的准备。蒲坂：在今山西永济西蒲州镇。 ❼塞：边界上的险要之处，此作动词，即以临晋为边界上的要塞。临晋在今陕西大荔东。 ❽益：更加。疑兵：虚设兵阵以迷惑敌人。 ❾陈船：排列船只。 ❿夏阳：在今陕西韩城南。罂（yīng）：小口大腹的酒器。缻（fǒu）：瓦制的瓶罐。以木罂缻：用木头联结一些可以浮起的瓶罐作为渡河器材。 ⓫安邑：在今山西夏县西北。⓬河东郡：治所在今山西夏县北，辖境包括今山西沁水以西，霍山以南地区。⓭张耳：曾参加过陈胜起义军，拥立赵歇为赵王，项羽曾封他为常山王，后归刘邦，封为赵王。 ⓮代：当时代王是陈余。陈余因击败张耳，迎立赵歇复为赵王，赵歇即封陈余为代王。 ⓯禽：通“擒”。夏说：陈余的丞相。阏（yù）与：在今山西和顺西北。 ⓰距：通“拒”，抵御。

【原 文】

信与张耳以兵数万，欲东下井陉击赵，赵王、成安君陈余闻汉且袭之也[①]，聚兵井陉口，号称二十万。广武君李左车说成安君曰："闻汉将韩信涉西河[②]，虏魏王，禽夏说，新喋血阏与[③]，今乃辅以张耳，议欲下赵，此乘胜而去国远斗，其锋不可当。臣闻千里馈粮[④]，士有饥色，樵苏后爨[⑤]，师不宿饱。[⑥]今井陉之道，车不得方轨[⑦]，骑不得成列，行数百里，其势粮食必在其后。愿足下假臣奇兵三万人[⑧]，从间道绝其辎重[⑨]；足下深沟高垒，坚营勿与战。彼前不得斗，退不得还，吾奇兵绝其后，使野无所掠，不至十日，而两将之头可致于戏下。愿君留意臣之计。否，必为二子所禽矣。"成安君，儒者也，常

【译 文】

韩信和张耳带领数万兵马，打算向东进军突破井陉口攻打赵国。赵王、成安君陈余听说汉军将要攻打赵国，就在井陉口聚集兵力，号称二十万大军。广武君李左车向成安君献策说："我听说汉王的将军韩信曾经渡过西河，俘获魏王豹，擒获夏说，最近又血洗了阏与，如今韩信还有张耳的协助，计划攻占赵国。这是乘胜追击离开本国远征，他们的锋芒必定不能阻挡。可我听说从千里之外送粮，士兵们必然会忍饥挨饿，如果需要就地打柴割草，军队必定吃不饱。如今井陉这条小路，不能两车并行，不能让骑兵排成行列，行进的军队一定会绵延数百里，这样一来，汉军运输粮食的队伍必定会在后边。希望您能给我三万奇兵，让我通过小路偷袭汉军，前去拦截他们的军需物资。您就在赵地深挖战壕，高筑营垒，坚守阵地，不与汉军交战。他们向前不能战斗，向后没法退兵，我出奇兵阻断他们的退路，他们在野外，什么东西也抢不到，不出十天，韩信、张耳两位将军的人头就能够送到军帐下。希望您能够认真考虑我的计策。否则的话，一定会被他们二人所擒获。"成安君，是一个信奉儒家学说的人，经常宣称正义的军队不应该采用欺诈的诡计，成安君说："我听兵

称义兵不用诈谋奇计，曰："吾闻兵法十则围之[10]，倍则战。[11]今韩信兵号数万，其实不过数千。能千里而袭我，亦已罢极。[12]今如此避而不击，后有大者，何以加之！则诸侯谓吾怯，而轻来伐我。"不听广武君策，广武君策不用。

法说，兵力超过敌人十倍的时候，就可以包围敌人，兵力超过敌人一倍的时候就可以作战。如今韩信的军队号称有数万人，实际上不过才数千人而已。数千士兵居然长途跋涉前来袭击我们，一定已经非常疲惫。现在如果我们像这样回避不出击的话，后面有强大的后援，我们又该如何应对呢？诸侯会说我胆子小，轻易地攻击我们。"成安君没有采纳广武君的计策，广武君的计策没有被使用。

注释

❶且：将要。 ❷西河：即今龙门河。 ❸喋（dié）血：血流满地。 ❹馈粮：送粮。 ❺樵苏：打柴割草，以充燃料。爨（cuàn）：生火做饭。 ❻师：军队。宿：隔夜。宿饱：隔夜还饱。不宿饱：吃不饱。 ❼方轨：两车并行。❽假：给予。 ❾间道：小道。辎重：军需物资。 ❿十则围之：超过敌人十倍就包围它。 ⓫倍则战：超过敌人一倍就可作战。 ⓬罢（pí）：通"疲"。

【原文】

韩信使人间视[1]，知其不用，还报，则大喜，乃敢引兵遂下。未至井陉口三十里，止舍。[2]夜半传发[3]，选轻骑二千人，人持一赤帜，从间道萆山而

【译文】

韩信命人暗中侦察，得知成安君并没有采用广武君的计策，使者回来向韩信报告，韩信十分高兴，才敢带领兵马进入井陉道路。在距离井陉要塞出口还有三十里的地方，驻扎过夜。半夜的时候，韩信命令出发，从士兵中挑选出两千名轻装骑兵，每人手里拿着一面红旗，经由隐蔽小道来到山

望赵军[4]，诫曰："赵见我走[5]，必空壁逐我[6]，若疾入赵壁[7]，拔赵帜，立汉赤帜。"令其裨将传飧[8]，曰："今日破赵会食！"[9]诸将皆莫信，详应曰[10]："诺。"谓军吏曰："赵已先据便地为壁[11]，且彼未见吾大将旗鼓，未肯击前行，恐吾至阻险而还。"信乃使万人先行，出，背水陈。[12]赵军望见而大笑。平旦[13]，信建大将之旗鼓，鼓行出井陉口，赵开壁击之，大战良久。于是信、张耳详弃鼓旗，走水上军。水上军开入之，复疾战。[14]赵果空壁争汉鼓旗，逐韩信、张耳。韩信、张耳已入水上军，军皆殊死战，不可败。信所出奇兵二千骑，共候赵空壁逐利，则驰入赵壁，皆拔赵旗，立汉赤帜二千。赵军已不胜，不能得信等，欲还归壁，壁皆汉赤帜，而

上，隐藏在山上观察赵国军队的一举一动。韩信告诫部下说："两军交战的时候，赵军看见我军逃跑，一定会倾巢出动来追赶我军，你们立即冲进赵军的营垒之中，将赵军的旗帜拔掉，竖起汉军的红旗。"接着，韩信又让副将向士兵们传达开饭，说："今天打败赵军就正式举行聚餐！"将领们都不相信，假装回答说："好。"韩信对手下军官说："如今赵军已经先在有利地形上筑造营垒，他们没有看到我们大将的旗帜、仪仗，就不会攻打我军的先遣部队，因为他们担心我们到了险要的地方就退回去。"于是，韩信派出万余名士兵先行，出了井陉口，背靠河水列阵。赵军望见韩信的士兵而大笑。天色大亮的时候，韩信架起大将的旗帜，设好战鼓，敲起进攻的鼓声开出井陉口。赵军打开营垒开始攻打汉军，两军激战了很久。于是韩信、张耳假装抛旗弃鼓，逃回河边的阵营。河边营垒中的部队打开营门放他们进去，接着又和赵军展开激战。赵军果真倾巢出动，争相抢夺汉军的旗鼓，追逐大将韩信、张耳。韩信、张耳进入河边阵地以后，全军将士拼死奋战，赵军不能打败他们。韩信事先派出去的两千名轻骑兵，见赵军倾巢出动，前去追逐战利品，便立刻冲进赵军营垒中，将赵军的旗帜全部拔掉，竖起两千面汉军红旗。赵军已经无法战胜，又无法俘获韩信等人，想要退回自己的营垒，却发现营

大惊，以为汉皆已得赵王将矣，兵遂乱，遁走，赵将虽斩之，不能禁也。于是汉兵夹击，大破虏赵军，斩成安君泜水上[15]，禽赵王歇。

垒上已经插满了汉军的红旗，十分震惊，还以为赵军的将领已经全都被汉军俘获了，于是军队陷入一片混乱之中，士兵们纷纷逃散，赵将即使斩杀逃兵，也不能制止士兵逃走。于是汉兵前后夹击，大破赵军，俘虏了很多人，在泜水岸边斩杀成安君，活捉赵王歇。

注释

❶间视：暗中侦察。 ❷舍：驻扎。 ❸传发：命令出发。 ❹萆：通“蔽”。萆山：利用山势隐蔽。 ❺走：逃跑。 ❻壁：营垒。 ❼疾：迅速。 ❽飧（sūn）：简单的饭食。 ❾会食：聚餐。 ❿详：通“佯”。 ⓫便地：有利地形。 ⓬陈：通“阵”。背水陈：背靠河水列阵，以示后无退路，只能向前。水：指绵蔓水，发源于山西寿阳东，经井陉流入滹沱河。 ⓭平旦：天色大亮时。 ⓮疾：猛烈。 ⓯泜（chí）水：即槐河，发源于河北赞皇西南，东经元氏南流入滏阳河。

【原 文】

信乃令军中毋杀广武君，有能生得者购千金。[1]于是有缚广武君而致戏下者，信乃解其缚，东乡坐[2]，西乡对，师事之。

【译 文】

韩信命令军中不要杀害广武君，有能够活捉广武君的人，赏赐千金。于是，有人捆绑着广武君送到韩信的军营，韩信亲自解开他的绳索，并邀请他面东而坐，自己则是面向西与广武君对坐，像对待老师那样对待广武君。

注释

❶购：悬赏征求。 ❷东乡坐：汉初以东向坐为尊贵。

【原文】

诸将效首虏[1]，(休)毕贺[2]，因问信曰："兵法右倍山陵[3]，前左水泽[4]，今者将军令臣等反背水陈，曰破赵会食，臣等不服。然竟以胜，此何术也？"信曰："此在兵法，顾诸君不察耳。兵法不曰'陷之死地而后生，置之亡地而后存'？[5]且信非得素拊循士大夫也[6]，此所谓'驱市人而战之'[7]其势非置之死地，使人人自为战；今予之生地，皆走，宁尚可得而用之乎"！[8]诸将皆服曰："善。非臣所及也。"

【译文】

诸位将领献上敌人首级，向韩信祝贺完毕后，询问韩信说："兵法上曾说行军布阵应该背靠山脉，面临着河水。这次将军让我们背水列阵，还说打垮了赵军今天正式会餐，我们这些人心里不信服。但是居然真的取得了胜利，这是什么战术？"韩信回答说："这种战术也在兵法之上，只是诸位没有注意到而已。兵法上不是说过'陷之死地而后生，置之亡地而后存'吗？况且我并没有平时接受我训练的将士，这就是俗语所说的'驱赶着街市上的老百姓去作战'，这样的形势下，只有把将士们先置于死地，让每个人都为了保命而死战；要是给将士们留有生路，那么他们就会全部败逃了，难道还能依靠他们获得胜利吗！"将领们都信服地说："好。将军的谋略并非我们能够比得上的。"

注释

❶效：献上。引申为呈验。首虏：敌人的首级。 ❷毕贺：庆祝完毕。

③倍：通“背”。右倍山陵：地理上以西为右，韩信东攻，右即背后，所以右倍山陵就是背山的意思。 ④前左水泽：地理上以东为左，前左水泽就是临水的意思。 ⑤此语引自《孙子·九地篇》，个别字有改动。 ⑥拊循：一作“抚循”。⑦市人：街市上的百姓，此指未受严格训练的士兵。 ⑧宁：难道。

【原文】

于是信问广武君曰：“仆欲北攻燕，东伐齐，何若而有功？”①广武君辞谢曰：“臣闻败军之将，不可以言勇，亡国之大夫，不可以图存。②今臣败亡之虏，何足以权大事乎”！③信曰：“仆闻之，百里奚居虞而虞亡④，在秦而秦霸，非愚于虞而智于秦也，用与不用，听与不听也。诚令成安君听足下计⑤，若信者亦已为禽矣。以不用足下，故信得侍耳。”⑥因固问曰：“仆委心归计⑦，愿足下勿辞。”广武君曰：“臣闻智者千虑，必有一失；愚者千虑，必有一得。故曰：‘狂夫之言，圣人择焉。’顾恐臣计

【译文】

于是韩信询问广武君说：“我打算向北攻打燕国，向东讨伐齐国，如何做才能成功呢？”广武君推辞说：“我听说‘战败的将领，没有资格再说勇敢；失去国家的大夫，没有资格谋划国家存亡的大事’。如今我是一个用兵失败、国家灭亡的俘虏，有什么资格再商议国家大事呢！”韩信说：“我听说，百里奚居住在虞国的时候，虞国灭亡了；百里奚在秦国，而秦国称霸了，并不是说百里奚在虞国的时候愚蠢，而到了秦国之后就聪明了，而在于他的国君懂不懂得知人善任，能不能采纳他的意见。果真使成安君真的采纳了您的计策，我韩信也早被赵国擒获了。因为成安君没有采纳您的计谋，所以我才得以在这里侍奉您。”韩信坚持问广武君说：“我一定会认真听从您的计谋，希望您不要再推辞。”广武君说：“我听说‘智者千虑，必有一失；愚者千虑，必有一得’。因此俗话说‘狂人所说的话，圣人也能够选择性地听取’。我只是担心我的计谋不值得让您采用，但我一定会竭尽所能，忠心效力。成安

未必足用[8]，愿效愚忠。夫成安君有百战百胜之计，一旦而失之，军败鄗下[9]，身死泜上。今将军涉西河，虏魏王，禽夏说阏与，一举而下井陉，不终朝破赵二十万众[10]，诛成安君。名闻海内，威震天下，农夫莫不辍耕释耒[11]，褕衣甘食[12]，倾耳以待命者。[13]若此，将军之所长也。然而众劳卒罢[14]，其实难用。今将军欲举倦罢之兵，顿之燕坚城之下，欲战恐久力不能拔[15]，情见势屈[16]，旷日粮竭，而弱燕不服，齐必距境以自强也。燕齐相持而不下，则刘项之权未有所分也。[17]若此者，将军所短也。臣愚，窃以为亦过矣。故善用兵者不以短击长，而以长击短。"韩信曰："然则何由？"广武君对曰："方今为将军计，莫如案甲休兵[18]，镇赵抚其孤[19]，百里之内，牛酒日

君原本拥有能够百战百胜的计谋，但是一旦他失去了这个计谋，军队就只能在鄗县大败，而自己也死在泜水之上。如今将军您向西渡过黄河，活捉了魏王，在阏与擒获夏说，一举攻占井陉，只用了不到一个上午的时间就打败了二十万赵军，诛杀了成安君。如今您的名声已经传遍四海了，您的声威也已经震动整个天下了，农夫们都停止耕作，放下农具，穿好的衣服，吃好的食物，侧耳细听，等待命运的摆布。像这些，都是将军的优势。但是，如今百姓劳苦，兵卒疲惫不堪，很难继续作战。如果将军打算驱使这些疲惫的士兵，驻扎在燕国坚固的城墙之下，想要进行作战，恐怕很长时间也难以攻取。一旦军队真情显露，军队的威势就会减弱，长此以往，军粮消耗殆尽，而弱小的燕国始终不肯投降屈服，齐国一定会拒守边境，想办法自强起来。如果燕、齐两国始终坚持不肯服从，那么，刘、项双方的胜负就很难断定了。果真像这样的话，这就是将军征战策略上的短处了。我很愚钝，但是还是认为您的策略是错的。所以，善于用兵的人不会用自己的短处去攻击敌人的长处，而是用自己的长处去攻打敌人的短处。"韩信说："那么我又该怎么做呢？"广武君回答说："现在如果为将军打算，不如按兵不动，让士兵休息，稳定赵国的社会秩序，抚慰赵国战死者的遗孤。方圆百里之内的百姓，每天送来酒

至，以飨士大夫醳兵[20]，北首燕路[21]，而后遣辩士奉咫尺之书[22]，暴其所长于燕[23]，燕必不敢不听从。燕已从，使喧言者东告齐[24]，齐必从风而服，虽有智者，亦不知为齐计矣。如是，则天下事皆可图也。兵固有先声而后实者[25]，此之谓也。”韩信曰：“善。”从其策，发使使燕[26]，燕从风而靡。[27]乃遣使报汉，因请立张耳为赵王，以镇抚其国。汉王许之，乃立张耳为赵王。

肉，犒劳将士。将军可以向北进军，将军队驻守在前往燕国的要道上，然后派出说客，拿着书信前去燕国，在燕国国君面前展现自己在战略上的优势，燕国一定不敢不归附。燕国归附之后，再派能言善辩的人往东游说齐国，齐国必定会闻风降服。就算是有聪明睿智的人，也没有办法替齐国谋划了。这样的话，那么天下大事就都可以谋取了。用兵原本就有先以声威慑服人，然后再用实力征服，这就是我所说的情形。”韩信说：“好。”听从了广武君的计策，派使者出使燕国，燕国听到消息后果然投降。韩信又派使者前去报告汉王，并请求汉王立张耳为赵王，以镇压安抚赵国。汉王答应了韩信的请求，于是封张耳为赵王。

注释

❶何若：犹“若何”。 ❷图存：谋划国家存亡的大事。 ❸权：衡量。 ❹百里奚：春秋时虞国大夫，未被重用。虞被晋所灭。百里奚后为秦穆公重用，建立了霸业。 ❺诚令：果真使。 ❻侍：侍奉。此作谦辞。 ❼委心：充分信任。归计：听从计谋。 ❽足：值得。 ❾鄗（hào）：在今河北柏乡北。 ❿终朝：从天亮到吃午饭这段时间。不终朝：比喻时间很短。 ⓫辍耕：停止农耕。释耒：放下农具。 ⓬褕（yú）衣：美好的衣服。甘食：可口的吃食。 ⓭倾耳：侧耳细听，表示惶恐。待命：等候命运摆布。 ⓮众劳：士众劳苦。卒罢：兵卒疲敝。 ⓯拔：攻取。 ⓰情见势屈：（疲敝的）真情显露出来，声势就要挫减。 ⓱权：权力，引申作胜负。 ⓲案：通“按”，止住。休：停止。 ⓳抚其孤：抚慰赵国战死者的遗孤。 ⓴飨：宴请。醳（yì）：酒食慰劳。

㉑首：向着。北首燕路：（做出）向北攻燕的样子。 ㉒咫（zhǐ）：八寸，咫尺之书，指信件。古代写信用木牍，一般长八寸到一尺，所以称“尺牍”。㉓暴：显露。所长：指战略上的优势。 ㉔喧言者：能言善辩的人。 ㉕兵：兵法。先声而后实：兵法原意是，用声威慑服是先着，用实力攻战是下策。后用作先加以声威而后继以实力。 ㉖发使：派使者。下“使”字作出使讲。㉗靡：倒下，引申为降服。

【原 文】

楚数使奇兵渡河击赵[①]，赵王耳、韩信往来救赵，因行定赵城邑[②]，发兵诣汉。楚方急围汉王于荥阳，汉王南出，之宛、叶间[③]，得黥布[④]，走入成皋[⑤]，楚又复急围之。六月，汉王出成皋，东渡河，独与滕公俱，从张耳军修武。至，宿传舍。[⑥]晨自称汉使，驰入赵壁。张耳、韩信未起，即其卧内上夺其印符[⑦]，以麾召诸将[⑧]，易置之。[⑨]信、耳起，乃知汉王来，大惊。汉王夺两人军[⑩]，即令张耳备守赵地，拜韩信为相国，收赵兵未发者击齐。[⑪]

【译 文】

楚国多次派出奇兵渡过黄河攻打赵国。赵国张耳、韩信经常往来救援赵国，趁着行军之便，将所经过的赵国城邑全部占领，接着发兵支持汉王。当时，楚军正将汉王围困在荥阳，汉王从包围圈的南面突围，逃到宛、叶一带，在那里得到了黥布，然后直奔成皋，楚军又赶紧围困成皋。六月，汉王从成皋逃出，向东渡过黄河，身边只有滕公跟随，逃亡到张耳军队在修武的营地。汉王到达修武后，就住进客舍中。第二天清晨，他自称是汉王的使者，骑马直接进入赵军的营垒。张耳、韩信两人还没有起床，汉王就来到他们的卧室里，抢夺了他们的印信兵符，召集诸位将领，更换了他们的职位。韩信、张耳起床之后，才知道汉王来了，十分震惊。汉王夺走了两人的军权，命令张耳在赵地坚守。委任韩信出任赵国的国相，让他收编赵国还没有派遣去荥阳的士兵，准备攻打齐国。

注释

❶奇兵：出其不意的军队。 ❷行：就要，即将。 ❸宛：在今河南南阳。叶：在今河南叶县。 ❹黥布：原名英布，因受过黥（面部刺字）刑，所以称黥布。秦末起兵后依项羽，封九江王，后归附刘邦，封淮南王。 ❺成皋：在今河南荥阳汜水镇。 ❻传舍：客舍。 ❼上：指刘邦。印符：印信兵符。 ❽麾：古代指挥军队的旗。 ❾易：变动。置：安排。易置之：更换诸将的职位。 ❿军：军队，军权。 ⓫未发者：没有派遣（去荥阳）的士兵。

【原文】

信引兵东，未渡平原[1]，闻汉王使郦食其已说下齐[2]，韩信欲止。范阳辩士蒯通说信曰[3]："将军受诏击齐，而汉独发间使下齐[4]，宁有诏止将军乎？何以得毋行也！且郦生一士，伏轼掉三寸之舌[5]，下齐七十余城，将军将数万众[6]，岁余乃下赵五十余城，为将数岁，反不如一竖儒之功乎？"[7]于是信然之[8]，从其计，遂渡河。齐已听郦生，即留纵酒[9]，罢备汉守御，信因袭齐历下军[10]，遂

【译文】

韩信带领军队向东进军，还没渡过平原津时，就听说汉王派郦食其已经通过游说方式使齐归汉。韩信想要停止进军。范阳的说客蒯通劝谏韩信说："将军您是奉汉王的诏令攻打齐国，而汉王只是派人离间就使齐国投降，难道汉王下诏命将军停止进攻了吗？将军为什么要停止进军呢！况且那郦食其只不过是个手无缚鸡之力的读书人，他坐着车子，凭借自己的三寸之舌，就收服了齐国七十多座城池。将军您带领数万大军，经过一年多的时间，才攻下赵国的五十多座城池。做将领这么多年，功劳反倒比不上一个小小儒士了吗？"韩信认为蒯通说得很对，听从了他的计策，就带领军队渡过黄河。齐王听从了郦食其的劝降以后，挽留郦食其纵情喝酒，撤除了防备汉军的守卫。韩信乘机突袭齐王的历下

至临菑。[11]齐王田广以郦生卖己[12]，乃亨之[13]，而走高密[14]，使使之楚请救。韩信已定临菑，遂东追广至高密西。楚亦使龙且将[15]，号称二十万，救齐。

军队，战争很快打到临淄。齐王田广认为郦食其出卖了自己，于是将他烹杀，然后逃往高密，派使者前往楚国请求援助。韩信平定临淄后，就向东追赶田广，一直追到高密城西。这时，楚国也派将军龙且带领号称二十万的大军前来救援齐国。

注释

❶平原：黄河渡口平原津，在今山东平原西南。 ❷下：攻克。已说下齐：已通过游说方式使齐归汉。 ❸范阳：蒯通为齐人，则范阳当指今河南范县，战国时为齐地。蒯通：秦、汉时的著名说客。 ❹间使：派去进行离间活动的人。❺轼：车前横木。伏轼：把身子伏在车前横木上，意指乘车。 ❻将：统率。❼竖儒：犹言陋儒。 ❽然：同意。 ❾纵酒：纵情喝酒。 ❿历下：在今山东济南。 ⓫临菑：即临淄，齐国国都，在今山东淄博。 ⓬田广：田荣子，荣死继为齐王。卖：出卖。 ⓭亨：同“烹”。 ⓮高密：在今山东高密。 ⓯龙且：项羽手下将领。

【原文】

齐王广、龙且并军与信战，未合。[1]人或说龙且曰：“汉兵远斗穷战[2]，其锋不可当。齐、楚自居其地战，兵易败散。不如深壁[3]，令齐王使其信臣招

【译文】

齐王田广、龙且的两支部队会合，一起对抗韩信，还没有交锋。有人劝说龙且道：“汉军远离本国来到这里，必定会拼命打仗，他们的锋芒不可抵挡。齐、楚两国的士兵是在本国作战，士兵很容易溃败逃散。不如坚守不出。让齐王派他的亲信大臣，前去安抚所失去的城池，如果这些城池的官吏和百姓

所亡城[4]，亡城闻其王在，楚来救，必反汉。汉兵二千里客居，齐城皆反之，其势无所得食，可无战而降也。”龙且曰：“吾平生知韩信为人，易与耳。且夫救齐不战而降之，吾何功？今战而胜之，齐之半可得，何为止！”遂战，与信夹潍水陈。[5]韩信乃夜令人为万余囊，满盛沙，壅水上流[6]，引军半渡[7]，击龙且，详不胜，还走。龙且果喜曰：“固知信怯也。”遂追信渡水。信使人决壅囊，水大至。龙且军大半不得渡，即急击，杀龙且。龙且水东军散走[8]，齐王广亡去。信遂追北至城阳[9]，皆虏楚卒。

知道他们的君主还活着，楚军又赶来援救齐国，必定会联合起来反叛汉军。汉军身在两千里之外的异国他乡，齐国城池的人又都反抗他们，那他们肯定得不到粮食，这样就能不战而降。”龙且说：“我向来很了解韩信的为人，他很容易对付。而且如今项王命我带兵前来援救齐国，如果没有经过战斗而让韩信投降，那我还有什么功劳呢？现在如果能战胜他，齐国有一半土地能够划分给我，这样的仗为什么不打！”于是两军开战，龙且与韩信隔着潍水布阵。韩信于是下令连夜赶制出一万多个口袋，装满了沙子，阻塞潍水的上游，带领军队渡到河中间，攻打龙且，然后假装战败，向后撤退。龙且果然大喜：“我原本就知道韩信是个胆小的人。”于是龙且就渡过潍水追击韩信。韩信立即让人将堵塞潍水的沙袋移开，河水汹涌而至。龙且的军队还有一半多没有渡过潍水，韩信随即回军猛击，杀死了龙且。潍水东岸尚未渡过潍水的龙且余部，看见这种情况立即四散逃跑，齐王田广也逃走了。韩信追击败兵到了城阳，将楚军的士兵全部俘虏了。

注释

❶未合：尚未交锋。 ❷穷战：拼命打仗。 ❸深壁：深沟高垒，表示坚守不出。 ❹令：使。信臣：使臣。所亡城：所失的城，指被汉占领的齐城。 ❺潍水：山东东部。 ❻壅：阻塞。 ❼半渡：渡至河中间。 ❽水东军：龙且

追韩信渡潍水而西，有一大半阻水不得渡，成为潍水东岸的军队。❾城阳：在今山东鄄城。

【原 文】

汉四年，遂皆降平齐。使人言汉王："齐伪诈多变，反覆之国也，南边楚[1]，不为假王以镇之[2]，其势不定。愿为假王便。"[3]当是时，楚方急围汉王于荥阳，韩信使者至，发书[4]，汉王大怒，骂曰："吾困于此，旦暮望若来佐我，乃欲自立为王！"张良、陈平蹑汉王足[5]，因附耳语曰："汉方不利，宁能禁信之王乎？不如因而立[6]，善遇之，使自为守。不然，变生。"汉王亦悟，因复骂曰："大丈夫定诸侯，即为真王耳，何以假为！"乃遣张良往立信为齐王，征其兵击楚。

【译 文】

汉四年，韩信终于平定了齐国。韩信派人上书给汉王说："齐国阴险狡诈，反复无常，它南面与楚国接壤，如果不在齐国设立一个暂时代理的齐王来镇抚百姓，齐国的局势没办法稳定。希望您能允许我暂时代理齐王。"当时，楚军正在荥阳加紧围困汉王，韩信的使者到达后，汉王拆开信一看，勃然大怒，骂道："如今我在这儿被围困，日夜只盼你能来救我，你居然想要自立为王！"张良、陈平暗中踩汉王的脚，接着对汉王耳语说："如今汉军处境十分危急，您怎么能禁止韩信称王呢？不如趁机封他为王，善待他，让他好好镇守齐国。否则的话，韩信很可能会叛变。"汉王也醒悟过来，又假装骂道："大丈夫既然平定了诸侯，那就做真王，为什么要做个暂时代理的王呢！"于是，汉王派张良前往齐国，册封韩信为齐王，征调韩信的军队来攻打楚军。

注释

❶边：接壤。 ❷假王：暂时代理的王。 ❸便：有利。 ❹发书：拆开信件。 ❺蹑：踩踏。 ❻因：随顺。

【原文】

楚已亡龙且，项王怒，使盱眙人武涉往说齐王信曰[1]："天下共苦秦久矣，相与戮力击秦。[2]秦已破，计功割地，分土而王之，以休士卒。今汉王复兴兵而东，侵人之分[3]，夺人之地，已破三秦，引兵出关，收诸侯之兵以东击楚，其意非尽吞天下者不休，其不知厌足如是甚也。[4]且汉王不可必[5]，身居项王掌握中数矣。项王怜而活之，然得脱，辄倍约，复击项王，其不可亲信如此。今足下自以与汉王为厚交，为之尽力用兵，终为之所禽矣。足下所以得须臾至今者[6]，以项王尚存也。当今二王之事，权在足下，足

【译文】

楚军已经失去了龙且，项王十分担心，于是派盱眙人武涉前去游说齐王韩信说："天下人苦于秦朝的残暴统治，所以大家才合力攻打秦。秦灭亡以后，项王按照功劳分割领土，大家各自为王，士兵们也得到了充分的休息。如今汉王又带领军队向东进军，侵犯他人应得的部分，汉王在平定三秦之后，又率军出函谷关，收拢诸侯的军队向东攻打楚国。汉王的意思是，不吞并整个天下，他是不会罢休的，汉王不知足到如此地步，实在是太过分了。何况汉王本来就不可全信，他自身曾经多次落到项王手中，是项王的怜悯才让他得以苟活，但是汉王一脱身，就立即背弃盟约，再次攻打项王。他是这样一个不可亲近、不可信赖的人。现在您自认为和汉王有很深厚的交情，您替他全心全意地领兵作战，最后还是会被他所擒。您之所以能够苟延到今天，就是因为项王还存在。现在刘、项二王的事情，就取决于您了。如果您倾向西边，那么汉王就会取

下右投则汉王胜，左投则项王胜。项王今日亡，则次取足下，足下与项王有故，何不反汉与楚连和，参分天下王之？今释此时[7]，而自必于汉以击楚，且为智者固若此乎！”韩信谢曰：“臣事项王，官不过郎中，位不过执戟[8]，言不听，画不用[9]，故倍楚而归汉。汉王授我上将军印，予我数万众，解衣衣我[10]，推食食我[11]，言听计用，故吾得以至于此。夫人深亲信我，我倍之不祥，虽死不易。[12]幸为信谢项王！”[13]

胜；如果您倾向东边，那么项王就会取胜。如果项王今天被汉王消灭，那么接下来就要消灭您了。既然您与项王有故交，为什么不反叛汉王，与楚军联合，然后三分天下，自立为王呢？现在，您放弃了这个时机，一定会帮助汉王攻打楚王，一个智者，难道会这样选择吗！”韩信辞谢说：“我侍奉项王，不过就是郎中，所居职位不过是个手持战戟的侍卫，进言不被听从，计策不被采纳，所以我才背楚归汉。汉王授予我上将军的印玺，授予我数万兵马，脱下他自己的衣服给我穿上，将他吃的食物让给我吃，对我言听计用，所以我才能够得到如今这些东西。人家对我如此亲近、信任，我背叛他的话不吉利，即使到死也不会改变。希望替我辞谢项王的盛情！”

注释

❶盱眙：在今江苏盱眙东北。武涉：项羽派去的说客。 ❷相与：共同。戮力：尽力。 ❸分（fèn）：应得的部分。 ❹厌：通“餍”，满足。 ❺必：完全相信。 ❻须臾：苟延。 ❼释：舍弃。 ❽执戟：秦、汉时郎官掌执戟、侍从、宿卫殿门，所以也称郎官为执戟。 ❾画：谋划。 ❿上“衣”字：作衣服解，下“衣”字读 yì，穿衣。 ⓫上“食”字作食物解，下“食”字读 sì，给人吃。 ⓬易：改变。 ⓭幸：希望。

【原文】

武涉已去，齐人蒯通知天下权在韩信，欲为奇策而感动之，以相人说韩信曰："仆尝受相人之术。"[①]韩信曰："先生相人何如？"对曰："贵贱在于骨法，忧喜在于容色，成败在于决断，以此参之，万不失一。"韩信曰："善。先生相寡人何如？"[②]对曰："愿少间。"[③]信曰："左右去矣。"通曰："相君之面，不过封侯，又危不安。相君之背，贵乃不可言。"[④]韩信曰："何谓也？"蒯通曰："天下初发难也，俊雄豪桀建号壹呼[⑤]，天下之士云合雾集，鱼鳞杂遝[⑥]，熛至风起。[⑦]当此之时，忧在亡秦而已。[⑧]今楚汉分争，使天下无罪之人肝胆涂地[⑨]，父子暴骸骨于中野[⑩]，不可胜数。楚人起彭城，转斗逐北[⑪]，至于荥阳，乘利席卷[⑫]，威震天

【译文】

武涉离开后，齐国人蒯通得知掌握天下大权的关键在于韩信，于是想献上奇策打动他，以看相人的身份游说韩信说："我曾经学过相术。"韩信说："先生的相术怎么样呢？"蒯通回答说："人的高低贵贱体现在骨头上，人的忧愁喜悦体现在面色上，而人的成功失败则在于决断。用这来参考，能够万无一失。"韩信说："好。那先生给我看看相如何？"蒯通回答说："希望您屏退左右。"韩信说："左右的人都下去吧。"蒯通说："从您的面相看来，不过是封侯，而且就算封侯也还有危险。看您的背相，荣华富贵不可多说。"韩信说："您这么说是什么意思呢？"蒯通说："想当初，天下发兵起义的时候，英雄豪杰建立旗号，登高一呼，天下有识之士就像云雾一般响应，就像鱼鳞一样多而杂乱，就像火焰一样四处迸飞，狂风骤起。正在这个时候，诸侯唯一担忧的就是灭掉秦朝而已。如今，楚汉相争，让天下无辜的百姓受到牵连，肝脑涂地，父子的尸骨遍布在田野之中，数不胜数。楚国人在彭城起兵，转战四面八方，追逐败兵，到了荥阳，乘胜席卷而至，声势震动整个天下。后来楚军被困在京、索之间，被汉军阻挡在成皋西面的山岳地带不能继续前进，到如今

下。然兵困于京、索之间，迫西山而不能进者，三年于此矣。汉王将数十万之众，距巩、雒[13]，阻山河之险，一日数战，无尺寸之功，折北不救[14]，败荥阳，伤成皋[15]，遂走宛、叶之间，此所谓智勇俱困者也。夫锐气挫于险塞，而粮食竭于内府，百姓罢极怨望，容容无所倚。[16]以臣料之，其势非天下之贤圣固不能息天下之祸。当今两主之命县于足下。[17]足下为汉则汉胜，与楚则楚胜。[18]臣愿披腹心，输肝胆[19]，效愚计，恐足下不能用也。诚能听臣之计，莫若两利而俱存之，参分天下，鼎足而居，其势莫敢先动。夫以足下之贤圣，有甲兵之众，据强齐，从燕、赵，出空虚之地而制其后[20]，因民之欲[21]，西乡为百姓请命，则天下风走而响应矣[22]，孰敢不听！割大弱强[23]，以立诸侯，诸侯已

已经三年了。汉王率领几十万人马在巩县、洛阳一带攻打楚军，凭借着险要的山河地势，尽管一日连续数战，但是始终没有一点战功，所以屡次遭受挫折而败逃，险些没有办法自救。在荥阳战败后，又在成皋受伤，于是落荒而逃，逃到宛、叶之间，这就是所说的智慧和勇敢全部匮乏了。士兵的锐气在险要的要塞中而被挫伤，仓库的军粮也即将消耗殆尽，百姓疲惫不堪，心生怨恨，民心动摇，没有什么可以依靠的。根据我的推测，这样的局面若非天下的圣贤是不能平息的。现在刘、项的命运都掌握在您的手里。您援助汉王，汉王就会取得胜利；您援助楚王，楚王就会取得胜利。我愿意竭尽全力，为您敬献愚钝的计策，只是担心您不肯采纳。如果您真能听从我的计策，不如让楚、汉双方都有利，能够同时存在，您和刘、项三分天下，呈现鼎足之势，这样的话，就没有任何一方敢轻举妄动了。以您的贤明圣德，又拥有如此多的兵马，现在又占据着强大的齐国，迫使燕、赵两国屈从，您如果出兵到刘、项两军后方的空虚地带，牵制住后方，趁机顺应百姓的心愿，向西发兵，前去制止刘、项两军的纷争，为将士和百姓请命，那么，天下就会群起响应，没有人敢不听从！然后，分割大国，削弱强国，将这些土地分封给诸侯。等到诸侯恢复王位以后，

立，天下服听而归德于齐。[24]案齐之故[25]，有胶、泗之地[26]，怀诸侯以德，深拱揖让，则天下之君王相率而朝于齐矣。盖闻天与弗取，反受其咎；时至不行[27]，反受其殃。愿足下孰虑之。”

全天下的人就会归顺各国，信服听命。据守齐国原有的土地，拥有胶河、泗水之地，用恩德来安抚诸侯，恭谨谦让，这样一来，天下的君王就会相继到齐国来朝见。我听说上天赐予的好处如果不接受的话，反倒会受到上天的惩罚；时机到了不行动的话，反倒要遭受祸患。希望您能够仔细思考这件事。”

注释

❶相人：相面的人。❷寡人：寡德之人，这是古代侯王对下的谦称。韩信以齐王身份说话，所以自称寡人。❸间：空隙。少间：给点说话机会。意思是希望屏退左右。❹按：这几句话表面上是相人的套话，实际上是策动韩信的隐语。所谓“面”隐指北面而事刘邦，所谓“背”暗示背离刘邦。❺桀：通“杰”。建号：建立旗号，自成势力。壹呼：号召起兵。❻杂遝（tà）：通“杂沓”，多而杂乱的样子。鱼鳞杂遝：形容各地起兵者像鱼鳞那样多而杂乱。❼熛（biāo）：火花。❽亡秦：灭秦。❾肝胆涂地：与“肝脑涂地”意近。形容人的惨死。❿中野：田野之中。⓫逐北：追击败逃者。⓬席卷：像卷席子一样，形容进军神速。⓭巩：在今河南巩义。雒：在今河南洛阳东北。⓮折：挫折。折北：遇到挫折而败逃。⓯伤：负伤。⓰容容：心神无主，动摇不定。倚：依靠。⓱两主：指刘邦和项羽。县：通“悬”。⓲与：结盟，援助。⓳输：献纳。⓴制：牵制。后：后方。㉑欲：希望。㉒风走：形容形势发展很快，像风吹动那样。㉓割大：分割大国。弱强：削弱强国。㉔服听：信服听命。归德：归顺。㉕案：据守。故：原有的土地。㉖胶：胶河，在山东东部。泗：泗水，在山东中部。㉗时：时机。不行：不行动。

【原文】

韩信曰："汉王遇我甚厚，载我以其车，衣我以其衣，食我以其食。吾闻之，乘人之车者载人之患，衣人之衣者怀人之忧，食人之食者死人之事，吾岂可以乡利倍义乎！"蒯生曰："足下自以为善汉王，欲建万世之业[①]，臣窃以为误矣。[②]始常山王、成安君为布衣时，相与为刎颈之交。[③]后争张黡、陈泽之事[④]，二人相怨。常山王背项王，奉项婴头而窜[⑤]，逃归于汉王。汉王借兵而东下，杀成安君泜水之南，头足异处，卒为天下笑。[⑥]此二人相与，天下至欢也。[⑦]然而卒相禽者，何也？患生于多欲而人心难测也。今足下欲行忠信以交于汉王，必不能固于二君之相与也，而事多大于张黡、陈泽。故臣以为足下必汉王之不危己[⑧]，亦误矣。大夫

【译文】

韩信说："汉王优待我，他把自己的车子让给我坐，把自己的衣裳送给我穿，把自己的食物分给我吃。我听人说，乘坐过人家的车子，就要替他分担忧虑；穿过人家的衣裳，就要替他分担忧愁；吃过人家的食物，就要效忠人家的事业；难道我可以因为贪图私利就做出背信弃义的事情吗！"蒯通说："您自己认为和汉王私交很好，想要为他建立流传后世的功业，我私底下认为您这样的想法是错误的。当初常山王、成安君还是平民百姓的时候，两人互为生死之交，后来因为张黡、陈泽的事引发争执，两人对彼此心生怨怼。常山王背叛了项王，捧着项婴的人头逃跑，向汉王投降。汉王借给他军队让他向东进攻，在泜水南面杀死了成安君，成安君身首异处，最终被天下人耻笑。他们两人彼此交往，可以称得上是全天下最要好的朋友。但是到最后，还不是想将对方置于死地，为什么呢？忧患产生于无止境的欲望，况且人心难以预料。现在您想要践行自己的忠诚和信义来与汉王结交，交情一定不会比张耳、陈余之间的交情更稳固，但是你们之间的事大部分比张黡、陈泽的事件更重要。因此我觉得您认为汉王一定不会危害自己，也是错误的。范蠡与文种共同为

种、范蠡存亡越[9]，霸句践[10]，立功成名而身死亡。野兽已尽而猎狗亨。夫以交友言之，则不如张耳之与成安君者也；以忠信言之，则不过大夫种、范蠡之于句践也。此二人者，足以观矣。愿足下深虑之。且臣闻勇略震主者身危，而功盖天下者不赏。[11]臣请言大王功略[12]：足下涉西河，虏魏王，禽夏说，引兵下井陉，诛成安君，徇赵[13]，胁燕[14]，定齐，南摧楚人之兵二十万，东杀龙且，西乡以报，此所谓功无二于天下，而略不世出者也。[15]今足下戴震主之威[16]，挟不赏之功，归楚，楚人不信；归汉，汉人震恐。足下欲持是安归乎？夫势在人臣之位而有震主之威，名高天下，窃为足下危之。”韩信谢曰：“先生且休矣，吾将念之。”[17]

越王句践谋划，使越免于灭亡而保存下来，使句践称霸于诸侯，句践功成名就后，文种被迫自杀身亡，范蠡也逃亡在外。野兽除尽之后，猎犬就会被烹杀。倘若论及交情，您和汉王的交情是比不上张耳与成安君的；倘若论及忠诚信义，您对汉王的忠诚信义也比不上大夫文种、范蠡对越王句践的忠义了。这两类人，足够让您看清状况了。希望您能够慎重考虑。况且我听说，如果一个人的勇敢、智慧让君主感到威胁，他的处境是很危险的；功盖天下的人通常都得不到赏赐。请允许我说一说您的功绩和谋略吧：您渡过黄河，俘虏魏王，擒拿夏说，带领军队攻下井陉，诛杀成安君，攻取赵国，威服燕国，平定了齐国，向南摧毁了楚国的二十万军队，向东进攻杀死了楚国大将龙且，向西面的汉王传达捷报，这样的功劳可以说天下第一，况且，您的谋略为世上所少有。现在您拥有震慑君主的威势，立下无法封赏的功绩，倘若您在这时归附楚国，楚国人一定不信任您；倘若归附汉，汉人一定会感到震惊和恐惧。您带着这样大的功绩和声威，又能到哪里去呢？处在臣子之位上却具有让君主都感到震慑的威力，名望高过天下人，我个人为您感到担忧。”韩信辞谢说：“先生暂且说到这里吧。我会仔细考虑。”

注释

❶万世之业：流传后世的功业。 ❷窃：谦辞，私自。 ❸刎颈之交：旧称同生死共患难的朋友。 ❹张耳、陈余共事赵王歇，秦兵围赵，陈余在外组织救兵，迟迟未归。张耳派张黡、陈泽去催促，被秦兵所杀。张耳怀疑是陈余所杀，二人因此决裂。事见《史记·张耳陈余列传》。 ❺项婴：项羽派到张耳处的使者。 ❻卒：终于。 ❼至欢：最要好的朋友。 ❽不危己：不危害自己。 ❾大夫种：文种。存亡越：范蠡与文种共同为越王句践谋划，使越免于灭亡而保存下来。 ❿霸句践：使句践称霸于诸侯。 ⓫盖：超过。不赏：得不到赏赐。 ⓬功略：功绩和谋略。 ⓭徇：攻取，占领。 ⓮胁：威服。 ⓯略不世出：指韩信的谋略为世上所少有。 ⓰戴：拥有。 ⓱念：考虑。

【原 文】

后数日，蒯通复说曰：“夫听者事之候也①，计者事之机也②，听过计失而能久安者③，鲜矣。④听不失一二者，不可乱以言；计不失本末者，不可纷以辞。⑤夫随厮养之役者⑥，失万乘之权⑦；守儋石之禄者⑧，阙卿相之位。⑨故知者决之断也⑩，疑者事之害也⑪，审豪牦之小计⑫，遗天下之大数⑬，智诚知之⑭，决弗敢行者⑮，

【译 文】

几天之后，蒯通再次游说韩信说：“听取意见，是事情成败的征候；确定计谋，是事情成败的契机。不接受正确意见却长治久安的人，实在太少了。听取他人意见，不遗漏一丝一毫，那么就不会被他人的花言巧语所迷惑；定计划而不本末倒置的，就不会被闲言碎语所纷扰。安于做杂务的贱役，就会失去执掌大国权力的机会；安守微薄的俸禄，就会失去公卿宰相这样的高位。因此聪明的人做决定很果断，优柔的人处理事情很游疑。整天在一些琐碎的事情上细究，就会遗漏天下的大计，智力足以判断是非，决定了不敢去做，这是一切事情的祸根。因此有句话说：‘犹豫不决

百事之祸也。故曰'猛虎之犹豫[16]，不若蜂虿之致螫；[17]骐骥之跼躅[18]，不如驽马之安步；[19]孟贲之狐疑[20]，不如庸夫之必至也；虽有舜禹之智，吟而不言[21]，不如瘖聋之指麾也'。[22]此言贵能行之。夫功者难成而易败，时者难得而易失也。时乎时，不再来。愿足下详察之。"韩信犹豫不忍倍汉，又自以为功多，汉终不夺我齐，遂谢蒯通。[23]蒯通说不听，已详狂为巫。[24]

的老虎，还比不上黄蜂、蝎子一类的毒虫可以用毒刺去蜇敌人；良马踏步不进，比不上一匹缓步前进的劣马；勇猛如孟贲处事却犹豫不决，比不上一个为达到目的，决心实干的凡夫俗子；即使是有虞舜、夏禹那样高超的智慧，闭口不言，比不上借助手势沟通的聋哑人。'这些俗语都意在说明勇于付诸行动是难能可贵的。功业难以建成却很容易失败，时机难以把握却很容易失掉。时机啊时机，错过了就不会再来了。希望您能够仔细地考虑。"韩信犹豫不决，不忍心背叛汉王，同时自认为功绩卓著，汉王最终是不会夺去自己的齐国的，于是，韩信谢绝了蒯通的好意。蒯通见自己的规劝没有被韩信采纳，不久就装疯卖傻做了巫师。

注释

❶听者：听取意见。事之候也：事情成败的征候。 ❷计者：确定计谋。事之机也：事情成败的契机。 ❸听过：不接受正确意见。计失：谋划有失误。 ❹鲜：少。 ❺本句的意思是：定计划而不本末倒置的就不会被闲言碎语所纷扰。 ❻随：听任，安于。厮养之役：做杂务的贱役。 ❼万乘：万辆兵车。战国时称大国为万乘之国。 ❽守：安守。儋石之禄：微薄的俸禄。 ❾阙：失去。 ❿知：通"智"。决之断：作决定很果断。 ⓫疑：游疑。 ⓬审：细究。豪，通"毫"。小计：小算盘。 ⓭遗：遗漏，放弃。大数：大计。 ⓮智诚知之：智力足以判断是非。 ⓯决弗敢行者：决定了不敢去做。 ⓰犹豫：迟疑不决。 ⓱虿（chài）：蝎子一类的毒虫。致螫（shì）：蜂虿的刺人。 ⓲骐骥：良马。跼躅（júzhú）：踏步不进。 ⓳驽马：劣马。安步：缓步。 ⓴孟贲：战

国时卫国有名的勇士。 ㉑吟（jìn）：通“噤”，闭口。 ㉒瘖（yīn）：哑。指麾：打手势。 ㉓谢：辞去。 ㉔已：不久。详狂：通“佯狂”，装疯。巫：古代用舞蹈形式来降神的人。

【原 文】

汉王之困固陵[1]，用张良计，召齐王信，遂将兵会垓下。[2]项羽已破，高祖袭夺齐王军。[3]汉五年正月，徙齐王信为楚王，都下邳。[4]

【译 文】

汉王被困在固陵时，采取了张良的计谋，召唤齐王韩信前来救援，于是，韩信便率军在垓下与汉王会师。项羽被打败之后，高祖突然夺取了韩信的军权。汉五年正月的时候，汉王改封齐王韩信为楚王，定都下邳。

注 释

❶固陵：在今河南太康南。 ❷垓下：在今安徽灵壁南沱河北岸。 ❸袭夺：突然夺取。 ❹下邳：在今江苏睢宁西北。

【原 文】

信至国，召所从食漂母，赐千金。及下乡南昌亭长，赐百钱，曰：“公，小人也，为德不卒。”[1]召辱己之少年令出胯下者以为楚中尉。[2]告诸将相曰：“此壮士也。

【译 文】

韩信来到下邳，召见了曾经给他东西吃的那位漂洗棉絮的老妇人，赏赐千金。等轮到下乡县南昌亭亭长时，韩信只赏赐一百钱，说：“您是一位人品卑劣的人，做好事不做到底。”又召见了曾经羞辱他、让他从胯下钻过去的那个年轻人，任命他为巡城捕盗一职的武官。同时告诉身边的将相说：“这是一位壮士。当初他在羞辱我的时候，难道我就不能

方辱我时，我宁不能杀之邪？杀之无名[3]，故忍而就于此。”[4]

杀死他吗？因为我如果杀了他，就丧失了我的名声，所以我能够忍受侮辱，成就目前的功绩。”

注释

❶为德不卒：做好事不做到底。 ❷中尉：官名，掌管巡城、捕盗等事的武官。 ❸名：名声，名誉。 ❹忍：忍受侮辱。就：成就。此：目前的建功立业状况。

【原文】

项王亡将钟离眛家在伊庐[1]，素与信善。项王死后，亡归信。汉王怨眛，闻其在楚，诏楚捕眛。信初之国，行县邑[2]，陈兵出入。[3]汉六年，人有上书告楚王信反。高帝以陈平计，天子巡狩会诸侯，南方有云梦[4]，发使告诸侯会陈[5]：“吾将游云梦。”实欲袭信，信弗知。高祖且至楚，信欲发兵反，自度无罪，欲谒上，恐见禽。人或说信曰：

【译文】

项王有一个逃亡来的将军名叫钟离眛，家住伊庐，他一向和韩信交好。项王死后，钟离眛逃了出来归附韩信。汉王十分怨恨钟离眛，听人说钟离眛在楚国，立即下诏命令楚国逮捕钟离眛。韩信初到楚国，视察所属县邑，出入都陈设兵仗警卫。汉六年，有人上书告发韩信谋反。高帝采用了陈平的计策，借口天子外出前去巡视诸侯。南方有个云梦泽，派使臣通知各诸侯到陈县集合，高帝说：“我将要去巡行云梦泽。”实际上是想要偷袭韩信，韩信却不知情。高祖将要到达楚国的时候，韩信想发兵反叛，又考虑到自己没有犯下什么罪行；想要去拜见高祖，又担心会被擒拿。有人对韩信说：“如果您将钟离眛杀死，再去朝见皇上，皇上一定心生

"斩昧谒上，上必喜，无患。"信见昧计事。昧曰："汉所以不击取楚，以昧在公所。⑥若欲捕我以自媚于汉，吾今日死，公亦随手亡矣。"乃骂信曰："公非长者！"⑦卒自刭。信持其首，谒高祖于陈。上令武士缚信，载后车。信曰："果若人言，'狡兔死，良狗亨；高鸟尽，良弓藏；敌国破，谋臣亡。'天下已定，我固当亨！"上曰："人告公反。"遂械系信。⑧至雒阳，赦信罪，以为淮阴侯。

欢喜，这样就没有什么忧患了。"韩信就去找钟离昧商议。钟离昧说："汉王之所以没有攻打楚国，正是因为我在您的处所。倘若您想逮捕我，用我去讨好汉王，今天我死了，您马上也会在我之后死去的。"于是钟离昧骂韩信说："您不是一个生性厚道的人！"最终刎颈自杀。韩信拿着钟离昧的人头，在陈县拜见高祖。皇上命令武士把韩信捆绑起来，将他押往随行的车上。韩信说："果真像人们所说的那样，'狡猾的兔子死了，优秀的猎狗就会被烹杀；翱翔高空的鸟被猎尽了，好弓箭就被藏起来了；敌对国家全都破灭了，谋臣就被杀死了'。现在天下已经平定，我是该被烹杀了！"皇上说："有人向我告发你，说你图谋造反。"于是捆绑了韩信。押到洛阳时，皇上赦免了韩信的过错，改封韩信为淮阴侯。

注释

❶亡将：逃亡来的将军。钟离昧：项羽部将。伊庐：在今江苏灌云北。❷行：巡行，视察。❸陈兵出入：出入都陈设兵仗警卫。❹云梦：古泽名。关于其范围说法不一，通常认为汉云梦泽在今湖南洞庭湖一带。❺陈：在今河南省周口市淮阳区。❻所：处所。❼长者：过去指生性厚道的人。❽械系：捆绑。

【原 文】

信知汉王畏恶其能，常称病不朝从。[①]信由此日夜怨望，居常鞅鞅[②]，羞与绛、灌等列。[③]信尝过樊将军哙[④]，哙跪拜送迎，言称臣，曰："大王乃肯临臣！"[⑤]信出门，笑曰："生乃与哙等为伍！"上常从容与信言诸将能不[⑥]，各有差。[⑦]上问曰："如我能将几何？"信曰："陛下不过能将十万。"上曰："于君何如？"曰："臣多多而益善耳。"上笑曰："多多益善，何为为我禽？"信曰："陛下不能将兵，而善将将，此乃信之所以为陛下禽也。且陛下所谓天授[⑧]，非人力也。"

【译 文】

韩信知道汉王畏惧厌恶自己的才能，就经常称病不参加朝见和随从。韩信因为这个每日都心存怨恨，整日窝在家里闷闷不乐，耻于与绛侯、灌婴等人处于相同的地位。韩信曾经前往拜访樊哙将军，樊哙对他跪拜送迎，在韩信面前称自己为臣子，还说："大王竟然莅临寒舍！"韩信出门之后笑着说："我竟然和樊哙这样的人成同类了！"皇上时常淡定地和韩信一同探讨将领能力水平的高下，认为他们各有所长，各有所短。皇上问韩信："以我这样的才能能够带领多少兵马？"韩信说："陛下只能带领十万兵马。"皇上说："对你来说能带领多少兵马呢？"韩信答道："我自然是越多越好。"皇帝笑着说："您越多越好，那为什么还会被我俘虏呢？"韩信说："陛下虽然不擅于带兵，却擅于驾驭将领，这才是我被陛下俘虏的原因。何况陛下的权力是天所授予的，不是人力所能达到的。"

注 释

❶朝：朝见。从：随从。 ❷鞅鞅：通"怏怏"，不快。 ❸绛：绛侯周勃。灌：颍阴侯灌婴。 ❹樊将军哙：樊哙随同刘邦起兵，后封舞阳侯。 ❺临：到。临臣：到我家。 ❻不（fǒu）：通"否"。 ❼差：分别等级。 ❽天授：天所授予。过去对统治者能力的谀辞。

【原 文】

陈豨拜为巨鹿守[①]，辞于淮阴侯。淮阴侯挈其手[②]，辟左右与之步于庭[③]，仰天叹曰："子可与言乎？欲与子有言也。"豨曰："唯将军令之。"淮阴侯曰："公之所居，天下精兵处也；而公，陛下之信幸臣也。[④]人言公之畔[⑤]，陛下必不信；再至，陛下乃疑矣；三至，必怒而自将。吾为公从中起[⑥]，天下可图也。"陈豨素知其能也，信之，曰："谨奉教！"汉十年，陈豨果反。上自将而往，信病不从。阴使人至豨所，曰："弟举兵[⑦]，吾从此助公。"信乃谋与家臣夜诈诏赦诸官徒奴[⑧]，欲发以袭吕后、太子，部署已定，待豨报。其舍人得罪于信[⑨]，信囚，欲杀之。舍人弟上变[⑩]，告信欲反状于吕后。吕后欲召，恐其党不就[⑪]，

【译 文】

皇上任命陈豨担任巨鹿郡守，陈豨向淮阴侯韩信辞行。淮阴侯拉着陈豨的手，屏除左右侍卫，和他一同漫步在庭院，韩信仰望苍天，感叹说："你可以和我说说话吗？我想和你说些话。"陈豨说："一切听从将军的吩咐！"淮阴侯说："您所管辖的地区，是全天下精锐兵力所聚集的地方；况且您又是陛下的亲信宠幸。倘若有人告发您造反，陛下一定不会相信；倘若再次有人告发你，陛下就会心存疑虑了；倘若有人第三次告发你，陛下一定会大怒并亲自带领兵马前来征伐您。到那个时候我为您从京城内起兵作内应，天下就唾手可得了。"陈豨一向深知韩信的才能，因此对韩信的话深信不疑，说道："我一定会按照您的吩咐去做！"汉十年，陈豨果真起兵造反了。皇上亲自率领兵马前往，韩信借生病的理由没有随行。韩信暗中派遣人到陈豨那里告诉他说："你只管起兵造反，我在这边帮助你。"韩信于是和家臣商议，入夜后假传诏书，赦免各个为官府服役的罪犯和奴隶，想要发动他们用来偷袭吕后和太子。韩信部署已经完成，只等陈豨传来消息。韩信的一位门客得罪了韩信，因此韩信将他囚禁起来，想要杀了他。这位门客的弟弟出头告发变乱。吕后想要召韩

乃与萧相国谋[12]，诈令人从上所来，言豨已得死[13]，列侯群臣皆贺。相国绐信曰[14]："虽疾，强入贺。"[15]信入，吕后使武士缚信，斩之长乐钟室。[16]信方斩，曰："吾悔不用蒯通之计，乃为儿女子所诈，岂非天哉！"遂夷信三族。[17]

信进宫，又害怕他或许不肯轻易就范，于是和萧相国设谋，令人假装是从皇上那儿来的，告诉韩信说陈豨已经被擒获处死，各位诸侯大臣都要前来道贺。萧相国欺骗韩信说："即使生病，也要强撑进宫祝贺。"韩信入宫，吕后命令武士将韩信捆绑起来，将韩信斩杀在长乐宫的钟室里。临刑前，韩信说："我真后悔没有采用蒯通的计谋，竟然被女子小人欺骗，这难道不是天意吗？"于是，吕后诛杀了韩信三族。

注释

❶陈豨：刘邦的将领，曾任赵相，后勾结匈奴叛乱，战败被杀。 ❷挈(qiè)：手拉手。 ❸辟：屏除。 ❹信幸：亲信宠幸。 ❺畔：通"叛"。 ❻从中起：从京城内起兵作内应。 ❼弟：通"第"，只管。 ❽官徒奴：为官府服役的罪犯和奴隶。 ❾舍人：门客。 ❿上变：出头告发变乱。 ⓫党：通"傥"，或许。 ⓬萧相国：萧何。 ⓭得：擒获。死：处死。 ⓮绐(dài)：欺骗。 ⓯强：勉强。 ⓰长乐：宫名，故址在今西安市长安故城的东南角。钟室：悬挂钟的屋子。 ⓱夷：诛灭。三族：说法不一，一般认为指父族、母族、妻族。

【原 文】

高祖已从豨军来，至，见信死，且喜且怜之，问："信死亦何言？"吕后曰：

【译 文】

高祖从平定陈豨叛乱的军队中回来，见到韩信已经被处死，既高兴又同情，问："韩信临死之前说过什么话吗？"吕后

"信言恨不用蒯通计。"高祖曰:"是齐辩士也。"乃诏齐捕蒯通。蒯通至,上曰:"若教淮阴侯反乎?"对曰:"然,臣固教之。竖子不用臣之策[①],故令自夷于此。[②]如彼竖子用臣之计,陛下安得而夷之乎!"上怒曰:"亨之。"通曰:"嗟乎,冤哉亨也!"上曰:"若教韩信反,何冤?"对曰:"秦之纲绝而维弛[③],山东大扰[④],异姓并起,英俊乌集。[⑤]秦失其鹿[⑥],天下共逐之,于是高材疾足者先得焉。跖之狗吠尧[⑦],尧非不仁,狗因吠非其主。当是时,臣唯独知韩信,非知陛下也。且天下锐精持锋欲为陛下所为者甚众[⑧],顾力不能耳。又可尽亨之邪?"高帝曰:"置之。"乃释通之罪。

说:"韩信说遗憾的是自己没有采用蒯通的计策。"高祖说:"蒯通是齐国的说客。"于是传召齐国捕捉蒯通。蒯通到后,皇上说:"是你教唆淮阴侯韩信造反吗?"蒯通回答说:"是的,我确实教过他。但是这小子不肯采纳我的计谋,以此才自取灭亡。如果那小子采纳了我的计谋,陛下又怎么可能灭掉他呢!"皇上怒火中烧,说道:"煮了他。"蒯通说:"哎呀,您要煮死我,我实在冤枉!"皇上说:"你教唆韩信造反,还有什么冤枉的?"蒯通说:"秦朝法度政令败坏、政权土崩瓦解的时候,山东地区正值大乱,各路诸侯争相起事反秦,一时之间,群雄并起,英雄豪杰像乌鸦聚集那么多。秦朝失去自己的政权,天下人都想要来抢夺它,因此,才智过人、行动敏捷的人能够率先拥有它。柳下跖的狗对着尧一顿狂吠,并不是因为尧不仁德,而是因为尧不是狗的主人。在当时,我只知道有个韩信,并不知道有陛下。何况天下间,将武器磨得锋利、手执锋利的武器想要自己当皇帝的人太多了,只是力所不及罢了。您难道可以将他们全都煮死吗?"高祖说:"放了他。"于是赦免了蒯通的罪行。

注释

❶竖子：骂人的词，犹言这小子。 ❷自夷：自取灭亡。 ❸纲：网上的主绳。维：捆东西的大绳。纲维：犹言法度政令。纲绝而维弛：一切法令都失去了作用。 ❹山东：战国时六国都在华山以东，所以当时泛指秦以外的六国之地为山东。 ❺乌集：像乌鸦聚集那样多。 ❻鹿：指猎取的对象，常用来比喻政权。 ❼跖：柳下跖，传记中的奴隶起义领袖。 ❽锐精：磨快武器。持锋：拿着锋利武器。为陛下所为者：要想做你所做的事，指都想称帝。

【原文】

太史公曰：吾如淮阴，淮阴人为余言，韩信虽为布衣时，其志与众异。其母死，贫无以葬，然乃行营高敞地[①]，令其旁可置万家。余视其母冢[②]，良然。假令韩信学道谦让，不伐己功[③]，不矜其能[④]，则庶几哉[⑤]，于汉家勋可以比周、召、太公之徒[⑥]，后世血食矣。不务出此，而天下已集[⑦]，乃谋畔逆，夷灭宗族，不亦宜乎！

【译文】

太史公说：我到淮阴，淮阴人对我说，韩信即使是一介平民的时候，他的心志就和别人很不一样。韩信的母亲死了，穷得都没法埋葬母亲，但是他还是到处物色高大、宽敞的坟地，好让坟墓旁能够安置下万户人家。我去看了韩信母亲的坟墓，的确如此。如果韩信能够懂得谦恭退让，不夸耀自己的功劳，不骄傲于自己的才能，那就差不多了。那样他对汉朝的功绩就能够与周朝的周公、召公、太公这些人相提并论了，韩信的后世子孙也就能够不断地享受祭祀了。但是，他没有致力于这些地方，反倒在天下统一之后，图谋造反，最终被诛灭宗族，不也是应该的吗！

注释

❶行营：来往营求，指到处物色经营葬地。 ❷冢：坟墓。 ❸伐：夸耀。 ❹矜（jīn）：骄傲。 ❺庶几：差不多。 ❻周：周公旦。召：召公奭（shì）。按，周、召都是武王弟弟，对周的创建有功绩。太公：吕望，辅助武王灭殷。 ❼集：统一。

魏其武安侯列传

【原 文】

魏其侯窦婴者①，孝文后从兄子也。②父世观津人。③喜宾客。孝文时④，婴为吴相⑤，病免。孝景初即位⑥，为詹事。⑦

【译 文】

魏其侯窦婴，是孝文帝皇后窦氏堂兄的儿子。他父辈以上世世代代是观津人。他喜欢结交宾客。孝文帝在位时，窦婴做过吴王刘濞的相，因病免职。孝景帝刚即位时，窦婴担任詹事。

注 释

❶魏其：在今山东临沂东南。 ❷孝文后：汉文帝皇后窦氏，汉景帝母亲、汉武帝的祖母，曾先后以太后、太皇太后的身份控制朝政二十年。从兄：堂兄。 ❸父世：父辈以上世世代代。观津：在今河北武邑东南。 ❹孝文：汉文帝刘恒。 ❺吴：汉初诸侯王国。相：官名，汉朝派往王国辅助国王处理政务的官员。 ❻孝景：汉景帝刘启。 ❼詹事：官名，掌皇后、太子家事务。

【原 文】

梁孝王者①，孝景弟也，其母窦太后爱之。梁孝王朝②，因昆弟燕饮。③是时上未立太子，酒酣，从容言曰："千秋之后传梁

【译 文】

梁孝王，是孝景帝的弟弟，他的母亲窦太后喜欢他。梁孝王入朝，以兄弟的身份举行私宴。当时皇上还没有立太子，喝酒喝得正酣，随

王。”[4]太后欢。窦婴引卮酒进上[5]，曰：“天下者，高祖天下[6]，父子相传，此汉之约也[7]，上何以得擅传梁王！”[8]太后由此憎窦婴。窦婴亦薄其官[9]，因病免。[10]太后除窦婴门籍[11]，不得入朝请。[12]

口说：“我死后传位给梁王。”太后很高兴。窦婴举起一杯酒献给皇上，说：“天下是高祖的天下，父子相传，这是汉朝的规矩，皇上凭什么擅自传位给梁王呢！”太后从此怨恨窦婴。窦婴也嫌他的官小，就托病辞职了。太后取消了窦婴进入宫禁的特权，不得按时入朝觐见天子。

注 释

❶梁孝王：名刘武，窦太后少子，始封代王，改封淮阳王，后又徙封梁王，死后谥“孝”。 ❷朝：去京城拜见皇帝。 ❸因昆弟燕饮：指景帝与梁王以兄弟的身份举行私宴，不为君臣之礼。燕：通“宴”。 ❹千秋之后：犹如现在说“百年之后”，即死了之后。 ❺卮（zhī）：一种酒器。全句是说：窦婴举起一杯酒请景帝喝。按，这是指景帝失言，所以进酒示罚。 ❻高祖：汉朝开国皇帝汉高祖刘邦。 ❼约：规矩，约束。 ❽何以：即以何，凭什么。 ❾薄：轻视，嫌弃。薄其官：嫌他的官小。 ❿因病免：托病辞职。 ⓫除：取消。门籍：登记有出入宫门者姓名、形貌等的簿籍。除门籍：就是取消进入宫禁觐见皇帝、太后的特权。 ⓬不得入朝请：不得按时入宫觐见天子。

【原 文】

孝景三年[1]，吴楚反[2]，上察宗室诸窦[3]，毋如窦婴贤[4]，乃召婴。婴入见，固辞谢病不足任。[5]太后亦惭。于是上曰：

【译 文】

孝景帝三年，吴、楚七国叛乱，皇上考察宗室和外戚家族之人没有比窦婴更贤能的，于是召见窦婴。窦婴入宫觐见，坚决推托有病说自己无法胜任。太后也觉得惭愧。当时皇上说：“天下正

"天下方有急，王孙宁可以让邪?"⑥乃拜婴为大将军⑦，赐金千斤。婴乃言袁盎、栾布诸名将贤士在家者进之。⑧所赐金，陈之廊庑下⑨，军吏过，辄令财取为用⑩，金无入家者。窦婴守荥阳⑪，监齐赵兵。⑫七国兵已尽破，封婴为魏其侯。诸游士宾客争归魏其侯。⑬孝景时每朝议大事⑭，条侯、魏其侯⑮，诸列侯莫敢与亢礼。⑯

陷于危急，你难道可以推托吗?"于是任命窦婴为大将军，赐给他黄金一千斤。窦婴于是把袁盎、栾布等在家的名将贤士推荐给皇帝。他把赏赐的黄金摆放在堂前的廊屋下，军官经过这里，就让他们拿去用，这些钱他一点也不拿回家。窦婴驻守荥阳，监视齐、赵两国军队。七国军队已经全都被击破，景帝封窦婴为魏其侯。众游士、宾客争相投奔魏其侯。孝景帝在位时，每次在朝廷上议论大事，对于条侯周亚夫、魏其侯窦婴，众列侯没有敢与他们平等的。

注释

❶孝景三年：公元前 154 年。 ❷吴楚反：即吴、楚、胶西、胶东、菑川、济南和赵七个诸侯王国联合进行的武装反叛。 ❸诸窦：指外戚家族之人。 ❹毋：通"无"。 ❺固辞：坚决推辞。谢病：推托有病。不足任：不足以担当大任。 ❻王孙：窦婴的字。宁：难道。 ❼大将军：将军的最高称号。 ❽袁盎：亦作"爰盎"，曾任齐相、吴相，因受吴王刘濞的贿赂而为之隐匿，被晁错告发，贬为平民。栾布：西汉著名将领，在平定吴楚七国之乱中有功，被封为鄃侯。在家：指免官家居。进之：把他们推荐给皇帝。 ❾廊庑（wǔ）：堂周的廊屋或有顶的通道。 ❿财：通"裁"，估计，酌量。 ⓫荥阳：在今河南荥阳东北。 ⓬监齐赵兵：对汉朝派往征伐齐地、赵地的军队进行监督、控制。 ⓭归：归依，依附，即投其门下。 ⓮朝议：在朝廷上开会讨论。 ⓯条侯：周亚夫，周勃之子，曾任太尉、丞相，平定吴楚七国之乱的主帅。 ⓰列侯：爵位名，秦汉二十等爵中最高一级。亢：通"抗"，抗衡。亢礼：以平等礼节相待。

【原 文】

孝景四年[1]，立栗太子[2]，使魏其侯为太子傅。[3]孝景七年[4]，栗太子废，魏其数争不能得。[5]魏其谢病，屏居蓝田南山之下数月[6]，诸宾客辩士说之[7]，莫能来。[8]梁人高遂乃说魏其曰："能富贵将军者，上也；能亲将军者，太后也。今将军傅太子，太子废而不能争；争不能得，又弗能死。自引谢病[9]，拥赵女[10]，屏闲处而不朝。[11]相提而论[12]，是自明扬主上之过。[13]有如两宫螫将军[14]，则妻子毋类矣。"[15]魏其侯然之，乃遂起，朝请如故。

【译 文】

孝景帝四年，册立了栗姬生的儿子为太子，让魏其侯窦婴担任太子的老师。孝景帝七年，栗太子刘荣被废，魏其侯多次为太子力争不能达到目的。魏其侯借口生病，隐居在蓝田县南山脚下好几个月，众宾客辩士去劝说他，也没人能让他回到京城来。梁国人高遂于是游说魏其侯说："能够让将军富贵的，是皇上；能够亲近将军的，是太后。现在将军做了太子的老师，太子被废掉但是不能力争；力争也没有办法改变事实，又不能以死劝谏。自己推托有病自动引退，搂着赵国美女，退隐闲居而不入朝。互相对照起来看，这是自己在明显地张扬皇上的过错。假如皇上和太后都要加害将军，那么您的妻儿就一个不留了。"魏其侯认为他说得对，于是就出山，像往常那样参加朝会。

注 释

❶孝景四年：公元前 153 年。 ❷栗太子：名刘荣，汉景帝长子，栗姬所生，后被废。 ❸太子傅：官名，负责教导辅佐太子。 ❹孝景七年：公元前 150 年。 ❺数争：多次为太子力争。不能得：不能达到目的。 ❻屏居：退隐闲居。蓝田：在今陕西蓝田西。 ❼说：劝说。 ❽莫能来：不能使之回到京城来。 ❾自引谢病：推托有病自动引退。 ❿拥：拥抱。赵女：美女。古人认为赵地多美女，故以"赵女"代称"美女"。 ⓫屏闲处：退隐闲居。 ⓬相提：

犹言“相抵”。相提而论：互相对照起来看。⑬明：显明，暴露。扬：张扬。⑭有如：如果，假如。两宫：指皇帝和太后。螫（shì）：本指毒虫怒而蜇刺人，这里借喻人发怒而施加毒害。⑮毋类：没有遗类，指被灭族。

【原 文】

桃侯免相[1]，窦太后数言魏其侯。孝景帝曰：“太后岂以为臣有爱[2]，不相魏其？[3]魏其者，沾沾自喜耳，多易。[4]难以为相，持重。”[5]遂不用，用建陵侯卫绾为丞相。[6]

【译 文】

桃侯刘舍被免除丞相之职，窦太后多次向皇上提起魏其侯。孝景帝说：“太后难道认为儿臣有所吝惜官职，不让魏其侯担任丞相吗？魏其侯这个人，有点功绩就沾沾自喜了，做事轻率。难以胜任丞相之职，无法担当重任。”最终没有任用他，而任用了建陵侯卫绾为丞相。

注释

❶桃：在今河北省衡水市冀州区西北。桃侯：刘舍，景帝时曾任丞相，后因日食免相。❷臣：景帝在太后面前的自称。爱：惜，指吝惜官职。❸不相：不任为相。❹多易：多轻率的行动。❺持重：担当重任。❻建陵：在今江苏新沂南。

【原 文】

武安侯田蚡者[1]，孝景后同母弟也[2]，生长陵。[3]魏其已为大将军后[4]，方盛[5]，蚡为诸

【译 文】

武安侯田蚡是孝景帝皇后王氏同母异父的弟弟，出生于长陵。魏其侯担任大将军以后，正当权大势重之时，田蚡是郎官之一，还没有显贵，往来

郎[6]，未贵，往来侍酒魏其[7]，跪起如子姓。[8]及孝景晚节[9]，蚡益贵幸[10]，为太中大夫。[11]蚡辩有口[12]，学《槃盂》诸书[13]，王太后贤之。[14]孝景崩[15]，即日太子立[16]，称制[17]，所镇抚多有田蚡宾客计策。蚡弟田胜，皆以太后弟，孝景后三年[18]，封蚡为武安侯，胜为周阳侯。[19]

于魏其侯家陪从侍候宴饮，跪拜起身就像儿孙一样。到孝景帝晚年，田蚡越加尊贵受宠，担任太中大夫。田蚡能言善辩有口才，学过《槃盂》等书，王太后认为他贤能。孝景帝去世，当天太子即位，王太后代天子执政，所采取的镇压、安抚政策大多由田蚡的宾客谋划，田蚡和弟弟田胜，都凭借王太后的弟弟的身份，在孝景帝后元三年封田蚡为武安侯，田胜为周阳侯。

注释

❶武安：在今河北武安东北。田蚡（fén）因外戚封此地为侯。 ❷孝景后：即汉武帝的生母王皇后，名娡。同母弟：王娡与田蚡、田胜为同母异父姐弟。 ❸长陵：在今陕西咸阳东北。 ❹后：此字为衍文。 ❺方盛：正当权大势重之时。 ❻诸郎：泛指称作郎的朝廷侍卫官。 ❼侍酒：陪从侍候宴饮。 ❽子姓：据王引之说，古时称子孙曰姓，或称子姓。 ❾晚节：晚年。 ❿益贵幸：越加尊贵被宠。 ⓫太中大夫：皇帝亲近的侍从官，掌管臣僚论议。 ⓬辩有口：善于辩论，有口才。 ⓭《槃盂》：书名。相传为黄帝的史官孔甲所作，写在槃、盂等器物上，共二十六篇。《汉书·艺文志》将其列入杂家著作。 ⓮王太后：应为“王皇后”，即汉景帝皇后王氏。因景帝当时尚在，故不应称太后。贤之：认为他贤能。 ⓯崩：古代皇帝、皇后死称崩。 ⓰太子：即汉武帝刘彻。 ⓱称制：代天子执政。 ⓲孝景后三年：公元前141年。后：即后元。 ⓳周阳：在今山西绛县西南。

【原文】

武安侯新欲用事为相[①]，卑下宾客[②]，进名士家居者贵之，欲以倾魏其诸将相。[③]建元元年[④]，丞相绾病免，上议置丞相、太尉。[⑤]籍福说武安侯曰[⑥]：“魏其贵久矣，天下士素归之。[⑦]今将军初兴[⑧]，未如魏其，即上以将军为丞相[⑨]，必让魏其。魏其为丞相，将军必为太尉。太尉、丞相尊等耳[⑩]，又有让贤名。”武安侯乃微言太后风上[⑪]，于是乃以魏其侯为丞相，武安侯为太尉。籍福贺魏其侯，因吊曰[⑫]：“君侯资性喜善、疾恶[⑬]，方今善人誉君侯[⑭]，故至丞相；然君侯且疾恶，恶人众，亦且毁君侯。君侯能兼容[⑮]，则幸久[⑯]；不能，今以毁去矣。”[⑰]魏其不听。

【译文】

武安侯刚刚掌权想要做丞相，对待宾客态度谦恭，推荐闲居在家的名士为官使其显贵，想要通过这种方法压倒魏其侯等将相大臣。建元元年，丞相卫绾因病免职，皇上下令商议安排丞相、太尉之事。籍福游说武安侯田蚡道：“魏其侯显贵很长时间了，天下士人平常都去归附他。现在将军刚刚兴旺，还比不上魏其侯，如果皇上任命将军为丞相，最好让给魏其侯来做。魏其侯担任丞相，将军一定会成为太尉。太尉、丞相的尊贵的程度相同，还有让贤的好名声。”武安侯于是暗中委婉地对王太后说了这件事，让她示意皇上，最终，汉武帝任命魏其侯为丞相，武安侯为太尉。籍福向魏其侯祝贺，顺便警告说：“君侯天性喜欢好人，痛恨坏人，现在好人称赞君侯，所以当上了丞相；然而君侯又痛恨坏人，坏人众多，也将会毁谤君侯。君侯能够同时宽容好人和坏人，那么权位就会长久；不能的话，很快会因被诋毁而离职。”魏其侯不听。

注释

❶新欲用事为相：按上下文之意，似应改为“新用事，欲为相”。用事：即掌权。 ❷卑下宾客：谦恭自下以延揽宾客。 ❸倾：压倒。 ❹建元：汉武帝

第一个年号，中国封建帝王以年号纪元自此始。建元元年：公元前140年。❺议置：商议安排。❻籍福：当时有名的食客。❼素：平时，一向。❽初兴：势力刚刚抬头。❾即：如果。❿尊等：尊贵的程度相同。⓫微言：不明说，委婉示意。风（fěng）：通“讽”，劝告，讽谏。⓬吊：“贺”的反义词，此处有警告之意。因吊：顺便警告。⓭君侯：对列侯的尊称。资性：天性。疾：痛恨。⓮誉：称赞。⓯兼容：指对善人、恶人均可容忍，接纳。⓰幸久：指为相时间长。⓱今：马上，将要。以毁去：因被诋毁而离职。

【原文】

魏其、武安俱好儒术①，推毂赵绾为御史大夫②，王臧为郎中令。③迎鲁申公④，欲设明堂⑤，令列侯就国⑥，除关⑦，以礼为服制⑧，以兴太平。⑨举适诸窦宗室毋节行者⑩，除其属籍。⑪时诸外家为列侯⑫，列侯多尚公主⑬，皆不欲就国，以故毁日至窦太后。⑭太后好黄老之言⑮，而魏其、武安、赵绾、王臧等务隆推儒术⑯，贬道家言，是以窦太后滋不说魏其等。⑰及建元二年⑱，御史大夫赵绾请无奏事东宫。⑲窦太后大怒，乃罢逐赵绾、王臧等⑳，而免丞相、太

【译文】

魏其侯和武安侯都喜好儒家的思想学说，推荐赵绾为御史大夫，王臧为郎中令。迎接鲁国的申公，打算设置明堂，让列侯前往自己的封国居住，废除关禁，按照古代礼法来规定服饰制度，用来振兴太平政治。检举惩处窦氏外戚和刘氏宗室中品行不端的人，开除他们的族籍。当时窦氏和王氏外戚子弟大多被封为列侯，列侯又通常娶刘氏宗室的公主为妻，都不想回到自己的封国，所以毁谤之言每天都能传到窦太后那里。窦太后喜好黄老学说，但是魏其侯、武安侯、赵绾、王臧等人却致力于兴旺儒家学说，贬斥道家的言论，所以窦太后越发对魏其侯等人感到不满。到了建元二年，御史大夫赵绾奏请不要向东宫的窦太后禀报政事。窦太后非常生气，于是罢免驱逐赵绾、王臧等人，并且免除了丞相、太尉

尉，以柏至侯许昌为丞相，武强侯庄青翟为御史大夫。魏其、武安由此以侯家居。[21]

的职务，任命柏至侯许昌为丞相，武强侯庄青翟为御史大夫。魏其侯、武安侯从此以列侯的身份在家闲居。

注释

❶儒术：儒家的思想学说。 ❷毂（gǔ）：车轮中间的圆木，与车辐的一端相接，中有孔，用以插轴。也泛指车。推毂：屈身推车，引申为推荐人才。赵绾：代人，当时有名的儒者。御史大夫：官名，全国最高监察长官。 ❸王臧：兰陵人，与赵绾均为申公的学生。汉武帝为太子时，王臧曾为太子少傅。郎中令：官名，九卿之一，掌宫中护卫。 ❹申公：名培，著名儒者，为今文经学鲁诗学派的宗师。 ❺明堂：古代天子宣明政教的地方。 ❻令列侯就国：令列侯前往自己的封国居住。 ❼除关：废除关禁，不用传（通行证一类的凭证）。 ❽以礼为服制：按古代礼法规定吉凶服饰制度。 ❾兴太平：振兴太平政治。 ❿适（zhé）：通“谪”。举适：检举弹劾。毋节行者：品质、德行不好的人。 ⓫属籍：即宗谱。 ⓬时：当时。外家：外戚。 ⓭尚公主：娶公主为妻。 ⓮日至窦太后：每天都传到窦太后那里。 ⓯黄老：黄帝和老子，二人被尊奉为道家的始祖。 ⓰务：致力。隆：提高。推：推崇。儒术：儒家思想。 ⓱滋：越加。说（yuè）：通“悦”。 ⓲建元二年：公元前 139 年。 ⓳东宫：指太后。太后所居之长乐宫在东，因此谓之东宫。请无奏事东宫：请求武帝不必向窦太后禀奏政事。 ⓴罢逐：罢官，驱逐。 ㉑以侯家居：以列侯的身份在家闲居。

【原文】

武安侯虽不任职，以王太后故，亲幸[1]，数言事多

【译文】

武安侯虽然不担任官职，但是因为王太后的缘故，被宠幸，屡次上书议论

效[2]，天下吏士趋势利者，皆去魏其归武安。武安日益横。[3]建元六年[4]，窦太后崩，丞相昌、御史大夫青翟坐丧事不办[5]，免。以武安侯蚡为丞相，以大司农韩安国为御史大夫。[6]天下士、郡诸侯愈益附武安。[7]

政事，多有效果，天下趋炎附势的官吏和士人，都离开魏其侯而归附武安侯，武安侯一天比一天骄横。建元六年，窦太后去世，丞相许昌、御史大夫庄青翟因丧事办得不好而获罪，被罢免。皇上任命武安侯田蚡为丞相，任命大司农韩安国为御史大夫。天下的士人、郡守和诸侯更加趋附武安侯了。

注释

❶亲幸：被亲近、宠幸。 ❷多效：多有效果。 ❸横：骄横。 ❹建元六年：公元前135年。 ❺坐丧事不办：因丧事办得不好而获罪。 ❻大司农：官名，九卿之一，掌赋税收支。 ❼郡诸侯：指地方王、侯和郡国长官。

【原文】

武安者，貌侵[1]，生贵甚。[2]又以为诸侯王多长[3]，上初即位，富于春秋[4]，蚡以肺腑为京师相[5]，非痛折节以礼诎之[6]，天下不肃。[7]当是时，丞相入奏事，坐语移日[8]，所言皆听。荐人或起家至二千石[9]，权移主上。[10]上乃曰："君除吏已尽

【译文】

武安侯，长相矮小丑陋，但是自出生就很尊贵。他又认为诸侯王大多年纪大了，皇上刚刚即位，很年轻，自己凭借皇亲国戚的身份担任朝中的丞相，不狠狠地压制并用礼法使他们屈服，天下就不会敬畏。在那个时候，丞相入朝奏事，谈话的时间非常长，他所说的话皇上都听从。他所推荐的人有的从闲居在家一跃成为二千石的高官，把皇帝的权力转移到自己手中。皇上于是说："你任命官吏还有完没

未？[11]吾亦欲除吏。”尝请考工地益宅[12]，上怒曰：“君何不遂取武库！”[13]是后乃退。[14]尝召客饮，坐其兄盖侯南乡[15]，自坐东乡[16]，以为汉相尊，不可以兄故私桡。[17]武安由此滋骄，治宅甲诸第。[18]田园极膏腴[19]，而市买郡县器物相属于道。[20]前堂罗钟鼓，立曲旃[21]；后房妇女以百数。诸侯奉金玉狗马玩好[22]，不可胜数。

完？我也想任命官吏了。”他曾请求把考工室的土地划归给他扩建住宅，皇上生气地说：“你为什么不把武器库也全都拿去！”在这以后他才收敛。他曾请客人饮酒，让他同母异父的哥哥盖侯王信朝南坐，自己朝东坐，以此表现汉朝丞相的尊贵，不能够因为哥哥在场而私下屈辱了汉相的尊严。武安侯从此更加骄横，修建的住宅好过所有贵族的府第。田园土地都很肥沃，而且派到各郡县采购器物的人员一路上络绎不绝。前堂摆放着钟鼓，竖立着曲柄旃旗；后房的美女数以百计。诸侯进献的金玉、狗马等珍玩，多得数不清。

注释

❶貌侵：长相矮小丑陋。 ❷生贵甚：自出生就特别尊贵。 ❸多长（zhǎng）：大多年龄大。 ❹富于春秋：年轻。 ❺肺腑：比喻是帝王的至亲。京师相：汉中央朝廷的相。 ❻痛：狠狠地。折节：压制。诎（qū）：通“屈”。此句意为：如果不是狠狠地压制并以礼法使他们屈服。 ❼肃：敬畏。 ❽坐语移日：形容说话的时间非常长。 ❾荐人：推荐人做官。起家至二千石：把无任何官爵的平民一下子提升到二千石的高官。 ❿权移主上：把皇帝的权力移至自己手中。 ⓫除吏：任命官吏。已尽未：有完没完。 ⓬考工：即考工室，主管制造器械的官衙，隶属于少府。考工地：即属于考工室的地盘。 ⓭遂：径直。 ⓮退：收敛。 ⓯盖：在今山东沂水西北。盖侯：名王信，田蚡同母异父兄，亦即王皇后兄。乡（xiàng）：向。 ⓰东乡：东向坐。 ⓱桡（náo）：通“挠”。私桡：私下屈辱了汉相的尊严。 ⓲治宅：建造住宅。甲：头等，这里是超过的意思。甲诸第：胜过所有贵族的府第。 ⓳膏腴：肥沃。 ⓴市买：购买。属：

连接。㉑曲旃（zhān）：用整幅帛制成的曲柄旌旗。㉒奉：进献。

【原 文】

魏其失窦太后[1]，益疏不用，无势[2]，诸客稍稍自引而怠傲[3]，唯灌将军独不失故。[4]魏其日默默不得志[5]，而独厚遇灌将军。

【译 文】

魏其侯失去窦太后这个靠山，与皇上的关系更加疏远而无法被任用，没有权势，众宾客渐渐自动离去，并且对他越来越怠慢，只有灌将军不失以往的态度。魏其侯每天闷闷不乐，然而只厚待灌将军。

注 释

❶失窦太后：意思是失去窦太后这个靠山。❷势：权势。❸诸客：《汉书》作“诸公”，较妥。自引：自动离去，指自动不再同窦婴往来。怠傲：懈怠傲慢。❹不失故：不失以往的态度、交情。❺默默：郁闷不乐的样子。

【原 文】

灌将军夫者，颍阴人也。[1]夫父张孟，尝为颍阴侯婴舍人[2]，得幸，因进之至二千石，故蒙灌氏姓为灌孟。[3]吴楚反时，颍阴侯灌何为将军[4]，属太尉[5]，请灌孟为校尉。[6]夫以千人与父俱。[7]灌孟年老，颍阴侯强请之[8]，郁郁

【译 文】

灌将军名夫，是颍阴人。灌夫的父亲张孟，曾经做过颍阴侯灌婴的属官，受到宠幸，因此被举荐为俸禄二千石的官员，所以就改用灌家的姓叫灌孟。吴楚叛乱的时候，颍阴侯灌何出任将军，隶属于太尉周亚夫，请求任命灌孟为校尉。灌夫带着一千人与父亲一同出征。灌孟年老，颍阴侯勉强推荐他，他闷闷不乐，所以作战时经常突入敌阵中防守

不得意[9]，故战常陷坚[10]，遂死吴军中。军法，父子俱从军，有死事[11]，得与丧归。[12]灌夫不肯随丧归，奋曰[13]："愿取吴王若将军头[14]，以报父之仇。"于是灌夫被甲持戟，募军中壮士所善愿从者数十人。[15]及出壁门[16]，莫敢前。独二人及从奴十数骑驰入吴军[17]，至吴将麾下[18]，所杀伤数十人。不得前，复驰还，走入汉壁，皆亡其奴，独与一骑归。夫身中大创十余[19]，适有万金良药[20]，故得无死。夫创少瘳[21]，又复请将军曰："吾益知吴壁中曲折[22]，请复往。"将军壮义之[23]，恐亡夫，乃言太尉[24]，太尉乃固止之。[25]吴已破，灌夫以此名闻天下。

坚固之处，最终战死在吴军阵地。军法规定，父子都参军的，如有一人战死，另一人可以与灵柩同归。灌夫不肯跟着灵柩回去，他振作说："希望砍下吴王或将领的头颅，为父亲报仇。"于是灌夫身披铠甲，手持战戟，召集军中与他交好并愿意追随他的勇士几十人。等到他们走出营门，没有敢前进的。只有两人和随从的奴仆十几人骑马冲入吴军阵地，冲到吴国中军大将指挥旗下的时候，杀伤对方几十人。无法再向前突破，再次骑马返回，跑进汉军营中，跟随他的奴仆都死了，只和一名骑兵归来。灌夫身受十几处重伤，恰好有名贵的好药，所以没有死。灌夫的伤势稍微好转，又再次向将军请求说："我对吴军营地中的虚实情况更了解，请让我再次前往。"将军认为他勇敢有义气，但是怕他战死，就向太尉报告，太尉于是坚决阻止他。吴军被击破后，灌夫因此名闻天下。

注释

❶颍阴：今河南许昌。 ❷颍阴侯婴：即灌婴。舍人：官名，左右亲近之属官。 ❸蒙：冒。 ❹灌何：灌婴之子。 ❺太尉：指周亚夫。 ❻校尉：武官名，其地位仅次于将军。可根据各校尉的职务，在前面冠以各种名号。 ❼俱：在一起。 ❽强：勉强。 ❾郁郁：愁闷不快的样子。 ❿陷坚：突入敌阵中防

守坚固之处。 ⑪死事：战死，牺牲。 ⑫与：陪同、随同，指护送。丧：指灵柩。全句是说：按军法规定，父子一同从军，如有一人战死，另一人可以与灵柩同归。 ⑬奋：发奋，振作。 ⑭若：或。 ⑮募：广泛地招集。所善愿从者：与自己交好又愿意跟随同去的人。 ⑯壁：营垒。 ⑰从奴：跟随的家奴。⑱麾下：中军大将的指挥旗下。 ⑲大创：严重的创伤。 ⑳适：恰好。万金良药：极贵重的好药。 ㉑瘳（chōu）：痊愈。 ㉒曲折：指具体的虚实情况。㉓壮义之：认为他勇敢而有义气。 ㉔言太尉：即对太尉言。 ㉕固止之：坚决阻止了他。

【原 文】

颍阴侯言之上，上以夫为中郎将。[1]数月，坐法去。[2]后家居长安，长安中诸公莫弗称之。[3]孝景时，至代相。[4]孝景崩，今上初即位[5]，以为淮阳天下交[6]，劲兵处[7]，故徙夫为淮阳太守。[8]建元元年，入为太仆。[9]二年，夫与长乐卫尉窦甫饮[10]，轻重不得[11]，夫醉，搏甫。[12]甫，窦太后昆弟也。上恐太后诛夫，徙为燕相。[13]数岁，坐法去官，家居长安。

【译 文】

颍阴侯把情况汇报给皇上，皇上任命灌夫为中郎将。几个月后，他因为犯法获罪而被免官。后来定居于长安，长安城中的各位有影响的贵族、官僚没有不称道他的。孝景帝在位时，他官至代国的国相。孝景帝去世，当今皇上刚刚即位，认为淮阳郡是四面八方交会之地，要有强大的军队驻扎，所以调灌夫出任淮阳太守。建元元年，灌夫入京担任太仆。建元二年，灌夫和长乐宫的卫尉窦甫饮酒，饮酒时敬罚不公平，灌夫醉了，打了窦甫。窦甫，是窦太后的兄弟。皇上怕太后杀灌夫，就调他出任燕国的国相。几年以后，灌夫因为犯法再次被免官，在长安居住。

注释

❶中郎将：官名，宫廷侍卫官中郎的统领。 ❷坐法去：因犯法获罪被免官。 ❸诸公：有影响的贵族、官僚。弗：不。 ❹代：诸侯王国名，建都晋阳，今山西太原东南。 ❺今上：指汉武帝。 ❻淮阳：郡名，治所在陈县，今河南省周口市淮阳区。天下交：四面八方交会之地。 ❼劲兵处：强兵屯驻之地。 ❽太守：郡的行政长官。 ❾太仆：九卿之一，掌管皇帝的车马。 ❿长乐卫尉：官名，主管长乐宫的卫戍长官。 ⓫轻重不得：指饮酒时敬罚不公平。 ⓬搏：殴打。 ⓭燕：诸侯王国名，建都在蓟，今北京西南。

【原 文】

灌夫为人刚直使酒①，不好面谀。②贵戚诸有势在己之右③，不欲加礼④，必陵之⑤；诸士在己之左，愈贫贱，尤益敬，与钧。⑥稠人广众⑦，荐宠下辈。⑧士亦以此多之。⑨

【译 文】

灌夫为人刚直，爱耍酒疯，不喜欢当面奉承别人。对那些地位高于自己的有权势的皇亲国戚，他不但不尊敬，反而要侮辱他们；对那些地位低于自己的士人，越是贫穷卑贱，他就越尊敬他们，与他们平等相待。在大庭广众之下，他推荐夸奖后辈。士人也因此称许他。

注释

❶使酒：因酒使气，耍酒疯。 ❷面谀：当面奉承。 ❸右：古代以右为上，为尊；以左为下，为卑。 ❹加礼：表示尊敬有礼貌。 ❺陵：压过，超越，有侮辱之意。 ❻钧：通“均”，即平等相待。 ❼稠：多而密。稠人广众：在众人聚集的场合。 ❽荐宠下辈：推荐夸奖后辈，使他们荣耀。 ❾多：推重，称许。

【原 文】

夫不喜文学①，好任侠②，已然诺。③诸所与交通④，无非豪桀大猾。⑤家累数千万⑥，食客日数十百人。⑦陂池田园⑧，宗族宾客为权利⑨，横于颍川。⑩颍川儿乃歌之曰："颍水清，灌氏宁；颍水浊，灌氏族。"⑪

【译 文】

灌夫不喜欢文章经典，喜好打抱不平，已经许诺的事情一定要实现。他所交往的人，没有一个不是杰出人士或奸诈之人。他的家产积聚了几千万金，食客每天几十上百人。山林、池塘、农田、庄园，他的宗族宾客都争权夺利，在颍川地区横行霸道。颍川的儿童就唱歌谣道："颍水清时，灌氏安宁；颍水浊时，灌氏就要被灭族了。"

注 释

❶文学：文章经典。 ❷任侠：重信义，打抱不平。 ❸已然诺：已经许诺的事情就一定要实现。 ❹交通：交往。 ❺桀：通"杰"。猾：奸诈之人。 ❻家累：家产累积。 ❼食客：古代寄食于豪门之家并为之服务的门客。 ❽陂(bēi)池：池塘。 ❾为权利：争权夺利，作威作福。 ❿横：横行霸道。颍川：郡名，治所在阳翟，今河南禹州。 ⓫全句歌谣的意思是：颍水清时，灌氏安宁；但颍水不会永远清，颍水浊时，灌氏就要被灭族了。

【原 文】

灌夫家居虽富，然失势，卿相侍中宾客益衰。①及魏其侯失势，亦欲倚灌夫引绳批根生平慕之后弃之者。②灌夫亦倚魏其而通列侯宗室

【译 文】

灌夫的家里虽然富有，然而失去了权势，卿相侍中这类达官贵客越来越少。到魏其侯失去权势之时，也想依靠灌夫去联合起来共同排斥那些平素曾仰慕自己，后因失势而抛弃自己的人。灌夫也想依靠魏

为名高。[3]两人相为引重[4]，其游如父子然。[5]相得欢甚[6]，无厌[7]，恨相知晚也。

其侯去结交列侯宗室以提高自己的声望。两人互相援引借重，相处得如同父子一样。彼此十分投机，没有嫌忌，只恨相见太晚。

注释

❶卿相：泛指公卿等高级官员。侍中：加官名，秦代始设，汉代承袭，列侯以下至郎中，加衔侍中，就可以出入宫中，成为皇帝近侍之臣。全句是说：卿相、侍中一类的达官贵客愈来愈少。 ❷引绳：牵连党类。批根：除其根株。全句是说：窦婴失势后，也要同灌夫互为依托，联合起来共同排斥那些平素曾仰慕自己，后因失势而抛弃自己的人。 ❸通列侯宗室为名高：与列侯、宗室交往，以提高自己的名声。 ❹相为引重：互相援引借重。 ❺游：交往。 ❻相得：情投意合。 ❼无厌：没有嫌忌。

【原文】

灌夫有服[1]，过丞相。[2]丞相从容曰："吾欲与仲孺过魏其侯[3]，会仲孺有服。"[4]灌夫曰："将军乃肯幸临况魏其侯[5]，夫安敢以服为解！[6]请语魏其侯帐具[7]，将军旦日蚤临。"[8]武安许诺。[9]灌夫具语魏其侯如所谓武安侯。[10]魏其与其夫人益市牛酒[11]，夜洒埽，早帐具至旦。[12]平明，令门下

【译文】

灌夫服丧期间，去拜访丞相武安侯。丞相随口说："我想和你去拜访魏其侯，适逢你在服丧。"灌夫说："将军竟肯赏脸光临魏其侯家，我怎么敢因为服丧而推辞呢！请让我告诉魏其侯准备宴会所用器具，将军明天早点过来。"武安侯答应了。灌夫把跟武安侯说的话都告诉了魏其侯。魏其侯和夫人买了很多牛肉和酒水，连夜把家里打扫一番，很早就开始布置酒宴一直忙到天亮。天刚亮，就命令家人到大门口等候接待。

候伺。⑬至日中，丞相不来。⑭魏其谓灌夫曰：“丞相岂忘之哉？”灌夫不怿⑮，曰：“夫以服请，宜往。”⑯乃驾⑰，自往迎丞相。丞相特前戏许灌夫⑱，殊无意往。⑲及夫至门，丞相尚卧。于是夫入见，曰：“将军昨日幸许过魏其，魏其夫妻治具⑳，自旦至今，未敢尝食。”武安鄂谢曰㉑：“吾昨日醉，忽忘与仲孺言。”㉒乃驾往，又徐行㉓，灌夫愈益怒。及饮酒酣，夫起舞属丞相㉔，丞相不起，夫从坐上语侵之。㉕魏其乃扶灌夫去，谢丞相。丞相卒饮至夜㉖，极欢而去。㉗

到了中午，丞相还是没有来。魏其侯对灌夫说：“丞相难道忘记这件事了吗？”灌夫不高兴，说：“我不顾自己丧服在身，去迎请他，他应该来。”于是驾车，亲自去迎接丞相。丞相上次只不过开玩笑地答应了灌夫，实在没有去的意思。等到灌夫到了门口，丞相还在躺着睡觉。于是灌夫进去拜见，说：“将军昨天答应拜访魏其侯，魏其侯夫妇准备酒席，从早晨一直忙到现在，还不敢吃东西。”武安侯惊愕地道歉说：“我昨天喝醉了，忽然忘记了与你说的话。”于是驾车前往，在路上缓慢地前进，灌夫更加生气了。宴席上饮酒正酣时，灌夫起身跳舞请丞相也来跳，丞相不起身，灌夫在座位上用话冒犯他。魏其侯于是把灌夫搀扶出去，向丞相道歉。丞相一直喝酒到夜晚，尽兴而去。

注释

❶有服：正在服丧期间。 ❷过：拜访。丞相：指田蚡。 ❸仲孺：灌夫的字。 ❹会：适逢。 ❺况：通“贶”，赐予，引申为惠顾、光临的意思。 ❻解：解释。指推辞的口实。 ❼请语：请让我告诉。帐具：供帐，即准备好宴会所用器具。 ❽旦日：明晨。蚤：通“早”。 ❾许诺：答应。 ❿具语：全部告诉。如所谓武安侯：如同对武安侯说的那样。 ⓫益市：多买。 ⓬旦：清晨。 ⓭候伺：探视，等待。 ⓮不：未。不来：还没来。 ⓯不怿：不悦，不高兴。 ⓰全句是说：我不顾自己丧服在身，去迎请他，他应该来。 ⓱驾：驾

车，乘车。⑱特：只不过。⑲殊：很，实在。⑳治具：准备酒席。㉑鄂：通“愕”，发楞的样子。㉒忽忘：恍惚忘记。㉓徐行：缓慢地前进。㉔属（zhǔ）：请。㉕语侵之：用话冒犯田蚡。㉖卒：最后。㉗极：尽。

【原 文】

丞相尝使籍福请魏其城南田。[1]魏其大望曰[2]：“老仆虽弃[3]，将军虽贵，宁可以势夺乎！”不许。灌夫闻，怒，骂籍福。籍福恶两人有郄[4]，乃谩自好谢丞相曰[5]：“魏其老且死，易忍，且待之。”[6]已而武安闻魏其、灌夫实怒不予田[7]，亦怒曰：“魏其子尝杀人，蚡活之。蚡事魏其无所不可[8]，何爱数顷田？且灌夫何与也？[9]吾不敢复求田。”[10]武安由此大怨灌夫、魏其。

【译 文】

丞相曾经派籍福向魏其侯索取窦婴在城南的土地。魏其侯大为不满地说：“老夫虽然被朝廷弃而不用，将军虽然身居尊贵之位，难道可以仗势侵夺吗！”没有答应。灌夫听说了，很生气，大骂籍福。籍福怕魏其侯与丞相两人有嫌隙，于是撒了个谎，用好言婉谢了丞相说：“魏其侯老得将要死了，应该再忍耐一下，暂且等着。”不久武安侯听说魏其侯、灌夫其实是因为生气才不把田给他，也生气地说：“魏其侯的儿子曾经杀人，我赦免了他的死罪。我照顾魏其侯无微不至，为什么吝惜这几顷田呢？况且这事同灌夫有什么关系呢？难道我就不敢再提要田的事吗。”武安侯因此对灌夫、魏其侯十分怨恨。

注 释

❶请魏其城南田：索取窦婴在城南的土地。❷大望：大为不满。❸老仆：自称的谦辞。弃：不用，指不在职。❹郄（xì）：同“郤”“隙”，嫌隙。❺谩：欺骗。全句是说：就撒了个谎，自己用好言婉谢了田蚡。❻且：暂且。

❼已而：过了不久。 ❽事：侍奉，对待。 ❾且：况且，再者。全句是说：况且这事同灌夫有什么关系呢？ ❿这是一句反语，意思是难道我就不敢再提要田的事吗。

【原 文】

元光四年春①，丞相言灌夫家在颍川，横甚，民苦之。请案。②上曰："此丞相事，何请。"灌夫亦持丞相阴事③，为奸利，受淮南王金与语言。④宾客居间⑤，遂止⑥，俱解。⑦

【译 文】

元光四年春天，丞相说灌夫家人在颍川，做事非常不讲理，民众为此感到苦恼。请求皇上批准查处其罪。皇上说："这是丞相的事，为什么来请示我？"灌夫也掌握了丞相不可告人之事，收受淮南王的贿赂并说了不该说的话。他们的宾客从中调和，双方才罢手，两人一时达成和解。

注 释

❶元光四年：公元前 131 年。 ❷请案：请求皇帝批准查处其罪。 ❸亦持丞相阴事：也掌握田蚡的不可告人之事。 ❹淮南王：指刘安，刘邦少子刘长的儿子，谋反事泄，自杀而死。全句是说：田蚡受淮南王的贿赂和说了不该说的话（即日后刘安当为天子）。 ❺居间：从中调和。 ❻止：停止攻讦。 ❼解：和解。

【原 文】

夏，丞相取燕王女为夫人①，有太后诏，召列侯宗室

【译 文】

夏天，丞相娶燕王的女儿为夫人，太后下诏，各位列侯、宗室都前往祝贺。

皆往贺。魏其侯过灌夫，欲与俱。夫谢曰："夫数以酒失得过丞相[2]，丞相今者又与夫有郄。"魏其曰："事已解。"强与俱。饮酒酣，武安起为寿[3]，坐皆避席伏。[4]已魏其侯为寿[5]，独故人避席耳[6]，余半膝席。[7]灌夫不悦。起行酒，至武安，武安膝席曰："不能满觞。"[8]夫怒，因嘻笑曰[9]："将军贵人也，属之！"[10]时武安不肯。行酒次至临汝侯[11]，临汝侯方与程不识耳语[12]，又不避席。夫无所发怒，乃骂临汝侯曰："生平毁程不识不直一钱[13]，今日长者为寿，乃效女儿呫嗫耳语！"[14]武安谓灌夫曰："程李俱东西宫卫尉[15]，今众辱程将军[16]，仲孺独不为李将军地乎？"[17]灌夫曰："今日斩头陷匈[18]，何知程李乎！"坐乃起更衣[19]，稍稍去。[20]魏其侯去，麾灌夫出。[21]武安遂怒曰："此吾骄灌夫罪。"[22]乃令骑留灌夫。[23]灌夫欲出不得。籍福起为谢，案灌夫项令

魏其侯去拜访灌夫，想要和他一起去。灌夫推辞说："我多次因为醉酒得罪丞相，丞相现在又和我有嫌隙。"魏其侯说："事情已经和解了。"硬是要他一起去。大家饮酒正尽兴之时，武安侯起身敬酒，在座的人都离开座位伏在地上。不久后魏其侯敬酒，只有一些老朋友离开座位而已，剩下的一半客人只是稍微直身地跪在席上。灌夫不高兴了。他起身敬酒，来到武安侯面前，武安侯欠身跪在席位上说："不能喝一满杯。"灌夫生气了，因而强装笑脸说："将军是高贵的人，请喝干这一杯！"当时武安侯就是不肯喝干。灌夫依次敬酒走到临汝侯面前，临汝侯正和程不识附在耳边小声说话，也没有离开席位。灌夫的怒火无处发泄，就骂临汝侯说："你平时把程不识诋毁得一钱不值，今天长者来向你敬酒，竟然学女孩子低声絮语！"武安侯对灌夫说："程、李二人都是东西宫的卫尉，今天当众侮辱程将军，你难道不给李将军留点面子吗？"灌夫说："今天就算砍头穿胸我也不怕，哪管程、李二人呢！"在座的人于是借口起来上厕所，陆续离去了。魏其侯也要走，用手示意灌夫也一起走。武安侯就生气地说："这都是我放纵灌夫的罪过。"就命令骑兵扣留灌夫。灌夫想出去却走不掉了。籍福起来替灌

谢。[24]夫愈怒，不肯谢。武安乃麾骑缚夫置传舍[25]，召长史曰[26]：“今日召宗室，有诏。”劾灌夫骂坐不敬[27]，系居室。[28]遂按其前事，遣吏分曹逐捕诸灌氏支属[29]，皆得弃市罪。[30]魏其侯大愧，为资使宾客请[31]，莫能解。武安吏皆为耳目[32]，诸灌氏皆亡匿[33]，夫系，遂不得告言武安阴事。[34]

夫赔罪，按住灌夫的脖子让他道歉。灌夫更加生气，不肯道歉。武安侯于是示意骑兵把灌夫绑起来送进驿馆里，召来长史说：“今天召集宗室，是按诏令行事。”他弹劾灌夫在席上骂人而大不敬，把他关押进居室。于是调查他以前的事情，派人分批追捕灌氏各支宗族，全都判处斩首示众。魏其侯非常惭愧，出钱让宾客去求情，没有解决。武安侯的属吏都充当他的耳目，灌氏的族人都逃亡躲藏起来，灌夫被囚禁，最终没能揭发检举武安侯暗地里的不法行为。

注释

❶取：通“娶”。燕王女：燕康王刘嘉之女。 ❷酒失：酒后失礼。得过：得罪。 ❸起为寿：起身为大家敬酒。 ❹坐皆避席伏：座位上的客人们都离开座位，伏在地上，表示不敢当。 ❺已：过会儿，随后。 ❻独：只有。故人：老朋友。 ❼余半：剩下的一半人。膝席：古人席地而坐，双膝着席臀部坐于足根上。膝席就是膝跪在席上，稍稍直身坐正。这也是表示敬意的方式，但较避席就简慢多了。 ❽不能满殇：不能喝满杯。 ❾嘻笑：强笑，带有讽刺、嘲弄意味的笑。 ❿属（zhǔ）：《汉书》作“毕”，即喝尽喝干，也含有嘲笑强劝之意。 ⓫次：按顺序。临汝侯：指灌贤，灌婴之孙。 ⓬程不识：汉代名将，与李广齐名，曾任太中大夫，郡太守，此时为长乐宫卫尉。耳语：附于耳边小声说话。 ⓭直：通“值”。 ⓮女儿：女孩。呫嗫（chèniè）：低声絮语。 ⓯李：李广，西汉抗匈名将，多年任边郡太守，此时任未央宫卫尉。东西宫：长乐宫和未央宫，长乐宫居东，称东宫，太后居住；未央宫居西，称西宫，皇帝居住。 ⓰众辱：当众侮辱。 ⓱为李将军地：给李广留余地。按：李广素为灌

夫所敬。⑱匈：通“胸”。陷：攻破为陷，这里有刺穿的意思。⑲更衣：上厕所的委婉说法。⑳稍稍去：陆续离去。㉑麾：通“挥”，示意。㉒骄：放纵。㉓骑：警卫骑士。留：扣留，拘留。㉔案：通“按”。㉕传舍：留宿客人的驿馆。㉖长史：官名。这里指丞相长史，是丞相府中诸史之长，相当于秘书长。㉗劾：弹劾。不敬：对皇帝、太后、皇后不敬是一种重罪。㉘居室：官名，少府属官，掌宫室保护。居室的官署有时也用来囚系犯罪的官员及其家属。㉙分曹：分批，分组。㉚弃市：在闹市执行死刑，并把尸体暴露示众。㉛资：费用。请：求情。㉜耳目：通风报信之人。㉝亡匿：逃跑，隐藏起来。㉞告言：揭发检举。

【原文】

魏其锐身为救灌夫。①夫人谏魏其曰②：“灌将军得罪丞相，与太后家忤③，宁可救邪？”魏其侯曰：“侯自我得之④，自我捐之，无所恨。且终不令灌仲孺独死，婴独生。”乃匿其家⑤，窃出上书。立召入，具言灌夫醉饱事，不足诛。上然之，赐魏其食，曰：“东朝廷辩之。”⑥

【译文】

魏其侯挺身而出不顾一切营救灌夫。他的夫人劝他说：“灌将军得罪了丞相，与太后家作对，难道能够得救吗？”魏其侯说：“我的爵位是由我自己得来的，在我这里丢掉，没有什么遗憾的。况且我终究不想让灌仲孺一个人去死，而我一个人活着。”于是瞒着他的家人，偷偷出去给皇帝上书。皇上立即召见他，他把灌夫醉酒的事情如实禀报，认为不够判死罪。皇上认为很对，赐魏其侯在宫中吃饭，说：“到东宫太后那公开辩论。”

注释

❶锐身：不顾一切地挺身而出。❷谏：劝阻。❸忤：违逆，作对。❹侯：指魏其侯的爵位。❺匿：隐瞒。❻东朝：即东宫，太后所居的长乐

宫。廷辩：在朝廷上公开辩论。

【原文】

魏其之东朝[1]，盛推灌夫之善[2]，言其醉饱得过，乃丞相以他事诬罪之。[3]武安又盛毁灌夫所为横恣[4]，罪逆不道。[5]魏其度不可柰何[6]，因言丞相短。[7]武安曰："天下幸而安乐无事，蚡得为肺腑，所好音乐狗马田宅。蚡所爱倡优巧匠之属[8]，不如魏其、灌夫日夜招聚天下豪桀壮士与论议，腹诽而心谤[9]，不仰视天而俯画地[10]，辟倪两宫间[11]，幸天下有变[12]，而欲有大功。臣乃不知魏其等所为！"于是上问朝臣："两人孰是？"御史大夫韩安国曰："魏其言灌夫父死事，身荷戟驰入不测之吴军[13]，身被数十创，名冠三军，此天下壮士，非有大恶，争杯酒，不足引他过以诛也。魏其言是也。丞相亦言灌夫通奸猾，侵细民[14]，家

【译文】

魏其侯到了东宫，极力赞扬灌夫的好，说他因醉酒而犯错，于是丞相用别的事来诬陷他。武安侯又极力诋毁灌夫行为骄横，犯有大逆不道之罪。魏其侯考虑这样做没什么用，就揭丞相的短。武安侯说："天下幸好平安无事，我得以成为皇上的心腹，我所喜好的是音乐、打猎、田园房舍。我喜爱的是歌舞演员、能工巧匠之流，不像魏其侯、灌夫那样日夜招揽天下豪杰壮士一起议论政事，嘴上不明言，心里对朝廷心怀不满，不是仰观天象，就是低头画地，在东、西两宫之间侧目窥察，希望天下发生变乱，并要创建大功业。我竟然不知道魏其侯等人的所作所为。"于是皇上问朝中大臣："两个人谁对？"御史大夫韩安国说："魏其侯说灌夫的父亲为国而死，灌夫手持战戟冲进情况不明的吴军阵地，身受几十处伤，在全军中名声最盛，这是天下的壮士，没有大的罪过，只是因为醉酒发生争执，不足以用别的过错来处死他。魏其侯说得对。丞相也说灌夫勾结奸猾之人，欺压小民，家里积聚了成千上万的财富，在颍川专横放肆，凌辱宗

累巨万，横恣颍川，凌轹宗室[15]，侵犯骨肉，此所谓‘枝大于本，胫大于股，不折必披’[16]，丞相言亦是。唯明主裁之。”主爵都尉汲黯是魏其。[17]内史郑当时是魏其[18]，后不敢坚对。[19]余皆莫敢对。上怒内史曰：“公平生数言魏其、武安长短，今日廷论，局趣效辕下驹[20]，吾并斩若属矣。”[21]即罢起入[22]，上食太后。[23]太后亦已使人候伺[24]，具以告太后。太后怒，不食，曰：“今我在也，而人皆藉吾弟[25]，令我百岁后[26]，皆鱼肉之矣。且帝宁能为石人邪！[27]此特帝在，即录录[28]，设百岁后，是属宁有可信者乎？”上谢曰：“俱宗室外家，故廷辩之。不然，此一狱吏所决耳。”是时郎中令石建为上分别言两人事。[29]

室皇亲，这就是人们所说的‘旁枝比主干大，小腿比大腿粗，即使不折断也一定会破裂’，丞相说得也对。希望明主裁决这件事。”主爵都尉汲黯认为魏其侯对。内史郑当时认为魏其侯对，后来又不敢坚持意见。其他人没有敢回答的。皇上怒斥内史说：“你平时多次评议魏其侯、武安侯的好坏，今天在朝廷上议事，却像套在辕下的马一样，受到牵制，进退不由己，我把你们这帮人都杀掉算了。”说完就起身退朝进入宫内，去服侍太后用膳。太后也已经派人暗中刺探消息了，侍从把情况全部告知太后。太后生气，不吃饭，说：“现在我还活着，可是那些人都敢欺负我的弟弟，假如我死后，都会像对待鱼肉那样对待他了。况且皇帝怎么能像石头人一样不说话呢！现在幸亏皇帝还在，大臣没有主见，假如皇帝去世以后，这些人还有能够相信的吗？”皇上道歉说：“都是宗室和外戚的事，所以才让他们在朝廷上辩论。不是这样的话，这件事一个管刑狱的官吏就能解决了。”这个时候，郎中令石建把魏其侯、武安侯两个人的事分别向皇上汇报。

注释

❶之：到。 ❷盛推：极力赞扬。 ❸诬罪：诬陷，加罪。 ❹盛毁：极力

诋毁。横恣：骄横，放纵。 ❺罪逆不道：罪行是违逆不道。 ❻度（duó）：估计。不可柰何：不可能有什么用。 ❼短：短处，过失。 ❽倡优：以乐舞戏谑为业的艺人。属：类。 ❾腹诽而心谤：口上不明言，但内心诽谤。 ❿仰视天：仰观天文，占候星象。俯画地：低头画地，进行筹划。暗示他们要造反。⓫辟倪（bìnì）：通"睥睨"，侧目窥察。两宫：东宫（长乐宫）和西宫（未央宫），指太后和皇帝。 ⓬幸：希望。 ⓭身：亲自。荷戟：扛着戟。不测：指实力不清、情况不明。 ⓮细民：小民，下层百姓。 ⓯凌轹（lì）：欺凌，践踏。 ⓰本：树木的根干。胫：小腿。股：大腿。披：分裂。 ⓱主爵都尉：官名，掌管列侯事务。汲黯：字长孺，濮阳人，学黄老，好清静，能直言极谏。是：认为对。 ⓲内史：官名，京师地区的地方行政长官。郑当时：字庄，陈县人，亦好黄老，喜任侠。 ⓳坚对：坚持原来的回答。 ⓴局趣：通"局促"。局趣效辕下驹：是当时的成语，意思是像套在辕下的马一样，受到牵制，进退不由己。 ㉑若属：你们这帮人。 ㉒即罢起入：立即罢朝，起身进入内宫。㉓上食太后：侍候太后进餐。 ㉔候伺：暗中刺探。 ㉕藉（jí）：践踏，欺凌。㉖令：假使。 ㉗石人：指没有头脑。 ㉘录录：通"碌碌"，指没有主见，随声附和。 ㉙石建：石奋之子，以孝谨著称，父兄五人俱为二千石大官，世称其父为万石君。

【原 文】

武安已罢朝，出止车门[①]，召韩御史大夫载[②]，怒曰："与长孺共一老秃翁[③]，何为首鼠两端？"[④]韩御史良久谓丞相曰："君何不自喜？[⑤]夫魏其毁君，君当免冠解印绶归[⑥]，曰：'臣以肺腑幸得待

【译 文】

武安侯退朝以后，从止车门出去，叫御史大夫韩安国和他共乘一车，生气地说："和你共同对付一个秃老头子，为什么这样迟疑不决呢？"韩安国过了很长时间才对丞相说："您为什么这样不自重？魏其侯诋毁您，您应该摘下官帽解下印绶回家，说'我以近臣的身份以恐惧的心情任职，本来就不称职，魏

罪[7]，固非其任[8]，魏其言皆是’。如此，上必多君有让[9]，不废君。魏其必内愧，杜门齰舌自杀。[10]今人毁君，君亦毁人，譬如贾竖女子争言[11]，何其无大体也！”[12]武安谢罪曰：“争时急，不知出此。”

其侯说得都对’。像这样，皇上一定称许您懂得礼让，不会罢免您。魏其侯一定会内心惭愧，关上门咬舌自尽。现在别人诋毁您，您也诋毁别人，就像商人、小孩、女人吵架一样，为什么如此不识大体呢！”武安侯道歉说：“争辩的时候太性急了，没想出这个办法。”

注释

❶止车门：宫禁的外门，百官至此必须下车步行入宫。❷载：指同载，共乘一车。❸长孺：韩安国的字。共：共同对付。老秃翁：有二说，一指窦婴年老头秃，二指窦婴已没有任何官职。❹首鼠两端：当时成语，形容迟疑不定。❺自喜：自珍自重。❻归：有二说，一说归还印信，二说辞职回家。❼待罪：谦辞，即以恐惧的心情任职，时时怕有罪责。❽固：本来。❾多君有让：称赞你有谦让精神。❿齰（zé）：咬。⓫贾（gǔ）竖：商人。⓬无大体：无识大体。

【原文】

于是上使御史簿责魏其所言灌夫[1]，颇不雠[2]，欺谩。[3]劾系都司空。[4]孝景时，魏其常受遗诏[5]，曰：“事有不便，以便宜论上。”[6]及系，灌夫罪至族，

【译文】

于是皇上派御史按文簿记载逐条责问魏其侯对灌夫所作的辩护，有很多与记载不符之处，属于欺君之罪。被弹劾后囚禁在都司空的监狱里。孝景帝在位时，魏其侯曾接受过遗诏，说：“遇到不容易解决的事情，相机上书皇帝，论说其事。”等到自己被囚禁，灌夫的罪到了被灭族的程度，

事日急，诸公莫敢复明言于上。魏其乃使昆弟子上书言之[7]，幸得复召见。书奏上，而案尚书大行无遗诏。[8]诏书独藏魏其家，家丞封。[9]乃劾魏其矫先帝诏[10]，罪当弃市。五年十月[11]，悉论灌夫及家属。[12]魏其良久乃闻，闻即恚[13]，病痱[14]，不食欲死。或闻上无意杀魏其，魏其复食，治病，议定不死矣。乃有蜚语为恶言闻上[15]，故以十二月晦论弃市渭城。[16]

事情一天比一天危急，大臣们都不敢再向皇上说明这件事。魏其侯于是派弟弟的儿子上书说明这件事，希望能够再次得到召见。奏书呈上了，然而查对尚书保管的档案中没有先帝的这份遗诏。诏书只保存在魏其侯家里，由他的管家所封存。于是又弹劾魏其侯伪造先帝的遗诏，罪当判处斩首示众。元光五年十月，灌夫及其家属全部被处决。魏其侯过了很久才听说，听到后感到十分气愤，患中风而瘫倒，不吃饭，想要寻死。有人听说皇上没有杀魏其侯的意思，魏其侯又开始吃饭了，也接受治疗了，朝廷商议决定不处死他。结果有诽谤魏其侯的流言蜚语被皇上听到了，所以在当年十二月的最后一天皇上在渭城处死了窦婴。

注释

❶御史：官名，秦以前为史官，掌文书记事，秦代又附加了弹劾、监察之权，汉代根据其职务不同，又有侍御史、符玺御史、治书御史、监军御史等不同名称。簿责：按文簿记载逐条责问。 ❷不雠（chóu）：不相符合。 ❸欺谩：指窦婴为灌夫辩护不当，属于犯了欺君谩上之罪。 ❹都司空：宗正属官，主管皇帝下令处理的宗属犯罪案件。 ❺常：通“尝”，曾经。 ❻以便宜论上：相机上书皇帝，论说其事。 ❼昆弟：兄弟。 ❽案：查。尚书：这里指由尚书保管的内廷档案。大行：称初死的皇帝。 ❾家丞封：用窦婴家臣之印封遗诏。 ❿矫：假造。 ⓫五年：汉武帝元光五年，即公元前130年。 ⓬悉论：全部判罪。 ⓭恚（huì）：忿怒，怨恨。 ⓮痱（féi）：中风病。 ⓯蜚：通“飞”。蜚语：没有根据的流言。闻上：故意让皇帝听到。 ⓰晦：每月最末一日。论：判

决。全句是说：故意在十二月最末一天在渭城处死窦婴。按，怕到开春宽赦罪犯，而使窦婴免于一死。

【原 文】

其春[1]，武安侯病，专呼服谢罪。[2]使巫视鬼者视之[3]，见魏其、灌夫共守，欲杀之。竟死。[4]子恬嗣。[5]元朔三年[6]，武安侯坐衣襜褕入宫[7]，不敬。[8]

【译 文】

这年春天，武安侯病了，只是喊叫服罪的话。让能看见鬼的巫人去给他看病，巫师看见魏其侯、灌夫一起守着武安侯，想要杀他。终于死了。他的儿子田恬继承了爵位。元朔三年，武安侯田恬因穿短衣进宫，以不敬的罪名被废去爵位。

注 释

❶其春：那一年春天。因当时以十月为岁首，所以春天在十二月之后。❷专呼：只是喊。服谢罪：服罪，谢罪。 ❸巫视鬼者：能看见鬼的巫人。❹竟：终于。 ❺恬：《史记·惠景间侯者年表》中作“梧”。 ❻元朔三年：即公元前126年。 ❼襜褕（chānyú）：长仅蔽膝的短衣，非正式朝服。 ❽不敬：属于犯了“不敬”之罪。据《史记·惠景间侯者年表》，“不敬”之下有“国除”二字，即武安侯国被废除。

【原 文】

淮南王安谋反觉[1]，治。[2]王前朝[3]，武安侯为太尉时迎王至霸上[4]，谓王曰：“上未有太子，大王最贤，

【译 文】

淮南王刘安谋反被发觉，皇帝要求调查。发现淮南王之前入朝，武安侯担任太尉，当时到霸上去迎接淮南王，对淮南王说：“皇上还没有太子，大王最贤

高祖孙，即宫车晏驾[5]，非大王立当谁哉！”淮南王大喜，厚遗金财物。[6]上自魏其时不直武安[7]，特为太后故耳。及闻淮南王金事，上曰：“使武安侯在者[8]，族矣。”

能，是高祖的孙子，如果皇上驾崩，不是大王继位还能是谁呢！”淮南王非常高兴，送给武安侯许多钱。皇上从魏其侯事发时起就认为武安侯是不正直的，只是因为太后的缘故而已。等到听说淮南王送给武安侯钱的事，皇上说：“假如武安侯还活着，一定灭族。”

注释

❶淮南王安：刘安，汉代文学家和思想家，汉高祖刘邦少子刘长之子，刘长死后，继为淮南王。擅长文辞，延揽宾客，主持编写了《淮南子》一书，后因谋反事发，自杀而死。觉：发觉。 ❷治：办案，调查谋反事实，追究党羽。 ❸王前朝：指建元二年淮南王刘安进京朝见武帝事。 ❹霸上：地名，也作“灞上”，在今陕西省西安市长安区东。 ❺即：假如，如果。宫车晏驾：是皇帝死的委婉说法。也称“宫车晚出”，皇帝本当早起乘车驾临朝，车驾晚出，必有缘故，用以指皇帝死。 ❻遗（wèi）：赠送。 ❼直：公正，正直。不直武安：即以武安为不正直。 ❽使：假使。

【原文】

太史公曰：魏其、武安皆以外戚重[1]，灌夫用一时决策而名显。[2]魏其之举以吴楚[3]，武安之贵在日月之际。[4]然魏其诚不知时变[5]，灌夫无术而不逊[6]，两人相

【译文】

太史公说：魏其侯、武安侯都凭借外戚的身份而显贵，灌夫因为一时的决策而立功出名。魏其侯因讨伐吴楚叛乱被举用，武安侯的显贵是靠着景帝立其姐为皇后。然而魏其侯实在是不懂得时势变化，灌夫不懂策略、手段并且傲慢不谦让，两人相互庇护，终于酿成了祸

翼[7]，乃成祸乱。武安负贵而好权[8]，杯酒责望[9]，陷彼两贤。[10]呜呼哀哉！迁怒及人[11]，命亦不延。[12]众庶不载[13]，竟被恶言。[14]呜呼哀哉！祸所从来矣！[15]

乱。武安侯依仗显贵而喜欢操弄权柄，为了一杯酒而责怪怨恨别人，陷害了那两位贤能之人。真可悲啊！武安侯迁怒于他人，自己的性命也不能长久。民众不拥戴他，终于背上了骂名。真可悲啊！灾祸就是这样产生的！

注释

❶重：显贵。 ❷用：因为。一时决策：指灌夫为父报仇突入吴军之中。 ❸举：被提拔。以吴楚：由于平定吴楚七国之乱。 ❹日月之际：日月相交之机。这是一句隐语。古时以日喻帝，以月喻后，田蚡姐王氏在怀武帝时曾对景帝说她梦日入怀，景帝认为日为贵征。此即说田蚡成为显贵是靠了其姐梦日入怀，被景帝立为皇后所提供的机会。 ❺诚：实在是。时变：时势变化。指窦太后已死，窦婴失去了靠山，却不识时务地非要同有王太后作为靠山的田蚡相对抗。 ❻无术：不懂策略、手段。不逊：傲慢不谦让。 ❼相翼：相互辅翼帮助。 ❽负贵而好权：依仗自己的地位高贵而好弄权术。 ❾杯酒责望：为了一杯酒而责怪怨恨别人。 ❿两贤：指窦婴和灌夫。 ⓫迁怒及人：把对某人的怨恨迁连到另一个人身上。 ⓬命亦不延：自己的性命也没有能长久。 ⓭众庶：广大的老百姓。载：通“戴”，拥戴。 ⓮竟被恶言：最终受到了武帝的追骂。 ⓯祸所从来矣：魏其、武安这场灾祸有其产生的根源，蓄积已很久了。

李将军列传

【原 文】

李将军广者，陇西成纪人也。① 其先曰李信②，秦时为将，逐得燕太子丹者也。③ 故槐里④，徙成纪。广家世世受射。⑤ 孝文帝十四年⑥，匈奴大入萧关⑦，而广以良家子从军击胡⑧，用善骑射⑨，杀首虏多⑩，为汉中郎。⑪ 广从弟李蔡亦为郎⑫，皆为武骑常侍⑬，秩八百石。⑭ 尝从行⑮，有所冲陷折关及格猛兽⑯，而文帝曰："惜乎，子不遇时！⑰ 如令子当高帝时⑱，万户侯岂足道哉！"⑲

【译 文】

李将军名广，是陇西郡成纪人。他的先祖叫李信，在秦朝的时候担任将领，就是追击捉到燕国太子丹的那个人。他家原来在槐里，后来迁到成纪。李广家世代学习射箭。孝文帝十四年，匈奴大举进犯萧关，而李广以良家子弟的身份参军与胡人作战，因为善于骑马射箭，斩获敌人的首级多，而升任朝廷的中郎。李广的堂弟李蔡也是郎官，他们都兼任武骑常侍，俸禄是八百石。李广曾跟随文帝出行，有过冲锋陷阵、抵挡外敌以及搏杀猛兽的事迹，而文帝说："可惜啊，你没遇上好时机时！如果你生在高帝时，封个万户侯还在话下吗！"

注 释

❶陇西：郡名，治所在狄道（今甘肃临洮南）。成纪：县名，在今甘肃通渭东北。 ❷李信：战国末年秦国将领。 ❸燕太子丹：战国末年燕王喜之子，曾在秦国为人质，后逃归。因惧秦军逼境，派荆轲入秦刺秦王。 ❹槐里：在今陕

西兴平东南。❺受：学习。射：射箭。❻孝文帝十四年：公元前166年。❼萧关：在今宁夏固原东南，是长安北面通往塞外的险关。❽良家子：正当良民（非贱民）子弟。❾用：因为。❿杀首：斩杀敌人首级。虏：俘虏。⓫中郎：为近侍之官，隶属于郎中令。⓬从弟：堂弟。⓭武骑常侍：郎官之加衔，皇帝的侍卫骑郎。⓮秩：官俸的等级。⓯尝：通“常”，经常。⓰冲陷：冲锋陷阵。折关：拦阻敌人。格：搏击。⓱时：时机。⓲高帝：汉高祖刘邦。⓳万户侯：封邑有万户的侯。

【原文】

及孝景初立①，广为陇西都尉②，徙为骑郎将。③吴楚军时④，广为骁骑都尉⑤，从太尉亚夫击吴楚军⑥，取旗⑦，显功名昌邑下。⑧以梁王授广将军印⑨，还，赏不行。⑩徙为上谷太守。⑪匈奴日以合战。⑫典属国公孙昆邪为上泣曰⑬：“李广才气，天下无双，自负其能⑭，数与虏敌战⑮，恐亡之。”⑯于是乃徙为上郡太守。⑰后广转为边郡太守，徙上郡。⑱尝为陇西、北地、雁门、代郡、云中太守⑲，皆以力战为名。

【译文】

到孝景帝刚即位的时候，李广担任陇西都尉，后来改任骑郎将。与吴楚叛军作战时，李广担任骁骑都尉，跟随太尉周亚夫进攻吴楚两国的军队，夺取了敌人的战旗，在昌邑立功扬名。因为梁王私下授予李广将军印，回朝后，景帝没有给他封赏。后来他改任上谷太守，匈奴每天都来交战。掌管周边藩属国事务的官员公孙昆邪对皇上哭着说：“李广的才能和气魄，天下绝无仅有，他凭借自己的能力，多次与匈奴交战，恐怕会过早失去他。”于是就调他出任上郡太守。后来李广改任边郡的太守，又调任上郡太守。他历任陇西、北地、雁门、代郡、云中太守，都因奋力作战而闻名。

注释

❶孝景：汉景帝刘启。 ❷都尉：官名，汉景帝时改“郡尉”为“都尉”，辅佐太守并掌管全郡军事。 ❸骑郎将：汉代郎官分户、车、骑三种，统领骑郎的长官叫骑郎将。 ❹吴楚军时：指公元前154年吴楚七国叛乱。 ❺骁骑：轻捷勇猛的骑兵。 ❻太尉：官名，最高军事长官。亚夫：即周亚夫。 ❼取旗：突入敌军中坚，夺取战旗。 ❽昌邑：在今山东巨野东南。 ❾梁王：名刘武，文帝之子，景帝同母弟。 ❿赏不行：不给予奖赏。因李广私自接受梁王授他的将军印，这是违犯汉朝法律的。 ⓫上谷：郡名，治所在沮阳（今河北怀来东南）。 ⓬合战：交战。 ⓭典属国：官名，掌管少数民族事务。 ⓮负：倚仗。 ⓯敌战：敌对作战。 ⓰亡：失去，即战死。 ⓱上郡：郡名。治所在肤施（今陕西榆林东南）。 ⓲徙上郡：与上文“徙为上郡太守”重复，疑为衍文。 ⓳北地：郡名，治所在马岭（今甘肃庆阳西北）。雁门：郡名，治所在善无（今山西右玉南）。代郡：郡名，治所在代县（今河北蔚县东北）。云中：郡名，治所在云中（今内蒙古托克托东北）。

【原文】

匈奴大入上郡，天子使中贵人从广勒习兵击匈奴。①中贵人将骑数十纵②，见匈奴三人，与战。三人还射，伤中贵人，杀其骑且尽。中贵人走广。③广曰：“是必射雕者也。”④广乃遂从百骑往驰三人。三人亡马步行⑤，行数十里。广令其骑张左右翼，而

【译文】

匈奴大举进犯上郡，景帝派一名受宠幸的宦官跟随李广统率士兵抗击匈奴。宦官率领几十名骑兵放马驰骋，发现了三个匈奴人，与他们交战。三人回身射箭，射伤了宦官，将要杀光他的骑兵。宦官跑回李广营中。李广说：“这一定是射雕的人。”李广于是就率领一百名骑兵去追赶那三个人。那三人没骑马，徒步行走，走了几十里。李广命令他的骑兵分左右两路包抄，而自己亲自射击三人，

广身自射彼三人者[6]，杀其二人，生得一人，果匈奴射雕者也。已缚之上马，望匈奴有数千骑，见广，以为诱骑[7]，皆惊，上山陈。[8]广之百骑皆大恐，欲驰还走，广曰："吾去大军数十里，今如此以百骑走，匈奴追射我立尽。今我留，匈奴必以我为大军〔之〕诱（之），必不敢击我。"广令诸骑曰："前！"前未到匈奴陈二里所[9]，止，令曰："皆下马解鞍！"其骑曰："虏多且近，即有急，柰何？"广曰："彼虏以我为走，今皆解鞍以示不走，用坚其意。"[10]于是胡骑遂不敢击。有白马将出护其兵，李广上马与十余骑奔射杀胡白马将，而复还至其骑中，解鞍，令士皆纵马卧。[11]是时会暮[12]，胡兵终怪之，不敢击。夜半时，胡兵亦以为汉有伏军于旁欲夜取之，胡皆引兵而去。平旦[13]，李广乃归其大军。大军不知广所之[14]，故弗从。

射死了两人，活捉了一人，果然是匈奴射雕的人。把那人捆好放在马上，看见有几千匈奴骑兵，他们看到李广，认为是诱敌的骑兵，都感觉很惊讶，跑到山上列阵。李广的一百名骑兵都非常恐惧，想纵马往回跑。李广说："我们距离大部队有几十里，现在这样一百名骑兵逃跑，匈奴追击射杀的话我们立即就死光了。现在我们留在这里，匈奴一定认为我们是大部队的诱饵，一定不敢攻击我们。"李广命令骑兵说："前进！"前进至距离匈奴阵地还有二里左右的地方，停住步伐，命令说："都下马解下马鞍！"骑兵说："敌人众多，而且离得近，如果有紧急情况，怎么办？"李广说："他们认为我们会逃跑，现在都解下马鞍来表示不逃跑，使他们更加坚信我们是诱饵。"于是胡人的骑兵不敢进攻。有一名骑白马的将领出阵来保护他的士兵，李广上马和十几名骑兵跑过去射杀了他，然后又回到他的骑兵队伍中，解下马鞍，命令士兵们都放开马躺下。这时适逢黄昏，胡人的军队始终觉得奇怪，不敢发动进攻。到了夜半时分，胡人的军队也以为汉朝有伏兵在旁边要趁着夜色偷袭他们，胡人都带兵离开了。第二天早晨，李广才回到他的大部队。大部队不知道李广所在的方位，所以没法去接应他。

注释

❶中贵人：宫中受宠幸的宦官。勒：统率，约束。❷纵：放马驰骋。❸走：逃奔。❹射雕者：射雕的能手。❺亡：通“无”。❻身自：亲自。❼诱骑：引诱敌人的骑兵。❽陈（zhèn）：通“阵”，列阵。❾所：表示大概的数目，“二里所”即二里左右。❿坚：坚定。⓫纵：放开。⓬会：正赶上。⓭平旦：天刚亮。⓮之：往。

【原 文】

居久之，孝景崩①，武帝立②，左右以为广名将也，于是广以上郡太守为未央卫尉③，而程不识亦为长乐卫尉。④程不识故与李广俱以边太守将军屯。⑤及出击胡，而广行无部伍行陈⑥，就善水草屯，舍止，人人自便，不击刀斗以自卫⑦，莫府省约文书籍事⑧，然亦远斥候⑨，未尝遇害。程不识正部曲行伍营陈⑩，击刀斗，士吏治军簿至明，军不得休息，然亦未尝遇害。不识曰：“李广军极简易，然虏卒犯之⑪，无以禁也；而其士卒亦佚乐⑫，咸乐为之

【译 文】

过了很长一段时间，孝景帝去世，武帝即位，左右近臣认为李广是名将，因而李广由上郡太守调任未央宫的卫尉，而程不识也成为长乐宫的卫尉。程不识原来和李广都以边郡太守的身份率军驻防。等到出兵攻打胡人，李广行军没有严谨的队列和阵势，靠近水草丰富的地区驻扎，安营住宿，人人都感觉很方便，也不用巡逻来自卫，幕府简化了各种文书簿册，然而他也在远处布置侦察哨，所以从来没有遭遇危险。程不识对部队的编制、队列、阵势都有严格要求，夜晚打更放哨，军吏整理文书簿册直到天明，部队得不到休息，然而也从来没有遇到危险。程不识说：“李广治军最简单，然而敌人突然进犯他们，他就没有办法阻挡了；可是他的士兵也算安逸快乐，都愿意为他去死。我的军队

死。我军虽烦扰，然虏亦不得犯我。”是时汉边郡李广、程不识皆为名将，然匈奴畏李广之略，士卒亦多乐从李广而苦程不识。程不识孝景时以数直谏为太中大夫。[13]为人廉，谨于文法。[14]

虽然军务烦扰，可是敌人也不能进犯我。”当时汉朝边境的李广、程不识都是名将，然而匈奴畏惧李广的谋略，士兵也大多愿意跟随李广而认为跟随程不识太辛苦。程不识在孝景帝时由于多次直言进谏成了太中大夫。他为人正直，严格遵守法令条文。

注释

❶崩：古代皇帝和皇后死称“崩”。 ❷武帝：刘彻。 ❸未央：宫名，皇帝所居。卫尉：官名，掌宫中警卫。 ❹长乐：宫名，太后所居。 ❺故：原来。边：边郡。将军屯：率领军队驻防。 ❻部伍：指部队的编制。行陈：即行阵行列，阵势。 ❼刀斗：即“刁斗”，铜制行军锅，白天用之煮饭，夜间敲击巡逻。 ❽莫府：即幕府。将军出征时驻扎用的帐幕，后代称将帅的官署。省约：减省，节约。籍：考勤及记载功过的簿册。 ❾远斥候：远远地布置侦察哨。 ❿部、曲：均为军队的编制单位。将军所率军队，下有部，部下有曲，曲下有屯。 ⓫卒（cù）：通“猝”，突然。 ⓬佚：通“逸”，安逸。 ⓭太中大夫：官名，掌议论政事。 ⓮文法：法令条文。

【原 文】

后汉以马邑城诱单于[1]，使大军伏马邑旁谷，而广为骁骑将军，领属护军将军。[2]是时单于觉之，去，汉军皆无功。其后四岁[3]，广以卫

【译 文】

后来汉朝用马邑城引诱单于，派大军埋伏在马邑附近的山谷中，而李广担任骁骑将军，由护军将军率领。当时单于察觉了这个计谋，撤退了，汉军都没有功劳。此后四年，李广由卫尉升任将军，出雁门

尉为将军，出雁门击匈奴。匈奴兵多，破败广军，生得广。单于素闻广贤，令曰："得李广必生致之。"[④]胡骑得广，广时伤病，置广两马间，络而盛卧广。[⑤]行十余里，广详死[⑥]，睨其旁有一胡儿骑善马[⑦]，广暂腾而上胡儿马[⑧]，因推堕儿，取其弓，鞭马南驰数十里，复得其余军，因引而入塞。[⑨]匈奴捕者骑数百追之，广行取胡儿弓，射杀追骑，以故得脱。于是至汉，汉下广吏。[⑩]吏当广所失亡多[⑪]，为虏所生得，当斩，赎为庶人。[⑫]

关攻打匈奴。匈奴兵士众多，打败了李广的军队，活捉了李广。单于一直听说李广贤能，下令说："捉到李广一定要活着送来。"胡人的骑兵捉到了李广，李广当时有伤病，就把李广安置在两匹马的中间，架好网兜把李广放在里面躺着。走了十多里路，李广假装死去，斜眼看到他旁边有一个年轻胡人骑着一匹好马，李广突然跳起来上了那个年轻人的马，顺势把他推下去，拿了他的弓，策马向南奔跑了几十里，又找到了他的余部，于是率领他们进入关塞。匈奴派出数百个抓捕的骑兵来追赶他，李广边走边拿出那个年轻胡人的弓，射杀追赶的骑兵，因此能够逃脱。于是回到了汉朝，朝廷把李广交给司法官吏审判。官吏判决李广的部队损失太大，又被敌人活捉，应当斩首，后来他出钱赎罪贬为平民。

注释

❶马邑：在今山西朔州。 ❷领属：受统领节制。护军将军：韩安国。 ❸其后四岁：汉武帝元光六年（前129）。 ❹生致之：活着送来。 ❺络而盛（chéng）卧广：用绳编结成网兜，放李广躺在里面。 ❻详（yáng）：通"佯"，假装。 ❼睨（nì）：斜视。 ❽暂腾：突然跳起来。 ❾塞：边界上的险要地段。 ❿下广吏：把李广交司法官吏审判。 ⓫当：判决。 ⓬赎：汉律规定，判死刑者可以用钱赎罪免死。庶人：平民百姓。

【原文】

顷之[1]，家居数岁。广家与故颍阴侯孙屏野居蓝田南山中射猎。[2]尝夜从一骑出[3]，从人田间饮[4]，还至霸陵亭[5]，霸陵尉醉，呵止广。[6]广骑曰："故李将军。"[7]尉曰："今将军尚不得夜行，何乃故也！"止广宿亭下。居无何[8]，匈奴入杀辽西太守[9]，败韩将军[10]，后韩将军徙右北平。[11]于是天子乃召拜广为右北平太守。广即请霸陵尉与俱，至军而斩之。

【译文】

不久后，李广在家闲居了几年。李广和隐居在蓝田南山中的已故颍阴侯灌婴的孙子灌强经常在一起打猎。李广曾经在夜里带着一名骑马的随从外出，和别人在田间饮酒。回来路过霸陵亭，霸陵尉喝醉了，喝令李广站住。李广的随从说："这是原来的李将军。"亭尉说："现任将军尚且不能在夜晚通行，更何况是原来的呢！"阻拦李广并让他留宿亭下。过了不久，匈奴进犯杀死了辽西太守，打败了韩将军，后来韩将军调到右北平。于是天子就征召任命李广为右北平太守。李广就奏请要求霸陵尉和他一起前去，到了军中就斩杀了他。

注释

❶顷之：不久。 ❷颍阴侯孙：颍阴侯灌婴的孙子灌强。屏野居：退职隐居乡间。蓝田：在今陕西蓝田西。 ❸尝：曾经。 ❹从人：同人，与人。 ❺霸陵：汉文帝的陵，在今陕西省西安市长安区东北。霸陵亭是设在霸陵的驿亭。 ❻呵：大声呵斥。 ❼故：原来，前任。 ❽居无何：过了不久。 ❾辽西：郡名，治所在阳乐（今辽宁义县西）。 ❿韩将军：即韩安国。 ⓫右北平：郡名，治所在平刚（今辽宁凌源西南）。《史记》有的版本及《汉书》此句之下有"死"字，说明韩安国徙右北平后，不久死去，故以李广充任。

【原 文】

广居右北平，匈奴闻之，号曰“汉之飞将军”，避之数岁，不敢入右北平。

广出猎，见草中石，以为虎而射之，中石没镞[①]，视之石也。因复更射之，终不能复入石矣。广所居郡闻有虎，尝自射之。[②]及居右北平射虎，虎腾伤广，广亦竟射杀之。

【译 文】

李广驻扎在右北平，匈奴人听说了，称他为“汉朝的飞将军”，躲避了他好几年，不敢进犯右北平。

李广外出打猎，看见草中的石头，以为是老虎而用箭射它，箭头深入石头，一看原来是石头。于是又射了一箭，最终也没能把箭头射进石头。李广所居住郡的人听说有老虎，曾经亲自射击。在右北平射老虎，老虎跳起来伤到了李广，李广也最终把老虎射死了。

注释

❶镞（zú）：箭头。 ❷尝：曾经。

【原 文】

广廉，得赏赐辄分其麾下[①]，饮食与士共之。终广之身，为二千石四十余年[②]，家无余财，终不言家产事。广为人长[③]，猿臂[④]，其善射亦天性也，虽其子孙他人学者，莫能及广。广讷口少言[⑤]，与人居则画地为军陈，

【译 文】

李广为人廉正，得到赏赐就分给他的部下，饮食与士兵在一起。李广一生中，担任俸禄二千石的官职达四十多年，但是家里没有剩余的财产，始终不谈论家产的事情。李广身材高大，两臂如猿一样长而灵活，他善于射箭也是天赋使然，即使他的子孙或其他人也学习射箭，也没有能比得上他的。李广木讷迟钝，很少说话，和别人在一起时就在地上画图设计军阵，根

射阔狭以饮。[6]专以射为戏，竟死。[7]广之将兵，乏绝之处[8]，见水，士卒不尽饮，广不近水，士卒不尽食，广不尝食。宽缓不苛[9]，士以此爱乐为用。[10]其射，见敌急[11]，非在数十步之内，度不中不发[12]，发即应弦而倒。用此[13]，其将兵数困辱[14]，其射猛兽亦为所伤云。

据射箭中所画军阵行列的宽或窄来罚喝酒。他专门把射箭当作游戏，一直到死。李广带兵，遇到缺粮断水的地方，发现了水源，士兵没有全部喝过水，他就不靠近水边；士兵没有全都吃上饭，他就不吃。他对士兵宽容不苛刻，士兵因此愿意供他驱使。他射箭，看到敌人逼近，不到几十步的范围内，估计射不中就不发射，只要发射就令敌人随弓弦的响声而倒下。因此，他带兵多次被困受辱，他射杀猛兽也曾被猛兽所伤。

注释

❶辄（zhé）：就，总是。 ❷二千石：官秩等级。郡太守、诸侯王国相、诸卿均为二千石。 ❸为人长：身材高。 ❹猿臂：两臂如猿一样长而灵活。 ❺讷（nè）口：语言迟钝，不善言辞。 ❻阔狭：指上文所说在地上画的军阵图，有的行列宽，有的行列窄，比赛时射中窄的为胜，否则为输，输者饮酒。 ❼竟死：直到死。 ❽乏绝：缺水断粮。 ❾宽缓不苛：宽容不苛刻。 ❿爱乐为用：喜欢为其所用，即喜欢为其效力。 ⓫急：逼近。 ⓬度（duó）：估量。 ⓭用此：因此。 ⓮困辱：被围困受辱。

【原文】

居顷之，石建卒[1]，于是上召广代建为郎中令。[2]元朔六年[3]，广复为后将军[4]，

【译文】

不久以后，石建死了，于是皇上召见李广接替石建任郎中令。元朔六年，李广再次担任后将军，跟随大将军卫青的部队

从大将军军出定襄[5]，击匈奴。诸将多中首虏率[6]，以功为侯者，而广军无功。后二岁[7]，广以郎中令将四千骑出右北平，博望侯张骞将万骑与广俱[8]，异道。[9]行可数百里[10]，匈奴左贤王将四万骑围广[11]，广军士皆恐，广乃使其子敢往驰之。[12]敢独与数十骑驰，直贯胡骑[13]，出其左右而还，告广曰："胡虏易与耳。"[14]军士乃安。广为圜陈外向[15]，胡急击之，矢下如雨。汉兵死者过半，汉矢且尽。广乃令士持满毋发[16]，而广身自以大黄射其裨将[17]，杀数人，胡虏益解。[18]会日暮，吏士皆无人色[19]，而广意气自如[20]，益治军。[21]军中自是服其勇也。明日，复力战，而博望侯军亦至，匈奴军乃解去。汉军罢[22]，弗能追。是时广军几没[23]，罢归。[24]汉法，博望侯留迟后期[25]，当死，赎为庶人。广军功自如[26]，无赏。

从定襄出发，进攻匈奴。众将领大多因斩获敌人首级的数量符合律令规定，凭战功封侯，然而李广的军队却没有立功。过了两年，李广以郎中令的身份率领四千骑兵从右北平出发，博望侯张骞率领一万骑兵与李广一同出征，从不同的路线进军。行军大约几百里，匈奴左贤王率领四万骑兵包围了李广，李广的士兵都感到恐惧，李广就派他的儿子李敢向敌人驱马进攻。李敢独自和几十名骑兵飞奔过去，直接穿过胡人的骑兵队伍中，又从他们的左右两翼冲出并赶回来，报告李广说："胡人很容易对付。"士兵这才放心。李广布下环形阵势，面朝外向着敌人，胡人猛攻汉军，箭如雨下。汉军士兵死亡过半，弓箭也将要用完了。李广于是命令士兵拉满弓不要放箭，而他亲自用大黄弩射匈奴的副将，射杀了好几个人，胡人的包围圈才渐渐散开。到了黄昏时分，军吏士兵都累得面无血色，可是李广仍然精神气力同平时一样，赶快整顿好军队。军中从此都佩服他的勇敢。第二天，再次奋力作战，同时博望侯张骞的军队也赶到了，匈奴军队于是解围离去。汉军感到疲劳，不能追击。当时李广几乎全军覆没，就收兵回去了。按照汉朝的法律，博望侯滞留迟缓，没有按期赶到，应当处死，他后来出钱赎罪贬为平民。李广功过相当，没有得到奖赏。

注释

❶石建：石奋之子。石奋与他的四个儿子均为二千石官，所以世人称他为“万石君”。 ❷郎中令：官名，汉武帝时改为光禄勋，主要掌管守卫宫殿门户。 ❸元朔六年：公元前 123 年。 ❹后将军：官名，将军中的一种。 ❺大将军：指卫青。定襄：郡名，治所在成乐（今内蒙古和林格尔西北土城子）。 ❻中首虏率：达到了律令规定的封侯所要斩杀敌人首级和俘虏敌人的数量。 ❼后二岁：即元狩二年（前 121）。 ❽张骞：汉代著名的探险家，被汉武帝派遣出使西域。 ❾异道：从不同的路线进军。 ❿可：大约。 ⓫左贤王：匈奴单于之下统领东部（即左部）的首领。 ⓬驰：驱马进击。 ⓭贯：穿过。 ⓮与：打交道。易与：容易对付。 ⓯圜：通“圆”。圜陈：圆形阵。外向：面朝外向着敌人。 ⓰持满毋发：把弓拉满，但不要放箭。 ⓱大黄：弓弩名，因体大色黄故名，是当时射程最远的弓弩。裨将：副将。 ⓲益：逐渐。解：散开。 ⓳无人色：即脸色不像活人。 ⓴意气自如：精神、气力同平时一样。 ㉑益治军：更加注意整顿部队。 ㉒罢：通“疲”，疲惫。 ㉓几没：几乎覆没。 ㉔罢归：不战撤兵。 ㉕留迟后期：滞留迟缓，没有按期赶到。 ㉖军功自如：功过相当。

【原文】

初，广之从弟李蔡与广俱事孝文帝。景帝时，蔡积功劳至二千石。孝武帝时，至代相。[1]以元朔五年为轻车将军[2]，从大将军击右贤王[3]，有功中率，封为乐安侯。元狩二年中，代公孙弘为丞

【译文】

当初，李广的堂弟李蔡和他一起侍奉孝文帝。景帝时，李蔡积累功劳升至二千石级别的官位。孝武帝时，官至代国的国相。李蔡在元朔五年任轻车将军，跟随大将军卫青进攻匈奴右贤王，凭借斩获敌人首级的数量符合规定而立功，被封为乐安侯。元狩二年间，他取代公孙弘为丞相。李蔡的才干在中等偏下列，

相。[4]蔡为人在下中[5]，名声出广下甚远，然广不得爵邑，官不过九卿，而蔡为列侯，位至三公。[6]诸广之军吏及士卒或取封侯。广尝与望气王朔燕语[7]，曰："自汉击匈奴而广未尝不在其中，而诸部校尉以下，才能不及中人，然以击胡军功取侯者数十人，而广不为后人[8]，然无尺寸之功以得封邑者，何也？岂吾相不当侯邪？[9]且固命也？"[10]朔曰："将军自念，岂尝有所恨乎？"[11]广曰："吾尝为陇西守，羌尝反[12]，吾诱而降，降者八百余人，吾诈而同日杀之。至今大恨独此耳。"朔曰："祸莫大于杀已降，此乃将军所以不得侯者也。"

名声和李广相差很远，然而李广没有得到封爵和采邑，官职也不超过九卿，可是李蔡却被封为列侯，官至三公。李广麾下的军官和士兵也有人封侯。李广曾经与会望气的王朔私下闲谈，说："自从汉朝攻打匈奴以来，我没有一次不参与其中，然而各部队校尉以下的军官，才能赶不上中等人，却凭借跟胡人打仗立功而被封侯的有几十人，可是我不比别人差，然而没有一点功劳来获得封爵和采邑，这是为什么呢？难道我的面相就不该封侯吗？还是这就是命呢？"王朔说："将军自己想一想，难道曾经有过让你悔恨的事情吗？"李广说："我曾经担任陇西太守，羌人曾经反叛，我诱降了他们，投降的有八百多人，我欺骗了他们并在同一天将其全部杀死。至今认为最大的悔恨就是这件事而已。"王朔说："祸患没有比杀害已经投降的人更大的了，这就是将军不能封侯的原因。"

注释

❶代相：即代王国之相。是诸侯王国中的最高行政官。 ❷元朔五年：公元前124年。轻车将军：官名，汉将军中的一种。 ❸右贤王：分领匈奴西部（右部）的首领。匈奴尚左，故右贤王地位低于左贤王。 ❹公孙弘：薛（在今山东滕州南）人，少为狱吏，年四十余始治《春秋公羊传》，以熟悉文法吏治，被

武帝任为丞相，封平津侯。 ❺为人在下中：古时论人的才德分为九等，上上、上中、上下、中上、中中、中下、下上、下中、下下。下中属于第八等。 ❻三公：汉以丞相、太尉、御史大夫为三公。 ❼望气：古代的一种迷信，通过观星象云气来占卜人事吉凶。燕语：私人交谈。 ❽不为后人：即不在人后，不比别人差。 ❾相：面相，长相。 ❿命：命运。 ⓫恨：悔恨。 ⓬羌：古代居于西方的少数民族。

【原 文】

后二岁[①]，大将军、骠骑将军大出击匈奴[②]，广数自请行。天子以为老，弗许，良久乃许之，以为前将军。是岁，元狩四年也。

【译 文】

此后两年，大将军卫青、骠骑将军霍去病率领大军出击匈奴，李广多次亲自请求随行。天子认为他老了，没有允许，过了好久才答应他，任命他为前将军。这一年，是元狩四年。

注 释

❶后二岁：公元前 119 年。 ❷骠骑（piàoqí）将军：汉代将军名号，其地位仅次于大将军。此指霍去病。

【原 文】

广既从大将军青击匈奴，既出塞，青捕虏知单于所居，乃自以精兵走之[①]，而令广并于右将军军[②]，出东道。东道

【译 文】

李广跟随大将军卫青进攻匈奴，已经出了边塞，卫青捉到一个俘虏得知单于居住的地方，于是亲自率领精锐部队追逐过去，并命令李广并入右将军的部队，从东路出发。东路稍微有些绕远，

少回远[3]，而大军行水草少，其势不屯行。[4]广自请曰："臣部为前将军，今大将军乃徙令臣出东道，且臣结发而与匈奴战[5]，今乃一得当单于[6]，臣愿居前，先死单于。"大将军青亦阴受上诫[7]，以为李广老，数奇[8]，毋令当单于，恐不得所欲。而是时公孙敖新失侯[9]，为中将军从大将军，大将军亦欲使敖与俱当单于，故徙前将军广。广时知之，固自辞于大将军。[10]大将军不听，令长史封书与广之莫府[11]，曰："急诣部[12]，如书。"广不谢大将军而起行[13]，意甚愠怒而就部[14]，引兵与右将军食其合军出东道。军亡导[15]，或失道[16]，后大将军。大将军与单于接战，单于遁走，弗能得而还。南绝幕[17]，遇前将军、右将军。广已见大将军，还入军。大将军使长史持糒醪遗广[18]，因问广、食其失道状，青欲上书报天子军曲折。[19]广未对。大将军

而且大军行进之处的水草又少，在这种形势下不能大部队集结同行。李广亲自请求说："我的职务是前将军，现在大将军却改令我从东路出发，况且我从成年后就和匈奴交战，直到今天才第一次遇上单于，我希望打头阵，率先与单于决一死战。"大将军卫青也私下里接受过皇上的告诫，认为李广年老，命不好，不要让他与单于对阵，担心不能获得成功。当时公孙敖刚丢了列侯的爵位，担任中将军之职跟随大将军，大将军也打算让公孙敖和自己一起与单于对阵，所以调走了前将军李广。李广当时知道这件事，坚决推辞大将军的指派。大将军没有听从，命令长史写信送到李广的幕府，说："赶快到部队里报到，照信上的办。"李广没有向大将军告辞就出发了，心里带着很大的怨气前往军营，带领士兵与右将军赵食其会合从东路出发。军队没有向导，迷路了，落在了大将军的后面。大将军与单于交战，单于逃跑了，没有捉到而回营了。大将军向南穿越沙漠，遇到了前将军李广和右将军赵食其。李广拜见大将军后，回到营中。大将军派长史带着干粮和酒浆送给李广，顺便询问李广、赵食其迷路的事情，卫青想要上书向天子禀报军中的原委详情。李广没有回答，大将军派长史催促李广幕府

使长史急责广之幕府对簿。[20]广曰："诸校尉无罪，乃我自失道。吾今自上簿。"[21]

的人员去接受按文书进行的审问。李广说："众校尉没有罪，是我自己迷路了。我现在亲自去受审。"

注释

❶走：追逐。 ❷右将军：名赵食其。 ❸少：通"稍"。少回远：稍微迂回绕远。 ❹屯：聚集。不屯行：不能大部队集结同行，得分路走。 ❺结发：束发。古代男子十五岁束发，表示已成年。这里是说年轻时。 ❻当：遇。 ❼阴受上诫：暗中接受皇上的告诫。 ❽数奇：命不好，遇事运气不佳。 ❾公孙敖：卫青好友，曾救过卫青性命，原封合骑侯，元狩二年击匈奴时，行军失约，临阵却战，当斩，赎为平民，故曰新失侯。 ❿固：坚决。辞：拒绝并于右将军出东道。 ⓫长史：大将军府中的佐官，相当于秘书。封书：把写好的文书加封。 ⓬诣：往。 ⓭谢：辞别。 ⓮愠（yùn）：怨恨。 ⓯亡导：没有向导。 ⓰或：通"惑"，迷惑。 ⓱幕：通"漠"。南绝幕：向南穿越沙漠。 ⓲糒（bèi）：干粮。醪（láo）：酒浆。 ⓳曲折：原委详情。 ⓴簿：记事文书。对簿：接受按文书进行的审问。 ㉑吾今自上簿：我现在亲自去受审。

【原文】

至莫府，广谓其麾下曰："广结发与匈奴大小七十余战，今幸从大将军出接单于兵，而大将军又徙广部行回远，而又迷失道，岂非天哉！且广年六十余矣，终不能复对刀笔之吏。"[1]遂引刀自

【译文】

到了大将军幕府，李广对他的部下说："我成年后与匈奴交战大小七十多次，现在有幸跟随大将军出征和单于交战，然而大将军却调我的部队去走绕远的路，并且又迷了路，难道不是天意吗！况且我已经六十多岁了，终究不能再面对那些舞文弄墨的小吏了。"于是拔刀自

到。[2]广军士大夫一军皆哭。[3]百姓闻之，知与不知[4]，无老壮皆为垂涕。[5]而右将军独下吏，当死，赎为庶人。

刎而死。李广部队的官兵都哭了。百姓听说这件事，不论认识或不认识李广的，不论年老还是年少的，都为李广落泪。右将军赵食其单独被交给法官处理，应当处死，后来出钱赎罪贬为平民。

注释

❶刀笔之吏：掌管文书的官吏。这里有贬视之意，即舞文弄墨之人。 ❷自到：自杀。 ❸士：指兵。大夫：指官吏。这里士大夫泛指将士。 ❹知：认识。 ❺无：无论，不分。

【原文】

广子三人，曰当户、椒、敢，为郎。[1]天子与韩嫣戏[2]，嫣少不逊[3]，当户击嫣，嫣走。于是天子以为勇。当户早死，拜椒为代郡太守，皆先广死。当户有遗腹子名陵。广死军时，敢从骠骑将军。广死明年，李蔡以丞相坐侵孝景园壖地[4]，当下吏治，蔡亦自杀，不对狱[5]，国除。李敢以校尉从骠骑将军击胡左贤王，力战，夺左贤王鼓旗，斩首

【译文】

李广有三个儿子，分别叫李当户、李椒、李敢，都是郎官。天子与韩嫣嬉戏，韩嫣行为不恭敬，李当户就打了韩嫣一顿，韩嫣跑了。于是天子认为李当户很勇敢。李当户年纪轻轻就死了，皇上任命李椒为代郡太守，两个人都比李广死得早。李当户有个遗腹子叫李陵。李广在军中自杀时，李敢正跟随骠骑将军霍去病。李广死后的第二年，李蔡以丞相身份因侵占孝景帝陵园外的空地而获罪，应该交给法官判处，李蔡也自杀了，不愿意去受审，封国也被废除。李敢以校尉的身份跟随骠骑将军进攻匈奴左贤王，奋力作战，夺取了左贤王的战旗和战鼓，斩获很多首级，被

多，赐爵关内侯[6]，食邑二百户，代广为郎中令。顷之，怨大将军青之恨其父[7]，乃击伤大将军，大将军匿讳之。[8]居无何，敢从上雍[9]，至甘泉宫猎。[10]骠骑将军去病与青有亲，射杀敢。去病时方贵幸[11]，上讳云鹿触杀之。居岁余，去病死。而敢有女为太子中人[12]，爱幸，敢男禹有宠于太子，然好利，李氏陵迟衰微矣。[13]

赐予关内侯的爵位，封赏食邑二百户，接替李广担任郎中令。过了不久，李敢怨恨大将军卫青让他父亲含冤而死，就打伤了大将军，大将军把这件事隐瞒下来。没过多久，李敢跟随皇上去雍县，到甘泉宫附近打猎。骠骑将军霍去病和卫青有亲戚关系，就射死了李敢。霍去病正值显贵受宠，皇上就隐瞒真相说李敢是被一只鹿撞死的。过了一年多，霍去病去世了。李敢有个女儿是太子宫中的侍妾，受到宠幸，李敢的儿子李禹也受到太子的宠爱，然而他贪图财利，李家就渐渐衰颓了。

注释

❶郎：皇帝侍从官的统称。❷韩嫣：汉武帝的弄臣。戏：玩耍。❸不逊：不恭敬。❹园：陵园。壖（ruán）地：陵前神道外空地。❺不对狱：不面对狱吏，即不去受审。❻关内侯：爵名，二十等爵中的第十九级，仅低于列侯，无封国，可食邑。❼恨其父：使其父饮恨而死。❽匿讳：隐瞒。❾雍：在今陕西省宝鸡市凤翔区南。❿甘泉宫：行宫名，故址在今陕西淳化西北甘泉山，是皇帝避暑游猎之地。⓫贵幸：显贵受皇上宠幸。⓬太子：指卫皇后之子刘据。中人：无封号的宫女、侍妾。⓭陵迟：渐渐衰颓。

【原 文】

李陵既壮①，选为建章监②，监诸骑。善射，爱士卒。天子以为李氏世将，而使将八百骑。尝深入匈奴二千余里，过居延视地形③，无所见虏而还。拜为骑都尉④，将丹阳楚人五千人⑤，教射酒泉、张掖以屯卫胡。⑥

【译 文】

李陵长到壮年以后，被选为建章营的监军，监督各部骑兵。他善于射箭，爱护士兵。天子认为李家世代为将，就让他就带领八百名骑兵。他曾经深入匈奴二千多里，经过居延视察地形，没遇到匈奴敌军就回来了。后来被任命为骑都尉，率领丹阳的楚军五千人，在酒泉、张掖教习射箭，驻守在那里防御匈奴。

注 释

❶壮：壮年，古人以三十岁以上为壮年。 ❷建章：宫名。在未央宫西，长安城外。监：统率宫中羽林骑郎的长官。 ❸居延：地名，在今内蒙古额济纳旗，当时是河西通往漠北的要道。 ❹骑都尉：统领羽林军的高级官员。 ❺丹阳：郡名，治所在宛陵（今安徽宣城）。原为楚地。 ❻酒泉、张掖：均为郡名，地处河西走廊中部。屯卫：驻军防卫。

【原 文】

数岁，天汉二年秋①，贰师将军李广利将三万骑击匈奴右贤王于祁连天山②，而使陵将其射士步兵五千人出居延北可千余里，欲以分匈奴兵，毋

【译 文】

几年后，天汉二年秋天，贰师将军李广利率领三万名骑兵在祁连山和天山一带进攻匈奴右贤王，而派李陵率领他的弓箭手、步兵五千人，从居延出发向北行进了一千多里，想借此分散匈奴的兵力，不让他们专门对付贰师将军的军

令专走贰师也。[3]陵既至期还，而单于以兵八万围击陵军。陵军五千人，兵矢既尽，士死者过半，而所杀伤匈奴亦万余人。且引且战[4]，连斗八日，还未到居延百余里，匈奴遮狭绝道[5]，陵食乏而救兵不到，虏急击招降陵。陵曰："无面目报陛下。"遂降匈奴，其兵尽没，余亡散得归汉者四百余人。

队。李陵按照期限往回走，然而单于用八万大军围攻李陵的军队。李陵的军队五千人，箭已经用完了，士兵死亡过半，然而他们杀伤的匈奴也有一万多人。他们边退边战，连续战斗了八天，还没到居延一百多里的地方，匈奴军队堵住狭窄的山谷切断了去路，李陵的军队缺少粮草，而且救兵不来，敌人加紧进攻招降李陵。李陵说："我没有脸面回报陛下了。"于是投降了匈奴。他的军队全被消灭了，剩余逃回到汉朝的有四百多人。

注释

❶天汉二年：公元前99年。 ❷李广利：汉武帝李夫人之兄。祁连天山：即祁连山。 ❸专走贰师：专门对付贰师将军的军队。 ❹且引且战：边退边战。 ❺遮：拦阻。绝：切断。

【原文】

单于既得陵，素闻其家声，及战又壮，乃以其女妻陵而贵之。汉闻，族陵母妻子。[1]自是之后，李氏名败，而陇西之士居门下者皆用为耻焉。[2]

【译文】

单于已经得到了李陵，平时就听说过他们家族的声望，作战时又很勇猛，于是把自己的女儿嫁给李陵来提高他的地位。汉朝听说了，就把李陵的母亲、妻子儿女全家灭族了。从此以后，李家的名声就败落了，并且陇西曾做过李家宾客的人士都因此感到耻辱。

注释

❶族：灭门，杀全家。 ❷居门下者：在门下为宾客。

【原文】

太史公曰：《传》曰“其身正，不令而行；其身不正，虽令不从”。[1]其李将军之谓也？余睹李将军悛悛如鄙人[2]，口不能道辞。及死之日，天下知与不知，皆为尽哀。彼其忠实心诚信于士大夫也？谚曰：“桃李不言，下自成蹊。”[3]此言虽小，可以谕大也。

【译文】

太史公说：《论语》上说“自身行为端正，不下命令人们也会去遵行；自身行为不正，即使下了命令人们也不会听从”。大概说的就是李将军吧？我看到李将军老实诚恳的样子像个乡下人，开口不善言辞。在他死的那天，天下认识或不认识他的，都为他伤心。他忠实的品性真的得到士大夫的认可了吗？谚语说：“桃树、李树不会说话，树下自然被踩出小路。”这句话虽然说的是小事，但可以用来讲述大道理。

注释

❶《传》：指《论语》。引言出自《子路》。 ❷悛（xún）悛：老实诚恳的样子。鄙人：乡下人。 ❸蹊：小路。

酷吏列传

【原 文】

孔子曰[1]："导之以政[2]，齐之以刑[3]，民免而无耻。[4]导之以德[5]，齐之以礼[6]，有耻且格。"[7]老氏称[8]："上德不德[9]，是以有德[10]；下德不失德[11]，是以无德。[12]法令滋章[13]，盗贼多有。"[14]太史公曰：信哉是言也！[15]法令者治之具，而非制治清浊之源也。[16]昔天下之网尝密矣[17]，然奸伪萌起[18]，其极也[19]，上下相遁[20]，至于不振。[21]当是之时，吏治若救火扬沸[22]，非武健严酷[23]，恶能胜其任而愉快乎！[24]言道德者，溺其职矣。[25]故曰"听讼，吾犹人也[26]，必也使无讼

【译 文】

孔子说："用行政命令来引导百姓，用刑罚来约束百姓，那么百姓就可以免于犯罪，却没有羞耻之心。如果对百姓用道德加以引导，用礼来加以约束，那么百姓就会有羞耻之心，而且还会去除毛病，走正道。"老子说："品德高尚，不表现在形式上的德，所以实际上是有德的；品德低下，执着于形式上的德，所以实际上无德的。法令制定得越是显著，产生的盗贼就会越多。"太史公说：这些话的确可信呀！法令是政治工具，并非导致政治清明或污浊的根源。很早以前天下的法网是非常严密的，但是奸邪狡诈的事情还是像草木初生一样不断发生，这种情况发展到极致的时候，官吏和百姓相互推脱罪责，结果达到了一蹶不振的地步。在这种时候，官吏管理政事就好比负薪救火、扬汤止沸一样无济于事，如果不用强健有力的严酷的手段，怎么能够胜任职守并且感到愉快呢！如果让宣扬道德的人来做这种事情，一定会失职。所以说"审理案件，我和别人一样，一定要让人们不要再有诉讼之争！""浅陋无知的人听到关于道德的谈论，一定会为此大笑"，

乎”[27]，“下士闻道大笑之”。[28]非虚言也。汉兴，破觚而为圜[29]，斫雕而为朴[30]，网漏于吞舟之鱼[31]，而吏治烝烝[32]，不至于奸，黎民艾安。[33]由是观之，在彼不在此。[34]

这些话并不是空谈。汉朝创建后，把有棱角的酒器改换为圆形的酒器，把器物上雕刻的花纹削去而使之回到它原来的朴素的状态，法律就像能吞船那样的大鱼可以漏掉的网那样宽疏，然而官吏的治绩纯厚盛美，不至于做出奸诈之事，百姓也都平安无事。由此看来，国家政治的好坏，在于宽仁而不在法律的严酷。

注释

❶孔子曰：下面所引孔子语，出自《论语·为政》篇。 ❷导：引导。《论语》作“道”。“道”“导”通。政：政令，即行政命令。 ❸齐：整齐，这里是约束之意。刑：刑罚。 ❹免：指免于犯罪。无耻：没有羞耻之心。 ❺德：道德。 ❻礼：礼义。 ❼格：通“革”，除去毛病，走正道。 ❽老氏：即老子，姓李名耳，亦称老聃，春秋时期著名思想家，道家学派的创始人。 ❾上德：具有高尚道德的人。不德：不表现为口头形式上的德。 ❿是以：因此。有德：实际上是有德的。 ⓫下德：道德低下的人。不失德：口头和形式上不失道德。 ⓬无德：实际上却没有德。 ⓭滋：益，更加。章：通“彰”，明显，显著。 ⓮多有：有更多。 ⓯信哉是言也：这些话可信啊。 ⓰制治：进行统治。清：政治清明。浊：政治污浊混乱。 ⓱昔：从前，这里指秦朝。 ⓲萌起：像草木初生一样不断发生。 ⓳极：极点，指情况非常严重之时。 ⓴遁：逃，引申为回避。上下相遁：上下相互推脱罪责。 ㉑振：振作。 ㉒救火扬沸：即负薪救火，扬汤（热水）止沸，比喻无济于事。 ㉓武健：强健。 ㉔恶（wū）：怎么。 ㉕溺其职：丧失其职。 ㉖故曰：下面的引言出自《论语·颜渊》篇。听讼：指判案。吾犹人：我和别人一样。 ㉗必也：意为一定说有什么不同。使无讼：使诉讼不发生。 ㉘下士：浅陋无知之人。此句出自《老子》第四十一章。 ㉙觚（gū）：古代有棱角的酒器。圜（yuán）：通“圆”。破觚而为圜：把方正有棱角的酒器变成圆形，比喻汉初破除秦之酷法，实行简约宽

厚的法律。㉚斫（zhuó）：砍削。斫雕而为朴：是把器物上雕刻的花纹削去，使之回到原来朴素的状态。㉛网漏于吞舟之鱼：口能吞舟之大鱼从网中漏掉。比喻法网宽疏。㉜吏治：指官吏的治绩。烝（zhēng）烝：厚美，兴盛。㉝艾（yì）：通“乂”。艾安：平安无事。㉞彼：指宽厚。此：指酷刑。

【原文】

高后时[1]，酷吏独有侯封[2]，刻轹宗室[3]，侵辱功臣。吕氏已败[4]，遂（禽）〔夷〕侯封之家。[5]孝景时[6]，晁错以刻深颇用术辅其资[7]，而七国之乱[8]，发怒于错，错卒以被戮。[9]其后有郅都、宁成之属。

【译文】

吕后时期，酷吏只有侯封，苛刻欺凌皇族，侵犯侮辱有功之臣。吕氏彻底失败后，朝廷就铲平了侯封全家。孝景帝时期，晁错由于苛刻严峻，多是依靠法术来发挥他的才能，所以吴楚等七国叛乱，把愤怒发泄到晁错身上，晁错最终因此被杀害。这以后的酷吏还有郅都、宁成等人。

注释

❶高后：汉高祖刘邦的皇后，名吕雉，又称吕后。❷酷吏：执法特别严苛酷烈的官吏。侯封：人名。邠（今陕西彬州）人。❸刻轹（lì）：苛刻欺凌。宗室：皇族。❹吕氏已败：公元前180年吕后死后，诸吕欲夺权，被周勃、陈平等大臣诛灭。❺夷：铲平，消灭。❻孝景：汉景帝刘启，公元前157年至公元前141年在位。❼晁错：西汉著名政治家，主张削夺诸侯王封地，加强中央集权。七国之乱时被景帝错杀。刻深：苛刻严峻。术：法术，权术。资：才华。❽七国之乱：景帝三年（前154），吴楚七国以诛晁错为名发动的叛乱。❾卒：终于。戮：杀。

【原 文】

郅都者，杨人也。[1]以郎事孝文帝。[2]孝景时，都为中郎将[3]，敢直谏，面折大臣于朝。[4]尝从入上林[5]，贾姬如厕，野彘卒入厕。[6]上目都[7]，都不行。上欲自持兵救贾姬[8]，都伏上前曰："亡一姬复一姬进，天下所少宁贾姬等乎？[9]陛下纵自轻[10]，奈宗庙太后何！"[11]上还，彘亦去。太后闻之，赐都金百斤，由此重郅都。[12]

【译 文】

郅都，是杨县人。他在孝文帝时期担任郎官。到孝景帝时，郅都出任中郎将，敢于在朝堂上直言劝谏，使大臣们当面屈服。他曾经跟随天子到上林苑狩猎，贾姬去上厕所，野猪突然闯进厕所。皇上以目光示意郅都前去营救，郅都不肯行动。皇上想亲自拿兵器去救贾姬，郅都跪在皇上面前说："失掉一个姬妾，还会有另外一个姬妾进宫，天下难道还会缺少像贾姬这样的人吗？陛下即使看轻自己，对朝廷和太后该怎么交代呢？"于是皇上回来了，野猪也离开了。太后听说这件事后，赏赐郅都黄金一百斤，从此重视郅都。

注 释

❶杨：在今山西洪洞东南。 ❷郎：君主侍从官的通称，有议郎、侍郎、中郎、郎中等名。事：侍奉。 ❸中郎将：官名，秦置中郎，西汉分五官、左、右三署，各置中郎将以统领皇帝的侍卫，隶属于光禄勋。 ❹面折：当面使之屈服。 ❺上林：苑名。在今陕西西安西及周至、鄠邑区界。秦时始置，秦汉皇帝经常在此游猎。 ❻贾姬：汉景帝之姬。如：往。野彘（zhì）：野猪。卒（cù）：通"猝"，突然。 ❼目：以目光示意。 ❽持兵：拿着兵器。 ❾宁：难道。 ❿纵：即使。 ⓫宗庙：祖庙，这里代指朝廷。 ⓬重：重视，看重。

【原 文】

济南瞯氏宗人三百余家[1]，豪猾[2]，二千石莫能制[3]，于是景帝乃拜都为济南太守。[4]至则族灭瞯氏首恶[5]，余皆股栗。[6]居岁余，郡中不拾遗。旁十余郡守畏都如大府。[7]

【译 文】

济南瞯氏族人共有三百多家，强横奸猾，济南太守无法制服他们，于是景帝就派郅都为济南太守。郅都刚一到任，就把瞯氏家族的首恶全都杀了，剩下的恶人都吓得大腿发抖。一年多以后，济南郡境内治安良好，路不拾遗。周围十多个郡的太守畏惧郅都就像畏惧上级官府一样。

注 释

❶瞯（xián）：济南大姓。宗人：同宗族人。 ❷豪猾：强横奸猾。 ❸二千石：俸禄为二千石的官员，这里是指济南太守。 ❹拜：授予官职。 ❺族灭：诛杀整个家族。 ❻股栗：腿发抖，形容非常恐惧。 ❼大府：上级官府。

【原 文】

都为人勇，有气力，公廉[1]，不发私书[2]，问遗无所受[3]，请寄无所听[4]，常自称曰："已倍亲而仕[5]，身固当奉职死节官下[6]，终不顾妻子矣。"[7]

【译 文】

郅都为人勇敢、强健、公正廉洁，从不拆阅私人求情的信件，也不收受礼物，不听私人请托。他常常对自己说："我已经背弃父母而选择了当官，那么我自身就应该在职位上奉公尽职，为节操而死，终究不能顾念妻子儿女了。"

注释

❶公廉：公正廉洁。 ❷不发私书：不拆阅私人求情的信件。 ❸问遗(wèi)：送礼。 ❹请寄：以私事相托。 ❺倍：通“背”。倍亲而仕：背弃父母而为官。 ❻固：本来。奉职：奉公尽责。死节：为节操而死。 ❼顾：顾念。妻子：妻子儿女。

【原 文】

郅都迁为中尉。①丞相条侯至贵倨也②，而都揖丞相。③是时民朴④，畏罪自重，而都独先严酷，致行法不避贵戚⑤，列侯宗室见都侧目而视⑥，号曰“苍鹰”。

【译 文】

郅都升任中尉。丞相周亚夫最高贵，为人傲慢，但是郅都见到他只是行拱手礼。当时，民风淳朴，百姓害怕犯罪，都守法自重，然而郅都却独自率先施行严酷的刑法，执法时不畏避皇亲国戚，连列侯和宗室见到郅都，都要侧目而视，称呼他为“苍鹰”。

注释

❶迁：调动，提升。中尉：官名，掌管京师治安，兼管北军（保卫京城的部队）。 ❷条侯：周亚夫，周勃之子，平定吴楚七国之乱的主将，因功拜相。至贵：最高贵。倨：傲慢。 ❸揖丞相：对丞相仅行拱手之礼，表现其不阿附权贵。 ❹朴：质朴，淳朴。 ❺贵戚：主要指皇帝的内亲外戚。 ❻列侯：二十等爵中最高一级爵位。

【原 文】

临江王征诣中尉府对簿[1]，临江王欲得刀笔为书谢上[2]，而都禁吏不予。魏其侯使人以间与临江王[3]，临江王既为书谢上，因自杀。窦太后闻之，怒，以危法中都[4]，都免归家。孝景帝乃使使持节拜都为雁门太守[5]，而便道之官[6]，得以便宜从事。[7]匈奴素闻郅都节[8]，居边，为引兵去，竟郅都死不近雁门。[9]匈奴至为偶人象郅都[10]，令骑驰射莫能中，见惮如此。[11]匈奴患之。窦太后乃竟中都以汉法。[12]景帝曰：“都忠臣。”欲释之。窦太后曰：“临江王独非忠臣邪？”于是遂斩郅都。

【译 文】

临江王被召来中尉府接受审问，他想得到书写工具，给皇上写信谢罪，但是郅都命令官吏不要给他。魏其侯派人私下送给临江王书写工具。临江王给皇上写了谢罪信后，就自杀了。窦太后听到这个消息，非常生气，以重法陷害郅都，郅都被罢免了官职，回到了家中。汉景帝就派使者拿着符节任命郅都为雁门太守，并且让他直接上路赴任，不用到朝廷谢恩，并准许他根据实际情况酌情自行处理政事，不必上奏请示。匈奴人经常听说郅都行事有操守，得知他要来守卫边境，便带领军队离开了汉朝边境，一直到郅都去世都不敢靠近雁门。匈奴甚至按照郅都的样貌做了一个木偶人，让骑兵们奔跑射击，却没有人能够射中，他们畏惧郅都竟然达到了这种地步。匈奴将郅都当成了祸患。窦太后中伤郅都使他定成汉朝法律所规定的死罪。景帝说：“郅都是忠臣。”想要释放他。窦太后说：“临江王难道不是忠臣吗？”于是就把郅都处死了。

注释

❶临江王：名刘荣，汉景帝原太子，废为临江王。因侵占宗庙余地，被召至中尉府受审，自杀而死。对簿：簿是起诉文状，对簿是按起诉文状接受审问。

❷刀笔：古代书写工具，用笔写，有误用刀削去。为书：写信。谢上：向皇帝谢

罪。 ❸魏其侯：窦婴，窦太后的堂侄。以间：通过隐秘的途径。 ❹危法：重法。中（zhòng）：中伤，陷害。 ❺节：古代使者持之以证明身份的凭证。雁门：郡名，治所善无，今山西右玉南。 ❻便道之官：乘便直接上路赴任，不必再到朝廷谢恩。 ❼便宜从事：遇事可酌情自行处理，不必上奏请示。 ❽节：为人行事之操守。 ❾竟：终。 ❿至：甚至。偶人：木偶人。 ⓫惮：惧怕。 ⓬中都以汉法：中伤郅都使他定成汉朝法律所规定的死罪。

【原 文】

宁成者，穰人也。[1]以郎谒者事景帝。[2]好气[3]，为人小吏，必陵其长吏[4]；为人上，操下如束湿薪。[5]滑贼任威。[6]稍迁至济南都尉[7]，而郅都为守。始前数都尉皆步入府，因吏谒守如县令[8]，其畏郅都如此。及成往，直陵都出其上。[9]都素闻其声，于是善遇，与结欢。[10]久之，郅都死，后长安左右宗室多暴犯法[11]，于是上召宁成为中尉，其治效郅都[12]，其廉弗如，然宗室豪桀皆人人惴恐。[13]

【译 文】

宁成，是穰县人，担任郎官、谒者侍奉景帝。他好胜使气，做别人的小官，一定要欺凌他的长官；做别人的长官，控制属下，就像捆绑湿柴一样随便。他狡猾凶残，任性使威。他渐渐地升到了济南都尉，而当时郅都是太守。在宁成之前的都尉都是步行走入太守府，经由下级官吏通报，然后才拜见太守，就像县令见太守一样，他们畏惧郅都达到了这种地步。等到宁成去见太守，他径直越过郅都，出于其上。郅都向来听说过他的名声，于是对他十分友好，并与他结成朋友。过了很久，郅都去世了，后来长安附近宗室中有很多人凶残犯法，于是皇上召宁成来担任中尉。他在治理时仿效郅都，但是他在廉洁方面比不上郅都，然而宗室豪杰人人都恐惧不安。

注释

❶穰（rǎng）：在今河南邓州。 ❷谒者：官名，为郎中令属官，掌傧赞事宜。 ❸好气：好胜使气。 ❹陵：欺。长（zhǎng）吏：地位高的官员。 ❺操下：控制属下。如束湿薪：如捆湿柴一样随便。 ❻猾贼任威：狡猾狠毒，任性使威。 ❼稍：渐渐。都尉：郡中辅佐郡守并掌全郡军事的武官。 ❽谒：拜见。 ❾直：径直。陵：超越。 ❿结欢：结成朋友。 ⓫暴：凶残。 ⓬效：仿效。 ⓭豪桀：即豪杰。

【原文】

武帝即位①，徙为内史。②外戚多毁成之短③，抵罪髡钳。④是时九卿罪死即死⑤，少被刑，而成极刑⑥，自以为不复收⑦，于是解脱⑧，诈刻传出关归家。⑨称曰：“仕不至二千石，贾不至千万⑩，安可比人乎！”乃贳贷买陂田千余顷⑪，假贫民⑫，役使数千家。⑬数年，会赦。⑭致产数千金，为任侠⑮，持吏长短⑯，出从数十骑。其使民威重于郡守。

【译文】

武帝即位后，宁成改任内史。外戚中有很多人诋毁宁成的缺点，他被依法判髡刑和钳刑。当时九卿犯了罪而应该被处死的就直接处死了，很少受到刑罚，但是宁成遭受了最重的刑罚，他认为朝廷不会再录用自己，于是除去刑具，伪造了出关证明，出了函谷关回到家中。他说：“当官做不到二千石一级的高官，经商挣不到一千万贯钱，怎么能同别人相比呢？”他于是借钱买了一千多顷水边坡地，租给贫苦的百姓耕种，给他种地、供他役使的人家有几千户。几年以后，遇到大赦。宁成已经有了几千斤黄金的家产，专好打抱不平，掌握官员们的隐私，出门时有几十个骑马的人随从。他驱使百姓的权威比郡守还大。

注释

❶武帝：刘彻，即位时间是公元前141年。❷徙：调任。内史：京师地区的地方长官。❸毁：诋毁。短：缺点，过失。❹抵罪：判罪。髡（kūn）钳：两种刑罚。髡是剃去头发，钳是用铁环束颈。❺九卿：秦汉时在中央掌管各部事务长官的总称，包括太常、光禄勋、卫尉、太仆、宗正、大鸿胪、大司农、少府、廷尉。罪死即死：犯罪当死就死。❻被：加。成极刑：宁成是属于最重的刑罚。❼收：录用。❽解脱：指除去刑具。❾传（zhuàn）：文字刻于木板之上的过关凭证。❿贾（gǔ）：经商。⓫贳（shì）贷：赊贷。陂（bēi）田：水边坡地。⓬假：出租。⓭役使：奴役使唤。⓮赦：赦免罪犯。⓯任侠：专门干制强扶弱、打抱不平之事。⓰持吏长短：掌握官员的隐私，以便对其要挟、控制。

【原 文】

周阳由者，其父赵兼以淮南王舅父侯周阳[①]，故因姓周阳氏。由以宗家任为郎[②]，事孝文及景帝。景帝时，由为郡守。武帝即位，吏治尚循谨甚。[③]然由居二千石中，最为暴酷骄恣。[④]所爱者，挠法活之；[⑤]所憎者，曲法诛灭之。[⑥]所居郡，必夷其豪。[⑦]为守，视都尉如令。为都尉，必陵太守，夺之治。[⑧]与汲黯

【译 文】

周阳由，他的父亲赵兼以淮南王舅父的身份被封为周阳侯，因此就以周阳为姓。周阳由以外戚的身份被任命为郎官，侍奉孝文帝和孝景帝。孝景帝时期，周阳由担任郡守。武帝即位后，官吏在处理政事时，都崇尚循法，办事谨慎，但是周阳由在二千石一级的官员中，最为暴虐残酷、骄横放恣。他所喜爱的人，就歪曲法令让他活下来；他所厌恶的人，就歪曲法令杀害他。他在哪个郡为官，就一定诛灭哪个郡的豪门。他担任太守，就把都尉看得与县令一样。他担任都尉，就必定侵凌太守，侵夺太守的权力。与汲黯一样强硬凶狠，像司

俱为忮[9]，司马安之文恶[10]，俱在二千石列[11]，同车未尝敢均茵伏。[12]

马安那种善于用法律条文害人，他们都身居二千石官员的行列，汲黯与司马安和周阳由同车，也不敢平起平坐。

注释

❶赵兼：汉高祖刘邦之妾赵美人之弟。淮南王：汉高祖刘邦之少子刘长。侯周阳：以周阳封其为侯。周阳：邑名，在今山西侯马东南。❷宗家：指皇族的外戚。❸尚循谨甚：崇尚循法，办事谨慎。❹暴酷：暴虐残酷。骄恣：骄横放恣。❺挠法：屈法。❻曲法：歪曲法律。❼夷：诛灭。❽夺之治：侵夺其权力。❾忮（zhì）：刚愎，强狠。❿文恶：笔下邪恶，是指用法律条文害人。⓫列：同列，指官位相同。⓬均：均等。茵：车上坐垫。伏：指车前供人凭倚的横木，即车轼。这句是说汲黯、司马安两人与周阳由同车，也不敢平起平坐。

【原文】

由后为河东都尉[1]，时与其守胜屠公争权[2]，相告言罪。胜屠公当抵罪[3]，义不受刑[4]，自杀，而由弃市。[5]

【译文】

周阳由后来担任河东都尉，经常与河东郡太守胜屠公争夺权力，互相告状。后来，胜屠公应当判刑，但他仍然顾全道义，不肯受刑，自杀而死，而周阳由被判处在闹市行刑。

注释

❶河东：郡名，治所安邑，今山西夏县东北。❷胜屠公："胜屠"，通"申屠"，复姓。河东太守。❸当抵罪：应当判刑。❹义不受刑：顾全道义，不肯受刑。❺弃市：古代一种死刑，在闹市行刑，并将尸体暴露街头。

【原 文】

自宁成、周阳由之后，事益多，民巧法[1]，大抵吏之治类多成、由等矣。[2]

【译 文】

在宁成、周阳由之后，政事变得更加繁杂，百姓用巧诈的手段对付法律，大多官吏在治理政事时都仿效宁成和周阳由这类人。

注释

❶巧法：用巧诈的手段对付法律。 ❷大抵：大多。

【原 文】

赵禹者，斄人。[1]以佐史补中都官[2]，用廉为令史[3]，事太尉亚夫。[4]亚夫为丞相，禹为丞相史[5]，府中皆称其廉平。然亚夫弗任，曰："极知禹无害[6]，然文深[7]，不可以居大府。"今上时，禹以刀笔吏积劳[8]，稍迁为御史。[9]上以为能，至太中大夫。[10]与张汤论定诸律令[11]，作见知[12]，吏传得相监司。[13]用法益刻，盖自此始。

【译 文】

赵禹，是斄县人。他以佐史的身份补任京城官府的官员，因为为官廉洁公平而升任令史，侍奉太尉周亚夫。周亚夫担任丞相，赵禹担任丞相史，丞相府中的人都赞扬赵禹廉洁公平。但是周亚夫不重用他，说："我非常清楚赵禹做事无人能胜过他，但是他执法严苛，不可以在上层官府为官。"当今皇上在位时，赵禹因为从事文案工作而积累了功劳，渐渐升到了御史。皇上认为他非常能干，于是提拔他担任太中大夫。他与张汤一起斟酌制定各种法令，制订了"见知法"，让官吏们互相监视、相互检举罪行。汉朝的法律变得越来越严酷，大概就是从这个时候开始的。

注释

❶斄（tái）：古地名，即邰。在今陕西武功西南。 ❷佐史：汉代地方官的属吏。中都官：泛指京师各官府。 ❸用：因，由。令史：官名，掌管文书。❹太尉：全国最高的军政长官。 ❺丞相史：辅佐丞相的官员。 ❻无害：无人能胜过他，指非常能干。 ❼文深：执法严苛。 ❽刀笔吏：专门从事文案工作的官吏。 ❾御史：官名，根据职责不同，又分为侍御史、监察御史等。 ❿太中大夫：官名，掌管议论。 ⓫律令：法令。 ⓬见知：即“见知法”，官吏知道他人犯罪而不检举，与之同罪。 ⓭传：通“转”，相互轮转。监司：官吏要相互监视，相互检举罪行。

【原 文】

张汤者，杜人也。[1]其父为长安丞[2]，出，汤为儿守舍。还而鼠盗肉，其父怒，笞汤。[3]汤掘窟得盗鼠及余肉[4]，劾鼠掠治[5]，传爰书[6]，讯鞫论报[7]，并取鼠与肉，具狱磔堂下。[8]其父见之，视其文辞如老狱吏，大惊，遂使书狱。[9]父死后，汤为长安吏，久之。

【译 文】

张汤，是杜县人。他的父亲担任长安县丞，有一次外出，张汤还是个小孩子，留在家里看家。他父亲回来后，发现老鼠偷了肉，十分生气，用鞭子打了张汤。张汤掘开鼠洞，抓到偷肉的老鼠并找回了剩下的肉，拷打审问老鼠，发送记录囚犯供词的文书，审讯定罪，宣判罪名，并且把老鼠和剩肉拿出来，当堂最后定案，判决老鼠分尸处死。他父亲看到这一情景，看到他那判决文书就像是一个老练的狱吏所写，十分惊讶，于是让他学习写办案文书。他的父亲去世后，张汤担任长安的官员，做了很长一段时间。

注释

❶杜：在今陕西西安东南。 ❷丞：即县丞，县令之辅佐官。 ❸笞（chī）：用竹板、荆条打。 ❹掘窟：《汉书·张汤传》作“掘熏”。 ❺劾（hé）：审判。掠治：拷打审问。 ❻传：发送。爰（yuán）书：记录囚犯供词的文书。❼讯鞫：审讯。论：定罪。报：宣判罪名。 ❽具狱：全部审讯材料备齐，最后定案。磔（zhé）：分尸，古代的一种酷刑。 ❾书狱：学习写办案文书。

【原文】

周阳侯始为诸卿时①，尝系长安②，汤倾身为之。③及出为侯，大与汤交，遍见汤贵人。④汤给事内史，为宁成掾⑤，以汤为无害，言大府，调为茂陵尉⑥，治方中。⑦

【译文】

周阳侯田胜开始担任九卿的时候，曾经因罪被囚禁在长安监狱，张汤竭尽全力地加以解救。等到田胜出狱封侯之后，与张汤的交往十分密切，把张汤广泛地介绍给达官贵人。张汤在内史任职的时候，担任宁成的属官，因为张汤做事没有妨害，于是宁成就把他推荐到丞相府，张汤调任为茂陵尉，主持办理陵墓的土方工程。

注释

❶周阳侯：田胜，汉武帝母亲王太后同母弟。 ❷系：拘囚。 ❸倾身：倾入全部力量。 ❹遍见汤贵人：把张汤广泛地介绍给达官贵人。 ❺掾：属官的通称。 ❻茂陵：在今陕西兴平东北。原名茂乡，公元前139年汉武帝在此修陵，并置县，改称“茂陵”。尉：官名，主管县中的军事、治安。 ❼治：主持办理。方中：陵墓的土方工程。古代皇帝生前预修陵墓，讳称方中。

【原 文】

武安侯为丞相[1]，征汤为史[2]，时荐言之天子[3]，补御史，使案事。[4]治陈皇后蛊狱[5]，深竟党与。[6]于是上以为能，稍迁至太中大夫。与赵禹共定诸律令。务在深文。[7]拘守职之吏。[8]已而赵禹迁为中尉，徙为少府[9]，而张汤为廷尉，两人交欢，而兄事禹。禹为人廉倨。[10]为吏以来，舍毋食客。[11]公卿相造请禹[12]，禹终不报谢[13]，务在绝知友宾客之请，孤立行一意而已。[14]见文法辄取[15]，亦不覆案[16]，求官属阴罪。[17]汤为人多诈，舞智以御人。[18]始为小吏，干没[19]，与长安富贾田甲、鱼翁叔之属交私。[20]及列九卿，收接天下名士大夫，己心内虽不合，然阳浮慕之。[21]

【译 文】

武安侯田蚡当了丞相，征召张汤担任丞相府吏，经常向天子推荐他，因此张汤又被任命为御史，负责查验狱事。他主持审理陈皇后巫蛊案，深入追查同党。于是皇上认为他的办事能力很强，逐渐提拔到了太中大夫。张汤和赵禹一同制定各种法令条文，务必使法令条文细密严苛，用来约束所有在职的官员。不久赵禹被提升为中尉，后又改任少府，而张汤担任廷尉，两个人结为朋友并且关系很好，而张汤对待赵禹就像是对待兄长一样。赵禹为人十分廉洁傲慢。他为官以来，家中没有食客。三公九卿前来登门拜访他，赵禹始终不曾答谢，务求断绝与知心朋友和宾客的来往，独自奉公独行。他看到法律条文就听从，也不再审查，以求追查从属官员隐藏未露的罪行。张汤为人则比较狡猾奸诈，善于耍弄聪明来控制他人。他开始当小官时，就喜欢凭借权力侵吞贷利，曾与长安的富商田甲、鱼翁叔等人交往密切。等到他位列九卿时，又结交了天下名士大夫，虽然他的内心与他们不合，但是表面上做出一副仰慕他们的样子。

注释

❶武安侯：即田蚡。❷史：丞相府吏。❸时：时时。❹案事：查验狱事。❺陈皇后：汉武帝皇后陈氏。蛊（gǔ）：用诅咒之术蛊惑害人。陈皇后蛊狱：陈皇后无子，卫子夫得幸，公元前130年女巫楚服等为陈皇后巫蛊咒诅，事发后，牵连被诛者三百余人，楚服枭首于市，陈皇后被废。❻深竟：穷追。❼深文：细密严苛的法律条文。❽拘：限制，约束。守职：居官，在职。❾少府：官名，九卿之一，掌管山林川泽的税收和皇室手工业。❿廉倨：廉洁傲慢。⓫毋：通“无”。⓬造：往。⓭报谢：答谢。⓮孤立：独自。⓯文法：法令条文。⓰覆案：再审查。⓱阴罪：隐藏未露的罪行。⓲舞智：玩弄聪明。⓳干没（gānmò）：囤积谋利。此指与商人合伙，侵吞贷利。⓴交私：秘密交往。㉑阳：通“佯”。浮：表面。

【原文】

是时上方乡文学①，汤决大狱，欲傅古义②，乃请博士弟子治《尚书》《春秋》③，补廷尉史，亭疑法。④奏谳疑事⑤，必豫先为上分别其原⑥，上所是⑦，受而著谳决法廷尉絜令⑧，扬主之明。⑨奏事即谴，汤应谢⑩，乡上意所便，必引正、监、掾史贤者⑪，曰：“固为臣议，如上责臣，臣弗用，愚抵

【译文】

此时恰逢皇上十分向往儒家学说，张汤断绝大案时，就会附会儒家经书上的说法，于是就请博士弟子们研究《尚书》《春秋》，补任为廷尉史，遇到执法有疑，就依据《尚书》《春秋》的义理来公平处理。每次向皇上上奏议罪的疑难案件，张汤都会预先给皇上分析清楚事情的原委，皇上认为是对的，就接受并记录下来，作为判例，并以廷尉的名义公布，宣扬皇上的明鉴。如果呈报的事情受到皇上的谴责，张汤就随机应变地认错谢罪，顺着皇上的心意便宜行事，一定推举出正、左右监和贤能的属官，说：“他们本来向我提议过，就像皇上责备我那样，我却

于此。”罪常释。[12]（闻）〔间〕即奏事[13]，上善之，曰：“臣非知为此奏，乃正、监、掾史某为之。”其欲荐吏，扬人之善蔽人之过如此。所治即上意所欲罪，予监史深祸者[14]；即上意所欲释，与监史轻平者。[15]所治即豪，必舞文巧诋；[16]即下户羸弱[17]，时口言，“虽文致法，上财察”。[18]于是往往释汤所言。汤至于大吏[19]，内行修也。[20]通宾客饮食。于故人子弟为吏及贫昆弟，调护之尤厚。[21]其造请诸公，不避寒暑。是以汤虽文深意忌不专平[22]，然得此声誉。而刻深吏多为爪牙用者，依于文学之士。丞相弘数称其美。[23]及治淮南、衡山、江都反狱[24]，皆穷根本。严助及伍被[25]，上欲释之。汤争曰：“伍被本画反谋[26]，而助亲幸出入禁闼爪牙臣[27]，乃交私诸

没有采纳，已经愚蠢到这种地步了。”这样一来，他的罪经常被皇上宽恕。他有时向皇上呈上奏章，皇上十分认同时，他就说：“我不懂得写这样的奏章，这是正监、左右监和属官中的某人写的。”他在打算推荐官吏时，常常表扬别人的好处、掩饰别人的过失。他所审理的案件如果是皇上想要严办的，他就交给执法严酷的监史去办理；如果是皇上想宽恕的，他就交给执法轻并且平和的监史去办理。他要处理的如果是豪强，就一定要舞文弄墨、玩弄法令条文，巧妙地进行诬陷；如果是平民百姓和没有权势的人，就经常向皇上口头陈述，“即使按法令条文应该判刑，也请皇上明察裁定”。于是，皇上往往宽恕了张汤所说的人。张汤虽然做了大官，由于他自身的修养很好，与宾客们相互往来，同他们喝酒吃饭。尤其对老朋友的子弟、当官的以及贫穷的兄弟们，照顾得十分宽厚。他去拜访三公，无论是严寒还是酷暑都不间断。所以张汤虽然执法严酷，内心忌嫉，办事不求公平，却得到了很好的声誉。而那些执法酷烈、狠毒的官吏都被他任用作属吏，并且都依从儒学之士。丞相公孙弘多次赞扬张汤的美德。等到他审理淮南王、衡山王、江都王谋反的案件时，还能做到穷追到底。严助和伍被，皇上打算要宽恕他们。张汤争辩说：“伍被原本就是策划谋反案的人，而严助是皇上宠信并经常出入宫

侯如此，弗诛，后不可治。”于是上可论之。[28]其治狱所排大臣自为功，多此类。于是汤益尊任，迁为御史大夫。

廷禁门的护卫之臣，竟然这样私下结交诸侯到了这种地步，如果不杀了他们，以后就不好管理了。”于是皇上同意了张汤对他们的判决。张汤凭借处理案件来排挤大臣，为自己邀功的事，多半如此。于是，张汤更加受到尊崇和信任，被升任为御史大夫。

注释

❶乡（xiàng）：通“向”，向往、喜好。❷傅：通“附”，附会。❸博士：中国古代学官名，源于战国。秦及汉初，博士所掌为古今史事待问及书籍典守，武帝以后，博士专掌经学传授。❹亭：公平处理。亭疑法：遇执法有疑，就依据《尚书》《春秋》的义理来公平处理。❺谳（yàn）：议罪。❻豫：通“预”。原：原因。❼是：正确。❽著：明书。❾絜（xié）：举。全句是说：皇帝所允行的，受而书之于板，定成判例，并以廷尉的名义公布，以宣扬皇帝的明鉴。❿应谢：随机应变，认错谢罪。⓫正、监：《汉书·百官公卿表》说，廷尉有正、左右监，秩皆千石。⓬释：被宽恕赦免。⓭间：有时。⓮深祸者：执法严酷的监、史。⓯轻平者：执法宽疏公平的监史。⓰舞文巧诋：舞文弄墨，玩弄法令条文。⓱下户：穷困百姓。羸弱：瘦弱。⓲财：通“裁”，裁断。⓳大吏：大官。⓴内行修：自身品德的修养。㉑调护：照顾。㉒不专平：不求公平。㉓弘：即公孙弘。㉔淮南：淮南王刘安。于汉武帝元狩元年（前122）谋反未遂，自杀而死。衡山：衡山王刘赐。参与淮南王谋反，自杀而死。江都：江都王刘建。于汉武帝元狩二年谋反不遂，自杀而死。因淮南、衡山、江都谋反牵连而死者数万人。㉕严助：会稽吴县（今江苏苏州）人，曾任中大夫、会稽太守、侍中等职，淮南王来朝时，曾厚赂严助，交私论议，及淮南王反，严助与之相牵连，被处死。伍被：楚人，任淮南中郎，淮南王开始要谋反，伍被多次劝阻，王不听，后为王谋反献计，也被杀。㉖画：策划。㉗禁闼：禁中，皇帝居住之处。㉘可：同意。论之：对

严助、伍被二人判罪。

【原 文】

会浑邪等降①，汉大兴兵伐匈奴，山东水旱，贫民流徙，皆仰给县官②，县官空虚。于是丞上指③，请造白金及五铢钱④，笼天下盐铁⑤，排富商大贾，出告缗令⑥，锄豪强并兼之家⑦，舞文巧诋以辅法。⑧汤每朝奏事，语国家用，日晏⑨，天子忘食。丞相取充位⑩，天下事皆决于汤。百姓不安其生，骚动，县官所兴，未获其利，奸吏并侵渔⑪，于是痛绳以罪。⑫则自公卿以下，至于庶人⑬，咸指汤。⑭汤尝病，天子至自视病，其隆贵如此。⑮

【译 文】

正逢匈奴浑邪王等人投降，汉朝出动大军讨伐匈奴，山东遇到水涝和干旱，贫苦百姓流离失所，衣食都依靠官府，官府因而仓库空虚。于是张汤迎合皇上的旨意，请求铸造银币和五铢钱，借以垄断天下的盐和铁的经营权；为了打击富商大贾，发布了告缗令，铲除豪强兼并之家的势力；玩弄文字，以不实之词解释法律。张汤每次上朝奏事，谈论国家的财务状况，一直谈到傍晚，皇上也忘记了吃饭。丞相有其官无其权，天下事情都取决于张汤的决断。百姓生活不安定，骚动不安，政府大力承办的事情收不到利益，而奸官污吏却一起侵夺渔利，于是就彻底地以法惩办。从三公九卿以下，一直到平民百姓，都在指责张汤。张汤曾经生病，皇上亲自前来探望他，他的尊贵居然达到了这种地步。

注释

❶浑邪（yé）：匈奴部落名，与休屠部同居匈奴西部地区。浑邪王因屡为汉朝打败，单于召其欲杀之，乃于元狩二年杀休屠王，并其众四万人降汉。 ❷县官：指官府。 ❸丞：通“承”。 ❹白金：银币。五铢钱：汉代钱币，每个重

量为五铢。 ❺笼：通“垄”，垄断。 ❻缗（mín）：穿钱的绳子。当时称征收工商资产税为“算缗”。告缗：是号召并奖励人们告发隐瞒财产逃避税收的行为。 ❼并兼：兼并别人的土地、财产。 ❽舞文巧诋以辅法：玩弄文字，以不实之词解释法律。 ❾晏：晚。 ❿丞相：指李蔡、庄青翟。充位：备空位，指有其官无其权。 ⓫侵渔：侵夺渔利。 ⓬痛绳：彻底依法惩办。 ⓭庶人：指没有官爵的平民。 ⓮指：指斥。 ⓯隆贵：尊贵。

【原 文】

匈奴来请和亲[①]，群臣议上前。博士狄山曰：“和亲便。”[②]上问其便，山曰：“兵者凶器，未易数动。[③]高帝欲伐匈奴，大困平城[④]，乃遂结和亲。[⑤]孝惠、高后时，天下安乐。及孝文帝欲事匈奴[⑥]，北边萧然苦兵矣。[⑦]孝景时，吴楚七国反[⑧]，景帝往来两宫间[⑨]，寒心者数月。[⑩]吴楚已破，竟景帝不言兵[⑪]，天下富实。今自陛下举兵击匈奴，中国以空虚，边民大困贫。由此观之，不如和亲。”上问汤，汤曰：“此愚儒，无知。”狄山曰：“臣固愚忠[⑫]，若御史

【译 文】

匈奴前来请求和亲，大臣们在皇上面前讨论此事。博士狄山说：“和亲有利。”皇上问他为什么有利，狄山说：“兵器是凶险的东西，不要轻易地屡屡动用。高帝想要攻打匈奴，被围困在平城，就与匈奴和亲。孝惠帝、高后时期，天下太平安乐。等到孝文帝时期，想要攻打匈奴，结果北方边境骚动，百姓苦于战火。孝景帝时期，吴、楚等七国叛乱，孝景帝往返于未央宫和长乐宫之间商讨此事，连续数月忧心忡忡。吴楚等七国的叛乱被平定了，孝景帝直到去世都没有谈及用兵，天下却变得富裕充实。如今自从陛下发兵攻打匈奴以来，国内因此而财用空虚，边境百姓的生活非常困窘贫苦。由此看来，不如和亲。”皇上又问张汤，张汤说：“这是愚蠢的儒生，多么的无知。”狄山说：“我固然是愚忠，而像御史大夫张汤这样的却是假装对皇帝尽忠。像张汤处理淮南王和

大夫汤乃诈忠。[13]若汤之治淮南、江都，以深文痛诋诸侯，别疏骨肉[14]，使蕃臣不自安。[15]臣固知汤之为诈忠。”于是上作色曰[16]：“吾使生居一郡，能无使虏入盗乎？”曰：“不能。”曰：“居一县？”对曰：“不能。”复曰：“居一障间？”[17]山自度辩穷且下吏，曰：“能。”于是上遣山乘鄣。[18]至月余，匈奴斩山头而去。自是以后，群臣震慑。

江都王的案件，用严酷的刑罚来恣意诋毁诸侯王，离间、疏远皇上的至亲，导致各封国国王都感到不安。我本来就知道张汤是伪忠。”于是皇上的脸色变了，说：“我派你驻守一个郡，你能够不让匈奴进来抢掠吗？”狄山说：“不能。”皇上说：“驻守一个县呢？”狄山回答说：“不能。”皇上又说：“驻守一个边塞城堡呢？”狄山想到如果自己辩论到无话回答的话，就会被交给法官治罪，于是只好回答说：“能。”于是皇上就派狄山登上边塞的一个城堡。一个多月以后，匈奴人砍下狄山的头后离开。从这以后，大臣们都十分震惊恐惧。

注释

❶和亲：政治联姻。汉朝把宗室女儿嫁与匈奴单于为阏氏（王后），以保持和睦关系。 ❷便：有利。 ❸数动：屡屡动用。 ❹大困平城：平城在今山西大同东北。公元前201年，匈奴南下，占据晋阳，翌年，刘邦亲率三十二万大军迎击匈奴，结果在平城白登山陷入重围七天，后重赂单于阏氏方得突围。 ❺遂：于是，就。 ❻事：从事，指攻打匈奴。 ❼萧然：骚动的样子。 ❽吴楚七国反：公元前154年，吴楚等七国进行武装反叛。 ❾两宫：未央宫（皇帝所居）和长乐宫（太后所居）。 ❿寒心：充满恐惧失望的忧虑心情。 ⓫竟：终，尽。 ⓬固：本来。 ⓭诈忠：用欺诈的手段假装对皇帝尽忠。 ⓮别疏：使分离疏远，即离间。骨肉：比喻至亲。 ⓯蕃：通“藩”。蕃臣：古代天子分封诸侯是为了屏藩王室，所以称诸侯为“藩臣”。 ⓰作色：变脸。 ⓱障：通“鄣”，秦汉边塞险要之处所建的防御性城堡，谓之“候城”，亦称“障”。

⑱乘：登而守之。

【原 文】

汤之客田甲，虽贾人，有贤操。[1]始汤为小吏时，与钱通[2]，及汤为大吏，甲所以责汤行义过失[3]，亦有烈士风。[4]

【译 文】

张汤的门客田甲，虽然是一个商人，却具备良好的节操。张汤在之前做小官的时候，就与他有钱财的往来，等到张汤做了大官，田甲却来指责张汤在品行道义方面的过错，表现出了有志于功业又讲求信义的人的风度。

注 释

❶贤操：良好的节操。 ❷与钱通：有钱财的往来，意即资助过张汤。 ❸责：责备。行义：品行道义。 ❹烈士：有志于功业又讲求信义的人。

【原 文】

汤为御史大夫七岁，败。

【译 文】

张汤当了七年的御史大夫后，败亡。

【原 文】

河东人李文尝与汤有卻[1]，已而为御史中丞[2]，恚[3]，数从中文书事有可以伤汤者[4]，不能为地。[5]汤有所爱史鲁谒居[6]，知

【译 文】

河东人李文曾经与张汤有嫌隙，后来他担任了御史中丞，心中对张汤十分怨恨，多次从禁宫文书中找寻可以用来中伤张汤过失的材料，充分利用，不留余地。有一个张汤十分喜爱的属吏叫作鲁谒居，知道张汤对此

汤不平，使人上蜚变告文奸事[7]，事下汤[8]，汤治论杀文，而汤心知谒居为之。上问曰："言变事纵迹安起？"[9]汤详惊曰[10]："此殆文故人怨之。"[11]谒居病卧闾里主人[12]，汤自往视疾，为谒居摩足。赵国以冶铸为业，王数讼铁官事，汤常排赵王。[13]赵王求汤阴事。[14]谒居尝案赵王[15]，赵王怨之，并上书告："汤，大臣也，史谒居有病，汤至为摩足，疑与为大奸。"事下廷尉。谒居病死，事连其弟，弟系导官。[16]汤亦治他囚导官，见谒居弟，欲阴为之，而详不省。谒居弟弗知，怨汤，使人上书告汤与谒居谋，共变告李文。[17]事下减宣。[18]宣尝与汤有郤，及得此事，穷竟其事[19]，未奏也。会人有盗发孝文园瘗钱[20]，丞相青翟朝[21]，与汤约俱谢，至前[22]，汤念独

非常愤恨，于是让人上奏告发紧急事变的文书告李文做过的坏事。而这件事正好交给张汤处理，张汤审理后判决李文死罪，把他杀了，而张汤心里知道这件事是鲁谒居干的。皇上问道："匿名上告李文的线索是如何得到的？"张汤假装惊讶地说："这大概是李文的熟人怨恨他。"后来鲁谒居病倒在同乡主人的家里，张汤亲自去探望了他，还替他按摩脚。赵国人大多从事冶炼铸造，赵王刘彭祖多次因为政府设置主管铸铁官的事而提起诉讼，张汤经常攻击赵王。赵王搜寻张汤的隐私之事。鲁谒居曾检举过赵王，因此赵王十分怨恨他，将他们一同上告："张汤是大臣，他的属官鲁谒居有病，张汤竟然亲自为他按摩脚，我怀疑他们一定共同做过不可告人的坏事。"此事下交给廷尉处理。而鲁谒居病死了，事情牵连到他的弟弟，于是把他的弟弟关押在导官署。张汤也在导官署审理别的囚犯，看见了鲁谒居的弟弟，打算暗中帮助他，因此假装不理睬他。鲁谒居的弟弟并不清楚这个情况，怨恨张汤，便让人上书告发张汤和鲁谒居搞阴谋，共同策划李文这件非常事变。这件事交给减宣办理。减宣也曾经与张汤有嫌隙，等到他办理这件事时，就对这件事深入追查，务求把事情调查清楚，只是还没有上奏。恰好遇上有人偷挖孝文帝陵墓里的陪葬钱，丞相庄青翟上朝，同张汤约好了一起谢罪，到了天子面前，张汤

丞相以四时行园[23]，当谢，汤无与也，不谢。丞相谢，上使御史案其事。汤欲致其文丞相见知[24]，丞相患之。三长史皆害汤[25]，欲陷之。[26]

想到只有丞相必须按季巡视各陵园，所以丞相应当谢罪，而自己并不需要承担责任，因而没有谢罪。丞相谢罪后，皇上派御史查办此事。张汤想按“见知故纵”罪查办丞相，丞相对此事十分忧心。丞相手下的三个长史都忌恨张汤，想要陷害他。

注释

❶郤（xì）：通“隙”，此指嫌隙、怨恨。 ❷御史中丞：御史大夫之佐官。在殿中兰台，掌图籍秘书；外督州部刺史，监察郡国行政；内领侍御史，考察四方文书计簿，劾按公卿奏章。 ❸恚（huì）：恨，怒。 ❹中：指禁宫中。伤：中伤。 ❺不能为地：充分利用，不留余地。 ❻鲁谒居：人名，河东人士。 ❼蜚变：即“飞变”，告发紧急事变的文书。 ❽下汤：交给张汤处理。❾纵迹：即“踪迹”。 ❿详：通“佯”。 ⓫殆：大概。 ⓬闾里：乡里。主人：房东。 ⓭排：排斥，攻击。赵王：即赵敬肃王彭祖，景帝之子，原为广川王，吴楚七国之乱后，徙为赵王。 ⓮阴事：暗中违法之事。 ⓯案：通“按”，检举，弹劾。 ⓰导官：官名，属少府。负责供应宫廷中米、酒。本非狱所，但可以作为待审罪犯的临时囚禁地。 ⓱变告：紧急报告非常事变。 ⓲减宣：亦汉代著名酷吏。 ⓳穷竟：穷追到底。 ⓴园：陵园。瘞（yì）：埋。瘞钱：埋于墓之四隅以送死者的陪葬钱。 ㉑青翟：即庄青翟。 ㉒至前：到天子面前。㉓四时行园：汉制规定，丞相按季巡行各陵园。 ㉔文：法。见知：即“见知故纵”。全句是说，张汤欲以“见知故纵”罪查办丞相。 ㉕长史：官名。职责相当于秘书长。三长史：即下文提到的朱买臣、王朝、边通三个人。害：忌恨。㉖陷：陷害。

【原 文】

始长史朱买臣，会稽人也。[1]读《春秋》。庄助使人言买臣，买臣以《楚辞》与助俱幸[2]，侍中[3]，为太中大夫，用事[4]；而汤乃为小吏，跪伏使买臣等前。[5]已而汤为廷尉，治淮南狱，排挤庄助，买臣固心望。[6]及汤为御史大夫，买臣以会稽守为主爵都尉[7]，列于九卿。数年，坐法废[8]，守长史[9]，见汤，汤坐床上，丞史遇买臣弗为礼。[10]买臣楚士，深怨，常欲死之。[11]王朝，齐人也。以术至右内史。[12]边通，学长短[13]，刚暴强人也[14]，官再至济南相。[15]故皆居汤右[16]，已而失官，守长史，诎体于汤。[17]汤数行丞相事[18]，知此三长史素贵，常凌折之。[19]以故三长史合谋曰："始汤约与君谢[20]，已而卖君；今欲劾君以宗庙

【译 文】

长史朱买臣，是会稽人。研读《春秋》。庄助派人向皇上推荐朱买臣，朱买臣由于熟读《楚辞》而与庄助同时得到皇上的重用，担任侍中，后来升为太中大夫，掌权；当时张汤只是一个小官，在朱买臣等人的面前跪着听候差遣。不久，张汤做上了廷尉，审理淮南王案件，排挤庄助，而朱买臣的心里原本就怨恨张汤。等到张汤当了御史大夫，朱买臣以会稽太守的身份调任主爵都尉，位列九卿。几年之后，因犯法而被免官，临时代理长史，去拜见张汤，张汤坐在床上，他的丞史之类的下属官员对待朱买臣也十分不礼貌。朱买臣是楚地的士人，对张汤十分忌恨，常常想置他于死地。王朝，是齐地人，依靠儒家经术当上了右内史。边通，学习策士纵横游说之术，是一个刚愎凶狠的强悍之人，两度出任济南王的丞相。他们之前的官职都要比张汤的大，不久丢了官，临时代理长史，对张汤行屈身跪拜之礼。张汤多次代行丞相的职责，知道这三个长史以前的地位都很高，就时常故意凌辱打压他们。因此，这三位长史合谋对庄青翟说："张汤起初与你约定一同向皇上谢罪，接着就出卖了你，现在又利用宗庙的事弹劾你，这样做就是为了取代你。我们知道一些张汤

事，此欲代君耳。吾知汤阴事。”使吏捕案汤左田信等[21]，曰汤且欲奏请，信辄先知之，居物致富[22]，与汤分之，及他奸事。事辞颇闻。[23]上问汤曰：“吾所为，贾人辄先知之，益居其物，是类有以吾谋告之者。”汤不谢。汤又详惊曰：“固宜有。”减宣亦奏谒居等事。天子果以汤怀诈面欺[24]，使使八辈簿责汤。[25]汤具自道无此，不服。于是上使赵禹责汤。禹至，让汤曰：“君何不知分也。[26]君所治夷灭者几何人矣？[27]今人言君皆有状[28]，天子重致君狱[29]，欲令君自为计，何多以对簿为？”汤乃为书谢曰：“汤无尺寸功，起刀笔吏[30]，陛下幸致为三公，无以塞责。[31]然谋陷汤罪者，三长史也。”遂自杀。

私下里的不合法的事情。”于是就派出属吏去逮捕并审理张汤的左道之友田信等人，说张汤准备要向皇上奏请政事，田信则事先就知道了，然后囤积货物，图谋发财致富，与张汤分赃，还有一些其他的不法之事。关于此事的供词被皇上得知，皇上就问张汤：“我将要做一件事情，商人提前知道了这件事情，于是囤积货物，这像是有人把我的想法告诉给他们一样。”张汤没有谢罪，又假装十分惊讶，说：“应该说肯定是有人这样做了。”这时减宣也呈上奏书告发张汤和鲁谒居的犯法事情。天子因此认定张汤心怀奸诈，当面欺骗君王，于是派八人按照文簿所记一一诘问汤。张汤自我辩解说没有犯过这些罪行，不肯服罪。因此皇上就让赵禹审问张汤。赵禹来了以后，指责张汤说：“皇上哪能不知道情况呢？你经手的案件中，被夷灭的家族不知道有多少？如今人家告发你的罪行都有证据，天子对于如何处理你的案子非常为难，想让你自我了断，你又何必辩解呢？”张汤于是写了谢罪信，说：“张汤没有立下多少功劳，起初只是文书小吏，陛下重用我，让我位列三公，无法推卸罪责，但是设计陷害张汤的罪人是三位长史。”张汤于是就自杀了。

注释

❶会稽：郡名，治所吴县，今江苏苏州。❷幸：宠幸，被重用。❸侍中：汉代宫中之近侍官，为加官。❹用事：掌权。❺使：被差遣。❻固：通“故”，因此，所以。望：怨恨。❼主爵都尉：官名，掌管列侯事务。❽坐法：因犯法被治罪。废：免官。❾守：临时代理。❿丞史：张汤手下的佐官和属官。遇：对待。⓫死之：置张汤于死地。⓬术：儒术。⓭长短：策士纵横游说之术。⓮刚暴：刚愎凶狠。⓯再至济南相：两次被任命为济南王国的相。⓰右：汉代以右为尊，此指官位高。⓱诎体：屈身，在其下。⓲行：兼管，代理。⓳凌折：凌辱使之折服。⓴君：指丞相庄青翟。㉑左：左道之友，非正大光明的朋友。㉒居物：储物。㉓闻：皇帝闻知。㉔怀诈面欺：心怀奸诈，当面欺骗。㉕使使八辈簿责汤：差遣八人按文簿所记一一诘问汤。㉖分：身份，轻重。㉗夷灭：诛锄。几何：多少。㉘状：指证据。㉙重：难。㉚刀笔吏：指办理文书的小吏。㉛无以塞责：无法回答皇上的责问。

【原文】

汤死，家产直不过五百金①，皆所得奉赐②，无他业。昆弟诸子欲厚葬汤，汤母曰：“汤为天子大臣，被污恶言而死，何厚葬乎！”载以牛车，有棺无椁。③天子闻之，曰：“非此母不能生此子。”乃尽案诛三长史。丞相青翟自杀。出田信。④上

【译文】

张汤死后，家里的所有财产不超过五百金，都是他的俸禄和赏赐，没有其他产业。他的兄弟和孩子打算厚葬张汤，张汤的母亲说：“张汤是天子的大臣，遭受恶言诬陷而死，怎么可以厚葬呢？”于是就用牛车拉着棺木，棺材没有外椁。天子听到这件事后，说：“没有这样的母亲，就生不出这样的儿子。”于是将此案追究到底，把三个长史全部杀了。丞相庄青翟自杀。田信被释放出来。皇上因为怜惜张

惜汤，稍迁其子安世。[5]

汤，所以渐渐提拔他的儿子张安世。

注释

❶直：通“值”。 ❷奉赐：俸禄，赏赐。 ❸椁（guǒ）：外棺。 ❹出：释放。 ❺稍：逐渐。安世：字子孺，任为尚书令、光禄大夫、右将军光禄勋，封富平侯。

【原文】

赵禹中废[1]，已而为廷尉。始条侯以为禹贼深[2]，弗任。及禹为少府，比九卿。[3]禹酷急，至晚节[4]，事益多，吏务为严峻[5]，而禹治加缓[6]，而名为平。[7]王温舒等后起，治酷于禹。禹以老，徙为燕相。数岁，乱悖有罪[8]，免归。后汤十余年，以寿卒于家。[9]

【译文】

赵禹中途被罢官，不久又当上了廷尉。最初，条侯周亚夫认为赵禹残酷阴毒，不肯重用他。等到赵禹当了少府，与九卿并列。赵禹行事严酷急躁，到晚年时，国家政事越来越多，官吏都极力推行严刑峻法，但是赵禹执法反倒宽缓起来，被称为平和。王温舒等人是后起之官，执法的严酷程度超过赵禹。赵禹由于年事已高，改任燕国丞相。几年后，犯了悖乱罪，被免官回家。赵禹在张汤死了十多年以后，在家里寿终。

注释

❶中废：中途被罢官。 ❷贼深：残酷阴毒。 ❸比：并列。 ❹晚节：晚年。 ❺务：尽力。 ❻缓：宽缓。 ❼平：轻平，平和。 ❽乱悖：昏乱违反情理。 ❾寿卒：寿终，老死。

【原文】

义纵者，河东人也。为少年时，尝与张次公俱攻剽为群盗。[1]纵有姊姁[2]，以医幸王太后。[3]王太后问："有子兄弟为官者乎？"姊曰："有弟无行[4]，不可。"太后乃告上，拜义姁弟纵为中郎[5]，补上党郡中令。[6]治敢行，少蕴藉[7]，县无逋事[8]，举为第一。迁为长陵及长安令[9]，直法行治[10]，不避贵戚。以捕案太后外孙修成君子仲[11]，上以为能，迁为河内都尉。[12]至则族灭其豪穰氏之属[13]，河内道不拾遗。而张次公亦为郎，以勇悍从军，敢深入，有功，为岸头侯。

【译文】

义纵，是河东人。他在少年时，曾经与张次公一同抢劫，组成强盗团伙。义纵有个姐姐叫姁，因为医术而得到王太后的重视。王太后问她："你有子侄、兄弟做官的吗？"他的姐姐说："我有个弟弟，但是他品行不好，不能做官。"于是王太后就把这件事告诉给了皇上，皇上便任命义姁的弟弟义纵担任中郎，后来补任上党郡中的县令。义纵执法非常严酷，很少有宽和的情形，所以县里没有逃亡的事情发生，被举荐为第一。后来他升任为长陵和长安令，依法处理政事，不畏避权贵和皇亲。因为逮捕审讯太后的外孙修成君的儿子修仲，皇上认为他有能力，提升他为河内都尉。义纵到任后，就把当地的豪强穰氏一类的人灭了族，河内郡从此路不拾遗。而张次公也当了郎官，因为勇猛彪悍而从军，由于他在敢于深入敌军阵营，获得了军功，被封为岸头侯。

注释

❶攻剽（piāo）：抢夺。 ❷姁（xǔ）：名。 ❸王太后：汉武帝的母亲王娡。 ❹无行：没有好的品行。 ❺中郎：官名，近侍之官，隶属于郎中令。 ❻上党：郡名，西汉时治所在长子，今山西长子西。令：即县令。 ❼蕴藉（yùnjiè）：亦称"酝藉""温藉"，宽和而有涵养。 ❽逋（bū）：逃亡。 ❾长陵：在今陕西咸阳东北。 ❿直法行治：依法处理政事。 ⓫捕案：逮捕审讯。

修成君：汉武帝母亲与前夫所生女儿的封号。其子名仲，以外戚的身份横行京师。⑫河内：治所在怀县，在今河南武陟西南。⑬穰氏之属：穰氏一类的豪强之人。

【原文】

宁成家居，上欲以为郡守。御史大夫弘曰[1]："臣居山东为小吏时，宁成为济南都尉，其治如狼牧羊。成不可使治民。"上乃拜成为关都尉。[2]岁余，关东吏隶郡国出入关者[3]，号曰："宁见乳虎，无值宁成之怒。"[4]义纵自河内迁为南阳太守[5]，闻宁成家居南阳，及纵至关，宁成侧行送迎[6]，然纵气盛，弗为礼。至郡，遂案宁氏，尽破碎其家。成坐有罪，及孔、暴之属皆奔亡[7]，南阳吏民重足一迹。[8]而平氏朱强、杜衍、杜周为纵牙爪之吏[9]，任用，迁为廷史。军数出定襄[10]，定襄吏民乱败，于是徙纵为定襄太守。纵至，掩定襄狱中重罪轻系二百余

【译文】

宁成闲居在家，皇上打算让他担任郡守。御史大夫公孙弘说："我在山东做小官的时候，宁成是济南都尉，他办理政事如同狼放羊一样。不能用宁成来治理百姓。"于是皇上便任命宁成担任关都尉。过了一年多，关东各郡国的官员往来出入函谷关的，都说："宁肯遇到哺乳期的母虎，也不想遇到宁成发怒。"义纵从河内调任为南阳郡太守，他听说宁成在南阳的家中闲居，等到义纵到达函谷关，宁成侧着身子谦卑地迎送他，但是义纵盛气凌人，一点都不礼貌。到了郡里，义纵就追查宁氏家族的罪行，彻底诛灭了他们的家族。宁成也株连有罪，至于孔姓、暴姓之类的豪强都逃走了，南阳的官吏和百姓非常恐惧。而平氏的朱强、杜衍的杜周都是义纵的爪牙，因此得到了重用，升任为廷史。这时汉朝的军队多次出兵定襄，导致定襄的官员和百姓人心散乱、世风败坏，于是朝廷改派义纵担任定襄太守。义纵到任后，逮捕定襄狱中没有戴刑具的重罪犯人二百多人，以及他

人[11]，及宾客昆弟私入相视亦二百余人。纵一捕鞠[12]，曰“为死罪解脱”。[13]是日皆报杀四百余人。其后郡中不寒而栗，猾民佐吏为治。[14]

们的宾客兄弟私自入狱探监的也有二百多人。义纵把他们一起逮捕加以审讯，判定的罪名是“为死罪解脱”。这天被处以死刑的共计有四百多人。从这以后，郡中人都不寒而栗，就连豪强刁滑的百姓也来辅佐官吏处理政事。

注释

❶弘：即公孙弘。❷关都尉：守护函谷关的都尉，负责稽查往来的旅客。❸关东：地区名，泛指函谷关、潼关以东地区。隶（yì）：通“肄”，检查。❹乳虎：正在哺乳期间的母虎，此时为保护幼子，它异常凶猛。值：遇到。❺南阳：治所在宛（今河南南阳）。❻侧行：身体侧转前行，表示敬畏尊重。❼孔、暴：南阳的两个豪强大姓。❽重足：把两只脚叠在一起站立，形容非常恐惧的样子。❾平氏：在今河南唐河东南。杜衍：在今河南南阳西南。牙爪：即“爪牙”。❿定襄：郡名，治所在成乐，今内蒙古和林格尔西北的土城子。⓫掩：趁不备而捕抓犯人。重罪轻系：重罪犯未带刑具，从轻拘系。⓬一捕鞠：一起逮捕审讯。⓭曰“为死罪解脱”：义纵诬陷私自入狱探视的人为死囚解脱刑具，因此而将他们也定为死罪。⓮猾民：豪强刁猾的百姓。

【原文】

是时赵禹、张汤以深刻为九卿矣[1]，然其治尚宽，辅法而行，而纵以鹰击毛挚为治。[2]后会五铢钱白金起，民为奸，京师尤甚，乃以纵

【译文】

当时，赵禹、张汤都因为执法严峻刻薄而位列九卿，但是他们的治理方法还算宽松，都是依据法律来处理，而义纵处理政事却如同飞鹰捕兽般凶猛。后来正赶上五铢钱和白银开始流通使用，百姓纷纷以奸诈手段私自铸钱，京城最为严重，于是

为右内史，王温舒为中尉。[3]温舒至恶，其所为不先言纵，纵必以气凌之，败坏其功。其治，所诛杀甚多，然取为小治[4]，奸益不胜[5]，直指始出矣。[6]吏之治以斩杀缚束为务，阎奉以恶用矣。[7]纵廉，其治放郅都。[8]上幸鼎湖[9]，病久，已而卒起幸甘泉[10]，道多不治。[11]上怒曰："纵以我为不复行此道乎？"嗛之。[12]至冬，杨可方受告缗[13]，纵以为此乱民，部吏捕其为可使者。[14]天子闻，使杜式治[15]，以为废格沮事[16]，弃纵市。后一岁，张汤亦死。

朝廷任命义纵为右内史，王温舒为中尉。王温舒极端凶狠，他打算要做的事情如果不预先告诉义纵，义纵必定凭义气行事，欺凌他，破坏他的计划。他处理政事时，残害了很多人，由于处理得非常急促，奸邪之事越来越多，皇帝开始直接派官员前来办理此事。官吏治理政事以斩杀和管制作为主要手段，阎奉因为严苛而被任用。义纵十分廉洁，他处理政事效仿郅都。皇上驾临鼎湖，病了很长一段时间，病好之后突然驾临甘泉宫，所行之路大多没有整修。皇上发怒说："义纵以为我不会再走这条路了吧？"因此对义纵怀恨在心。到了冬天，杨可正奉命办理"告缗"案件，义纵认为这样做会骚扰百姓，部署官吏逮捕了那些给杨可做事的人。天子听说了这件事，派杜式去处理，认为义纵的做法是废止诏书，破坏制度，于是将义纵处死。一年以后，张汤也死了。

注释

❶深刻：执法严峻刻薄。 ❷鹰击毛挚：鹰击兽，全身毛羽奋发，居高临下，异常凶猛。用以形容义纵执法之严酷。 ❸右内史：官名，后改京兆尹，京师地方行政长官。中尉：官名，后改执金吾，掌京师的巡察缉捕。两官并列诸卿，共治京师，互不统属。 ❹取（cù）：通"趣"，急促。 ❺奸益不胜：奸盗越来越多，无法制止。 ❻直指：官名，亦称"绣衣直指"，天子直接派到地方办案，有诛杀二千石之大权。阎奉：人名。以恶用：因严苛而被任用。 ❽放：通

"仿"。 ❾鼎湖：宫名，在今陕西蓝田境内。 ❿已：止，指病愈。卒：通"猝"，突然。甘泉：宫名，在长安西北。 ⓫治：整修。 ⓬嗛（xián）：怀恨。⓭杨可：人名。方：正。受：受命。 ⓮部：部署，安排。 ⓯杜式：人名。⓰废格沮事：杨可奉诏告缗，义纵捕抓其人，被认为是废止诏书，破坏制度，大逆不道。沮：阻止，败坏。

【原 文】

王温舒者，阳陵人也。[①]少时椎埋为奸。[②]已而试补县亭长[③]，数废。为吏，以治狱至廷史。[④]事张汤，迁为御史。督盗贼，杀伤甚多，稍迁至广平都尉。[⑤]择郡中豪敢任吏十余人[⑥]，以为爪牙，皆把其阴重罪[⑦]，而纵使督盗贼[⑧]，快其意所欲得。此人虽有百罪，弗法[⑨]；即有避[⑩]，因其事夷之[⑪]，亦灭宗。[⑫]以其故齐赵之郊盗贼不敢近广平[⑬]，广平声为道不拾遗。[⑭]上闻，迁为河内太守。

【译 文】

王温舒，是阳陵县人。他年轻的时候做过盗墓等坏事。不久后补任了县里的亭长，但是多次被免官。他后来做官，因为善于处理案件而被提拔为廷史。他侍奉张汤，升到了御史。他督促逮捕盗贼，杀伤许多人，逐步升到为广平都尉。他选拔了郡中强横勇敢的十多人充当属官，作为自己的得力帮手，掌握了他们每个人隐秘而尚未暴露的重大罪行，然后驱使他们督捕盗贼。如果他们之中谁逮捕盗贼能够令王温舒满意，那么即使这个人犯有一百种罪也不惩治；如果抓捕盗贼没有尽力，那么就根据他过去所犯的罪处死他，甚至诛灭全家。因此，齐地和赵地的盗贼不敢接近广平郡，广平郡也有了路不拾遗的好名声。皇上听说后，升任王温舒为河内太守。

注释

❶阳陵：在今陕西省西安市高陵区西南。 ❷椎（chuí）埋：盗墓。一说是椎杀人而埋之。 ❸试：任用。亭长：秦汉时十里一亭，设亭长，掌治安警卫，接待过往官吏。 ❹廷史：即廷尉史。 ❺广平：郡名。治所在广平，今河北鸡泽东南。 ❻豪敢：强横勇敢。 ❼把：掌握，把握。阴重罪：隐秘而尚未暴露的大罪。 ❽纵使：驱使。 ❾弗法：不依法惩办。 ❿避：躲避。 ⓫因其事：根据他原来的罪行。 ⓬灭宗：诛灭全宗。 ⓭近：靠近，接近。 ⓮声：名声，号称。

【原 文】

素居广平时，皆知河内豪奸之家，及往，九月而至。令郡具私马五十匹，为驿自河内至长安[①]，部吏如居广平时方略[②]，捕郡中豪猾，郡中豪猾相连坐千余家。上书请，大者至族，小者乃死，家尽没入偿臧。[③]奏行不过二三日[④]，得可事。[⑤]论报[⑥]，至流血十余里。河内皆怪其奏[⑦]，以为神速。尽十二月[⑧]，郡中毋声，毋敢夜行，野无犬吠之盗。其颇不得[⑨]，失

【译 文】

王温舒以前居住在广平郡时，对于河内豪强奸猾家族的情况了如指掌。他前往广平郡上任，在九月份到达。他下令郡里准备五十匹私马，从河内一直到长安都设置了驿站，部署手下的官吏与在广平时方法相同，抓捕郡中豪强奸猾的人，郡中与豪强奸猾之人连坐犯罪的有一千多家。王温舒上书奏请皇上，犯了大罪的灭族，犯了小罪的处死，家中财产全部没收，偿还以前所得的赃物。奏书送走后不过仅两三天，就得到皇帝的批准。论罪处死，处决的犯人之多竟达到血流十多里的地步。河内人都十分惊讶王温舒的奏书往来如此神速。在十二月结束的时候，郡中没有人敢说话，也没有人敢在夜间行走，野外没有因偷盗引起狗叫的现象。那些少数没有被

之旁郡国[10]，黎来，会春[11]，温舒顿足叹曰："嗟乎，令冬月益展一月[12]，足吾事矣！"其好杀伐行威不爱人如此。天子闻之，以为能，迁为中尉。其治复放河内，徙诸名祸猾吏与从事[13]，河内则杨皆、麻戊，关中杨赣、成信等。[14]义纵为内史，惮未敢恣治。[15]及纵死，张汤败后，徙为廷尉，而尹齐为中尉。

抓获的罪犯，逃到邻近的郡国，等到把他们抓捕回来，正好到了春天，王温舒跺脚感叹地说："唉，如果冬天能够再延长一个月，我就能把事情都办完了。"他喜好杀伐、创建淫威以及不爱护百姓到了如此程度。皇上听说后，认为他很有才能，提拔他担任中尉。他治理政事仿效他在河内的做法，调来那些有名的祸首和奸猾的官吏与他一起做事。河内的有杨皆、麻戊，关中的有杨赣、成信等。义纵出任内史，王温舒十分畏惧他，因此不敢任意地严酷行事。等到义纵死了，张汤失败后，王温舒改任廷尉，尹齐出任中尉。

注释

❶驿：驿站。传递公文和官员往来换马歇息之处。驿站由国家设置，王温舒自行设驿，所以用私马。❷方略：策略，办法。❸家：家产。没：没收。偿臧：臧即"赃"。偿臧就是偿还过去贪污或盗窃所得财物。❹奏：给皇帝上的奏章。❺得可事：得到皇帝的批准。❻论报：判罪上报。❼怪：奇怪，诧异。❽尽：终。❾颇不得：少数没有抓获。❿失：通"逸"，逃亡。⓫黎来：抓来。会春：正好到了春季。⓬令：让。益展：延长。⓭徙：调动。名祸：有名的祸首。猾吏：奸猾之吏。⓮杨皆、麻戊、杨赣、成信：均是人名。⓯惮：害怕。恣治：放任地用严刑峻法治理。

【原 文】

尹齐者，东郡茌平人。[①]以刀笔稍迁至御史。事张汤，张汤数称以为廉武[②]，使督盗贼，所斩伐不避贵戚。迁为关内都尉，声甚于宁成。上以为能，迁为中尉，吏民益凋敝。[③]尹齐木强少文[④]，豪恶吏伏匿而善吏不能为治[⑤]，以故事多废[⑥]，抵罪。[⑦]上复徙温舒为中尉，而杨仆以严酷为主爵都尉。

【译 文】

尹齐，是东郡茌平人。尹齐是从文书小吏逐步升到御史的。他侍奉张汤，张汤曾多次赞扬他廉洁勇武，派他督捕盗贼，他要斩杀的犯人，即使是权贵和皇亲也不回避。尹齐被提升为关内都尉，名声超过宁成。皇上认为他有才能，又提拔他担任中尉，而官吏和百姓生活更加贫苦不堪。尹齐为人强直死板，不讲究礼仪，强悍凶恶的官吏隐藏起来不为他所用，而善良的官员又不能独立地处理好政事，所以政事大多废弛了，因而被判了罪。皇上又改派王温舒担任中尉，而杨仆由于执法严酷而被委任为主爵都尉。

注 释

❶东郡：郡名，治所在濮阳，今河南濮阳西南。茌（chí）平：县名，在今山东茌平西。 ❷廉武：廉洁，勇武。 ❸凋敝：生活穷困衰败。 ❹木强（jiàng）少文：为人强直死板，不讲究礼仪。 ❺伏匿：隐藏起来，不为所用。 ❻废：废弛。 ❼抵罪：被判罪。

【原 文】

杨仆者，宜阳人也。[①]以千夫为吏。[②]河南守案举以为能[③]，迁为御史，使督盗贼

【译 文】

杨仆，是宜阳县人。他从千夫做起为官。河南太守考核之后认为他有才能，于是推举他升任为御史，派他到关东去

关东。治放尹齐[4]，以为敢挚行。[5]稍迁至主爵都尉，列九卿，天子以为能。南越反[6]，拜为楼船将军[7]，有功，封将梁侯。为荀彘所缚。居久之，病死。

抓捕盗贼。他治理政事仿效尹齐，以敢于猛攻而出名。他逐步升到了主爵都尉，位于九卿之列。皇上认为他很能干，在南越叛乱时，让他担任了楼船将军，有了军功，被封为将梁侯。后来他被荀彘所捆绑。很久以后，杨仆病死。

注释

❶宜阳：在今河南宜阳西。 ❷千夫：汉武帝所设武功爵中之第七级。 ❸河南：郡名，治所在洛阳，今河南洛阳东北。案举：考核并推荐其为官。 ❹放：通“仿”，仿效。 ❺挚，通“鸷”。敢挚行：敢于猛攻。 ❻南越：武帝时南越相吕嘉反，汉派兵灭南越，设九郡。 ❼楼船：水军。为荀彘所缚：汉武帝元封三年（前108），杨仆与荀彘共伐朝鲜，因作战不利和争功，为荀彘所缚。后荀彘被弃市，杨仆免为庶人。

【原文】

而温舒复为中尉。为人少文，居廷惛惛不辩[1]，至于中尉则心开。[2]督盗贼，素习关中俗，知豪恶吏，豪恶吏尽复为用，为方略。吏苛察，盗贼恶少年投缿购告言奸[3]，置伯格长

【译文】

王温舒再次出任中尉。他为人轻视礼文，在朝中办事昏聩糊涂，不辨是非，等他当上中尉以后才心情开朗。他督捕盗贼，原本就十分熟悉关中的习俗，了解当地的豪强和凶恶的官吏，所以豪强和凶恶的官吏又全部重新被任用，为他出谋划策。官吏严格侦察，盗贼和凶恶少年就采用设置投告密信和检举箱的办法，收买告发陷害的情报，在街道和村落设置头目，来督察奸邪之人和盗贼。王温舒为人谄

以牧司奸盗贼。[4]温舒为人谄[5]，善事有埶者[6]；即无埶者，视之如奴。有埶家，虽有奸如山，弗犯；无埶者，贵戚必侵辱。舞文巧诋下户之猾[7]，以焄大豪。[8]其治中尉如此。奸猾穷治[9]，大抵尽靡烂狱中[10]，行论无出者。[11]其爪牙吏虎而冠。[12]于是中尉部中中猾以下皆伏[13]，有势者为游声誉[14]，称治。[15]治数岁，其吏多以权富。

媚，擅长巴结有权势的人；他对待那些没有权势的人如同对待奴仆一样。如果是有权势的人家，虽然他们所犯的奸邪之事堆积如山，他也不会过问；对于没有权势的人，哪怕是高贵的皇亲贵戚，他也一定会去凌辱侵犯。他舞弄文法，巧妙地重治严办狡猾的平民，胁迫强大的豪族。他担任中尉时就是这样处理政事的，对那些奸邪狡猾的人，必定穷究其罪行，这些人大多都被打得皮开肉绽，最终死在了狱中；被判有罪的，没有一个能够出狱。他得力的属下官吏凶残如同老虎却戴着人的帽子。于是在中尉管辖范围内的中等以下的奸猾之人，都隐伏起来不敢出来；有权势的人都替他游说传播名声，赞扬他的治理成就。他治理了几年，他的下属官吏大多都利用权力变得富有了。

注释

❶居廷：在朝廷上。惛（hūn）惛：昏乱糊涂的样子。 ❷心开：开心。 ❸缿（xiàng）：古代接收告密文书的器具，状如长颈瓶，小孔，文书可入不可出。购告言奸：收买告发奸罪的情报。 ❹伯（mò）：通“陌”。格（luò）：通“落”。置伯格长：在街道和村落设置头目。牧司：通“牧伺”，侦察，监视。 ❺谄：谄媚。 ❻善事：善于侍奉。 ❼舞文巧诋：舞弄文法，巧妙地重治严办。下户：贫民。 ❽焄（xūn）：通“熏”，熏香散发气味使人闻。这里是警告的意思。 ❾穷治：追究到底。 ❿靡烂：即“糜烂”。用重刑使人皮开肉绽，感染腐烂。 ⓫行论无出者：判决后没有能出来的，即便不是死罪，也烂死狱中。 ⓬虎而冠：如虎般凶残却戴着人的帽子。 ⓭部中：任所之中，辖区之内。中猾：中等以下的奸猾之人。伏：收敛，隐伏，不活动。 ⓮游：宣扬。 ⓯称：号称。

【原 文】

温舒击东越还[1]，议有不中意者，坐小法抵罪免。是时天子方欲作通天台而未有人[2]，温舒请覆中尉脱卒[3]，得数万人作。上说[4]，拜为少府。徙为右内史，治如其故，奸邪少禁。[5]坐法失官。复为右辅[6]，行中尉事，如故操。[7]

【译 文】

王温舒攻打东越回来后，在一次议事中没有符合天子的心意，触犯了小法，因此被判罪免官。当时天子正想要建造通天台，却没有找到合适的人办理这件事，王温舒请求核查中尉部下逃避兵役的人，查出有几万人可以去从事修建工作。皇上非常高兴，任命他为少府，又改任右内史，王温舒处理政事的方法和以前一样，奸邪之事略有禁止。王温舒后来由于触犯法律而丢了官职，不久又被任命为右辅，代理中尉的职务，他处理政事的方法还是和过去一样。

注 释

❶东越：古代越人的一支。分布于浙江南部、福建北部一带。汉武帝元鼎六年（前111），东越王余善谋反，汉朝派军灭东越，王温舒以中尉身份率兵击东越。 ❷通天台：台名，高五十丈，建在甘泉宫中。 ❸覆：查核。脱卒：逃避服兵役的人。 ❹说（yuè）：通“悦”。 ❺少：稍，略。 ❻右辅：京师（三辅）右地，即右扶风。 ❼故操：过去的做法。

【原 文】

岁余，会宛军发[1]，诏征豪吏，温舒匿其吏华成。及人有变告温舒受员骑钱[2]，他奸利事[3]，罪至

【译 文】

一年多以后，正赶上汉朝讨伐大宛的军队出发，朝廷下令征召强悍的官吏，王温舒把他的下属官吏华成隐藏了起来。等到有人告发王温舒接受在籍骑兵的赃款和

族，自杀。其时两弟及两婚家亦各自坐他罪而族。[4]光禄徐自为曰[5]："悲夫，夫古有三族[6]，而王温舒罪至同时而五族乎！"[7]

其他的坏事时，这些罪行依法应该灭族，王温舒自尽身亡。他的两个弟弟以及两个姻亲之家，也分别因犯了其他的罪行而被灭了族。光禄勋徐自为说："可悲啊！古代有灭三族的事，而王温舒犯罪竟然到了灭五族的地步。"

注释

❶宛（yuān）军：征伐大宛的军队。 ❷员骑（jì）：正式在籍的骑兵。 ❸他：其他。 ❹婚家：有婚姻关系之家。 ❺光禄：即光禄勋，掌宫廷宿卫。 ❻三族：父族、母族、妻族。 ❼五族：三族之外加两弟的两婚家。

【原文】

温舒死，家直累千金。[1]后数岁，尹齐以淮阳都尉病死[2]，家直不满五十金。所诛灭淮阳甚多，及死，仇家欲烧其尸，尸亡去归葬。[3]

【译文】

王温舒死后，他家中的财产多达千金。许多年以后，尹齐也在淮阳都尉的职位上病死，家中的财产还不足五十金。王温舒在淮阳杀的人很多，等到他死了，他的仇家打算烧毁他的尸体，他的家属偷偷地把他的尸体运回来安葬了。

注释

❶直：通"值"。累：累积。千金：一千斤黄金。 ❷淮阳：郡名，治所在陈县，今河南省周口市淮阳区。 ❸尸亡去：把尸体运走。

【原 文】

自温舒等以恶为治，而郡守、都尉、诸侯二千石欲为治者①，其治大抵尽放温舒，而吏民益轻犯法②，盗贼滋起。③南阳有梅免、白政，楚有殷中、杜少，齐有徐勃，燕、赵之间有坚卢、范生之属。大群至数千人，擅自号④，攻城邑，取库兵，释死罪，缚辱郡太守、都尉，杀二千石，为檄告县趣具食⑤；小群（盗）以百数，掠卤乡里者⑥，不可胜数也。于是天子始使御史中丞、丞相长史督之。犹弗能禁也，乃使光禄大夫范昆、诸辅都尉及故九卿张德等衣绣衣⑦，持节，虎符发兵以兴击⑧，斩首大部或至万余级，及以法诛通饮食⑨，坐连诸郡，甚者数千人。数岁，乃颇得其渠率。⑩散卒失亡，复聚党阻山川者⑪，往往而群居，无可柰何。于是

【译 文】

自从王温舒等人用残酷凶狠的手段处理政事以来，郡守、都尉、诸侯和二千石的官员想要治理政事的，所采用的治理方法大多都效法王温舒，然而官吏和百姓却越发不将犯法当回事，于是盗贼层出不穷。在南阳有梅免、白政，在楚地有殷中、杜少，在齐地有徐勃，在赵、燕一带有坚卢、范生之类的。大的团伙多达数千人，他们擅自自立名号，攻打城镇，夺取武器库中的兵器，释放判处死罪的犯人，捆绑、羞辱郡太守、都尉，杀死二千石的官员，发布檄文，催促各县为他们准备粮食；小的团伙也有数百人，他们抢劫的乡村多得数不过来。于是天子开始派御史中丞、丞相长史督办剿盗之事。但是仍然不能够禁绝，于是派光禄大夫范昆、诸位辅都尉及原九卿张德等人，穿着朝服，拿着符节和虎符，出动军队围剿他们，斩杀一万多人，而那些为他们供给饮食的人，按照法律也应该被处死。这样的人株连了好几个郡，数目多达数千人。几年之后，才抓到他们的首领。但是分散逃走的小盗贼，后来又聚集成团伙，占据险要的山川作乱，他们往往群居一处，对他们实在是无可奈何。于是朝廷颁行“沈命法”，说如果出现了群盗而官吏没有发现，或者发

作“沈命法”[12]，曰群盗起不发觉，发觉而捕弗满品者[13]，二千石以下至小吏主者皆死。[14]其后小吏畏诛，虽有盗不敢发[15]，恐不能得，坐课累府[16]，府亦使其不言。故盗贼浸多[17]，上下相为匿，以文辞避法焉。[18]

现了却没有捕捉到规定数目的话，相关的二千石以下至小官员，凡是办理此事的都要被处死。从这以后，小官员害怕被诛杀，即使发现了盗贼也不敢上报，担心抓不到盗贼，反而会触犯法令被判刑，还会连累上级官府，上级官府也要求他们不要上报。所以盗贼越发多了起来，上下互相隐匿，玩弄法律条文，逃避法律制裁。

注释

❶诸侯二千石：指诸侯王国的相、内史、中尉等，他们秩皆二千石。 ❷轻：轻视，不看重。 ❸滋：滋长。 ❹自号：自立名号。 ❺檄：檄文，主要是声讨、晓谕之类的内容。趣：通“促”，催促。具食：准备粮食。 ❻卤：通“掳”，抢掠。 ❼衣绣衣：穿绣花的朝服。 ❽节：标明使者身份的证物。虎符：古代帝王授予将军调动军队的证物，一般是铜制卧虎形，中分为二，一半留朝廷，一半在将军，调兵时必须两半虎符相合，方才有效。 ❾通饮食：给起事者提供饮食。 ❿渠率：首领。 ⓫阻山川：依靠山川之险，抗拒官兵。 ⓬沈命法：有关隐藏逃亡罪犯而被判罪的法令。“沈”：通“沉”，藏匿。命，亡命。 ⓭满品：达到规定的数量、比率。 ⓮主：主持其事之人。 ⓯发：报告。 ⓰坐课：犯法被判罪。累府：连累郡府。 ⓱浸：更加。 ⓲以文辞避法：用虚假的文字材料来逃避法令的惩处。

【原文】

减宣者，杨人也。以佐史无害给事河东守府。[1]

【译文】

减宣，是杨县人。他因为任职佐史时征集出色而被调往河东太守府任职。将军

卫将军青使买马河东[②]，见宣无害，言上，征为大厩丞。[③]官事辨[④]，稍迁至御史及中丞。使治主父偃及治淮南反狱[⑤]，所以微文深诋[⑥]，杀者甚众，称为敢决疑。数废数起，为御史及中丞者几二十岁。[⑦]王温舒免中尉，而宣为左内史。其治米盐[⑧]，事大小皆关其手[⑨]，自部署县名曹实物[⑩]，官吏令丞不得擅摇[⑪]，痛以重法绳之。[⑫]居官数年，一切郡中为小治辨[⑬]，然独宣以小致大，能因力行之，难以为经。[⑭]中废。为右扶风，坐怨成信[⑮]，信亡藏上林中，宣使郿令格杀信[⑯]，吏卒格信时，射中上林苑门，宣下吏诋罪[⑰]，以为大逆[⑱]，当族，自杀。而杜周任用。

卫青派人到河东买马，发现减宣能力出众，于是上报给皇上，所以减宣被征召到京城出任大厩丞。他当官办事治理得很好，逐渐升任御史和中丞。皇上委派他去审理主父偃与淮南王造反的案件，他用隐微的文辞，极尽诬陷之能事，因此很多人株连被杀，而减宣却因此而被称赞为敢于判决疑难案件。他多次被免官又多次重新被起用，他大概做了二十多年的御史和中丞。王温舒被免去了中尉之职的时候，减宣担任左内史。他负责管理米和盐的事，无论事情大小都要亲自经手，亲自安排县中各具体部门的财产和器物，即使是县令和县丞也不能擅自改动，甚至运用重法来对他们加以管制。在减宣当官的几年之中，其他各郡只能处理一些小事而已，只有减宣却能够从小事办到大事，凭借自己的力量加以推行，但是也难以把他的办法当作常规。他中途被罢免了官职。后来又担任了右扶风，因为怨恨他的下属官吏成信，成信逃跑躲进了上林苑，减宣派眉县县令击杀成信。官吏和士兵射杀成信时，射中了上林苑的门，所以减宣被交付法官判罪，法官认为他犯下了大逆之罪，判处灭族，减宣于是自尽了。而杜周得到任用。

注释

❶无害：犹无比。即无人能胜之者。守府：郡守官衙。 ❷卫将军青：卫青。❸征：皇帝特下令征召。大厩丞：官名，在太仆手下管马。 ❹官事辨：当官办事治理得很好。 ❺主父偃：临淄人，曾任中大夫，提出用推恩封王子弟为侯的办法削弱诸侯王势力，被武帝采纳。后为齐相，因劫其王自杀而被诛。 ❻微文：隐微的文辞。深诋：极尽诬陷之能事。 ❼几：几乎，差不多。 ❽治米盐：管理米盐之类的小事。 ❾关：经过。 ❿曹：官府中具体的办事部门。⓫擅摇：擅自摇动，即更改。 ⓬痛：甚至。 ⓭治辨：办好事情。 ⓮经：常规，常法。 ⓯坐：因为。成信：人名。 ⓰郿（méi）：在今陕西眉县东。⓱诋：通“抵”。 ⓲大逆：在封建社会触犯皇权的行为属于大逆之罪，上林苑是皇家禁苑，射中苑门属大逆行为。

【原 文】

杜周者，南阳杜衍人①义纵为南阳守，以为爪牙，举为廷尉史。事张汤，汤数言其无害，至御史。使案边失亡②，所论杀甚众。奏事中上意③，任用，与减宣相编④，更为中丞十余岁。⑤

【译 文】

杜周，是南阳杜衍人。义纵担任南阳太守时，杜周是他的得力助手，并举荐他出任廷尉史。他侍奉张汤，张汤多次对皇上说他公正无私，杜周的官职升到了御史。杜周被派去调查边境士卒逃亡的案件，被判处死刑的人很多。他上奏的事情符合皇上的心意，因此受到了重用，与减宣互相接替，轮流担任中丞达十多年。

注释

❶杜衍：在河南南阳西南。 ❷案：通“按”，拷问审理。边：边地。失亡：士卒逃亡。 ❸中：合乎。 ❹相编：相互接替任用。 ❺更：轮流更替。

【原 文】

其治与宣相放，然重迟[1]，外宽[2]，内深次骨。[3]宣为左内史，周为廷尉，其治大放张汤而善候伺。[4]上所欲挤者[5]，因而陷之[6]；上所欲释者，久系待问而微见其冤状。[7]客有让周曰："君为天子决平[8]，不循三尺法[9]，专以人主意指为狱[10]。狱者固如是乎？"周曰："三尺安出哉？前主所是著为律[11]，后主所是疏为令[12]，当时为是[13]，何古之法乎！"

【译 文】

杜周处理政事的方式与减宣类似，但是处事慎重，决断迟缓，外表宽厚，内心残忍，狠毒至骨。减宣担任左内史，而杜周担任廷尉，他处理政事仿效张汤，而且非常善于窥视皇上的意图。皇上想要排挤的人，他就趁机加以陷害；皇上想要释放的人，他就长期关押待审，在暗中显露出他的冤情。门客中有人指责杜周说："你为皇上公平断案，不遵循法律，反而根据皇上的旨意来评断案件。法官原本是应该如此的吗？"杜周说："法律是怎样得来的呢？从前的国君认为是对的就写成法律，后来的国君认为是对的就记载为法令，恰好按当时的情形就是正确的，何必要遵循古代的法律呢？"

注 释

❶重迟：处事慎重，决断迟缓。 ❷外宽：外表宽厚。 ❸内深次骨：内心残忍，狠毒至骨。 ❹候伺：侦察，窥测。 ❺挤：排掉。 ❻陷：陷害。 ❼微见（xiàn）：暗中察访，使之显现。 ❽决平：公平判决。 ❾三尺法：汉律写在三尺长的竹简上，故被称为三尺法。 ❿意指：意图。 ⓫前主：先世君主。著：撰述。律：法律条文。 ⓬后主：后世君主。疏（shū）：对古书的注释说明。令：法令，对律文的疏释。 ⓭当时：合乎当世。

【原 文】

至周为廷尉，诏狱亦益多矣。[①]二千石系者新故相因[②]，不减百余人。郡吏大府举之廷尉[③]，一岁至千余章。[④]章大者连逮证案数百[⑤]，小者数十人；远者数千，近者数百里。会狱[⑥]，吏因责如章告劾[⑦]，不服，以笞掠定之。[⑧]于是闻有逮皆亡匿。[⑨]狱久者至更数赦十有余岁而相告言[⑩]，大抵尽诋以不道以上。[⑪]廷尉及中都官诏狱逮至六七万人，吏所增加十万余人。

【译 文】

等到杜周担任廷尉，皇上下诏审理的案件越来越多了。二千石一级的官员被拘捕的新旧相接，人数不少于一百人。郡国官员和上级官府送交廷尉办理的案件，一年之中多达一千多件。那些奏章所举报的案子，案情大的要逮捕的被牵连的有关证人达数百人，案情小的也达到数十人；案发地点远的在几千里之外，即使是近的也有几百里。犯案的人被押到京城进行审理的时候，官吏就要求犯人按照奏章上所说的那样来招供，如果不听从安排的话，就用刑拷打定案。所以人们听到逮捕人的消息，就都逃跑和隐匿起来。案件拖延时间长的，甚至历经几次赦免，过了十多年后还是会被告发，大多数都以用比大逆不道还严重的罪名进行污蔑。廷尉以及中都官奉诏办案所逮捕的人达到了六七万之多，而被属官捕获的人则还要增加十多万人。

注 释

❶诏狱：专门关押奉皇帝之命逮捕的犯人的监狱。也指奉皇帝命令审讯的案件。 ❷相因：相积累。 ❸郡吏：即郡太守。大府：指三公府。举：送交。 ❹千余章：一千多件案子的奏章。 ❺证案：与案件有关的证人。 ❻会狱：案件会审。 ❼责如章告劾：让犯人按奏章控告的罪状认罪。 ❽笞：刑具，竹板木杖。掠：打。 ❾闻有逮：听到有逮捕令。 ❿更：经过。数赦：几次赦免。相告言：相互告状。 ⓫诋以不道：诬判为大逆不道之罪。

【原 文】

周中废，后为执金吾[1]，逐盗，捕治桑弘羊、卫皇后昆弟子刻深[2]，天子以为尽力无私，迁为御史大夫。家两子，夹河为守。[3]其治暴酷皆甚于王温舒等矣。杜周初征为廷史，有一马，且不全[4]；及身久任事，至三公列，子孙尊官，家訾累数巨万矣。[5]

【译 文】

杜周中途被免去官职，后来又担任执金吾，负责追捕盗贼，曾逮捕查办桑弘羊、卫皇后兄弟的儿子，他执法苛刻严酷，皇上认为他尽职尽责、大公无私，所以提拔他为御史大夫。他的两个儿子，分别担任河内太守和河南太守。他治理政事残暴酷烈的严重程度超过了王温舒等人。杜周刚刚担任廷史时，只有一匹马，并且配备不完善；等到他做官时间久了，跻身于三公之列，子孙也都当了高官，他家中的钱财已经累积到了万万之巨。

注释

❶执金吾：官名，汉武帝时改中尉为执金吾。 ❷桑弘羊：西汉时期著名的政治家和理财家，曾任治粟内史、大司农、御史大夫等职，提出了一系列增加政府收入的政策措施。汉昭帝时，在统治集团内部争权中被杀。卫皇后昆弟子：汉武帝皇后卫子夫弟大将军卫青之子卫伉、卫不疑、卫登因犯法被治罪之事。刻深：苛刻严酷。 ❸家两子：家中有两个儿子，即杜延寿、杜延考。夹河为守：杜延寿任河内（在黄河北）太守，杜延考任河南太守。 ❹不全：指装备不完善。 ❺訾（zī）：通“资”，钱财。巨万：万万，即亿。

【原 文】

太史公曰：自郅都、杜周十人者[1]，此皆以酷烈

【译 文】

太史公说：从郅都到杜周这十个人，都是因严酷暴烈而扬名。但是郅都刚直，

为声。然郅都伉直[2]，引是非[3]，争天下大体。[4]张汤以知阴阳[5]，人主与俱上下[6]，时数辩当否[7]，国家赖其便。赵禹时据法守正。杜周从谀[8]，以少言为重。[9]自张汤死后，网密[10]，多诋严[11]，官事浸以秏废。[12]九卿碌碌奉其官[13]，救过不赡[14]，何暇论绳墨之外乎！[15]然此十人中，其廉者足以为仪表，其污者足以为戒，方略教导，禁奸止邪，一切亦皆彬彬质有其文武焉。[16]虽惨酷，斯称其位矣。至若蜀守冯当暴挫[17]，广汉李贞擅磔人[18]，东郡弥仆锯项[19]，天水骆璧推咸[20]，河东褚广妄杀，京兆无忌、冯翊殷周蝮鸷[21]，水衡阎奉朴击卖请[22]，何足数哉！何足数哉！

划定是非，凡是与国家利益相关的重大原则都能据理力争。张汤因为懂得用两面手法而投其所好，能与皇上保持意见一致，当时屡次辩论国家大事的得失，国家因为他而受益。赵禹时常依据法律坚守正道。杜周谄谀枉法，取悦人主，以少说话为重要原则。从张汤死后，法网严密，办案多诬陷严酷，政事逐渐败坏荒废。九卿多平庸无能，他们做事只是为了保住官职，他们防止发生过错尚且来不及，哪有时间研究法律以外的事情呢？但是这十人之中，那廉洁的完全可以成为人们的表率，那污浊的完全可以成为人们的鉴戒，他们出谋划策，引导百姓，禁止奸邪，礼义和刑法的配合达到了和谐的程度。执法虽然严酷，却是与他们的职位相符合的。至于像蜀郡太守冯当那样凶恶地摧残人，像广汉李贞那样擅自将人裂尸，像东郡弥仆那样锯断人的脖子，像天水骆璧那样用刑逼供定案，像河东褚广那样胡乱杀人，像京兆无忌、冯翊殷周刚愎自用，像毒蛇猛禽般凶恶，像水衡都尉阎奉那样逼迫拷打犯人逼人用钱来求得宽免，哪里能说完呢！哪里能说完呢！

注释

❶自郅都、杜周十人：《酷吏列传》共记酷吏十二人，自郅都至杜周共十一

人。 ❷伉（kàng）：通“亢”。伉直：刚直。 ❸引是非：划定是非。 ❹天下大体：与国家利益相关的重大原则。 ❺知阴阳：知道如何用两面手法投人主之所好。 ❻俱上下：意为保持意见一致。 ❼数辩当否：指多次对国家的大政方针辩论得失。 ❽从谀：谄谀枉法，取悦人主。 ❾少言为重：以少说话表现自己的持重。 ❿网密：指法网严密。 ⓫诋严：诬陷严酷。 ⓬秏（mào）：通“眊”。秏废：昏乱衰败。 ⓭碌碌：平庸无为。 ⓮不赡：不足，不够。 ⓯绳墨：本为木匠取直的工具，这里指法律。 ⓰彬彬：斯文有礼的样子。文：指礼义。武：指刑法。彬彬质有其文武：是说礼义和刑法的配合达到了和谐的程度。 ⓱冯当：人名。暴挫：凶恶地摧残人。 ⓲广汉：郡名。治所在乘乡，今四川金堂东。李贞：人名。磔（zhé）人：裂尸。 ⓳东郡：郡名，治所在濮阳，今河南濮阳西南。弥仆：人名。锯项：锯断人的脖子。 ⓴天水：郡名，治所在平襄，今甘肃通渭西北。骆璧：人名。推咸：据《集解》《索隐》《史记志疑》等书考证，应为“椎成”。椎成：即用刑逼迫，使之供认，然后定罪。 ㉑京兆：即京兆尹。冯翊：即左冯翊。无忌、殷周：均为人名。蝮（fù）：一种毒蛇。鸷（zhì）：一种凶猛的鸟。蝮鸷：这里比喻凶狠。 ㉒水衡：即水衡都尉，官名，掌上林苑、调运物资、造匝、治水等。阎奉：人名。朴击：以木棒击人。卖请：逼人用钱来求得宽免。

游侠列传

【原 文】

韩子曰[①]：“儒以文乱法，而侠以武犯禁。”二者皆讥[②]，而学士多称于世云。[③]至如以术取宰相卿大夫[④]，辅翼其世主[⑤]，功名俱著于春秋，固无可言者。及若季次、原宪，闾巷人也[⑥]，读书怀独行君子之德[⑦]，义不苟合当世[⑧]，当世亦笑之。故季次、原宪终身空室蓬户[⑨]，褐衣疏食不厌。[⑩]死而已四百余年，而弟子志之不倦。[⑪]今游侠，其行虽不轨于正义[⑫]，然其言必信，其行必果，已诺必诚，不爱其躯，赴士之厄困。既已存亡死生矣，而不矜其能[⑬]，羞伐其德[⑭]，盖亦有足多者焉。[⑮]

【译 文】

韩非子说：“儒生用文字扰乱法治，而游侠凭借武力触犯禁令。”韩非子对这两种人都有所批评，但是儒生多被世人赞扬。至于那些用权术来谋取宰相卿大夫的地位，辅助当世的君主，功名都被记载到史书中，本就没什么可说的。像季次、原宪，本是平民百姓，他们读书怀抱独特的行为和节操，坚守道义，不和世俗同流合污，当世的人也笑他们。所以季次、原宪终身住在简陋的房子，身穿粗布短衣，连简陋的饭食都吃不饱。虽然他们已经去世四百多年了，但是他们的弟子仍然坚持不懈地怀念他们。如今的游侠，虽然他们的行为并不符合正义，但是他们说话守信，做事说到做到，做出的承诺一定践行，不惜牺牲自己，救助别人的困急。即使出生入死救助了别人，也不夸耀自己的才能，羞于炫耀自己的功德，这大概也是很值得赞美的吧。

注释

❶韩子：即韩非。引文见《韩非子·五蠹》。 ❷讥：非难。 ❸称：被人赞扬。 ❹术：手段。 ❺辅翼：辅助。世主：当代的君主。 ❻季次：即公皙哀。原宪：即子思，他们都是孔子的学生。闾巷人：即平民百姓。 ❼怀：怀抱。独行：独特的行为和节操。 ❽苟：苟且，马虎。 ❾蓬户：用蓬草编成的门，指简陋的房子。 ❿褐衣：粗布短衣。厌：满足。 ⓫志：怀念。 ⓬不轨：不合。 ⓭矜：自以为贤能。 ⓮伐：自我夸耀。 ⓯多：赞美。

【原文】

且缓急[1]，人之所时有也。太史公曰：昔者虞舜窘于井廪[2]，伊尹负于鼎俎[3]，傅说匿于傅险[4]，吕尚困于棘津[5]，夷吾桎梏[6]，百里饭牛[7]，仲尼畏匡[8]，菜色陈、蔡。[9]此皆学士所谓有道仁人也，犹然遭此菑[10]，况以中材而涉乱世之末流乎？[11]其遇害何可胜道哉！

【译文】

况且形势急迫的事情，人们常会遇到。太史公说：从前虞舜在凿井修粮仓时遇到危急，伊尹做过厨师，傅说隐匿在傅险当苦力，吕尚在棘津受困，管仲被拘囚过，百里溪喂过牛，孔子在匡被围困，在陈、蔡两国时饿得面黄肌瘦。这都是儒生所推崇的有道德的仁人，他们尚且遭受如此灾难，何况才能中等而又生逢乱世的后人呢？他们遭遇的灾难真是不胜枚举啊！

注释

❶缓急：困厄，形势急迫。 ❷窘：困迫。井廪：传说舜未发迹时曾遭到其父与弟的迫害。舜修补仓禀时，其父瞽叟放火烧仓，舜淘井时，其父与弟象又推土填井，但舜幸而逃脱，没有被害。 ❸伊尹：商汤贤臣。鼎俎：鼎和俎，此泛指割烹用具。 ❹傅说：殷王武丁的贤相。傅险：地名，傅说曾在傅险服苦

役，后被武丁发现，予以重用。 ❺吕尚：即姜尚。棘津：古河水名。 ❻夷吾：即管仲。管仲原为齐公子纠之臣，后纠在与公子小白争夺君位时失败，被杀，管仲被拘囚过。 ❼百里：即百里奚。饭牛：喂牛。百里奚早年曾自卖为奴，替人喂牛。后被秦穆公启用。 ❽仲尼：即孔子。畏匡：孔子周游列国，路过匡地，匡人以为他是人们憎恨的阳虎，便将其围困。 ❾菜色：指饥饿的脸色。 ❿菑：同灾。 ⓫末流：后人。

【原 文】

鄙人有言曰[①]：“何知仁义，已飨其利者为有德。”[②]故伯夷丑周[③]，饿死首阳山，而文武不以其故贬王[④]；跖、蹻暴戾，其徒诵义无穷。由此观之，“窃钩者诛，窃国者侯，侯之门仁义存”[⑤]，非虚言也。

【译 文】

普通人经常说道：“懂得仁义有什么用呢，已经享受恩惠就是有德。”所以伯夷认为周讨伐纣是不道德的，他饿死在首阳山，但是周文王、周武王并没有因为这个缘故而使王者的声誉受到贬损；盗跖、蹻庄凶暴残忍，但他们的信徒一直称颂他们的道义。由此可见，“窃取衣带钩的人要被杀头，偷国家政权的人却成了诸侯，诸侯之家做什么都是符合仁义的”，这话确实有道理。

注 释

❶鄙人：普通的人。 ❷飨：享受。 ❸伯夷：殷末名士，他反对武王伐纣，隐居首阳山，不食周粟。 ❹贬：受到贬损。 ❺窃钩者：窃取衣带钩的人。此句出自《庄子·胠箧》篇。

【原 文】

今拘学或抱咫尺之义[1]，久孤于世，岂若卑论侪俗[2]，与世沈浮而取荣名哉![3]而布衣之徒，设取予然诺[4]，千里诵义，为死不顾世，此亦有所长，非苟而已也。故士穷窘而得委命[5]，此岂非人之所谓贤豪间者邪?[6]诚使乡曲之侠[7]，予季次、原宪比权量力[8]，效功于当世，不同日而论矣。要以功见言信[9]，侠客之义又曷可少哉!

【译 文】

如今，那些拘守片面理论，或者固守狭隘理论的学者，长久地孤立于世俗之外，倒不如降低论调、迁就世俗，随波逐流而取得荣耀名声呢！而那些平民百姓，重视自己对别人的承诺，千里之外的人都在传诵他们的义气，为大义而死毫不眷恋现实，这也是他们的长处，不是随随便便就能做到。所以人在处于困境时要以性命相托，他们难道不是人们所说的贤人豪杰吗？如果让民间的游侠和季次、原宪比一比权势的大小，较量才能的高下，还有对社会的贡献大小，那自然是不可同日而语的。但是要是说言出必行这方面，那么侠客式的正义行为又是不可缺少的！

注 释

❶拘学：拘守片面理论的学者。 ❷侪俗：迁就世俗。侪：等、齐。 ❸与世沈浮：随波逐流。 ❹设：建立。取予：收受，给予。然诺：应允。 ❺委命：以性命相托。 ❻贤豪：贤人和豪侠。 ❼乡曲：民间。 ❽予：通“与”。 ❾见：通“现”。

【原 文】

古布衣之侠，靡得而闻已。近世延陵、孟尝、春申、

【译 文】

古时候那些平民侠客，现在已经无从知晓了。近代的延陵季子、孟尝君、

平原、信陵之徒[1]，皆因王者亲属，藉于有土卿相之富厚[2]，招天下贤者，显名诸侯，不可谓不贤者矣。比如顺风而呼，声非加疾，其執激也。[3]至如闾巷之侠，修行砥名[4]，声施于天下[5]，莫不称贤，是为难耳。然儒、墨皆排摈不载。[6]自秦以前，匹夫之侠，湮灭不见，余甚恨之。以余所闻，汉兴有朱家、田仲、王公、剧孟、郭解之徒，虽时扞当世之文罔[7]，然其私义廉洁退让，有足称者。名不虚立，士不虚附。至如朋党宗强比周[8]，设财役贫，豪暴侵凌孤弱，姿欲自快，游侠亦丑之。余悲世俗不察其意，而猥以朱家、郭解等令与暴豪之徒同类而共笑之也。[9]

春申君、平原君、信陵君这些人，都凭借着自己是君王的亲属，凭借着自己的封地和卿相之位的富有，延揽天下的贤人，扬名于诸侯，不能说他们不贤。就好比顺着风呼喊，声音并没有加快，是他的势力被激荡了。至于那些出身普通百姓的侠客，修养自己的行为，砥砺自己的名节，名声遍及天下，没有人不称赞他们的贤能，这样是很难做到的。但是儒家、墨家都排斥摈弃他们，不记载他们的事迹。秦代以前的平民侠客已经被埋没不见，我感到很遗憾。根据我所知道的，汉朝兴起以来有朱家、田仲、王公、剧孟、郭解这些人，他们虽然时常触犯法律禁令，但是他们的个人道义廉洁而又懂得谦让，有值得赞扬的地方。名声不是凭空树立的，读书人也不会凭空去附和。至于那些密切勾结、拉帮结派，用钱财来役使贫苦人的人，专横粗暴地欺凌弱小的人，恣意妄为的人，游侠也认为这是可耻的。我悲伤的是世俗之人不明白其中的真意，错误地将朱家、郭解等人和强暴的人视为同类而一同加以鄙视。

注释

❶延陵：春秋时吴国公子季札，被封于延陵，故称延陵季子。时代较远，文中不当言“近世”。又后文只说战国四公子事，故清人梁玉绳《史记志疑》认

为，“延陵”二字为衍文。孟尝：即齐国孟尝君田文。春申：即楚国春申君黄歇。平原：即赵国平原君赵胜。信陵：即魏国信陵君魏无忌。 ❷土：封地。 ❸激：激荡。 ❹砥名：砥砺名节，提高声望。 ❺施（yì）：延续。 ❻排摈：排斥，抛弃。 ❼扞：触犯。文罔：通“文网”，法律禁令。 ❽比周：密切勾结。 ❾猥：鄙贱。

【原 文】

鲁朱家者，与高祖同时。鲁人皆以儒教，而朱家用侠闻。[1]所藏活豪士以百数，其余庸人不可胜言。[2]然终不伐其能[3]，歆其德[4]，诸所尝施，唯恐见之。振人不赡[5]，先从贫贱始。家无余财，衣不完采[6]，食不重味，乘不过軥牛。[7]专趋人之急[8]，甚己之私。既阴脱季布将军之厄[9]，及布尊贵，终身不见也。自关以东，莫不延颈愿交焉。

【译 文】

鲁国的朱家，和汉高祖是同时代的人。鲁国人大多接受儒家的思想教育，朱家却以行侠而闻名。被他隐匿、救助的豪杰数以百计，其他的普通人更是不计其数。他却从来不自夸本事，不欣喜其恩德，那些曾经受过他恩惠的人，他也唯恐再见到他们。他救济别人，先从缺衣少食的贫贱人家开始。他没有多余的钱财，衣着朴素，饮食简单，乘坐的不过是牛车。他专门去救助别人的危急，把这看得比自己的私事还重。他曾经暗中帮助季布将军脱离困境，后来季布尊贵了，他却终身不见季布。关东的人，没有人不想要和他交往。

注 释

❶用：因。闻：出名。 ❷庸人：平常的人。 ❸伐：自夸。 ❹歆：欣喜。 ❺振：通“赈”，救济。 ❻采：色彩。 ❼軥（qú）：车辕前端驾于马颈上的横木。軥牛：挽軥的小牛。 ❽趋：奔赴。 ❾阴脱：暗中解脱。季布原为项羽的将领，项羽失败后，季布逃脱，先藏在濮阳周家，后因刘邦悬赏捉拿他，又

至朱家这里，朱家通过汝阴侯夏侯婴劝说刘邦，并任季布为郎中。

【原文】

楚田仲以侠闻，喜剑，父事朱家[①]，自以为行弗及。田仲已死，而雒阳有剧孟。周人以商贾为资[②]，而剧孟以任侠显诸侯。吴楚反时[③]，条侯为太尉[④]，乘传车将至河南[⑤]，得剧孟，喜曰："吴楚举大事而不求孟，吾知其无能为已矣。"天下骚动，宰相得之若得一敌国云。[⑥]剧孟行大类朱家[⑦]，而好博，多少年之戏。[⑧]然剧孟母死，自远方送丧盖千乘。[⑨]及剧孟死，家无余十金之财。而符离人王孟亦以侠称江淮之间。

是时济南瞯氏、陈周庸亦以豪闻，景帝闻之，使使尽诛此属。其后代诸白[⑩]、梁韩无辟、阳翟薛兄、陕韩孺纷纷复出焉。

【译文】

楚国的田仲因为行侠而闻名于世，喜欢用剑，像对待父亲那样服侍朱家，自认为行为比不上朱家。田仲死了之后，洛阳出现了剧孟。周地的人以经商为生，而剧孟以行侠仗义在诸侯中扬名。吴楚发动叛乱时，条侯周亚夫任太尉，他坐着驿站的专车将要到河南的时候，得到了剧孟，高兴地说："吴楚发动叛乱，却不延请剧孟，我就知道他们不会有什么作为了。"天下发生动乱，太尉得到剧孟就像得到一个敌国。剧孟的行为很像朱家，但是他喜欢赌博，喜欢年轻人的游戏。可是剧孟的母亲去世时，从远方来送丧的车超过了一千辆。到剧孟去世时，家里的财产还不到十金。符离人王孟也以行侠而在江淮一带为世人所称扬。

当时济南瞯氏、陈地的周庸也都以豪侠而闻名，景帝知道以后，派人将他们都杀死了。后来，代郡诸白姓、梁地的韩无辟、阳翟的薛兄、陕地的韩孺，纷纷涌现了出来。

注释

❶父事：像对待父辈那样服侍他。 ❷资：赖以生活的来源。 ❸吴楚反时：指汉景帝三年（前154）发生的吴楚七国之乱。 ❹条侯：即周亚夫。 ❺传车：古代驿站的专用车辆。 ❻宰相：指周亚夫。周亚夫任太尉，此职相当于副宰相。 ❼大类：很像。 ❽戏：游戏。 ❾盖：大约。 ❿代诸白：代郡诸白姓。

【原文】

郭解，轵人也，字翁伯，善相人者许负外孙也。① 解父以任侠，孝文时诛死。解为人短小精悍，不饮酒。少时阴贼②，慨不快意③，身所杀甚众。④ 以躯借交报仇⑤，藏命作奸剽攻⑥，（不）休（及）〔乃〕铸钱掘冢，固不可胜数。⑦ 适有天幸⑧，窘急常得脱，若遇赦。⑨ 及解年长，更折节为俭⑩，以德报怨，厚施而薄望。⑪ 然其自喜为侠益甚。既已振人之命⑫，不矜其功，其阴贼著于心，卒发于睚眦如故云。⑬ 而少年慕其

【译文】

郭解，是轵县人，字翁伯，是著名相士许负的外孙。郭解的父亲就是因为行侠义之事，在孝文帝时被杀死。郭解这人短小精悍，从不喝酒。他在少年时期就内心阴险狠毒，如果遇到什么不如意的事情，就亲自杀死很多人。他为朋友报仇不惜性命，藏匿亡命之徒，违法乱禁，四处劫掠，无事可做的时候就私自铸钱、盗掘坟墓，类似的事情实在数不胜数。郭解却能为上天所保佑，总能逢凶化吉，犯了法就能遇到大赦。郭解长大之后，改变平日的志向和行为，开始过俭朴的生活，能够用恩德回报怨恨，对别人多加施予，却很少希望对方报答。但是他喜欢行侠的思想更加强烈了。救了别人性命，不炫夸自己的功劳，但是，他的内心还是那样阴狠，睚眦必报的性格还和以前一样。当时的少年仰慕他的行为，也常常为他报仇，不让他知道。

行，亦辄为报仇，不使知也。解姊子负解之势[14]，与人饮，使之嚼。[15]非其任[16]，强必灌之。人怒，拔刀刺杀解姊子，亡去。解姊怒曰："以翁伯之义，人杀吾子，贼不得。"[17]弃其尸于道，弗葬，欲以辱解。解使人微知贼处。[18]贼窘自归，具以实告解。解曰："公杀之固当，吾儿不直。"[19]遂去其贼，罪其姊子，乃收而葬之。诸公闻之，皆多解之义[20]，益附焉。

郭解姐姐的儿子凭借郭解的威势，和别人饮酒，强迫对方干杯。结果对方不能胜任，但他强行灌人家喝酒。对方很生气，拔出刀来将郭解姐姐的儿子杀死，然后就逃跑了。郭解姐姐很生气地说："凭着翁伯的义气，人家杀了我的儿子，却捉不到凶手。"于是，她将儿子的尸体扔在路上，不埋葬，想借此羞辱郭解。郭解派人暗中打听到凶手的去处。凶手害怕了，回来自首，将全部事情都告诉给郭解。郭解说："你杀他是应该的，我的外甥没有道理。"于是，就将那凶手放走了，归罪于他姐姐的儿子，于是将他收尸、埋葬了。人们听说这件事，都赞扬郭解的义气，更加愿意依附他了。

注释

❶相人：给人相面。 ❷阴贼：阴险狠毒。 ❸慨：愤慨。 ❹身：亲自。 ❺借：助。交：朋友。 ❻藏命：藏匿亡命之徒。剽攻：抢掠。 ❼固：本来。 ❽适：遇到。天幸：犹言上帝保佑。 ❾若：或者。 ❿折节：改变平日的志向和行为。 ⓫薄：少。 ⓬振：救，通"赈"。 ⓭睚眦：怒目相视。 ⓮负：凭借。 ⓯嚼：通"釂"，干杯。 ⓰任：胜任。 ⓱贼不得：捉不到凶手。 ⓲微知：暗中打听。 ⓳不直：不对。 ⓴多：赞扬。

【原 文】

解出入，人皆避之。有一人独箕倨视之[1]，解遣人问其名姓。客欲杀之，解曰："居邑屋至不见敬[2]，是吾德不修也[3]，彼何罪！"乃阴属尉史曰："是人，吾所急也，至践更时脱之。"[4]每至践更，数过[5]，吏弗求。怪之，问其故，乃解使脱之。箕踞者乃肉袒谢罪。少年闻之，愈益慕解之行。

【译 文】

郭解每次出入，人们总是躲着他。但是有一个人独自岔开双腿、傲慢地坐在那里，看着他，郭解让人去问他的姓名。郭解的门客想要杀死他。郭解说道："我住在家乡，竟至于不被人所尊敬，这是我的德行不够好，他有什么罪过呢！"于是，他暗中嘱咐尉史说道："这个人是我所关心看中的，等他服徭役的时候请免除。"以后每次到这个人该服役的时候，县吏都多次跳过。这个人觉得奇怪，就询问原因，对方说是郭解让给他免除的。于是这个箕倨而坐的人就袒露上身向郭解谢罪。少年们听说这件事以后，更加仰慕郭解的行为。

注 释

❶箕倨：两脚岔开而坐，形似簸箕，为一种傲慢态度。 ❷邑屋：乡里。见：被。此句意为：在家乡居住，竟至于不被人尊敬。 ❸修：善。 ❹践更：汉代丁男每年在各级政府服役一个月，称更卒。亲自服役，称"践更"；若出钱雇贫苦者代出役，为过更。 ❺数过：多次跳过。

【原 文】

雒阳人有相仇者，邑中贤豪居间者以十数[1]，终不听。客乃见郭解。[2]解夜见

【译 文】

洛阳有彼此结怨的人，当地几十个贤人豪杰从中调解，始终没有成功。于是门客们就来拜见郭解。郭解连夜去会见结仇

仇家，仇家曲听解。[3]解乃谓仇家曰："吾闻雒阳诸公在此间，多不听者。今子幸而听解，解柰何乃从他县夺人邑中贤大夫权乎！"乃夜去，不使人知，曰："且无用[4]，（待我）待我去，令雒阳豪居其间，乃听之。"

的人家，他们勉强听从了郭解的劝告。郭解就对仇家说："我听说洛阳很多人都在这里为你们的事调解，但是你们大多不听从。如今有幸你们接受了我的调停，我怎么能从别的县夺取人家地方贤豪之士的权势呢！"于是郭解连夜离去，不让别人知道，他说："你们暂且不要照我的调解做，待我离开后让洛阳豪杰来调解，你们就听从他们的。"

注释

❶居间：从中调解。 ❷客：指郭解的门客。 ❸曲：委曲。 ❹且无用：暂且不要听从我的。以上几句的意思是：你们暂且不要照我的调解做，待我离开后让洛阳豪杰来调解，你们就听从他们的。

【原文】

解执恭敬[1]，不敢乘车入其县廷。之旁郡国[2]，为人请求事，事可出[3]，出之；不可者，各厌其意[4]，然后乃敢尝酒食。诸公以故严重之[5]，争为用。邑中少年及旁近县贤豪，夜半过门常十余车[6]，请得解客舍养之。

【译文】

郭解保持态度恭谨，不敢坐车进入县衙里。他到附近的郡和王国，替别人办事，事情可以解决的，就解决；不能解决的，也要使各方满足，然后才敢吃饭喝酒。所以大家都很尊重他，争相为他效劳。城中少年还有附近县的贤人豪杰，经常半夜拜访郭解，用十多辆车把郭解的门客接到自己的家里去供养。

注释

❶执：保持。 ❷之：到。 ❸出：解决。 ❹厌：通“餍”，满足。 ❺严重：尊重。 ❻过：拜访。

【原文】

及徙豪富茂陵也[1]，解家贫，不中訾[2]，吏恐，不敢不徙。卫将军为言“郭解家贫不中徙”。[3]上曰：“布衣权至使将军为言[4]，此其家不贫。”解家遂徙。诸公送者出千余万。轵人杨季主子为县掾，举徙解。[5]解兄子断杨掾头。由此杨氏与郭氏为仇。

【译文】

后来到了将各郡国的豪富迁徙到茂陵居住时，郭解家里贫穷，但是又在迁徙的名单上，官吏害怕上级怪罪，不敢不将他迁徙。卫青将军替他向皇帝请求道：“郭解家里贫困，不够迁徙标准。”皇帝说：“一个平民的权势大到将军都替他说话，这说明他家不穷。”于是郭解家就被迁走了。人们出了一千多万钱为郭解送行。轵县人杨季主的儿子任县掾，就是他检举要郭解家迁往茂陵的。郭解哥哥的儿子砍掉了杨县掾的头。从此杨家和郭家就结下了仇。

注释

❶茂陵：汉武帝的陵墓。汉武帝元朔二年（前127），命家财在三百万钱以上的豪富迁徙茂陵。 ❷訾：通“资”，钱财。 ❸卫将军：指卫青。 ❹为言：替他说话。 ❺举：检举。

【原 文】

解入关，关中贤豪知与不知[①]，闻其声，争交欢解。[②]解为人短小，不饮酒，出未尝有骑。已又杀杨季主。[③]杨季主家上书，人又杀之阙下。[④]上闻，乃下吏捕解。解亡，置其母家室夏阳，身至临晋。临晋籍少公素不知解[⑤]，解冒[⑥]，因求出关。籍少公已出解，解转入太原，所过辄告主人家。吏逐之，迹至籍少公。[⑦]少公自杀，口绝。久之，乃得解。穷治所犯[⑧]，为解所杀，皆在赦前。轵有儒生侍使者坐[⑨]，客誉郭解，生曰："郭解专以奸犯公法，何谓贤！"解客闻，杀此生，断其舌。吏以此责解，解实不知杀者。杀者亦竟绝，莫知为谁。吏奏解无罪。御史大夫公孙弘议曰："解布衣为任侠行权，以睚眦杀人，解虽弗

【译 文】

郭解迁到进关中以后，关中那些贤人豪杰无论之前认识还是不认识他的，听到他的名声，争相前来和他交好。郭解比较矮小，不饮酒，出门也从不骑马。不久他又杀死了杨季主。杨季主的家人上书告状，又被人杀死在宫阙之下。皇帝听说这件事后，便下令让官吏捉拿郭解。郭解逃走了，将他的母亲安置在夏阳，自己则到了临晋。临晋人籍少公与郭解素不相识，郭解假冒别人的身份，求他帮自己出关。籍少公帮郭解出了关，郭解辗转来到了太原，无论他走到哪里，总会将自己的行踪告诉留宿他的人家。官吏追捕他，追寻踪迹到了籍少公家中。籍少公自杀，线索断了。很久以后，才抓到郭解。官府深究郭解所犯的罪行，发现被郭解所杀的人，都在大赦之前。轵县有一位儒生陪坐在来查办郭解案件的使者旁，郭解的门客称赞郭解，儒生说："郭解向来都是狡邪地触犯国法，怎么可以称为贤人！"郭解的门客听到这样的话，就将这个儒生杀了，还割断了他的舌头。官吏就此事责问郭解，郭解确实不知道杀人的是谁。杀人者最后也没有查出来，没有人知道是谁。官吏判决郭解没有罪。御史大夫公孙弘评论道："郭解以平民身份行侠，行使权势，睚眦必报，虽然郭解自

知，此罪甚于解杀之。当大逆无道。”[10]遂族郭解翁伯。[11]

已不清楚，但是这罪过比杀人还严重。判他大逆不道的罪。”就这样郭解一家被灭族。

注 释

❶贤豪：贤人豪杰。 ❷交欢：交好。 ❸已：不久。 ❹阙下：宫阙之下。 ❺籍少公：人名，姓籍名少公。 ❻冒：冒昧。 ❼迹：追寻踪迹。 ❽穷治：追究。 ❾侍：陪同。 ❿当：判决。 ⓫族：灭族。

【原 文】

自是之后，为侠者极众，敖而无足数者。[1]然关中长安樊仲子，槐里赵王孙，长陵高公子，西河郭公仲，太原卤公孺，临淮兒长卿，东阳田君孺，虽为侠而逡逡有退让君子之风。[2]至若北道姚氏，西道诸杜，南道仇景，东道赵他、羽公子，南阳赵调之徒，此盗跖居民间者耳，曷足道哉！此乃乡者朱家之羞也。[3]

【译 文】

从这以后，行侠义的人特别多，但都很傲慢无礼而不值得称述。但是关中长安的樊仲子、槐里的赵王孙、长陵的高公子、西河的郭公仲、太原的卤公孺、临淮的兒长卿、东阳的田君孺，虽然行侠，却谦虚退让有君子风范。至于像北道的姚氏，西道的一些杜姓诸人，南道的仇景，东道的赵他、羽公子，南阳的赵调这些人，这些是老百姓中的盗跖而已，根本不值得一提！他们是从前朱家感到耻辱的事情。

注 释

❶敖：通“傲”，傲慢无礼。数：称述。 ❷逡逡：谦虚退让。 ❸乡：

从前。

【原 文】

太史公曰：吾视郭解，状貌不及中人，言语不足采者。[1]然天下无贤与不肖，知与不知，皆慕其声，言侠者皆引以为名。谚曰："人貌荣名，岂有既乎！"[2]於戏[3]，惜哉！

【译 文】

太史公说：我看郭解，相貌比不上一般人，语言上也没有什么可取的地方。但是，天下之人，无论好还是坏，无论是认识他还是不认识他，都很仰慕他的名声，谈到游侠的时候都提到他。谚语说："人以美名为容貌，难道有穷尽的时候吗！"唉呀，真是可惜呀！

注 释

❶采：采取。 ❷既：穷尽。 ❸於戏：通"呜呼"，感叹语。

太史公自序（节选）

【原 文】

太史公学天官于唐都①，受《易》于杨何②，习道论于黄子。③太史公仕于建元元封之间④，愍学者之不达其意而师悖⑤，乃论六家之要指曰：

【译 文】

太史公跟随唐都研习天文学，跟随杨何学习《易》，又跟随黄子研习道家理论。太史公曾经在建元、元封年间做官。他担心当时的学者不能通晓诸家学说的精要，而学习错误的东西，因此专门讨论阴阳、儒、墨、名、法、道德六家学说的精要：

注释

❶太史：古代掌管天象历法的官，汉初所设的太史令兼有修史的职责。太史公是对这一官职的尊称。从此处以下五见都指司马谈。天官：指古代的天文学，当时由于科学水平和历史条件限制，它在很大程度上和属于宗教迷信的占星术相关联。唐都：历学家，方士，曾参加造太初历。 ❷杨何：字叔元，通易学，事见《儒林列传》。 ❸道论：道家的理论。黄子：一称黄生，好黄老之学，景帝时曾与辕固生辩论汤武革命事，事见《儒林列传》。 ❹建元、元封：都是汉武帝的年号，建元是创定年号之始。 ❺悖（bèi）：谬误。师悖：学习错误的东西。

【原 文】

《易大传》①：“天下

【译 文】

《易大传》说：“世人的趋向相同，而

一致而百虑[②]，同归而殊涂。”[③]夫阴阳、儒、墨、名、法、道德，此务为治者也，直所从言之异路[④]，有省不省耳。[⑤]尝窃观阴阳之术，大祥而众忌讳[⑥]，使人拘而多所畏[⑦]；然其序四时之大顺[⑧]，不可失也。儒者博而寡要，劳而少功，是以其事难尽从；然其序君臣父子之礼，列夫妇长幼之别，不可易也。[⑨]墨者俭而难遵，是以其事不可遍循[⑩]，然其强本节用[⑪]，不可废也。法家严而少恩；然其正君臣上下之分，不可改矣。名家使人俭而善失真[⑫]；然其正名实[⑬]，不可不察也。道家使人精神专一，动合无形[⑭]，赡足万物。[⑮]其为术也，因阴阳之大顺，采儒墨之善，撮名法之要，与时迁移[⑯]，应物变化[⑰]，立俗施事[⑱]，无所不宜，指约而易操[⑲]，事少而功多。儒者则不然，以

谋虑却很多；要达成的目的相同，而所经过的途径却不一样。”阴阳家、儒家、墨家、名家、法家、道德家，这些学派的目的都是希望天下大治，只不过说的是不同的路子，有察看得明白与不明白而已。我曾经暗地里分析过阴阳家之术，过分谨慎而忌讳很多，让人感到拘束而畏手畏脚；但是它主张遵照四季的序列去行事，却是不能够违背的。儒家的学说非常广博但是缺少要领，付出多而收获少，所以儒家学派所倡导的事情都难以完全实施。但儒家确立了君臣父子间相处的礼仪，以及夫妇长幼之间的礼仪的区别，这是不可以改变的。墨家太过节俭难以遵从，因此他们的主张不可能全部实行；但他们倡导务实节俭，却是不能抛弃的。法家主张施行严酷的立法而很少给予臣民恩惠，但他们制定君臣上下的名分等级，则是无法更改的。名家让人专注于名而易于失去真实性，但他们对名实关系进行的辩证，却无法不仔细考虑。道家令人精神专一，行动都与道相合，使万物得以丰富和充足。道家这种学术，是顺应阴阳四时之序的学说，兼采儒家与墨家的长处，聚合名家与法家的精要，与时势变易，适应事物的变化，树立风气，应用在人事上，并无不合适的。意旨简约，且容易把握，事半而功倍。儒家则不同，他们觉得君主应该是天下人的表

为人主天下之仪表也，主倡而臣和，主先而臣随。如此则主劳而臣逸。至于大道之要，去健羡[20]，绌聪明[21]，释此而任术。夫神大用则竭，形大劳则敝。形神骚动[22]，欲与天地长久，非所闻也。

率，君主所提倡的东西，臣下就应该附和；君主走在前面，臣下在后面跟随。如此一来，君主就会劳累不堪而臣子却十分安逸。至于大道的精要是舍弃贪欲，去掉聪明和智慧，放弃一切而用智术治理天下。人的精神过度使用就会衰竭，身体极其劳累就要疲惫。倘若精神和身体总是难以安宁，却想要自己的生命和天地一般长久，从没听说过这样的事。

注释

❶即《周易·系辞》。❷一致：趋向相同。百：言甚多。虑：谋划，思考。❸归：归宿，结果。殊：不同。涂：通“途”，道路。❹直：仅仅，只是。异路：不同的路子，此指学术流派。❺省（xǐng）：察看明白。❻大：夸大。祥，通“详”，审慎。大祥：过分谨慎。❼拘：约束。❽序：排列。大顺：总的顺序。❾易：改变。❿遍：全面。循：照着办。⓫强：加强。本：根本，基础。⓬俭：据前人考证，当作“检”，规矩，犹今言框框，指名家玩弄概念。善：容易。真：事物的真相。⓭名：名义，名分，指表明事物属性的一种概念。实：指事物所具有的实际内容。⓮动：行动。无形，指道。⓯赡足：满足。万物：宇宙间的一切事物。⓰与时：随时。迁移：变易。⓱应：适应。⓲立俗：树立风气。⓳指：意旨。约：简要。操：掌握。⓴健羡：非常羡慕，引申为贪欲。㉑绌（chù）：通“黜”，废弃，去掉。㉒骚动：不安。

【原文】

夫阴阳四时、八位[1]、

【译文】

在阴阳家看来，阴阳、四时、八位、

十二度[2]、二十四节各有教令[3]，顺之者昌，逆之者不死则亡[4]，未必然也，故曰“使人拘而多畏”。夫春生夏长，秋收冬藏，此天道之大经也，弗顺则无以为天下纲纪[5]，故曰：“四时之大顺，不可失也。”

十二度、二十四节气都有各自的命令，顺应这些法则就会昌盛，违背这些法则，就算不死也会衰亡。这不一定是正确的。因此说“让人感到拘束而多有畏惧”。至于春天万物出生、夏天成长、秋天收获、冬天贮藏，这是天地间的普遍规律，要是不遵守，就难以制定天下的纲纪。所以说：“遵照四时的顺序去行事，是不能失去的。”

注释

❶八位：八方，一说八卦的方位。 ❷十二度：十二次。古人把周天分为十二个星次，是诸星所在的位置，并利用十二次的方位观测日月五星的运行和节气的早晚。 ❸教令：命令，引申为规定。 ❹亡：即无，引申为损失。 ❺纲纪：法制。

【原文】

夫儒者以《六蓺》为法。[1]《六蓺》经传以千万数[2]，累世不能通其学，当年不能究其礼[3]，故曰：“博而寡要，劳而少功。”若夫列君臣父子之礼，序夫妇长幼之别，虽百家弗能易也。

【译文】

儒家把六经作为自身的理论依据，六经及其传注多到以千万计，连续数代都不能通晓这门学问，一生也无法参透其中的礼仪。因此说：“儒家学说十分广博却缺少要领，付出多而收获少。”儒家倒是确定了君臣父子间相处的礼仪，夫妇长幼尊卑的次序，即使是诸子百家也都不能更改的。

注释

❶《六藝》：六藝，即六艺，一指礼、乐、射、御、书、数，一指《诗》《书》《礼》《乐》《易》《春秋》。此当指后者。 ❷传：传注，对经的解释。数：计算。 ❸当年：有生之年，一生。

【原文】

墨者亦尚尧舜道[1]，言其德行曰："堂高三尺[2]，土阶三等[3]，茅茨不翦[4]，采椽不刮。[5]食土簋[6]，啜土刑[7]，粝粱之食[8]，藜藿之羹。[9]夏日葛衣，冬日鹿裘。"[10]其送死，桐棺三寸[11]，举音不尽其哀。教丧礼，必以此为万民之率。[12]使天下法若此，则尊卑无别也。夫世异时移，事业不必同，故曰"俭而难遵"。要曰强本节用[13]，则人给家足之道也。此墨子之所长，虽百家弗能废也。

【译文】

墨家也崇尚唐尧与虞舜之道，谈论他们的德行说："殿堂三尺高，堂下主阶只有三级，茅草屋顶不再整理，原木屋椽不刮削，用瓦盆吃饭，以陶土钵喝汤，用粗米做饭，以野菜做汤。夏天穿着葛布衣，冬天穿着鹿皮裘。"墨家主张为死者送葬时要用桐木制作的棺材，厚度不能超过三寸，哭丧但不能过于悲伤。他们教百姓丧礼，必须要以此来当作万民的表率。要是天下人都效法这个，那么尊卑就不再有分别了。世事不同，时势也在变化，事业也不一定会一样，因此说"太过节俭就很难遵从"。总之是强本而节用，这是人们兴家富足的途径。这是墨家学说的长处，即使是百家学说，也都不可以废弃。

注释

❶尚：重视。 ❷古代整所房子主要建筑物的内部空间分为堂、室、房。前

部分是堂，一般是行礼的地方，不住人。堂后的室才住人。整所房子建筑在一个高出地面的台基上，堂前有阶上下。堂高三尺指台基的高度，言其不豪侈。❸土阶：土质台阶。❹茅：草。茨：屋盖。不翦：言把茅草盖在屋顶上，不再加以整理。❺椽：屋椽。刮：加工刮削。❻食：吃饭。土：土器，瓦器。簋(guǐ)：饭具。食土簋：用瓦盆吃饭。❼注见《秦始皇本纪》。❽粝：粗粮。梁：细粮。按，清王念孙考证，粝粗梁精，不得连文，"梁"当为"粢"。粢：粗米。❾藜：似藿而表面发红。藿：豆叶。羹：汁液较浓的汤。❿这段引文，《索隐》认为引自《韩非子》。近人高步瀛《史记太史公自序笺证》认为，此与《韩非子》所述文字相似而语义不同，应出自《墨子·节用》。⓫桐棺：桐木为棺。三寸：指木的厚度。⓬率：表率。⓭要曰：总之。

【原 文】

法家不别亲疏，不殊贵贱[1]，一断于法[2]，则亲亲尊尊之恩绝矣。[3]可以行一时之计，而不可长用也。故曰"严而少恩"。若尊主卑臣，明分职不得相逾越[4]，虽百家弗能改也。

【译 文】

法家不区分亲近、疏远，不区别高贵、贫贱，全部都依照法来进行决断。这样，爱自己的亲属、尊重尊贵的人的恩情伦理就失去了。可以用这种理论推行一时的计策，却不能长久地运用。因此说"施行严酷的立法而很少给予臣民恩惠"。倒是法家倡导让君主尊贵，令臣子卑下，区别上下的名分与职守，不能有所超越，纵然是百家学说，也都无法改变。

注释

❶殊：区别。❷一：全部，都是。断：判断，处理。❸亲亲：爱自己的亲属。尊尊：尊重尊贵的人。❹明：区别。分职：各司其职。

【原 文】

名家苛察缴绕[1]，使人不得反其意[2]，专决于名而失人情[3]，故曰“使人俭而善失真”。若夫控名责实[4]，参伍不失[5]，此不可不察也。

【译 文】

名家专好注意细微烦琐的地方，让人不能反复推论他们的意思，专注于判断名称，而不顾及人情。因此说名家“让人专注于名而易于失去真实性”。如果掌握名称，要求实际，名称与实际相互参证不失其真，在这方面，是不能不进行认真考虑的。

注释

❶苛察：以烦琐苛刻为明察。缴绕：烦琐。此句意为：名家专好注意细微烦琐的地方。 ❷反：反复推论。 ❸决：取决于，判断。 ❹控：掌握。责：要求。 ❺参伍：参互，相互参证。参伍不失：名实相互参证而不失其真实情况。

【原 文】

道家无为[1]，又曰无不为[2]，其实易行[3]，其辞难知。[4]其术以虚无为本[5]，以因循为用。[6]无成埶[7]，无常形[8]，故能究万物之情。不为物先[9]，不为物后[10]，故能为万物主。有法无法[11]，因时为业[12]；有度无度，因物与合。[13]故曰

【译 文】

道家倡导无为，又认为无不为，他们的思想内容易于实现，只是他们的文辞难于理解。道家学术以无为作为根本，把适应自然当作手段，没有一成不变的形势，也没有终古不灭的存在，所以可以探求万物的情理。不走在事物发展的前面，不落后于事物，所以才可以成为万物的主宰。有没有立法，依照时势而决定制度是否有用，也要和事物相合。因此说“圣人的学说和思想难以磨灭，在于他们奉行随时势

“圣人不朽[14]，时变是守。[15]虚者道之常也[16]，因者君之纲”也。[17]群臣并至，使各自明也。[18]其实中其声者谓之端[19]，实不中其声者谓之窾。[20]窾言不听，奸乃不生，贤不肖自分，白黑乃形。在所欲用耳，何事不成。乃合大道，混混冥冥。[21]光耀天下，复反无名。[22]凡人所生者神也[23]，所托者形也。[24]神大用则竭，形大劳则敝，形神离则死。死者不可复生，离者不可复反。故圣人重之。由是观之，神者生之本也[25]，形者生之具也。[26]不先定其神〔形〕，而曰“我有以治天下”，何由哉？

而变化的原则。虚无，是道的永恒常理；顺应时势是君主治国的纲领”。大臣们全都来到朝廷，君主应当让他们各自表述意见。他的所作所为与他的名声相符的被称作正确，所作所为与他的名声不相符的被称作空有其名。空话不被听取，奸邪就不能产生，贤才和庸才自然就能区分，白和黑也就显现分明。这就要看是不是运用而已，什么事是办不成的呢！这才与大道相合，浑厚质朴，心思深奥，光辉照耀天下，再次返回到不可捉摸的境界。每个人生命的基础都是精神，精神寄托于形体。过度使用精神就会衰竭，身体极其疲劳就会疲惫，精神与形体分开人就会死去。死去的人不可能再复生，形与神分开后也不可能重新结合，所以圣人十分注重这些问题。由此看来，精神是人生命的根本；形体是生命生存的条件。不率先安定好自己的精神与形体，却说“我有能力治理天下”，如何能做到呢？

注释

❶无为：一切听任自然。 ❷无不为：与“无为”相对的一个概念，表示只要顺应自然那就一切事情都会有成效。 ❸实：实质，内容。 ❹辞：文辞。 ❺虚无：无为。本：根本。 ❻因循：适应自然。用：手段。 ❼成埶：一成不变的形势。 ❽常形：终古不灭的存在。 ❾不为物先：不走在事物发展的前面。 ❿不为物后：不落在事物发展的后面。 ⓫法：法度。有法无法：与下

"有度无度"意同。这是说道家自有法度而不拘泥于已有的法度。 ⑫因：依照。业：从事。此句意为：依照时势来决定从事与否。 ⑬物：物质。合：适应。此句意为：依照物质本身的情况而加以取舍。 ⑭朽：据清人王念孙考证，应作"巧"，指机巧之心。 ⑮时变：时势变化。守：奉行。时变是守：奉行随时势而变化的原则。 ⑯虚：无为。常：根本。 ⑰因：顺应自然。纲：要领。 ⑱自明：各自表述意见。 ⑲中：符合。声：名声。实中其声：名实相符。端：正确。窾（kuǎn）：中空，指空有其名。 ㉑混混：浑厚质朴。冥冥：心思深奥。此句是形容上文"大道"的。 ㉒反：归还到。无名，不可捉摸的境界。复反无名，即返璞归真。 ㉓神：声气。 ㉔形：肢体。 ㉕生之本：生命的根本。 ㉖生之具：生存的条件。

【原 文】

太史公既掌天官，不治民。有子曰迁。

迁生龙门[①]，耕牧河山之阳。[②]年十岁则诵古文。[③]二十而南游江、淮，上会稽，探禹穴[④]，窥九疑[⑤]，浮于沅、湘；[⑥]北涉汶、泗[⑦]，讲业齐、鲁之都[⑧]，观孔子之遗风，乡射邹、峄；[⑨]厄困鄱、薛、彭城[⑩]，过梁、楚以归。[⑪]于是迁仕为郎中[⑫]，奉使西征巴、蜀以南[⑬]，南略邛、笮、昆明[⑭]，还报命。[⑮]

【译 文】

太史公掌管天文以后，不管理民事。太史公有个儿子名叫司马迁。

司马迁生于龙门，在黄河以西、龙门山以南耕种牧畜。十岁时就研习诵读古文经书。二十岁时，开始向南游历长江与淮河，登临会稽山，察探禹穴，勘察九疑山，泛舟在沅水、湘水之上。再向北渡过汶水和泗水，来到齐、鲁的都市中研究学问，考察孔子的遗风，在邹、峄进行乡射大礼。在鄱、薛、彭城这些地方受困，再经由梁地和楚地回到家乡。于是司马迁被任命为郎中，奉命出使，向西讨伐巴、蜀以南地区，向南巡视邛、笮、昆明这些地区，回到朝廷复命。

注释

❶龙门：山名，在今山西河津西北和陕西韩城东北。 ❷河山之阳：指黄河以西，龙门山以南一带。 ❸古文：战国时六国所用文字，秦统一文字时废去，先秦简书用此种文字，汉人称之为古文。 ❹禹穴：夏禹的坟墓，相传在今浙江会稽山。 ❺九疑：山名，在今湖南宁远南，相传舜葬于此。 ❻沅、湘：水名。二水在今湖南境内。 ❼汶、泗：水名。二水在今山东境内。 ❽讲业：研究学问。 ❾乡射：古代地方行政基层定期举行的礼节性的射箭比赛，一般由地方官主持。邹：今山东邹城。峄：山名，在今山东邹城。 ❿鄱：在今山东滕州。薛：故地在今山东滕州东南四十余里。彭城：今江苏徐州。按，二地旧均属鲁国。 ⓫梁：战国时魏迁都大梁后又称梁，约在今河南北部、山西西南部。楚：今湖南、湖北两省地区。 ⓬郎中：官名，郎中令属官。 ⓭征：远行。巴、蜀：今四川地区。按，司马迁奉使西南在元鼎六年（前111）汉平西南夷设武都、牂柯诸郡以后。 ⓮略：巡行。邛、笮、昆明，是西南少数民族在四川、云南地区所建立的政权。 ⓯还报命：当在元封元年（前110）春。

【原 文】

是岁天子始建汉家之封①，而太史公留滞周南②，不得与从事，故发愤且卒。而子迁适使反，见父于河洛之间。③太史公执迁手而泣曰："余先周室之太史也。自上世尝显功名于虞夏，典天官事。后世中衰，绝于予乎？汝复为太史，则续吾祖

【译 文】

这一年，天子开始举办汉朝的封禅典礼，但是太史公有事滞留在洛阳，没能参加这场典礼，因此心中不满，就要死去了。他的儿子司马迁恰好在此时出使归来，在洛阳见到了父亲。太史公抓着司马迁的手哭着说："我们的先人，是周朝时的太史。早在上古的唐尧和虞舜之时就功名显赫，担任南正、北正，掌管天文。后世渐渐衰落，祖先的积业会断绝在我的手中吗？你倘若可以再担任太史，那就能够

矣。今天子接千岁之统，封泰山[4]，而余不得从行，是命也夫，命也夫！余死，汝必为太史；为太史，无忘吾所欲论著矣。且夫孝始于事亲，中于事君，终于立身。扬名于后世，以显父母，此孝之大者。夫天下称诵周公，言其能论歌文武之德[5]，宣周邵之风[6]，达太王王季之思虑[7]，爰及公刘[8]，以尊后稷也[9]。幽厉之后[10]，王道缺，礼乐衰，孔子修旧起废[11]，论《诗》《书》，作《春秋》，则学者至今则之。[12]自获麟以来四百有余岁[13]，而诸侯相兼，史记放绝。[14]今汉兴，海内一统，明主贤君忠臣死义之士，余为太史而弗论载，废天下之史文，余甚惧焉，汝其念哉！”迁俯首流涕曰：“小子不敏，请悉论先人所次旧闻[15]，弗敢阙。”

继承我们祖先所从事的事业了。如今天子继承了汉朝千年一统的大业，在泰山进行封禅礼，我没能随行前往，这就是命啊！是命啊！我死了之后，你一定会成为太史，做了太史，不要忘记我想要完成的论著！再说孝道应该以侍奉双亲为基础，然后才能侍奉君主，最终才能为自身成就功名。在后世扬名，以此来显耀父母，这是孝道里面最为重要的。全天下人都称赞周公，说他能够赞扬歌颂文王和武王的功德，宣扬周公与召公的道德，传达太王和王季的思想，向上论及公刘的功业，以此来推崇始祖后稷。周幽王和周厉王之后，治理天下的王道缺失，礼乐衰败不堪，孔子整理和挖掘旧存的和散失的文献，论述《诗》《书》，撰作《春秋》，而学者们至今效法他。自鲁哀公捕获麒麟到现在的四百多年，诸侯之间都互相征伐吞并，历史记载都被丢弃而断绝。如今汉朝兴起，天下统一，明主贤君忠臣为道义而死的人士，我身为太史却并未加以论述和记录，断绝了天下传承的历史文献，这让我感到十分惶恐，你一定要记住！”司马迁低着头流着泪说：“儿子不够聪敏，请让我详细地论述记载先人所整理编辑的文献资料，不敢有丝毫缺略。”

注释

❶是岁：指元封元年。封：封禅，一种祭告天地的礼仪。汉武帝从元封元年开始巡游名山封禅以夸耀功绩，并改年号为元封。 ❷周南：洛阳。 ❸河洛之间：黄河、洛水之间，即指周南地方。 ❹封泰山：到泰山行封禅礼。 ❺文武：周文王、武王。 ❻周：周公姬旦。邵，一作召，邵公姬奭。风：道德。❼太王：姬亶父，一称古公亶父，周文王之祖。王季：姬季历，周文王之父。❽爰：于是。公刘：周先祖之一。 ❾后稷：古农官名。相传周始祖弃在尧舜时曾任此官，所以称他为后稷。 ❿幽厉：周厉王姬胡及周幽王姬宫涅（为厉王之孙）。此处幽在厉先，可能是为行文方便。 ⓫修旧起废：整理和挖掘旧存的和散失的文献。 ⓬则之：效法他。 ⓭获麟：指孔子修《春秋》事。据说鲁哀公十四年（前481）时，猎获了一只麒麟，孔子以为事不寻常，就把写作《春秋》的工作停止在这一年。四百有余岁：指从孔子停止写《春秋》到司马迁撰《史记》有四百来年。清人钱大昕、梁玉绳都从鲁哀公十四年起到汉元封元年止，计算为不足四百岁之数。 ⓮史记：此处非书名，乃泛称历史记载。放绝：散失。 ⓯次：整理，编辑。旧闻：文献资料。

【原文】

卒三岁而迁为太史令①，紬史记石室金匮之书。②五年而当太初元年，十一月甲子朔旦冬至，天历始改③，建于明堂④，诸神受纪。⑤

【译文】

司马谈去世后三年，司马迁做了太史令，收集整理编次历史书籍和国家收藏在石室金匮中的书籍。司马迁做了太史令五年后，恰好是太初元年，十一月甲子朔日的早晨冬至，汉朝更改历法，在明堂中举行仪式宣布改历，各种神明也要接受历法。

注释

❶卒三岁：司马谈死后的第三年，即元封三年。太史令：清钱大昕、梁玉绳等认为应作“太史公”。 ❷紬（chōu）：读书和收集资料并加以整理编次。石室金匮：国家藏书处。 ❸天历：历法，“天”字是对当代的尊称。天历始改，汉初使用秦历，以十月为岁首，武帝改订历法，采用夏历，以正月为岁首。这部新改订的历法称太初历，并把这年年号也改为太初。但是元封六年到九月已是岁末，所以十月后即属太初元年，上文所说十一月即太初元年十一月。不过以正月为岁首，那在正月以后还有一个十一月。《汉书·武帝纪》太初元年仍以十月为纪事之首，二年起方以正月为始，所以太初元年有两个十、十一、十二月。一在正月前，一在正月后。武帝改订太初历始于太初元年前十一月甲子朔，到太初元年五月完成颁布，五月以前各月均冠太初元年。 ❹明堂：明政教之堂，是国家朝见诸侯、祭祀神祖、讨论典制的地方。太初历便在这里修订创制。❺纪：历法中的纪年单位，如十二年称一纪，引申作历法解。历法记天时季节供人们使用，而且也规定了一些祭神的时间，所以说各种神也要接受历法。

【原文】

太史公曰①：“先人有言②：‘自周公卒五百岁而有孔子。孔子卒后至于今五百岁③，有能绍明世④，正《易传》⑤，继《春秋》，本《诗》《书》《礼》《乐》之际？’意在斯乎！意在斯乎！小子何敢让焉。”

【译文】

太史公说：“先父曾说过：‘自周公去世以后，五百年而有孔子。孔子去世之后到如今已经五百年了，有能够继承清明盛世，整理《易传》，接续《春秋》，推究《诗》《书》《礼》《乐》的人吗？’他的用意就在这吧！用意就在这吧！我怎么敢轻易辞让呢？”

注释

❶太史公：自此以下凡四见，皆指司马迁。 ❷先人：指司马谈。 ❸孔子卒于鲁哀公十六年，至太初元年有375年。清人钱大昕、王鸣盛等已辨其夸误。❹绍：继承。明世：盛世，指周公、孔子之世。 ❺正：改正，引申为整理。《易传》：《周易·系辞》

【原文】

上大夫壶遂曰[1]："昔孔子何为而作《春秋》哉？"太史公曰："余闻董生曰[2]：'周道衰废，孔子为鲁司寇[3]，诸侯害之[4]，大夫壅之。[5]孔子知言之不用，道之不行也，是非二百四十二年之中[6]，以为天下仪表[7]，贬天子[8]，退诸侯[9]，讨大夫[10]，以达王事而已矣。'子曰：'我欲载之空言[11]，不如见之于行事之深切著明也。'夫《春秋》，上明三王之道，下辨人事之纪[12]，别嫌疑[13]，明是非，定犹豫[14]，善善恶恶[15]，贤贤贱不肖[16]，存亡国[17]，继绝世[18]，补敝起

【译文】

上大夫壶遂说过："过去孔子为什么要作《春秋》呢？"太史公说："我曾听董仲舒说：'周朝的王道衰败，孔子做过鲁国的司寇，诸侯都妒忌他，大夫们阻拦他。孔子知道自己的话不会被采纳，自己的主张也无法实施，因此评论鲁隐公元年到鲁哀公十四年这二百四十二年中的历史事件，为天下做一个表率。讥刺天子，斥退诸侯，声讨大夫，以此实现国家的大事而已。'孔子说：'我想要是记载褒贬是非的议论，不如举出一些史实与人物来，这样就能让道理更加深切显明。'《春秋》这本书，向上阐明了三王时的治道，向下辨别了人事的纲纪，分辨疑似之事，判明是非，论说断定那些不能决定的事情，赞颂良善之事，贬斥为恶之事，尊敬贤才，鄙视不好的人，恢复已亡的国家，延续已绝的世系，补救衰敝的，振兴废置的，这才是王道最重要的纲领。《易》论述了天

废[19]，王道之大者也。《易》著天地、阴阳、四时、五行[20]，故长于变[21]；《礼》经纪人伦[22]，故长于行[23]；《书》记先王之事[24]，故长于政[25]；《诗》记山川、溪谷、禽兽、草木、牝牡、雌雄，故长于风[26]；《乐》乐所以立[27]，故长于和[28]；《春秋》辩是非，故长于治人。是故《礼》以节人[29]，《乐》以发和[30]，《书》以道事[31]，《诗》以达意[32]，《易》以道化[33]，《春秋》以道义。[34]拨乱世反之正[35]，莫近于《春秋》。《春秋》文成数万[36]，其指数千。[37]万物之散聚皆在《春秋》[38]《春秋》之中，弑君三十六，亡国五十二，诸侯奔走不得保其社稷者不可胜数，察其所以，皆失其本已。[39]故《易》曰'失之豪厘，差以千里'[40]。故曰'臣弑君，子弑父，非一旦一夕之故也，其渐久矣'。[41]故有国者不可以不知《春

地、阴阳、四时和五行，所以专长在于变化的道理；《礼》规范制约人伦，所以专长在于行事的道理；《书》所记的是先王的政事，所以专长在于政论；《诗》所记录的是山川溪谷、禽兽草木、牝牡雌雄，所以专长在于讽谏；《乐》是论说音乐的经典，所以专长在于使人和谐；《春秋》主要论辨是非，所以专长在于帮人辨别是非。所以《礼》主要用于节制人们的行为，《乐》主要用于引发和谐，《书》主要用于述说政事，《诗》主要用于表达情意，《易》主要用于讲述万物变化，《春秋》主要用于讲述三王旧事。安定乱世，让它回到正统，没有别的著作能比《春秋》更有效。《春秋》成文只有几万字，其中所提到的大义却有数千；二百四十二年中各种事情的聚合离散都在《春秋》中得以展现。在《春秋》里，被弑掉的君主有三十六人，被灭掉的国家有五十二个，诸侯奔走逃亡无法保住自己江山社稷的多得数不过来。探索他们变乱最终败亡的缘故，都是因为他们失去了根本。因此《周易》中说：'失之毫厘，差以千里。'又说：'臣下弑杀君主，儿子弑杀父亲，不是一早一晚造成的，事情开始很长时间了。'因此，做君主不能不知道《春秋》，否则身前有谄谀小人却发现不了，身后有乱臣贼子却不知道。身为臣子不能不知道

秋》，前有谗而弗见[42]，后有贼而不知。[43]为人臣者不可以不知《春秋》，守经事而不知其宜[44]，遭变事而不知其权。[45]为人君父而不通于《春秋》之义者，必蒙首恶之名。[46]为人臣子而不通于《春秋》之义者，必陷篡弑之诛，死罪之名。其实皆以为善，为之不知其义，被之空言而不敢辞。[47]夫不通礼义之旨，至于君不君，臣不臣，父不父，子不子。夫君不君则犯[48]，臣不臣则诛，父不父则无道，子不子则不孝。此四行者，天下之大过也。以天下之大过予之，则受而弗敢辞。故《春秋》者，礼义之大宗也。夫礼禁未然之前[49]，法施已然之后；法之所为用者易见，而礼之所为禁者难知。”

《春秋》，要不然在处理普通事件时就难以采取合适的办法，遭遇突发事件时也不知采用更为权宜的计策。做人君主和父亲的没能明白《春秋》大义，一定容易蒙受最恶的名声。身为人臣和儿子不知道《春秋》大义，一定容易陷入篡位弑君的法网而被诛杀，蒙受死罪的恶名。其实他们都认为是善事而去做，因为他们并不知晓大义所在，史官给他们捏造不实的罪名他们却不敢推卸责任。如果不能明了礼义的精要，就会导致君主不像君主，臣子不像臣子，父亲不像父亲，儿子不像儿子。要是君主没有君主的样子，那么臣下就会有所冒犯；臣子没有臣子的样子，那么就易于遭受杀身之祸；父亲没有父亲的样子，那么就会失去道义；儿子没有儿子的样子，那么就会忤逆不孝。以上四种行为，是天下最大的过失，将‘天下最大的过失’的恶名加在头上，却只能接受而不敢推托。因此，《春秋》是礼义的根本所在。礼在坏事还没有形成之前能够阻止它的发生，法在坏事已经做下之后才起作用；法律在惩治坏事中所起到的作用显而易见，而礼制禁绝坏事的效果却很难被人们发现。”

注释

❶上大夫：《索隐》说壶遂为詹事，秩二千石，相当于上大夫。清钱大昕《廿二史考异》说，似汉时本有上大夫之官，上大夫当为官名。壶遂：人名，曾与司马迁共同参加修订历法。 ❷董生：指董仲舒。 ❸司寇：官名，主管司法。 ❹孔子周游列国常受到诸侯迫害，如卫灵公派人守备警戒，在陈、蔡受困等，事详《孔子世家》。 ❺壅：阻塞，蒙蔽。孔子常被一些士大夫们阻塞出路，如齐景公要以尼谿田封孔子，被晏婴阻止。楚昭王要以书社地七百里封孔子，被令尹子西阻止等。事详《孔子世家》。 ❻是非：褒贬，评论。二百四十二年：《春秋》自始至终记事包括的总年数。也指春秋这一时代。 ❼仪表：表率，榜样。 ❽贬：讥刺。 ❾退：斥退。 ❿讨：声讨。 ⓫空言：褒贬是非的议论，此指作《春秋》。 ⓬纪：纲纪。 ⓭别：判断辨别。嫌疑：疑似之事。⓮犹豫：不能决定之事。 ⓯上“善”字：褒奖，赞许。下“善”字：美好，善者。上“恶”（wù）字：憎恨，贬斥。下“恶”（è）字：坏，恶者。 ⓰上“贤”字：尊重。下“贤”字：贤者。贱：鄙视。不肖：不好者。 ⓱存亡国：恢复已亡的国家。 ⓲继绝世：延续已绝的世系。按，上二句说明由于有《春秋》的记载，亡国和绝世的事迹能重现和流传，起到了恢复和延续的作用。⓳补敝：补救衰敝。起废：振发败坏。 ⓴著：议论。 ㉑长：擅长。变：变化的道理。 ㉒经纪：安排次序。人伦：封建的伦常关系。 ㉓行：行动。 ㉔先王之事：指前代的史事。 ㉕政：施政。 ㉖风：讽谏。 ㉗乐（yuè）：音乐。立：建立。 ㉘和：调和。 ㉙节人：节制人的行为。 ㉚发和：抒发调和作用。 ㉛道事：说明史事。 ㉜达意：表达思想、感情。 ㉝道化：说明变化情况。 ㉞义：通“宜”，应该做的事。 ㉟拨：治理。 ㊱文：文字。数万：以万来计算。 ㊲指：通“旨”，大义。数千：以千来计算。 ㊳万物：万般事物，各种事情。散聚：表示一种变化。 ㊴本：根本，此指纲纪伦常等。 ㊵《集解》认为此为《易纬》中语。 ㊶渐：事情的开始。 ㊷前：当面。谗：说别人的坏话。弗见：不能洞察。 ㊸后：背后。贼：阴谋残害。不知：不能了解。㊹经事：日常工作。宜：相宜，合适的办法。 ㊺变事：突然发生的事件。权：

随机应变，权宜之计。㊻蒙：受。首恶：大恶，最坏的人。㊼辞：推卸责任。㊽犯：冒犯。㊾然：如此，这样。

【原 文】

壶遂曰："孔子之时，上无明君，下不得任用，故作《春秋》，垂空文以断礼义①，当一王之法。②今夫子上遇明天子③，下得守职，万事既具，咸各序其宜，夫子所论，欲以何明？"

【译 文】

壶遂说："孔子时期，上没有明君，下没能得到任用，因此他作《春秋》，流给后世文字来判断礼义，提出一套统一于王的法制标准。如今先生上遇贤明的天子，下能做官任职，万事都已具备，而且都各自在应该在的位置，井然有序，先生所论述的，是要阐明什么呢？"

注 释

❶垂：流传。断：判断。 ❷一王：统一于王。指春秋时，诸国分立，法制纷乱，孔子作《春秋》，提出一套统一于王的法制标准。 ❸明天子：指汉武帝。

【原 文】

太史公曰："唯唯，否否，不然。①余闻之先人曰：'伏羲至纯厚，作《易》八卦②。尧舜之盛，《尚书》载之，礼乐作焉。③汤武之隆，

【译 文】

太史公说："是，不是，并不完全是这样。我从先人那里听说：'伏羲纯朴而忠厚，作《易》的八卦。尧、舜时代的强盛，《尚书》记载了下来，礼乐也是在那个时候创作的。商汤、周武王所创功业的隆盛，诗人歌颂它。《春秋》倡导善

诗人歌之。《春秋》采善贬恶，推三代之德[4]，褒周室，非独刺讥而已也。'[5]汉兴以来，至明天子，获符瑞[6]，封禅，改正朔[7]，易服色[8]，受命于穆清[9]，泽流罔极[10]，海外殊俗[11]，重译款塞[12]，请来献见者[13]，不可胜道。臣下百官力诵圣德[14]，犹不能宣尽其意。且士贤能而不用，有国者之耻；主上明圣而德不布闻，有司之过也。且余尝掌其官，废明圣盛德不载，灭功臣世家贤大夫之业不述，堕先人所言，罪莫大焉。余所谓述故事[15]，整齐其世传[16]，非所谓作也[17]，而君比之于《春秋》，谬矣。"

举，贬斥恶行，推崇夏、商、周三朝的盛德，褒扬周王室，并非只是讥讽劝谏而已。'汉朝从兴起至今，到了现在圣明的天子，获得祥瑞的征兆，举办封禅大典，改历法，更换服色，承受上天的使命，恩泽广施无边，海外那些风俗不同的国家，辗转几次翻译来到中国的边关叩开塞门，请求进献、拜见天子的，多得难以说完。臣下百官都尽力歌颂天子的德行，尚且不能详尽地表露自己的心意。而且贤能的士人没有得到任用，这是君王的耻辱；君王圣明而他的功德没能得到传扬，这是相关官员的过错。而且我曾经做过史官，要是将天子圣明的德行搁置一旁而不去记载，埋没掉功臣、世家及贤能大夫们的功业不去传述，忘记先父临终时的遗言，就是最大的过错了。我所做的只是叙述以往的史事，整理编次世系传记，并非所谓的有创见的著作。而您将这些比作《春秋》，就错了。"

注释

❶这三短句是司马迁对自己当时说话神态的刻画，写得很生动。"唯唯"是口头答应而实际并不同意的一种礼貌性辞令；"否否"是表示不同意的态度；"不然"则是表示绝对不同意，并准备提出辩驳意见的语气。 ❷八卦：《周易》中的八种基本图形，并以此象征天地雷风水火山泽八种自然物体和现象。 ❸作：制作。 ❹推：推崇。三代：夏商周。 ❺非独：不仅。 ❻符瑞：古人

认为自然界出现的某些被认为是祥瑞的现象或事物是与人间的某些事物相呼应的。这些现象或事物被称为符瑞。如汉武帝时所谓得宝鼎、获麟兽、大星见等都属于符瑞。 ❼正（zhēng）朔：正指一年之始，朔指一月之始，如太初用夏历，即建寅月为正月，以平旦（天明）为朔。改定正朔往往是改朝换代后新君的一项措施。因此也体现了统治者的权力，是否奉正朔表示了一种臣属关系。此指改用太初历。 ❽服色：衣服器物的颜色。统治者选用一种颜色作为正色，成为这个朝代尊贵的颜色。汉武帝太初元年夏五月改服色，色尚黄。 ❾穆清：美好清明。用来比喻清平时代。 ❿泽：雨露，引申为德泽。流：传布。罔极：无穷。 ⓫殊俗：不同的风俗，指不同的国家。 ⓬重译：辗转几次的翻译。款：通“叩”，敲。塞：边塞。 ⓭献：进贡物品。见：求见。 ⓮力：尽力，致力。诵：公开颂扬。 ⓯述：叙述。故事：旧事，前代的史事。按，“述故事”是司马迁谦称自己只是叙述以往史事，没有什么创见。 ⓰整齐：整理编次。世传，世系传记。 ⓱作：指有创见的著作。王充《论衡·对作篇》说：“五经之兴，可谓作矣。”可见“作”的标准很高。

【原 文】

于是论次其文。七年而太史公遭李陵之祸①，幽于缧绁。②乃喟然而叹曰：“是余之罪也夫！是余之罪也夫！身毁不用矣。”③退而深惟曰：“夫《诗》《书》隐约者④，欲遂其志之思也。昔西伯拘羑里⑤，演《周易》⑥；孔子厄陈蔡，作《春秋》⑦；屈原放逐，著《离骚》；左丘失

【译 文】

于是司马迁按照次序论述编写文章。七年之后，太史公由于为李陵申冤而遭致大祸，被关入监狱。太史公于是慨然长叹说：“这是我的罪责啊！这是我的罪责啊！身体被毁了，已经没什么用了！”退一步冷静地想想说：“《诗》《书》文字含义隐晦，是因为作者想表达自己内心的思虑。过去周文王被囚禁在羑里，推演《周易》；孔子被围困在陈、蔡之间，作《春秋》；屈原遭到放逐，著成了《离骚》；左丘明双目失明，

明，厥有《国语》[8]；孙子膑脚[9]，而论兵法[10]；不韦迁蜀[11]，世传《吕览》[12]；韩非囚秦[13]，《说难》《孤愤》[14]；《诗》三百篇，大抵贤圣发愤之所为作也。此人皆意有所郁结，不得通其道也，故述往事，思来者。”[15]于是卒述陶唐以来[16]，至于麟止[17]，自黄帝始。[18]

写出了《国语》；孙子惨遭膑刑，论述出了《兵法》；吕不韦被贬徙到蜀地，世上才得以留传《吕氏春秋》；韩非被囚禁在秦国，写出了《说难》《孤愤》等名篇；《诗经》三百多篇，大概也是圣贤阐发愤懑之情而创作出的。这些人都在心中聚积了某种郁闷和忧愁，无法通畅地表达出来，所以才追论往事，思考未来。”于是最终记述了自陶唐以来的历史，一直到武帝时代为止，以黄帝作为开始。

注释

❶七年：《正义》说：“从太初元年至天汉三年，乃七年也。”另《汉书·司马迁传》：“七年”作“十年”。 ❷缧绁：皆为捆绑犯人的绳索，遂用作监狱的代称。 ❸毁：此指遭受腐刑。 ❹隐约：含蓄，词义不明显。 ❺西伯：周文王。羑（yǒu）里：地名，在今河南汤阴北。 ❻演：推演。演《周易》：文王在狱中，推演《周易》八卦为六十四卦。 ❼按，孔子作《春秋》不在厄陈蔡的时候。 ❽清人梁玉绳认为《国语》不是左丘明所作，并称：“何以失明而乃著书耶！” ❾孙子：名膑，战国时齐人，军事学家，膑是一种去掉膝盖骨的刑罚。孙膑因遭同学庞涓妒忌，被庞借故施以膑刑，故名。 ❿兵法：指《孙膑兵法》，已失传千余年。1972 年 4 月，它和其他先秦著作同时从山东临沂银雀山西汉前期墓葬中被发现。 ⓫不韦：吕不韦，秦相。迁蜀：秦始皇流放吕不韦到西蜀。按，不韦因知迁蜀自杀，未曾至蜀。 ⓬《吕览》：即《吕氏春秋》，系吕不韦集宾客所撰而成。此书成于不韦迁蜀之前。 ⓭韩非：韩公子，法家。囚秦，韩非入秦被同学李斯陷害囚于秦狱。 ⓮《说难》《孤愤》，韩非子的两篇著作名，成于入秦以前。按，司马迁论上述作者遭厄运而后有名著的时间矛盾

颇多。 ⑮来者：后人。 ⑯卒：终于。陶唐：尧起于陶，国号曰唐。按，《史记》记事虽始于黄帝，但司马迁认为有关黄帝的各种传说“其言不雅驯”，而从尧以来则有《尚书》文献可据，所以说“卒述陶唐以来”。 ⑰麟止：关于麟止的说法不一。有的说是效法孔子作《春秋》止于获麟；有的说《史记》就截止在武帝元狩元年获麟那一年；有的说武帝在太始二年为纪念获麟铸黄金为麟趾形，所以“麟止”即“麟趾”。诸说各执一端，实际上，获麟是武帝时重要符瑞之一，可作为武帝时代的标志，不必黏滞具体年代。释麟止为武帝时止，似较近理。 ⑱自黄帝始：《史记》以《五帝本纪》为首，五帝以黄帝为首。所谓“自黄帝始”正说明《史记》记事的上限。

【原文】

维我汉继五帝末流，接三代（统）〔绝〕业。周道废，秦拨去古文[①]，焚灭《诗》《书》，故明堂石室金匮玉版图籍散乱。[②]于是汉兴，萧何次律令，韩信申军法，张苍为章程，叔孙通定礼仪，则文学彬彬稍进[③]，《诗》《书》往往间出矣。[④]自曹参荐盖公言黄老[⑤]，而贾生、晁错明申、商[⑥]，公孙弘以儒显[⑦]，百年之间，天下遗文古事靡不毕集太史公。太史公仍父子相续纂其职[⑧]，曰：“於

【译文】

我们汉朝继承了五帝的遗风，上接已经被中断的三代的大业。周朝末年王道颓废，秦朝又废除了古文，焚烧了《诗》《书》，所以明堂、石室、金匮、玉版等处所藏图书典籍都已经散乱佚失。这个时候汉朝兴起，萧何修订了法令，韩信申明了兵法，张苍创立了各种规章制度，叔孙通制定了礼仪，文采、实学配合适宜，渐渐兴起，《诗》《书》等也陆续在各地被发现。自从曹参推荐盖公讲述道家学说以后，贾生、晁错等人也申明了申不害、商鞅等法家的学问，公孙弘以儒家学说向汉武帝陈说政见而显贵，一百年间，天下已经发现的遗文古事没有不汇集到太史公这里的。太史公仍然父子相继地掌管了这一要职。太史

戏！[9]余维先人尝掌斯事[10]，显于唐虞，至于周，复典之，故司马氏世主天官。[11]至于余乎，钦念哉！[12]钦念哉！”罔罗天下放失旧闻[13]，王迹所兴，原始察终[14]，见盛观衰[15]，论考之行事，略推三代，录秦汉，上记轩辕[16]，下至于兹，著十二本纪，既科条之矣。[17]并时异世[18]，年差不明[19]，作十表。礼乐损益[20]，律历改易[21]，兵权山川鬼神[22]，天人之际[23]，承敝通变[24]，作八书。二十八宿环北辰[25]，三十辐共一毂[26]，运行无穷[27]，辅拂股肱之臣配焉[28]，忠信行道，以奉主上，作三十世家。扶义俶傥[29]，不令已失时[30]，立功名于天下，作七十列传。凡百三十篇，五十二万六千五百字，为《太史公书》。序略[31]，以拾遗补蓺[32]，成一家之言，厥协六经异传[33]，整齐百家杂语，藏之名山[34]，副在京师[35]，俟后世圣人君子。[36]第七十。[37]

公说：“哎呀！我的先人曾经负责管理这些事务，并且在唐、虞时代显赫，直到周朝的时候，再次掌管了这一职务，因此司马氏世代都是天文家。到了我这一辈，要谨慎地好好记住啊！要好好记住啊！”我搜罗天下散失的前代史事，对帝王兴起的事迹，努力推究根源，考察其盛衰的情况，然后依据事实进行论述并加以考订，简略地推考三代，详细地记录了秦、汉时期的事情，向上记录到黄帝，向下一直到现在，著有十二本纪，分立大纲。或当代，或过去，年代次序明了，作了十表。撰《礼书》《乐书》，撰《历书》，撰《律书》《河渠书》《封禅书》，撰《平准书》，撰《天官书》，并作八书。二十八宿列星环绕北极星，三十根车辐环集在同一车毂周围，运行无穷，辅弼的股肱大臣，就如同星辰、辐毂相配，他们忠诚守信、坚守臣道，侍奉皇上。作三十世家。他们扶持正义，卓越出色，不会让自己失去机会，在天下立下功名。作七十列传。共计一百三十篇，五十二万六千五百字，作《太史公书》。总括大意，借以补充六经的不足，成为一家的言论，协合六经传释，整理了百家杂说，正本藏在国家藏书处中，副本留在京师，留待后世的圣人君子观览。是列传的第七十篇。

注释

❶拨去：废除。 ❷玉版：指把文字刻在玉版上的重要文件。图籍：图书。 ❸文学彬彬：与“文质彬彬”意同。文指文采，学指实学，彬彬指二者配合适宜。 ❹间：断断续续地。 ❺盖公：齐国胶西人，言黄老之学，事见《曹相国世家》。 ❻申：申不害。商：商鞅。 ❼以儒显：公孙弘据儒家学说向汉武帝陈述政治见解得到重用而显赫。 ❽纂（zuǎn）：通“缵”，继承。 ❾於戏：音义均与“呜呼”通。 ❿斯事：此事，指史官的职事。 ⓫天官：指古代的天文家，这也是史官的一部分职责。 ⓬钦：敬。钦念哉：好好地记住吧！ ⓭罔：通“网”。放失：散失。旧闻：前代的史事。 ⓮原：推究分析。始：开端，兴起。察：考察研究。终：结束，衰落。 ⓯全句的意思是：既看到兴盛状况，也观察衰败现象。 ⓰轩辕：黄帝。 ⓱科条：分立大纲。此指十二本纪已有了初稿。按，这是司马迁有意声明本纪已由司马谈写定大纲，自己只是加以整理而已。这与上文所说“请悉论先人所次旧闻，弗敢阙”相呼应。 ⓲并时：当代。异世：过去。 ⓳年差：年代的次序。 ⓴此句指撰《礼书》与《乐书》。 ㉑此句指撰《历书》。 ㉒兵权：指撰兵书，即今《史记》中的《律书》。山川：指撰《河渠书》。鬼神：指撰《封禅书》。 ㉓此句指撰《天官书》。 ㉔此句指撰《平准书》。 ㉕二十八宿：古代天文家把周天恒星划分为二十八个星座，以此喻臣下。北辰：北极星，诸星都围绕它，以此喻君主。 ㉖辐：车轮的辐条，比喻臣下。毂：车轮的轴心，比喻君主。 ㉗星与轮都是周而复始运行不止的。但诸星与北辰，车辐与车毂的相互地位如何运行都是不会改变的。以此喻君臣关系如何变动也是永远不会改变彼此地位的。 ㉘辅拂：即辅弼。“拂”通“弼”。股肱（gōng）：股是大腿，肱是手臂从肘到腕的部分。这是人体活动最不可缺少的部分，以此比喻辅佐得力的大臣。配：相合。 ㉙扶义：扶持正义。俶傥（tìtǎng）：卓越出色。 ㉚失时：丢掉机会。 ㉛序略：总括大意。 ㉜拾遗：收集遗文。补蓺：补充六经的不足。 ㉝厥：乃。协：调和。异传：不同的见解或解释。 ㉞名山：国家藏

书处。 ㉟副：副本。在京师：流传在京师。 ㊱据后人考证，此句应作“以俟后圣君子”。 ㊲言此篇自序的序次为列传第七十。